RAOUL DE CAMBRAI

Dans Le Livre de Poche
« *Lettres gothiques* »

LETTRES GOTHIQUES

Collection dirigée par Michel Zink

RAOUL DE CAMBRAI

CHANSON DE GESTE
DU XIIe SIÈCLE

Introduction, notes, et traduction de William Kibler.
Texte édité par Sarah Kay.

Ouvrage publié avec le concours du Centre National du Livre

LE LIVRE DE POCHE

William W. Kibler est professeur de français à l'Université du Texas (Austin). Auteur d'une édition de la chanson de geste de *Lion de Bourges* (Droz, 1980), d'une *Introduction à l'ancien français* (M.L.A., 1984), d'une traduction intégrale de l'œuvre de Chrétien de Troyes en anglais (Penguin Books, 1991), et de nombreux travaux sur la littérature médiévale française, il occupe la chaire de Superior Oil – Linward Shivers Centennial Professor of Medieval Studies. Il est spécialiste de la chanson de geste et fut président de la branche américaine/canadienne de la Société Rencesvals et vice-président de sa branche internationale.

INTRODUCTION

Poèmes épiques destinés à la récitation orale, les chansons de geste célébraient les hauts exploits guerriers de toute une classe féodale. Porteuses de sagesse, elles se proclamaient véridiques et exemplaires, mais leur association avec l'histoire carolingienne était des plus lâches. À travers leurs héros, ces chansons célébraient les valeurs fondamentales de toute une société laïque et chrétienne. Cependant, comme ces valeurs n'étaient pas toujours bien stables, dans la plupart des épopées qui nous sont parvenues la matière de la chanson se situe entre la célébration collective d'un passé révolu et la promotion de l'individu, ce qui deviendra le trait essentiel du roman chevaleresque. Essentiellement conservatrice, la chanson de geste se veut gardienne des valeurs traditionnelles, mais en fait les meilleurs poèmes font valoir les contradictions et oppositions d'une société féodale qui, à la fin du XIIe siècle et au début du XIIIe, est en pleine crise. De telles chansons sont plus problématiques et moins monolithiques que la célèbre *Chanson de Roland*, du début du XIIe siècle.

La chanson de *Raoul de Cambrai*, composée aux alentours de 1200 dans la version conservée, est une des plus meurtrières et des plus sauvages de nos chansons médiévales. C'est l'histoire sanglante d'une rivalité féodale pour le Vermandois et de la vendetta familiale qui s'ensuit. Par sa forme et par son contenu, elle se divise facilement en trois parties distinctes. Dans sa première partie, elle chante la révolte de Raoul contre l'empereur Louis et la mort du baron dans un duel qui l'opposait à son vassal Bernier ; la seconde section met en scène la vengeance que tire Gautier du meurtre de son oncle ; dans la troisième partie, plus romanesque, nous suivons les aventures de Bernier, qui sera finalement tué par Guerri, l'oncle de Raoul, pour venger le meurtre de son neveu. Elle appartient à un cycle de chansons de geste que l'on appelle le cycle des barons révoltés, ou cycle de Doon de Mayence. Dans le célèbre prologue à la chanson de *Girart de Vienne*, Bertrand de Bar-sur-Aube fait la distinction suivante entre les trois grands cycles de chansons :

> A Seint Denis, en la mestre abaïe,
> trovon escrit, de ce ne doute mie,
> dedanz un livre de grant encesorie,
> n'ot que trois gestes en France la garnie ;
> ne cuit que ja nus de ce me desdie.
> Des rois de France est la plus seignorie,
> Et l'autre aprés, bien est droiz que jeu die,
> fu de Doon a la barbe florie,
> cil de Maience qui molt ot baronnie.
> El sien lingnaje ot gent fiere et hardie ;
> de tote France eüsent seignorie,
> et de richece et de chevalerie,
> se il ne fusent plain d'orgueil et d'envie. (8-20) [...]
> La tierce geste, qui molt fist a prisier,
> fu de Garin de Monglenne au vis fier. (46-47)[1]

À Saint-Denis, dans l'abbaye principale, nous trouvons écrit – n'en doutez pas – dans un très vieux livre, qu'il n'y eut dans la riche France que trois cycles/lignages ; personne, je crois, ne me contredira sur ce point : le plus noble est celui des rois de France, et le suivant, il est bien juste que je le dise, est celui de Doon à la barbe fleurie, le très vaillant seigneur de Mayence. Les gens de son lignage sont cruels et téméraires et auraient étendu leur domination sur toute la France s'ils n'étaient pas si pleins d'orgueil et de jalousie... Le troisième cycle/lignage, très digne d'estime, est celui de Garin de Monglane au fier visage.

Bertrand distingue ainsi les trois sources d'inspiration principales qui animent les différentes chansons : la « geste des rois », qui traite du lignage de l'empereur Charlemagne ; la « geste de Garin de Monglane », où il s'agit des exploits

---

1. Bertrand de Bar-sur-Aube. *Girart de Vienne*, éd. Wolfgang van Emden. Paris : Société des Anciens Textes Français, 1976.

héroïques de Guillaume d'Orange et de sa famille, dont Garin fut l'ancêtre légendaire ; et notre « geste de Doon de Mayence » ou, plus explicitement, « geste des barons révoltés ». Cette dernière geste est la moins systématiquement organisée, comprenant une vingtaine de poèmes qui sont réunis plutôt par leur thématique que par un lignage. Dans ces chansons, il s'agit de barons en révolte contre leur seigneur légitime, qui est souvent Louis le Pieux, fils de Charlemagne. Ces chansons exploitent la crise féodale de l'époque du règne de Philippe Auguste (de 1180 à 1223), et les guerres qu'elles dépeignent sont cruelles et sanguinaires plutôt que glorieuses. Bien qu'il possède toutes les qualités de vassalité requises des meilleurs guerriers d'autrefois – prouesse, fidélité, héroïsme, enthousiasme – le héros révolté est souvent affecté d'une tare tragique, d'une propension à la violence ou à la rancune par exemple, qui certes ne fait pas de lui un vulgaire scélérat, mais qui le mène inévitablement à sa perte. Déshérité et insulté par un seigneur tyrannique, le héros entre en révolte et se trouve par la suite en position ambiguë, tiraillé entre des devoirs incompatibles. La sympathie des poètes et de leurs auditeurs va au héros révolté contre un roi ingrat qui refuse de le récompenser selon ses mérites, et le baron lésé recouvre en général ses terres et ses prérogatives. Néanmoins, à la fin de l'œuvre, la révolte du héros doit être punie : le baron cède devant le roi, même si ce dernier a tort, et l'ordre social est rétabli. En d'autres termes, la révolte reste essentiellement symbolique ; l'individu, dérouté par l'écroulement de l'ordre féodal qui avait régi son univers, est encore incapable de réaliser un nouvel ordre[1].

La chanson anonyme de *Raoul de Cambrai* est le plus célèbre des poèmes du cycle des barons révoltés, peut-être le prototype même du cycle, et sans conteste son chef-d'œuvre. Là où la *Chanson de Roland* valorisait la collectivité dans la durée et la continuité de son histoire, *Raoul de Cambrai* au contraire met en scène un individu dont la révolte, contre un roi ayant perverti les valeurs de la communauté, sert à rétablir l'harmonie perdue ; quand le *Roland* opposait les forces de toute la chrétienté contre le plus puissant des rois païens, *Raoul* nous peint la lutte beau-

---

1. Consulter surtout l'étude pénétrante de Reto Bezzola, « De Roland à Raoul de Cambrai » (1960).

coup plus limitée d'un vassal contre son seigneur chrétien ; quand les batailles du *Roland* avaient lieu sur des champs lointains et hautement symboliques, la plupart des combats de *Raoul* se passent dans un paysage réaliste compris entre Cambrai et Saint-Quentin, en Picardie ; quand l'action du *Roland* se déroulait en l'espace de plusieurs journées, celle de *Raoul* s'étale sur une période d'un demi-siècle environ ; quand tout le *Roland* trouvait son unité dans la bataille de Roncevaux, ses préparatifs et ses conséquences, *Raoul* est caractérisé par une diversité de personnages et un chaos dans les combats, ce qui reflète l'instabilité aristocratique de la fin du XIIe siècle.

Raoul de Cambrai est une des plus grandes figures tragiques de la chanson de geste française. En vrai baron révolté, il manifeste quelques-unes des qualités les plus prisées de l'époque – vaillance, loyauté, honneur –, mais contre son gré il est obligé de défendre ces valeurs dans un monde féodal où les prétentions royales et l'arbitraire d'un roi faible créent une situation politique devenue intolérable pour les grands barons. Dans de telles conditions, Raoul fait valoir de nouveaux droits : ceux de l'individu et du lignage face aux prétentions royales. Mais comme un ver dans un beau fruit, ce héros porte une tare dominante, la démesure, annoncée par le poète dès les premiers vers du poème :

> Biax fu R[aous] et de gente faiture.
> S'en lui n'eüst un poi de demesure
> mieudres vasals ne tint onqes droiture. (319-21)

Raoul était beau et bien bâti. S'il n'avait quelque peu manqué de mesure, on n'aurait pas pu trouver meilleur combattant pour défendre un fief.

Dominé par la démesure et l'orgueil, il est en lutte constante avec ses ennemis personnels. À l'opposé d'un Roland, qui même dans sa démesure soutient toujours son empereur et n'entre jamais en rébellion contre les valeurs féodales, Raoul en son orgueil estime que ses désirs personnels ont plus d'importance que l'unité chrétienne et l'ordre de l'empire. Les excès de Raoul l'amènent dans une des scènes les plus célèbres de toute l'épopée médiévale à brûler vives les innocentes religieuses d'Origny, et parmi elles la mère de son vassal et compagnon

Bernier, provoquant ainsi toute une série de vengeances, chacune plus cruelle que la précédente. Bien qu'il meure avant même le milieu de l'œuvre, le personnage ne cesse de dominer la chanson ; d'ailleurs, celle-ci ne prendra fin qu'avec la mort de son meurtrier. Dans cet « univers en décomposition »[1], les vieilles valeurs féodales sont mises en question, surtout au moment où elles entrent en conflit avec les droits de l'individu.

Avec Raoul, et encore plus avec son compagnon Bernier, nous avons des personnages d'un type inconnu jusqu'alors dans la chanson de geste et même dans la littérature médiévale européenne. Les premiers héros de geste, tel Roland ou Guillaume d'Orange, étaient tout d'une pièce. Forts de leur supériorité physique et morale, ils agissaient toujours sans hésiter, sans se poser de questions. Mais dans *Raoul de Cambrai* pour la première fois nous rencontrons des personnages tiraillés entre des devoirs en conflit. Le problème se pose de la façon la plus aiguë pour Bernier, à la fois vassal de Raoul et membre du lignage des Vermandois. Lorsque son seigneur lige attaque les quatre fils d'Herbert, dont son propre père, et tue sa mère, Bernier est obligé de ravaler sa rage. Mais quand Raoul l'offense dans sa chair en le frappant et le blessant devant ses hommes, Bernier ne peut plus se contenir et rompt alors avec son seigneur. Délié de son serment de fidélité par les excès de son seigneur, il rejoint son père et son lignage. Mais Bernier pas plus que Raoul ne raisonne sur ses actions : il fait ce qu'il doit faire et traduit ses conflits intérieurs en actes. Ici encore, nous voyons le reflet d'un nouvel esprit, donnant la primauté à l'individu, pour qui le conflit particulier et le désir de rester fidèle à sa propre personnalité ont plus d'importance que n'importe quel empire ou collectivité.

La chanson de *Raoul de Cambrai* nous est conservée par trois manuscrits de valeur très inégale. La version de loin la plus complète se trouve dans le manuscrit f. fr. 2493 de la Bibliothèque nationale, qui date du XIIIe siècle (manuscrit A). Il comprend 150 feuillets de taille relativement petite (100 sur

---

1. L'expression est de William Calin, « *Raoul de Cambrai* : Un univers en décomposition. » *Actes du VIe Congrès de la Société Rencesvals.* Aix-en-Provence : CUER MA, 1974, pp. 427-38.

142 mm). Le texte est transcrit en colonnes simples de 22 à 30 vers chacune par deux scribes qui ont travaillé indépendamment, mais sur le même exemplaire. Le premier a copié le poème jusqu'au vers 6067 (f° 2 à 102v°); le second a fini le poème (f° 102v° à 150) et remplacé le premier feuillet (f° 1). Le manuscrit est des plus simples, sans miniatures, et avec une seule lettrine (ornée de rouge et de noir) qui s'étend sur 6 lignes pour marquer le début de la première laisse. Les autres laisses commencent par de simples initiales en rouge sur deux lignes. Le parchemin est de qualité médiocre, avec déchirures et trous datant d'avant la transcription du texte. De plus, il a depuis souffert de nouvelles déchirures et de rognures qui ont fait disparaître entièrement plusieurs feuillets et les coins de plusieurs autres, entraînant la perte d'une portion importante du texte. Le second scribe (celui qui a transcrit les vers 6068-8542) a recopié le premier feuillet (vv. 1-57), mais n'a curieusement pas remplacé les actuels feuillets 2-5 qui, tout comme le premier, avaient sûrement subi des dommages avant qu'il se soit occupé du texte.

Le texte perdu peut en partie être restauré en ayant recours aux autres manuscrits. Au XVIᵉ siècle, l'antiquaire Claude Fauchet a copié quelques 250 vers de *Raoul* dans un cahier actuellement coté B.N. f. fr. 24726 (= B). Sous le titre, *Veilles ou observations de plusieurs choses dinnes de memoire en la lecture danciens auteurs francois par CFP lan 1555*, Fauchet a transcrit des extraits de plusieurs chansons de geste pour servir à une étude sur les mœurs et coutumes de l'époque. Ceux de *Raoul* se trouvent aux feuillets 71-72, et une comparaison des extraits avec le manuscrit A indique qu'il travaillait à partir d'un autre manuscrit médiéval, actuellement perdu. Deux fragments d'un manuscrit de *Raoul* du XIIIᵉ siècle, en deux colonnes, sont préservés dans la Bibliothèque royale de Bruxelles, fr. IV 621 (= C). Les 294 vers du premier fragment correspondent aux vv. 1-105 et 672-805 du manuscrit A, et les 49 vers du second fragment racontent, d'une façon toute autre que dans notre poème, le combat entre Gautier et les fils de Bernier (vv. 8443-8501).

La chanson de *Raoul de Cambrai*, dans la seule version

complète que nous possédions, comprend trois sections distinctes, que nous désignerons chacune par le nom de son héros principal :

1. *Raoul.* Après un bref prologue (laisses 1-2), *Raoul de Cambrai* commence par la mort de Raoul Taillefer, comte de Cambrai, qui laisse sa jeune femme, Aalais, enceinte de son fils et successeur, Raoul (le héros de la première moitié du poème). À la naissance de son fils, Aalais l'envoie en secret à son parent, l'évêque de Beauvais, pour le faire baptiser (3-7). Trois ans plus tard, suivant de mauvais conseils, l'empereur Louis accorde à son nouveau favori, Giboin du Mans, le Cambrésis jusqu'à la majorité de Raoul, et la main d'Aalais. Guerri, oncle et protecteur du jeune Raoul, proteste en vain. Aalais refuse Giboin et, soutenue par Guerri, compte reconquérir le Cambrésis (8-17). Douze années passent sans conflit et Raoul devient un jeune homme fort et robuste ; il se lie d'amitié avec Bernier, le fils bâtard d'Ybert de Ribemont, dont il fait son écuyer. Aalais envoie son fils à Paris se faire adouber chevalier par le roi Louis, qui le nomme son sénéchal (18-26). Un jour de fête, les deux fils d'Ernaut de Douai sont tués dans une joute et le blâme en retombe à tort sur Raoul. Ernaut jure vengeance. Entre-temps, Raoul adoube Bernier (27-31). Dès alors que Raoul est majeur, Guerri exige la restitution du Cambrésis mais, devant les protestations de Giboin, Louis refuse. En compensation, il promet à Raoul les fiefs du premier comte qui mourra « entre Loire et Rhin » (32-38).

Un an et quinze jours plus tard, Herbert de Vermandois meurt, laissant quatre fils. L'un des quatre est le père de Bernier, et ce dernier proteste quand Louis donne le Vermandois à Raoul (39-46). Rentré à Cambrai, Raoul convoque ses barons pour descendre sur le Vermandois et refuse obstinément d'écouter les sages objections de sa mère, Aalais, qui lui rappelle son devoir de reprendre le Cambrésis. Le refus sec et cruel de Raoul pousse Aalais à maudire son fils, action qu'elle regrette aussitôt (47-55). Peu de temps après, Raoul, accompagné de Bernier et de Guerri, fait une razzia en Vermandois. Ses hommes refusent d'obéir à l'ordre de dresser leurs tentes à l'intérieur de l'abbaye d'Origny, de peur de profaner les lieux saints, et l'armée de Raoul s'installe à l'extérieur de la ville

(56-62). Quand Marsent, abbesse d'Origny et mère de Bernier, demande à Raoul d'épargner la ville, celui-ci la tance vertement pour sa liaison avec Ybert, mais il cède enfin à sa requête (63-66). Mais quand deux des hommes de Raoul trouvent la mort sous les coups des habitants d'Origny, Raoul s'abandonne à la colère et fait brûler l'abbaye et le bourg. Bernier, saisi d'horreur, voit périr sa mère avec toutes les religieuses, et il jure de se venger (67-73). Revenu au camp, Raoul et Bernier se querellent et quand Bernier défend la réputation de sa mère, Raoul l'assomme avec un épieu, le libérant ainsi de son vœu de fidélité. En dépit d'une offre d'amende honorable, Bernier et plusieurs de ses hommes quittent Raoul et rejoignent Ybert à Ribemont (74-90).

Ybert fait rassembler l'armée des Vermandois sous les murs de Cambrai (91-103). Les hommes d'Ybert, accompagnés de ceux d'Ernaut de Douai, avancent sur Origny, mais le prudent Eudes, un des quatre fils d'Herbert, propose une réconciliation avec Raoul : par deux fois il fait envoyer des messagers à Raoul pour lui dire que les Vermandois l'aideront dans sa guerre contre Giboin en échange de leurs terres. Mais Raoul, poussé par l'outrecuidance de son oncle, finit par refuser toutes leurs offres et la guerre éclate dès que Bernier tue un homme de Raoul en attaquant celui-ci dans sa tente (104-116). Les deux armées s'affrontent – Bertolai chantera leurs prouesses (121) – et les deux fils de Guerri meurent parmi les premiers. Guerri jure de secourir Raoul si celui-ci ne l'abandonne pas dans le combat (117-131). Raoul oublie vite sa promesse et entre au milieu de la mêlée, où il tue plusieurs ennemis, dont le géant Jehan de Ponthieu (132-136). Il rencontre Ernaut de Douai qui cherche à venger la mort de ses proches. Raoul lui coupe le poing qui tenait le bouclier, le poursuit, et refuse de l'épargner (137-152). Il se trouve bientôt devant Bernier. Celui-ci lui offre une paix généreuse, mais Raoul, dans sa démesure, la refuse. Bernier désarçonne Raoul et Ernaut l'achève (153-155). Guerri pleure son neveu et demande une trêve, le temps d'enterrer les morts. Après avoir recherché les cadavres, Guerri ouvre ceux de Raoul et de Jehan de Ponthieu et découvre que le cœur de son neveu est beaucoup plus grand que celui du géant. Dans sa douleur profonde il renonce à la trêve et la bataille reprend

(156-160). Guerri s'attaque à Bernier et tue Herbert d'Hirson, un des quatre frères, mais lorsqu'il se rend compte que ses hommes perdent la bataille, il se réfugie à Cambrai (161-173). Dans la ville, Aalais regrette de nouveau d'avoir maudit Raoul, blâme Guerri de la mort de son fils, et promet de faire du jeune Gautier (un neveu de Raoul qui jure de venger son oncle) son héritier. Héloïse d'Abbeville, la promise de Raoul, se voue à la virginité perpétuelle (174-182).

2. *Gautier*. Cinq à sept ans plus tard, lorsque Gautier est en âge de porter les armes et de venger son oncle, Guerri le fait chevalier et ils partent attaquer Saint-Quentin (183-187). Au cours de la bataille qui les oppose, Gautier refuse la réparation généreuse offerte par Bernier. Gautier lutte si bien qu'Aalais tient sa promesse et fait de lui son héritier (188-194). Bientôt, les Vermandois viennent attaquer Cambrai ; pour épargner les innocents, Gautier propose de combattre seul contre Bernier (195-201). Gautier prend Guerri pour témoin, et Bernier choisit Aliaume de Namur. Le combat est rude et, lorsque les deux adversaires sont à l'article de la mort, Aliaume et Guerri viennent les séparer (202-211). Aliaume et Guerri reprennent alors le combat jusqu'au moment où Guerri assène un coup mortel à son adversaire. Bernier accuse Guerri de trahison et Gautier doit le protéger de la colère du Roux (212-220).

La scène est maintenant à Paris, où Louis réunit tous ses vassaux. Le sénéchal place Guerri, Gautier et Bernier à la même table et une rixe éclate. Le roi intervient et un duel judiciaire est arrangé sur une île de la Seine entre Gautier et Bernier pour déterminer si celui-ci a tué Raoul par trahison (221-228). Au cours du combat acharné, Bernier perd une oreille, mais les barons arrêtent le duel afin qu'ils ne s'entre-tuent pas. Gravement blessés, les adversaires sont soignés dans la même chambre et leur querelle reprend. De nouveau Bernier propose une réparation ; l'empereur, l'abbé de Saint-Germain, et tous les Vermandois supplient Gautier de faire la paix. Dame Aalais arrive de Cambrai et condamne la lâcheté du roi Louis, l'accusant d'être à l'origine de la mort de Raoul. Gautier pardonne enfin à Bernier et aux Vermandois (229-241). Cambrésiens et Vermandois se réconcilient et se liguent contre l'empereur Louis, tenu désormais pour responsable de la mort de Raoul et

de la guerre entre les deux maisons. Leur hostilité contre le roi
s'accroît quand Louis refuse de reconnaître Bernier comme
l'héritier légitime d'Ybert de Ribemont. Les barons révoltés
brûlent la ville de Paris et regagnent leurs fiefs (242-250).

3. *Bernier*. Bernier accompagne Guerri à Arras où Béatrice,
la fille de Guerri, tombe amoureuse de lui. Il la refuse d'abord,
alléguant sa propre illégitimité, mais elle réussit par une astuce
à s'assurer son accord et celui de son père (251-257). Bernier
rentre à Saint-Quentin et annonce la bonne nouvelle à son père
qui, tout comme Guerri, est heureux de voir ainsi la guerre
prendre fin (258-259). Ybert apprend par un espion que le roi
est à Soissons. Il organise une razzia au cours de laquelle Ber-
nier venge Raoul de Cambrai en tuant Giboin du Mans. Les
Vermandois se procurent un riche butin (260-264). Le mariage
de Bernier et de Béatrice a lieu à Arras, mais lorsqu'ils se
dirigent vers Saint-Quentin pour le repas de noces, le roi Louis
tend une embuscade et enlève la jeune épouse avant de la
ramener à Paris, où il compte la marier à Herchambaut de Pon-
thieu. Quand Louis menace de maltraiter Béatrice, la reine la
protège (265-274). Bernier, qui a échappé à l'embuscade,
regagne Arras. Apprenant les intentions du roi, il organise une
contre-embuscade près de Saint-Cloud, au cours de laquelle il
sauve sa femme et s'empare de la reine et de son fils Lohier.
Doon de Saint-Denis conseille au roi de faire la paix avec Ber-
nier et d'échanger les prisonniers (275-282).

Deux années s'écoulent sans incident et Bernier commence à
regretter la violence qui a marqué sa vie. Il entreprend un pèle-
rinage à Saint-Gilles, en compagnie de sa femme enceinte, qui
accouche d'un fils, Julien, au terme du voyage (283). Les
armées sarrasines du roi Corsuble et de l'émir de Cordoue atta-
quent Saint-Gilles. En dépit d'efforts héroïques, Bernier est fait
prisonnier par Corsuble. L'enfant Julien est enlevé par l'émir et
emmené à Cordoue, tandis que Savari, le neveu de Bernier,
raccompagne Béatrice à Ribemont (284-285). Le roi Louis pro-
fite de la fausse nouvelle de la mort de Bernier pour donner de
nouveau la main de Béatrice à Herchambaut de Ponthieu, avec
l'accord de Guerri. Déterminée à rester fidèle à Bernier, qu'elle
croit toujours en vie, Béatrice se procure une herbe magique qui
empêche Herchambaut de consommer le mariage (286-292).

Entre-temps, le géant Aucibier attaque Corsuble. Bernier accepte de lutter contre le païen seul à seul car, s'il gagne, Corsuble promet de le libérer et de lui donner de riches cadeaux. À la fin d'un combat féroce, Bernier coupe la tête de l'ennemi et reçoit sa récompense. Escorté par mille Sarrasins, il regagne Saint-Gilles où il croit retrouver sa femme et son fils. Mais son hôte lui révèle l'enlèvement de Julien (293-299). De retour à Saint-Quentin, Bernier apprend la nouvelle du remariage de Béatrice. Il se déguise en pèlerin, retrouve sa femme, et s'assure de sa fidélité sans révéler son identité. Puis il gagne la confiance d'Herchambaut en offrant de le guérir de son impuissance. Il amène le couple à une source aux prétendus pouvoirs magiques et là, il se dévoile, reprend sa femme, et rentre à Saint-Quentin (300-319). La première nuit, Bernier engendre un fils qui recevra le nom d'Henri.

Au bout de sept ans, Bernier commence de nouveau à s'inquiéter de son fils aîné, Julien, et décide de partir à sa recherche, accompagné seulement de son neveu, Savari (320-321). Ils arrivent en Gascogne où la ville principale du roi Corsuble est assiégée par les armées de l'émir de Cordoue. L'émir a un jeune champion redoutable qu'on appelle Corsabré, mais qui n'est autre que Julien. Au cours de la bataille, Corsabré tue Boïdant, le frère de Corsuble, mais à la fin il est vaincu et fait prisonnier par Bernier. Corsabré/Julien est condamné à mort par Corsuble, mais au dernier instant il est reconnu par son père. Bernier obtient la liberté de Julien et de son père adoptif (322-329). Bernier, Savari, Julien et son père adoptif s'en vont à Saint-Gilles où le comte, qui avait été son parrain lors du baptême de l'enfant Julien, fait de celui-ci son héritier (330-331).

Bernier et Julien rentrent à Saint-Quentin où la famille est réunie. Apprenant la nouvelle, Guerri arrive d'Arras pour demander pardon à Bernier d'avoir consenti au mariage de sa fille avec Herchambaut. Bernier le lui accorde, mais Béatrice comprend instinctivement l'entière perfidie de son père. Lorsque Bernier décide de faire le pèlerinage de Compostelle en compagnie de son beau-père, Béatrice le prévient d'une probable trahison (332-335). Sur le chemin du retour, ils passent par Origny et Bernier pousse un gros soupir, regrettant d'avoir tué Raoul. Ils continuent leur voyage mais Guerri ne cesse de

penser au massacre de Raoul et de ses compagnons. Lorsqu'ils
s'arrêtent pour abreuver leurs chevaux, Guerri tue Bernier d'un
coup d'étrier et s'enfuit. Savari et Garnier recueillent la
dépouille et la rapportent à Béatrice, qui avait été prévenue du
meurtre par un songe prémonitoire (336-338). Elle se plaint et,
en dépit de ses protestations, ses deux fils rassemblent une
armée pour assiéger Arras. Gautier tue Savari, mais Julien le
venge en tuant Gautier. Guerri regagne Arras et demande la
paix, que les fils de Bernier refusent. Cette nuit-là, il s'enfuit de
la ville et disparaît. Henri devient seigneur d'Arras tandis que
Julien est nommé seigneur de Saint-Gilles (339-345).

Raoul manque donc d'unité, dans le sens moderne du mot, à
tel point que divers critiques y voient un assemblage maladroit
de plusieurs poèmes distincts à l'origine. En particulier, la der-
nière partie *(Bernier)* diffère des deux autres, non seulement par
sa matière, qui est beaucoup plus romanesque que celle des
deux premières sections, mais également par sa versification.
En effet, jusqu'au vers 5373 (laisse 250), la chanson est rimée,
mais à partir du vers 5374 et jusqu'à la fin de l'œuvre, le poème
est assonancé. On pourrait croire que la partie assonancée est la
plus ancienne, puisque la plupart de nos premières chansons de
geste étaient en assonances, tandis que les chansons tardives
étaient généralement rimées. Mais il n'en est rien. La matière
plus romanesque (amour, mariage, enlèvements, pèlerinage,
déguisement, potion magique, etc.) de cette dernière section
trahit une date tardive, et le poète aurait composé son œuvre en
assonances pour lui donner un air plus archaïque.

Notre seconde section, *Gautier*, doit être distinguée égale-
ment du reste de l'œuvre, car elle a été rajoutée après coup à un
poème primitif en assonances qui ne comprenait que la section
que nous désignons par *Raoul*. Les différences de versification
et de techniques poétiques sont étudiées en détail par Sarah Kay
dans l'Introduction à son édition du poème[1]. De son étude il
résulte que la composition de notre poème est passée vraisem-
blablement par trois étapes : il a existé d'abord, peut-être dès le
début du XIIᵉ siècle, une chanson assonancée de *Raoul de Cam-*

---

1. *Raoul de Cambrai*, éd. Sarah Kay. Oxford : Clarendon Press, 1992. Voir
surtout aux pp. xxxv-xlvi.

brai, correspondant en gros à notre section *Raoul*. Ensuite, vers la fin du XIIᵉ siècle, un deuxième poète a remanié le poème en rimes et ajouté la section *Gautier*. Puis, un troisième poète a composé au début du XIIIᵉ siècle, en assonances pour « faire vieux », une suite et fin à la chanson, notre *Bernier*.

Le poème qui nous est parvenu n'est donc pas l'œuvre d'un poète unique, en l'occurrence un certain Bertolai mentionné dans les laisses 120-121 et qui aurait été le témoin oculaire des événements racontés, mais plutôt le résultat d'une série de transpositions et de remaniements typiques de l'épopée médiévale française. Il n'est qu'un maillon dans une longue chaîne d'histoires, de légendes, de récits oraux et écrits, racontant la rivalité de deux familles, les Cambrésiens et les Vermandois, pour la possession d'un seul territoire. Cette même rivalité fait l'objet de deux autres récits médiévaux, la *Chronique de Waulsort* du milieu du XIIᵉ siècle et un fragment épique dans *Yon ou la Vengeance Fromondin* du XIIIᵉ. Tous les critiques sont plus ou moins d'accord aujourd'hui pour y voir le reflet d'une lutte quasi permanente au cours des IXᵉ et Xᵉ siècles – voire au XIIᵉ encore ! – pour la possession du Vermandois, mais l'identification des personnages épiques avec des figures de l'histoire a fait couler beaucoup d'encre[1].

Dans l'épopée, la géographie est bien plus permanente que la chronologie[2]. Dans sa recherche du permanent et de l'immuable, la mémoire collective contrôle mieux les noms de lieux que les incidents entre êtres humains. Les événements des deux premières parties de *Raoul de Cambrai* sont ancrés solide-

---

1. La chanson de *Raoul de Cambrai* fut au centre de la célèbre querelle sur les origines de la chanson de geste qui opposait individualistes (notamment Joseph Bédier) et traditionalistes (en l'occurrence, A. Longnon et Ferdinand Lot). Cette querelle fut tellement confuse et tellement embrouillée que, par exemple, à un certain moment Longnon niait l'existence d'une charte dont il se servait ailleurs, et que Lot et Longnon, tous deux, prenaient une seule et même charte pour deux documents différents. D'excellents résumés de cette longue querelle se trouvent dans les études de Matarasso (pp. 17-53) et de Despy (pp. 176-215) citées dans la bibliographie. **2.** Notre présentation de l'historicité de *Raoul* s'inspire largement des travaux récents de Michel Rouche qui, mieux que personne, a reconnu le mélange inextricable d'histoire et de littérature dans la chanson. Voir « Raoul de Cambrai... ou l'histoire dans l'épopée », dans *Histoire de Raoul de Cambrai et de Bernier, le bon chevalier : Chanson de geste du XIIᵉ siècle*, trad. R. Berger et F. Suard, avec une introduction historique de M. Rouche. Troesnes : Corps 9, 1986.

ment dans une région délimitée par Amiens et Douai à l'ouest, et par Saint-Quentin et Cambrai à l'est (voir la carte ci-après). La chanson énumère avec précision les petites villes qui font partie du fief du Vermandois autour de Saint-Quentin – Nesle, Ham, Roye, Cléry, Ribemont, Flavy – et ces villes existent toujours. Mais la chronologie des faits historiques se rapportant à ce conflit qui opposait Cambrésiens et Vermandois est beaucoup moins précise, d'autant qu'au moment où l'on commence à mettre par écrit le souvenir collectif de cette histoire lointaine deux siècles se sont écoulés. Il n'est pas rare dans ces circonstances qu'un événement soit dédoublé ou attribué à un autre, ou qu'une série de faits soit simplifiée et attribuée à un seul personnage. Au moins quatre Raoul historiques ont contribué à former notre Raoul héroïque, et un siècle de guerres incessantes s'y trouvent fusionnées. De cette multiplicité de Raoul historiques, il en ressort un, création poétique, sur lequel sont rassemblés les traits de plusieurs. Autour d'un personnage hautement symbolique et d'un événement marquant – l'incendie de l'abbaye d'Origny et les conséquences qui en découlaient – la mémoire collective cristallise les souvenirs de toute une époque. Le phénomène est facilité sinon encouragé par l'habitude qu'ont les lignages nobles de conserver sur plusieurs générations un même anthroponyme caractéristique. Rien d'étonnant donc que notre Raoul soit identifié par les uns à un Raoul mort en 866, frère de Judith, l'impératrice femme de Louis le Pieux ; par d'autres à un Raoul, frère du comte de Flandre, qui aurait abandonné son roi légitime, le Carolingien Charles le Simple, pour devenir en 895 le vassal du roi germanique de Lorraine ; par d'autres encore à un troisième Raoul, fils d'un autre Raoul de Gouy, qui, selon le chroniqueur Flodoard, aurait envahi en l'an 943 les territoires du fils du comte Herbert, mort peu de temps avant. Cette confusion sur Raoul explique en grande partie certaines inconséquences du texte, comme la confusion dans la généalogie de sa mère (voir la note au v. 108), ou le fait que Raoul, bien que privé de l'héritage du Cambrésis, continue à mener ses guerres à partir de la ville de Cambrai.

Deux cris de guerre se font écho à travers notre chanson : « Cambrai ! » de la part de Raoul et de ses partisans, et « Saint-Quentin ! » de la part des Vermandois. Cette opposition est à l'origine de notre poème. Selon Michel Rouche, cette guerre surgit après le partage de Verdun en 843, qui attribua pour la première fois la cité de Cambrai au royaume de Lotharingie, tandis que le Douaisis, l'Artois et le Vermandois faisaient partie intégrante du royaume du Carolingien, Charles le Chauve. Comme le montre la carte ci-après, le Cambrésis formait une véritable saillie à l'intérieur du territoire du royaume carolingien, et ses adversaires éventuels, fidèles ou non à la dynastie de Charles le Chauve, pouvaient l'attaquer de trois côtés : du sud, par la forêt d'Arrouaise ; de l'ouest, à partir de la cité d'Arras ; et du nord, en venant de Douai. En effet, ce territoire fut la scène de multiples conflits pendant un peu plus d'un siècle après le traité de Verdun, et la seule ville de Cambrai changea de mains au moins six fois ! Voici le récit que donne M. Rouche de ces péripéties :

À la suite de la mort de Lothaire Ier en 869, le roi Charles le Chauve s'empara du pays et obtint au traité de Meersen, en 870, une partie de la Lotharingie, dont Cambrai. En 879, la mort de son fils Louis le Bègue (877-879) entraîna le retour en force du roi de Germanie qui récupéra les conquêtes du père et donc le Cambrésis redevint territoire frontalier étranger au royaume, par le traité de Ribemont. Durant les règnes de Louis III (879-882) et Carloman (882-885) les Vikings ravageaient tout indistinctement et l'unité de l'ancien empire carolingien fut refaite par Charles le Gros, de 886 à 888. Avec le roi Eudes (888-898), tandis que le Vermandois et la Flandre refusent de lui obéir, la frontière de 843 réapparaît, Cambrai étant sous l'autorité du roi de Lorraine, Zwentibold (895-900). Une nouvelle annexion de la Lorraine, en 911, qui s'est volontairement donnée à Charles le Simple (893-923) change encore une fois la frontière, mais dès 925, profitant de la guerre civile, le roi de Germanie récupère le territoire. Sous Louis IV d'Outremer (936-954), de nouveau, les seigneurs de Lorraine, dont Isaac, comte de Cambrai, viennent faire hommage de leurs terres au roi en 939. Cela dura à peine deux ans probablement. Une dernière et vaine tentative fut faite par le roi Lothaire (954-986) en 976[1].

---

1. *Ibid.*, p. 18.

Comment s'étonner donc que dans de telles conditions le souvenir exact de ces guerres si nombreuses se soit perdu, et que les faits historiques se soient brouillés. Mais le succès du poème, et son importance, ne tiennent pas tant à sa présentation d'une situation historique, qu'à son actualité, car le souvenir des luttes entre Cambrésiens et Vermandois est encore vivant au XIIe siècle, comme le précise le chroniqueur de Waulsort vers 1150 : « Le poison de ces troubles anciens s'infiltre encore dans les cœurs dans le Vermandois et le Cambrésis, jusqu'aujourd'hui »[1]. Et il y a une autre lutte, bien plus actuelle à l'époque de *Raoul de Cambrai*, qui trouve également son reflet dans notre chanson : il s'agit de la lutte de l'aristocratie, menacée dans ses prérogatives et ses fonctions traditionnelles par les prétentions royales du roi Philippe II, dit Auguste (1180-1223). Le véritable scélérat de notre poème, la cause primordiale de tous les malheurs et l'instigateur de la guerre entre Cambrésiens et Vermandois n'est autre que l'empereur Louis, personnage composite, inspiré par plusieurs rois carolingiens, notamment Louis Ier le Pieux (814-840), Louis II le Bègue (877-879) et Louis IV d'Outremer (936-954), sans parler de Philippe Auguste lui-même.

L'aristocratie française de la fin du XIIe siècle subissait une des crises sociales et politiques les plus graves de son existence. Elle se trouvait prise en tenaille entre d'une part la nouvelle puissance économique des classes mercantiles et d'autre part la politique centralisatrice du roi Philippe II. La supériorité sociale que leur accordait traditionnellement la possession de vastes territoires était contrecarrée par une nouvelle source de richesse créée dans les nouveaux secteurs mercantiles et industriels. En même temps, le roi avait élargi constamment le domaine royal aux dépens des prétentions aristocratiques, par une politique de mariages, d'usurpations, et d'exploitation des droits féodaux. En particulier, le roi Philippe excellait à semer la discorde entre ses grands vassaux afin de les diviser pour mieux les maîtriser. La succession du Vermandois a été un de ses plus grands succès[2].

Au début du règne de Philippe Auguste, le pouvoir capétien

1. Cité par M. Rouche, *ibid.* p. 20. **2.** Voir en particulier la récente étude de Gabrielle M. Spiegel, *Romancing the Past : The Rise of Vernacular Prose His-*

ne pouvait guère se comparer à celui des plus grands barons : le duc de Normandie à l'ouest, la maison de Blois-Champagne au sud et à l'est, et surtout le splendide comté de Flandre au nord. Philippe d'Alsace, comte de Flandre (1163-1191), tout comme son roi, avait beaucoup réformé et modernisé le gouvernement de son pays, et par son mariage en 1159 avec Elisabeth de Vermandois, fille de Raoul de Vermandois, il avait étendu ses frontières jusqu'à l'Ile-de-France et se trouvait l'égal des plus puissants monarques d'Eùrope. Au moment de son couronnement, Philippe Auguste paraissait destiné à être le jouet du comte, et celui-ci a cru renforcer son pouvoir en négociant le mariage de sa nièce, Isabelle de Hainaut, au jeune monarque. Pour encourager l'union, il a cédé en douaire le comté d'Artois avec Arras sa capitale, en échange de la confirmation par le roi de ses propres droits sur le Vermandois, les terres de sa femme. L'Artois est devenu effectivement la frontière entre le roi et son plus puissant baron.

Elisabeth de Vermandois est morte en 1182 sans laisser d'enfants et Philippe Auguste a révoqué presque immédiatement sa confirmation de 1180 concernant les droits du comte sur les terres de sa femme. Il a soutenu par contre les prétentions d'Aliénor, la sœur d'Elisabeth. Furieux, le comte Philippe a épousé Mathilde de Portugal en 1184 et, pour insulter davantage son souverain, lui a accordé en douaire les villes d'Aire et de Saint-Omer – qui faisaient partie du comté d'Artois. Avant la fin de l'année, des hostilités ouvertes entre le roi et le comte ont éclaté et par une politique subtile le roi a su brouiller le comte de Flandre et son allié, Baudouin de Hainaut, le beau-père du roi. Le comte de Flandre a dû accepter la paix humiliante de Boves (juillet 1185), par laquelle il ne retenait que l'usufruit des villes de Saint-Quentin et Péronne. Aliénor a obtenu le reste du Vermandois, Ribemont, Ressons, Roye, et Chauny. Puisqu'elle avait reçu ses terres en héritage, elle a dû accorder au roi une aide importante pour leur possession, et c'est probablement en compensation qu'il a reçu Montdidier, Roye, Thourette, Choisy,

---

toriography in Thirteenth-Century France (Berkeley : University of California Press, 1993), surtout les pp. 31-37, et John Baldwin, *The Gouvernment of Philip Augustus : Foundations of French Royal Power in the Middle Ages.* (Berkeley : University of California Press, 1986).

et le comté d'Amiens, avec les hommages de plus de soixante-cinq châteaux. L'acquisition de l'Artois et du Vermandois par Philippe a assuré au roi les moyens nécessaires pour la conquête de la Normandie en 1204, comme l'a bien montré John Baldwin.

Dans de telles conditions, le souvenir des luttes de Raoul, de Guerri, de Gautier et de Bernier en Cambrésis et Vermandois contre un mauvais roi prenait un air d'actualité. Ces grands barons qui luttaient pour préserver leur héritage contre les machinations et l'injustice de l'empereur Louis pouvaient inspirer par leur exemple la résistance des barons de l'époque de Philippe Auguste, qui voyaient sans doute avec horreur les succès et les prétentions dynastiques du jeune capétien. Sans être en rien un roman à clé, *Raoul de Cambrai* reflète pourtant l'actualité historique d'une région bien définie de la France du nord. Si, en fin de compte, la monarchie triomphe des barons révoltés, est-ce là un reflet de l'histoire ou fantaisie littéraire ?

NOTE SUR LA TRADUCTION

Nous traduisons le texte du manuscrit f. fr. 2493 de la Bibliothèque nationale (= A) d'après l'excellente édition de Sarah Kay, qui se trouve sur les pages de gauche[1]. Notre traduction doit beaucoup à celles de nos devanciers français et anglais, mais nous avons essayé de rester encore plus fidèle au texte original qui paraît en face, et concevons notre œuvre plutôt comme une ouverture sur l'ancien français que comme une réin-

---

1. Dans l'édition du texte en ancien français, les parenthèses ( ) indiquent des lettres à supprimer, tandis que les crochets [ ] signalent des changements au manuscrit apportés par l'éditrice. Nous avons nous-même fait une transcription du manuscrit B.N.f.fr. 2493, et d'après nos contrôles nous sommes intervenu à plusieurs reprises dans le texte pour corriger des lectures fautives ou des coquilles qui se sont glissées dans l'édition – comme, par exemple, aux vers 439, 755, 887, 1010, 1181, 1316, 1362, 1405, 1581, 1582, 1713, 1737, 2226, 2396, 2595, 3080, 3193, 3286, 3419, 3426, 3809, 3862, 4161, 4256, 4774, 4803, 4827, 4851, 5033, 5056, 5063, 5225, 5423, 5433, 5548, 5789, 6092, 6120, 6198, 6549, 6582, 6670, 6865, 6989, 7007, 7334, 7379, 7786, 7900, 7948, 7956, 7957, 8126, 8175, 8200, 8467, 8474, et 8528. Nous avons cru bon de régulariser l'emploi de la diérèse, des lettres ramistes et de la majuscule ; enfin, nous avons systématisé sur le modèle français les guillemets et tirets de dialogue.

terprétation moderne de la matière. Nous souhaitons que cette traduction incite le lecteur moderne à mieux apprécier une des œuvres majeures de l'épopée médiévale et l'aide à s'approcher du texte original. À cause de la nature lacunaire du manuscrit unique, nous avons été parfois obligé de conjecturer le sens de tel ou tel passage ; les mots dont nous ne sommes pas certains sont ajoutés entre crochets [ ]. Dans quelques cas nous avons ajouté de notre propre gré un ou plusieurs mots pour clarifier le sens d'un passage.

Traduire une chanson de geste, avec ses formules et ses rythmes majestueux, est toujours une gageure. Les deux termes, *chanson* et *geste*, indiquent bien les deux pôles de la tâche : d'un côté, lyrisme et procédés littéraires d'expression ; de l'autre, la narration de hauts faits. Dans la chanson de geste, il y a toujours tension entre la volonté de narrer littéralement et le besoin d'embellir littérairement.

Le poème est découpé en strophes de longueur inégale appelées *laisses*, et pratique systématiquement des reprises de termes, de vers ou d'ensembles de vers d'une laisse à l'autre. Normalement, le début d'une laisse reprend en les résumant les données de la laisse précédente avant d'introduire du nouveau. La chanson de geste est caractérisée par une stylisation extrême, mais c'est aussi le texte de la constante répétition et de l'incessant retour[1]. Ce morcellement du récit, qui dérange nos habitudes modernes de lecture, est néanmoins essentiel à la mise en scène et au ton dramatique de la chanson de geste, et toute tentative d'éliminer ou de réduire leur portée fausserait la rhétorique propre au récit. Nous avons donc cherché partout à proposer au lecteur une mise en français moderne qui soit fidèle à l'esprit et à la lettre de l'original. Pour cette raison, nous avons respecté le découpage en laisses et surtout la répétition formulaire du récit, recourant même à une concordance du texte afin de mieux mettre en valeur l'importance des formules (et leurs variations). C'est ainsi que nous avons volontairement gardé les répétitions, mêmes les plus rapprochées, maintenu les procédés si vivants d'amplification, et conservé le plus possible le pittoresque des expressions, tout en veillant à ce qu'elles restent

---

1. Voir Berger et Suard, *Introduction*, pp. 9-11.

parlantes pour le lecteur moderne. Par contre, nous avons éliminé les tournures trop archaïques qui le rebuteraient et avons cru bon de moderniser le système des temps en ayant recours au passé simple pour la narration là où l'auteur médiéval employait presque indifféremment le présent et le passé simple, voire l'imparfait, souvent dans une même phrase.

À la première lecture, le style épique risque de heurter la sensibilité moderne, surtout française, qui admire le mot juste, l'originalité et la variété dans l'expression. Mais l'esthétique de la chanson de geste médiévale est très éloignée de celle de l'époque post-classique, et vouloir limiter la chanson de *Raoul de Cambrai* aux moyens d'expression employés dans *La Henriade* amoindrirait sa force, son originalité, et surtout sa verve. Les critiques ont toujours reconnu en *Raoul* une des plus violentes et des plus tragiques de nos chansons médiévales : impossible de la revêtir d'une robe trop classique. Cette traduction est complétée par des notes et un glossaire des termes les plus importants pour la connaissance des faits de civilisation médiévale.

REMERCIEMENTS

Nous ne voudrions pas terminer cette introduction sans dire combien nous sommes reconnaissant à Monsieur le Professeur Michel Zink d'avoir bien voulu accueillir ce travail dans la collection des *Lettres gothiques*. Nous sommes de même très reconnaissant au professeur Sarah Kay et aux Presses universitaires d'Oxford de nous avoir accordé la permission de reproduire leur nouvelle édition du texte en ancien français. Nous voulons aussi exprimer notre gratitude à notre collègue et ami Jean-Louis Picherit, qui a lu notre traduction en la comparant très soigneusement à l'original. C'est aussi pour nous un agréable devoir de remercier Mmes Élisabeth Barret, Valérie Lemaire, et Odile Whittaker, qui ont eu la bienveillance de corriger les fautes de français et les infélicités de notre texte.

BIBLIOGRAPHIE

Éditions et traductions

LE GLAY, Edward, éd. *Li Romans de Raoul de Cambrai et de Bernier*. Paris : Techener, 1840.

MEYER, Paul et LONGNON, Auguste, éd. *Raoul de Cambrai, chanson de geste*. Paris : Firmin Didot, 1882.

BAYOT, Alphonse. « Fragments de manuscrits trouvés aux Archives générales du Royaume ». *Revue des bibliothèques et archives de Belgique* 4 (1906) : pp. 412-29.

KAY, Sarah, éd. *Raoul de Cambrai, Edited with an Introduction, Translation, and Notes*. Oxford : Clarendon, 1992.

CROSLAND, Jessie, tr. *Raoul de Cambrai, An Old French Feudal Epic*. London, 1926.

BERGER, Roger et SUARD, François, trad., avec une introduction historique de M. Rouche. *Histoire de Raoul de Cambrai et de Bernier, le bon chevalier : Chanson de geste du XIIe siècle*. Troesnes : Corps 9 Éditions, 1986.

Études principales sur Raoul de Cambrai

ACHER, Jean. « Les archaïsmes apparents dans *Raoul de Cambrai* ». *Revue des langues romanes* 50 (1907) : pp. 237-66.

ACHER, Jean. « Notes sur *Raoul de Cambrai* ». *Revue des langues romanes* 53 (1910) : pp. 101-60.

BAUMGARTNER, Emmanuèle. « Quelques remarques sur l'espace et le temps dans *Raoul de Cambrai* ». *La Chanson de geste et le mythe carolingien : Mélanges René Louis.* Mayenne : Floch, 1982, t. II, pp. 1010-19.

BÉDIER, Joseph. *Les Légendes épiques : Recherches sur la formation des chansons de geste.* 4 vols., 3ᵉ éd., Paris : Champion, 1926-29, t. I, pp. 335-468.

BEZZOLA, Reto R. « De Roland à Raoul de Cambrai », dans *Les Origines et la formation de la littérature courtoise en Occident 500-1200*, t. II : *La Société féodale et la transformation de la littérature de cour.* Paris : Champion, 1960, pp. 495-517.

CALIN, William C., *The Old French Epic of Revolt : Raoul de Cambrai, Renaud de Montauban, Gormont et Isembard.* Genève : Droz, 1962.

CALIN, William C., « *Raoul de Cambrai* : Un univers en décomposition ». *Actes du VIᵉ Congrès de la Société Rencesvals.* Aix-en-Provence : CUER MA, 1974, pp. 427-38.

JODOGNE, Omer. « Sur l'originalité de *Raoul de Cambrai* ». *La Technique littéraire des chansons de geste (Actes du colloque de Liège).* Paris : Société d'Édition « Les Belles Lettres », 1959, pp. 37-58.

KAY, Sarah. « La composition de *Raoul de Cambrai* ». *Revue belge de philologie et d'histoire* 62 (1984) : pp. 474-92.

KAY, Sarah. « The Character of Characters in the Chansons de geste ». Dans *The Craft of Fiction : Essays in Medieval Poetics*, ed. Leigh A. Arrathoon. Rochester, MI : Solaris Press, 1984, pp. 475-98.

LONGNON, Auguste. « Nouvelles observations sur *Raoul de Cambrai.* » *Romania* 37 (1908) : pp. 193-208.

LONGNON, Auguste. « Nouvelles recherches sur *Raoul de Cambrai* ». *Romania* 38 (1909) : pp. 219-53.

LOT, Ferdinand. « Études sur les légendes épiques françaises : I. *Raoul de Cambrai* ». *Romania* 52 (1926) : pp. 75-133.

MATARASSO, Pauline. *Recherches historiques et littéraires sur Raoul de Cambrai.* Paris : Nizet, 1962.

Autres ouvrages consultés

BALDWIN, John W. *The Government of Philip Augustus : Foundations of French Royal Power in the Middle Ages*. Berkeley : Univ. of California Press, 1986. Traduction française de Béatrice Bonne, *Philippe Auguste et son gouvernement : les fondations du pouvoir royal en France au Moyen Âge*. Paris : Fayard, 1991.

BOUTET, Dominique. *La Chanson de geste : forme et signification d'une écriture épique du Moyen Âge*. Paris : PUF, 1993.

DESPY, Georges. *Les Chartes de l'abbaye de Waulsort, étude diplomatique et édition critique, t. 1 (946-1199)*. Bruxelles : Palais des Académies, 1957.

FARMER, David Hugh. *The Oxford Dictionary of Saints*. Oxford : Clarendon, 1978.

MARTIN, Jean-Pierre. *Les Motifs dans la chanson de geste : définition et utilisation*. Lille : Centre d'Études Médiévales et Dialectales, 1992.

MÉNARD, Philippe. « Tenir le chief embronc, crosler le chief, tenir la main a la maissele : Trois attitudes de l'ennui dans les chansons de geste du XIIe siècle », Société Rencesvals, IVe Congrès international, Heidelberg, 1967, *Actes et mémoires*, 1969.

MOHREN, Frankwalt. *Le Renforcement affectif de la négation par l'expression d'une valeur minimale en ancien français*. Tübingen : Niemeyer, 1980.

MOISAN, André. *Répertoire des noms propres de personnes et de lieux cités dans les chansons de geste françaises...* 5 vols. Genève : Droz, 1986.

ROTHWELL, W. « The Hours of the Day in Medieval French ». *French Studies* 13 (1959) : pp. 240-51 ; et « A Further Note on *nonne* ». *French Studies* 20 (1966) : pp. 223-25.

RYCHNER, Jean. *La Chanson de geste : Essai sur l'art épique des jongleurs*. Genève : Droz, 1955.

SPIEGEL, Gabrielle M. *Romancing the Past : The Rise of Vernacular Prose Historiography in Thirteenth-Century France*. Berkeley : Univ. of California Press, 1993.

SPITZER, Leo. « Dieu et ses noms. *("Francs les cumandent a*

Deu et a ses nuns", Roland, 3694) ». *PMLA* 56 (1941) : pp. 13-32.

STONE, Louise W. « Un proverbe du moyen âge : *Force paist le pré* ». *Zeitschrift für romanische Philologie* 73 (1957) : pp. 145-59.

SUARD, François. *La Chanson de geste.* Paris : PUF, 1993.

SUBRENAT, Jean. *Étude sur Gaydon.* Aix-en-Provence : CUER MA, 1974.

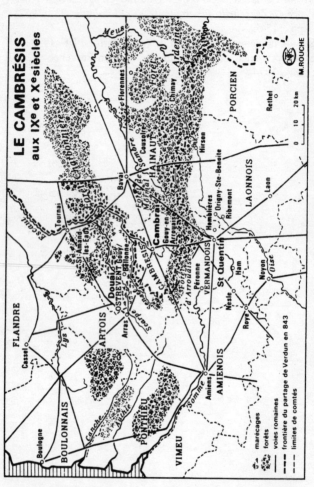

LE CAMBRÉSIS
aux IXe et Xe siècles

marécages
forêts
voies romaines
frontière du partage de Verdun en 843
limites de comtés

0 10   20 km

M. ROUCHE

D'après *Histoire de Raoul de Cambrai et de Bernier, le bon chevalier,* traduite par R. Berger et F. Suard, avec une introduction de M. Rouche, Troesnes, Corps 9 Éditions, 1986, p. 17.

RAOUL DE CAMBRAI

I

Oiez chançon de joie et de baudor !
Oït avés auquant et li plusor –
chantet vos ont cill autre jogleors –
chançon novelle, mais il laissent la flor,
5 del grant barnaige qui tant ot de valor :
c'est de Raoul – de Canbrai tint l'onour –
Taillefer fu clamés par sa fierour.
Cis ot un fil qui fu bon poingneor,
Raoul ot non, molt par avoit vigor ;
10 as fils Herbert fist maint pesant estor,
mais Berneçons l'ocit puis a dolor.

II

Ceste chançon n'est pas drois que vos lais :
oiez chançon et si nos faites pais,
del sor G[uerri] et de dame Aalais
15 et de Raoul cui fu lige Canbrai –
ces pairins fu l'esvesque de Biauvais.
As fils Herbert enprist R[aous] tel plait
con vos orrois en la chançon huimais.

III

Icis Raoul Taillefer dont je dis
20 fu molt preudons, si ot le cuer hardi.
L'enpereor de France tant servi
que l'enpereres li a del tot merit :
de Canbrisin an droit fié le vesti
et mollier belle, ains plus belle ne vis.
25 Tuit l'ostrierent et parent et ami ;

1.

Écoutez une chanson joyeuse et pleine d'ardeur ! La plupart d'entre vous ont entendu une nouvelle chanson – d'autres jongleurs vous l'ont chantée – mais ils ont laissé la fine fleur, ont oublié la puissante famille valeureuse : il s'agit de Raoul, qui possédait la seigneurie de Cambrai et que l'on nomma Taillefer pour sa férocité. Il avait un fils, un guerrier redoutable, qui s'appelait Raoul. Il était d'une force extraordinaire et ne cessa de faire une guerre cruelle aux fils d'Herbert, mais par la suite le jeune Bernier lui fit subir une mort douloureuse.

2.

Il ne convient pas que je laisse de côté cette chanson : faites le silence et écoutez la chanson de Guerri le Roux et de dame Aalais, et de Raoul, seigneur de Cambrai, qui avait pour parrain l'évêque de Beauvais. Ce Raoul engagea les hostilités contre les fils d'Herbert, ainsi que vous l'entendrez sous peu dans la chanson.

3.

Ce Raoul Taillefer dont je parle était un homme de valeur au cœur audacieux. Il avait tant servi l'empereur de France[1] que celui-ci le récompensa largement : il l'investit de la seigneurie du Cambrésis et lui accorda la plus belle femme que j'aie jamais vue. Tous les parents et amis de cette dame donnèrent leur

---

1. Dans notre poème, le terme « France » désigne surtout les terres de l'empereur Louis (120, 1497, 1926...), identifiées généralement de façon réductrice par le poète avec l'Ile-de-France (622, 5693, 5968, 6516, 8163).

noces en firent tex con poés oïr
dedens la cort au fort roi Loeys ;
puis vesqui tant qu'ill ot le poil flori   [1b]
et quant Dieu plot del ciecle departi.
30 La jantil dame Aalais au cler vis
tel duel en fait, si grans ne fu oïs ;
et li baron l'avoient cevelit
si l'enterrent au mostier Saint Geri.
De cel baron dont vos ai contet ci
35 estoit ensainte, par verté lle vos di.

IV

Enterret ont le chevallier vaillant –
c'est Taillefer dont je vos dis avant.
La gentil dame au gent cor avenant
de lui remeist ensainte d'un anfant ;
40 tant le porta con Dieu vint a talent.
Quant il fu nez, joie en firent molt grant
ci[l] de la terre, chevalliers et serjant.
Tex enn ot joie, par le mien esciant,
qui puis en ot le cuer triste et dolent.
45 L'anfant a pris la dame au cors vaillant,
si l'envoslespe an un chier boquerant ;
dex frans baron apella erranment –
Thiebaut [apellent] le premier li auquant,
l'autre Acelin, par le mien esciant.
50 « Baron, dist elle, por Dieu venés avant –
droit a Biauvais m'alés esperonnant. »

V

Dame A[a]lais n'ot pas le cuer frarin ;
son fil coucha an un chier drap porprin,
puis en apelle deus baron de franc lin :
55 « Droit a Biauvais m'en [i]rois le matin
a dant Guion l'esvesque, mon [cou]sin » ;

accord, et les noces, ainsi que vous pouvez l'entendre, furent célébrées à la cour du puissant roi Louis. Raoul vécut si longtemps qu'il eut les cheveux grisonnants et, quand il plut à Dieu, il mourut. Nul n'a jamais entendu une plus douloureuse plainte que celle que fit la gracieuse dame Aalais au clair visage. Les barons enveloppèrent Raoul dans un linceul et l'enterrèrent dans l'église Saint-Géri[1]. Pour tout dire, la dame était enceinte des œuvres du baron dont je vous ai parlé.

4.

Ils enterrèrent le vaillant chevalier – c'est-à-dire Taillefer, dont je viens de vous parler. La noble dame au corps gracieux était enceinte des œuvres du chevalier. Elle porta l'enfant aussi longtemps que Dieu le voulut et, quand il naquit, les chevaliers et hommes d'armes, tous ceux de cette terre, s'en réjouirent. Tels en furent joyeux, à mon avis, qui par la suite eurent le cœur triste et marri. La dame au corps superbe prit l'enfant et l'enveloppa dans une étoffe de grand prix. Elle manda aussitôt deux nobles barons ; je crois que les gens appelaient le premier Thibaut et l'autre Acelin.

« Barons, leur dit-elle, approchez, au nom du Seigneur. Il vous faut chevaucher tout droit à Beauvais. »

5.

Dame Aalais n'eut pas le cœur lâche ; elle coucha son fils dans une riche étoffe de pourpre et manda ensuite deux barons de haut lignage : « Ce matin il vous faut chevaucher jusqu'à Beauvais, chez mon cousin le noble évêque Gui. »

---

1. Saint Géri (Gaugericus) de Cambrai, né à Yvoi (Ardennes) dans le diocèse de Trèves, devint évêque de Cambrai vers 586. Il fonda l'abbaye de Saint-Médard et mourut vers 625. Géri est évoqué douze fois dans notre poème.

et cil s'en tornent, n'i fisent lonc traïn,
desq'a Biavais ne pris[ent onques fin]. [2a]
L'evesqe troevent sus el pa[lais marbrin] –
60 icil fu freres Joifroi de L[avardin].

VI

El palais monte[n]t andui [li messagier],
l'enfant aportent qe mervel[les ont chier] ;
l'evesqe trueve[n]t qi molt fait a p[roisier] –
bien le saluent, en ex n'ot q'ensaigni[er] :
65 « Cil Damedieus qi tout a a jugier
il saut et gart l'evesqe droiturier
de part no dame A[alais] au vis fier,
feme R[aoul] Taillefer le guerrier.
Mors est li quens, n'i a nul recovrier,
70 mais de lui a la dame un iretier ;
ci le nos fait par chier[té] envoier,
qe del lignaige ne le vieut eslongier. »
L'evesqe l'ot, si se prist a saignier ;
Dieu en mercie qi tout a a baillier.
75 « Franche contesse, Diex te puist conseillier !
Iceste chose ne vuel plus respitier. »
Il fait les fons aprester au mostier
et oile et cresme por l'enfant presaignier,
si se revest por faire le mestier.

VII

80 El moustier vint li evesqes gent[is],
l'enfant baptise qi molt est [ses amis] ;
tout por son pere Taillefer l[e marchis]
mist non l'enfant R[aoul] de Cam[bresis].
Li gentix vesqes n'i a nul [terme mis],
85 bien l'aparelle comme frans [et gentis]
et la norrice qi molt ot [.......]
fu revestue et de v[air et de gris].
[As messagiers raon l'enfan]t tremis ; [2b]

Et ceux-ci partirent sans plus de cérémonie et ne s'arrêtèrent pas avant Beauvais. Ils trouvèrent l'évêque dans sa grande salle de marbre – c'était le frère de Geoffroi de Laverdin.

6.

Les deux messagers montèrent jusqu'à la grande salle, apportant l'enfant pour qui ils éprouvaient beaucoup de tendresse. Ils trouvèrent le digne évêque et le saluèrent, car ils connaissaient les usages :

« Notre dame Aalais au fier visage, femme de Raoul Taillefer, souhaite que Dieu le Juge souverain sauve et ait en sa protection l'évêque légitime. Le comte est mort, il n'y a rien à faire, mais de lui la dame a un héritier. Par amour elle l'envoie ici avec nous, car elle ne veut pas l'éloigner de son lignage. »

En entendant ces mots, l'évêque se mit à se signer ; il remercia Dieu le Tout-Puissant :

« Noble comtesse, que Dieu soit avec toi ! Je ne veux pas différer cette affaire. »

Dans l'église il fit préparer les fonts baptismaux et l'huile et le chrême pour en oindre l'enfant ; puis il revêtit les ornements sacerdotaux pour la cérémonie.

7.

Le noble évêque vint à l'église et baptisa l'enfant, qui lui était très proche ; il nomma l'enfant Raoul de Cambrai en souvenir de son père, le marquis Taillefer. Sans tarder, le bon évêque le vêtit de nobles robes. La nourrice [au visage agréable (?)] était vêtue de vair et de petit-gris. L'enfant fut remis aux messagers

[il s'acheminent quant] il ont congié pris,
90 [...............................] ert li sors G[ueris] ;
[el palais montent ou] n'ot ne giu ne ris.
[Molt fu li enfes] et amez et goïs,
[de la contesse] [g]entilment norris
[..............] ans et des mois et des dis
95 [......................] ans, ce conte li escris.

VIII

[Dame] A[alais] n'ot pas le cuer frarin.
[Hu]i mais orrez la paine et le hustin
[et l]a grant guere qi onqes ne prist fin.
[A]u roi de France avoit un franc meschin,
100 François l'apelent le Mancel Gibouin ;
le roi servi au bon branc acerin,
de pluisors gueres li fist maint orfenin :
molt servi bien nostre roi de franc lin
et richement, a loi de palazin.
105 [D]e son service vieut le don enterin.
[Ci]l li loerent d'outre l'aigue del Rin
[qe li] donnast l'onnor de Cambrezin ;
[et la par]ente Joifroi de Lavardin,
[dame] A[alais] qi main home a enclin.
110 [Se Dex n'en p]ense qi de l'aigue fist vin
[...................] est donnez et traiz a fin
[Dont maint franc] hom en giront mort souvin.

IX

[Nostre empereres] oit les barons parler,
[les gentis homm]es toz ensamble loer
115 [que il li doint Aalais au] vis cler,
[car li Manseaux l'a serv]i comme ber.
[Li rois les croit, si en fet] a blasmer :

et, après avoir pris congé, ils retournèrent [à Cambrai où] se trouvait Guerri le Roux. [Ils montèrent dans la grande salle] où ne régnait nulle joie. [L'enfant fut] accueilli joyeusement, [et la comtesse] l'éleva noblement. Des jours, des mois, des années [passèrent – jusqu'à trois] ans, comme la source écrite nous le conte.

8.

[Dame] Aalais n'eut pas le cœur lâche. Vous entendrez parler désormais de peines et de tourments [et] de la grande guerre sans fin. Dans la suite du roi de France, il y avait un noble jeune homme que les Français appelaient Giboin du Mans ; il servait le roi de son épée d'acier et au cours de nombreuses batailles il fit beaucoup d'orphelins. Noblement et bien il servait notre roi de haut lignage, comme le devait un membre de sa maison. Il attendait une récompense à la mesure de ses services. Les barons d'outre-Rhin conseillèrent au roi de lui donner le fief du Cambrésis avec [dame] Aalais, [la par]ente de Geoffroi de Laverdin[1] qui attirait l'attention de maint homme. [Si Dieu] qui de l'eau fit vin [n'y pourvoit, cet accord (?)] sera vite arrangé et conclu, et beaucoup d'hommes nobles en tomberont raides morts.

9.

[Notre empereur] entendit ce que disaient ses barons, que tous [ses nobles hommes] recommandaient [qu'il accorde dame Aalais au] clair visage à Giboin du Mans, [car celui-ci l'avait

---

1. Ici et aux vers 52-72, il paraît que dame Aalais est la parente de Geoffroi de Laverdin, car elle envoie son fils Raoul à l'évêque Gui de Beauvais, frère de ce Geoffroi, afin que l'enfant soit baptisé par un membre de sa propre famille. Dans la chanson de *Garin le Loheran,* Raoul est le fils du mariage de la fille de Hugues de Cambrai avec Milon de Laverdin. Néanmoins, plus tard dans notre chanson Aalais sera identifiée comme la sœur de l'empereur Louis (4687), et Raoul est toujours présenté comme le neveu maternel de Louis.

le gant l'en do[nne. C'il l'en vet mercier],   [3a]
[au pié l'en vet, si baise le soller].

120 Et dist li rois qi France a [a garder] :
« Gibouin, frere, [s]e tu.m poois [.......]
je te fas ci molt grant honn[or donner] :
par tel couvent le te vuel je l[aisser],
l'enfant R[aoul] n'en vuel deseriter.

125 L'enfes est jovenes – pense del bien g[arder]
tant qe il puist ces garnemens port[er].
Cambrai tenra – nul ne l'en puet vee[r] –
mais l'autre terre te ferai delivrer. »
Dist Giboin : « Je nel doi refuser,

130 mais qe la dame me faites espouser. »
Qe fox fist cil qant il l'osa penser
car maint franc home en covint puis verser.
La gentix dame o le viaire cler
ne le prendroit por les menbres colper.

X

135 Rois Loeys fist le jor grant folaige
qe son neveu toli son eritaige ;
et Giboin refist molt grant outraige
qant autrui terre vost avoir par barna[ige] –
puis en fu mors a duel et a hontaig[e] –

140 Nostre empereres a parlé au mesai[ge] :
« Va met la cele el destrier d[e Cartaige] ;
di ma seror o le simple via[..........]
droit a Cambrai, le sien rich[e eritaige],
le Mancel pregne a l'adur[é coraige] :

145 c'est Giboin qi tant a va[selaige],
tel chevalier n'a deci e[n Cartaige].
Toute la terre li do[n en ... fieaige].
[.......................................a] restaige   [3b]
[.................................] tot son barnaige

150 [....................................]s de mon lignaige
[....................................] son outraige

servi] vaillamment. [Le roi les écouta, et on doit] l'en blâmer. Il donna le gant à Giboin [et celui-ci se mit à genoux aux pieds du roi et embrassa ses souliers en signe de remerciement.] Et le roi qui devait sauvegarder la France déclara :

« Giboin, mon ami, si tu peux me [...], je te donne par les présentes un fief important ; je te l'accorde à la condition que le jeune Raoul ne soit pas déshérité. C'est un petit enfant – veille à bien sauvegarder ses terres jusqu'au moment où il pourra porter les armes. Il aura Cambrai – nul ne pourra l'en priver – mais je te céderai les autres terres. »

Giboin répondit : « Je serais ingrat de le refuser, pourvu que vous me fassiez épouser la dame. »

Il fut insensé d'oser y songer car, par la suite, maints vaillants chevaliers en furent désarçonnés. Dût-on couper les membres à cette noble dame au clair visage, elle ne l'épouserait pas.

10.

Ce jour-là le roi Louis agit en insensé en privant son neveu de son héritage, et Giboin pour sa part commit un grand outrage en acceptant les terres d'un autre en échange de ses services guerriers – par la suite il en souffrit une mort honteuse.

Notre empereur s'adressa au messager :

« Va seller le destrier [de Carthagène]. À Cambrai, dans son puissant héritage, tu diras à ma sœur au [visage] franc qu'elle épousera le chevalier du Mans au cœur acharné – c'est-à-dire Giboin, le vaillant vassal – il n'a pas son pareil d'ici [à Carthagène]. Je lui cède toutes ses terres en fief. [Qu'elle vienne sans délai à ma cour en compagnie de] tous ses barons. [J'y ferai venir] les miens. [Si elle me fait] outrage [en refusant ce mariage, j'irai confisquer sa terre et son héritage (?)][1] [et elle

---

1. La fin du message que Louis envoie à Aalais a été, pour la plus grande part, perdue. Nous l'avons reconstituée d'après les notes de Fauchet, citées par Meyer et Longnon, p. 7. Selon le droit féodal, le roi devait attendre trois ans avant d'obliger une veuve à se remarier. Si elle refusait le mariage forcé, la veuve pouvait renoncer au fief qu'elle avait reçu de son mari et se retirer sur les terres qui composaient son douaire. Voir Matarasso, p. 111.

[de son doiare porra fere menasge,
que ja en l'autre] ne prendra plait ne gaige. »

XI

[Li mes] s'en vait qi congié demanda ;
155 [il met] la cele, sor son destrier monta,
[................] ist, droit a Cambrai s'en vait,
[............] porte en la cité entra,
[au] grant mostier de Saint Geri torna.
[L]a gentilg dame en la place trova –
160 maint chevalier en sa compaignie a.
Li mes descent, son cheval aresna ;
de par le roi la dame salua :
« Cil Damerdiex qi le mont estora
[et] ciel et terre et trestout commanda
165 [sa]ut la contesce et ciax qe amés a
[de par] le roi qi a garder nos a.
– [Diex] gart toi, frere, qi le mont estora.
[Que m]ande li rois ? nel celer [vos] ja.
– [En non D]ieu, dame, mes cors le vos dira :
170 [li rois vos] mande, qi grant poesté a
[....................] Giboin vos donra
[....................] li rois le commanda. »
[Dame Aalais ve]rs terre s'enbroncha
[...........................un g]rant soupir jeta
175 [.......................................] demanda
[...................................] dement ci a.

Après des variantes au vv. 113-119, B continue :

puis apres Alis dit :
176.i « Fous fu li Roi qui le gant li donna ;
elle dit encores :
176.ii Roi Loeis a mon fis le rendra
.iii a icel jor que chevaliers sera
.iv et droit en cort et jugement aura. »

des vers qui semblent faire partie de cette laisse en -a.

devra désormais vivre sur le fief qu'elle a reçu en dot, car elle] n'aura plus jamais droit aux revenus [de l'autre]. »

11.

Après avoir pris congé, [le messager] s'en alla. [Il mit] la selle, monta sur son destrier, quitta [Paris (?)], chevaucha jusqu'à Cambrai sans s'arrêter, y entra par la porte [principale (?)], et se dirigea vers l'église Saint-Géri. Sur la place il trouva la noble dame accompagnée de nombreux chevaliers. Le messager descendit de son cheval et l'attacha. Il salua la dame au nom du roi :

« Que le Seigneur Dieu qui a créé le monde, le ciel et la terre et tout ce qui s'y trouve, sauve la comtesse et tous ceux qu'elle aime, [au nom du] roi qui doit nous sauvegarder. »

– Que [Dieu] qui a créé le monde te garde, mon ami. [Qu'a déclaré] le roi ? Tu ne dois pas le cacher.

– Au nom de Dieu, dame, je vous le dirai : le roi par sa majesté vous fait savoir qu'il vous donnera [le noble (?)] Giboin [pour époux ; ainsi] l'a ordonné le roi. »

[Dame Aalais] baissa la tête, [se mit à pleurer (?)], soupira profondément, [s'adressa à ses conseillers et dit : « Dieu ! quelle mauvaise injonction...[1]]

[*Le manuscrit B continue*

Ensuite Aalais dit :] « Le roi fut insensé de lui donner le gant, [et elle enchaîna :] Le roi Louis le rendra à mon fils le jour où il sera fait chevalier et aura droit au jugement de la cour. »

---

1. Nous avons traduit la fin de cette laisse en suivant la reconstitution de Meyer et Longnon.

Les extraits de B continuent ainsi :

XII

176.v Notre empereres esploita mallement,
.vi de Cambresis saisi le tenement
.vii Et au Mansel en fi saisissement.

Puis B note :

Guerri conte d'Arras frere d'Aelis. Quant le Roi a
dit a Guerri qu'il a donné Cambrai au Mansel
Guerri respont :

XIII

176.viii « Ce chalen ge, dit Guerri li senez,
.ix combatrai m'en a l'espee del lez. »

Puis B note :

Le Roi dit :
176.x « Quant vos ainsi sor moi le fait tornez,
.xi vostre neveu a ma cort amenez
.xii qu'il n'a encor mes que treis ans passez. »

A poursuit :

Q'il n'a en encor ne [.............................]   [4a]

XIV

« Drois empereres, ce dist [Gueris li ber],
Volez le vos por ce [................]
180 qe il ne puet chevalchi[er......]
Par cele foi qe je doi vos porte[r],
ains en verrés mil chevaliers ver[ser]
qe li Manciaus s'en puist aï[der].
Drois empereres, ne le vos qier celer,
185 s'en Cambrisis puet mais estre t[rové]
seürs puet estre de la teste colpe[r].
Et vos, fox rois, on vos en doit blasme[r] :

12.

Notre empereur agit mal en confisquant le fief du Cambrésis et en le conférant en saisine à ce chevalier du Mans.

[*B ajoute* : Guerri [est] le comte d'Arras et le frère d'Aalais. Quand le roi a dit à Guerri qu'il a donné Cambrai au chevalier du Mans, Guerri a répondu :]

13.

« Je m'y oppose, dit Guerri le sage, et je me battrai pour cela l'épée au côté. »

[*B continue* : Le roi dit :] « Puisque vous m'en rendez ainsi responsable, amenez votre neveu à la cour, car il n'a pas encore trois ans. »

Le manuscrit A reprend :

14.

« Mon juste empereur, dit le noble Guerri, avez-vous l'intention de le [déshériter (?)] parce qu'il ne peut encore monter à cheval ? Au nom de l'hommage que je vous dois, vous verrez mille chevaliers désarçonnés avant d'aider ce chevalier du Mans. Mon juste empereur, je vous le dis franchement : si désormais on le rencontre en Cambrésis, il peut être sûr d'avoir la tête tranchée. Et vous, mauvais roi, c'est vous que l'on doit

vos niés est l'enfes, nel deüssiés pense[r]
ne sa grant terre vers autrui delivrer. »
190 Et dist li rois : « Tot ce laisiés ester ;
li dons est faiz, ne m'en puis desparler. »
G[ueris] s'en torne, n'i vost plus demorer –
mal del congié qe il volsist rover !
Au perron fisent les bons destriers garder
195 et li baron penserent de monter ;
a haute voiz commença a crïer :
« Or s'aparellent li legier baicheler,
cil qi volront les paines endurer,
qe par celui qi ce laissa pener
200 ains me lairoie toz les menbres c[olper]
mon neveu faille tant con puiss[e durer] ! »

XV

Li sors G[ueris] fu molt de gran[t aïr] ;
desq'a Cambrai pensa d'[e..............]
enmi la place descendi [................]
205 Dame A[alais] vit le vasal [venir].
[..] oïr　　　　[4b]
[...] faillir
[.......................................]z vos gehir
[..............................ne] vos en qier mentir
210 [...........................] fait li rois tolir
[...] puist maleïr
[..............dist Gue]rri, por tant porras garir
[....................................qi] France a a baillir. »
[Et dist] la dame : « Con puis de duel morir !
215 [Ains me] lairoie ens en un feu(r) bruïr
[qu'en lit] a viautre face gaingnon gesir.
[....................]ra de mon effant norrir
[tant con] il puist ces garnemens tenir. »
[Dist] G[ueris] : « Dame, buer l'osastes gehir.
220 [Au gran]t besoign ne puis de vos partir. »

blâmer : l'enfant est votre neveu, nous n'auriez jamais dû ima-
giner une telle chose, ni donner son grand héritage à un autre. »

Et le roi répondit : « Ne parlez plus de cela ; le don est
accordé, je ne peux pas manquer à ma parole. »

Guerri s'en alla, car il refusa de rester là davantage ; maudit
soit le congé qu'il prit ! Lui et ses barons avaient fait garder
leurs chevaux près du perron, et ils étaient sur le point d'y
monter, quand Guerri s'écria à haute voix :

« Jeunes guerriers – ceux qui voudront endurer la souffrance
–, préparez-vous car, par le Seigneur qui accepta le martyre, je
n'abandonnerai pas mon neveu tant que je serai en vie, dût-on
me trancher les membres ! »

15.

Guerri le Roux fut très [en colère. Il chevaucha (?)] jusqu'à
Cambrai et mit pied à terre au milieu de la place. [...] Dame
Aalais regarda [l'arrivée] du vassal [et dit dès qu'il put
l'entendre :

« N'hésitez pas à me rapporter ce qu'a fait le roi.

– Dame, je vous le dis] sans ambages : le roi a fait confisquer
[les terres de votre fils, que Dieu le] maudisse. [Mais si vous
prenez le chevalier du Mans en mariage,] continua Guerri, vous
pourrez vous garantir [envers Louis,] qui gouverne la France. »

Et la dame [dit] : « Je mourrai de chagrin ! Je me laisserais
brûler vive plutôt que de voir le roi introduire un roquet dans le
lit d'un lévrier. [Il faut que vous vous occupiez] de l'instruction
de mon enfant jusqu'à ce qu'il puisse porter les armes. »

Guerri répondit : « Dame, heureuse l'heure où vous avez
parlé ainsi ! Je ne puis vous quitter dans ces moments dif-
ficiles. »

XVI

[Gu]eris parole au coraige vaillant :
« A[alais], dame, por Dieu le raemant,
[ne] vos faurai tant con soie vivant.
[..............] est mes niés – car l'amenez avant. »
225 [.................] damoisel se lievent en estant
[...............] maine[n]t en la place devant
[...................] ans par le mien esciant
[............aces]mez d'un paile escarimant
[...................] d'un vermel bougerant ;
230 [en tout le mon]t n'avoit plus bel enfant.
[...]as maintenant
[......................................de]l cuer va soupirant
[dist] il : « [ne v]os voi gaires grant
[...................................] a talant
235 qi de vo terre vos va de[seritant].   [5a]
– Oncles, dist l'enfes, or le [............]
je la ravrai se je puis viv[r]e t[ant]
qe je port armes desor mon [auferrant].
– Voir, dist G[ueris], ja n'en perdrés plai[n gant] –
240 ainz en morront vint mile combatant. »
L'aigue demande[n]t li chevalier vaillant
et par les tables s'asient maintenant.

XVII

Dame A[alais] et li vasax G[ueris]
et li baron sont as tables asis.
245 Li seneschax s'en sont bien entremis –
de bien servir fu chascuns bien apris.
Apres mengier la dame o le cler vis
a plenté done as barons vair et gris ;
congié demande li riches sor Gueris,
250 la dame baise, puis a le congié pris.
A Aras vait tot droit molt aatis.
Puis passa molt et des ans et des dis
qe il n'ot noise ne plait en cel païs.
Qans .xv. ans ot R[aous] de Cambrizis

16.

Guerri au cœur valeureux parla : « Par Dieu le Rédempteur, dame Aalais, je ne vous abandonnerai pas tant que je serai en vie. [Où] est mon neveu ? qu'il s'approche ! »

[D'autres] jeunes gens se levèrent et conduisirent [Raoul] devant son oncle sur la place ; [il n'avait que trois (?)] ans, me semble-t-il ; [il était] vêtu d'un riche drap de soie [et d'une tunique (?)] d'étoffe vermeille ; [il n'y avait au monde] plus bel enfant ! [Guerri le prit] aussitôt [dans ses bras,] se mit à soupirer [profondément, et dit :]

« Je vous vois encore tout petit, [mais il faut que vous sachiez que le roi Louis (?)] a l'intention de vous priver de vos terres.

— Mon oncle, dit l'enfant, [ne vous en faites pas], car je les reprendrai si je puis vivre assez longtemps pour revêtir les armes et monter sur mon coursier.

— Certes, répondit Guerri, vous n'en perdrez pas la valeur d'un seul gant – vingt mille chevaliers en mourront avant ! »

Les vaillants chevaliers firent apporter l'eau et s'assirent aussitôt autour des tables.

17.

Dame Aalais, le vaillant Guerri et les barons étaient assis autour des tables. Les sénéchaux étaient très diligents, car chacun avait appris à bien servir. Après le repas, la dame au clair visage donna aux barons de riches cadeaux de vair et de petit-gris. Le noble Guerri le Roux prit congé, donna un baiser à la dame, puis s'en alla à toute vitesse droit sur Arras. Par la suite, maintes journées et maintes années passèrent sans qu'il y eut le moindre conflit dans ce pays. À quinze ans, Raoul de

255 a grant mervelle fut cortois et gentis ;
     forment l'amerent si home et si marchis.

XVIII

     Dame A[alais] au gent cors honnoré
     son effant voit grant et gros et formé ;
     li .xv. an fure[n]t acompli et passé.
260 Uns gentix hom estoit en cel regné,
     non ot Y[bers], si fu de grant fierté.
     Cil ot un filg, Bernier l'ont [apellé]
     em petitece qant l'ont en fo[ns levé].
     [..................................] grant bonté   [5b]
265 [..................................] passé
     [.......................] grant chierté
     [....................deb]onaireté
     [.........................]an tout jone aé
     [....................] a Paris la cité
270 [il] i acointe del plus riche barné
     [.......................s]ervi del vin et del claré
     [....................]enist, ce saichiés par verté
     [...............]t le chief del bu sevré
     [.............]s l'ocist a duel et a vilté.

XIX

275 [Li quen]s R[aous] a la clere façon
     [a gran]t mervelle avoit chier Berneçon
     [...] fix Y[bert] de Ribemont.
     [En nu]le terre n'avoit plus bel garçon
     ne plus seüst d'escu ne de baston,
280 [en] cort a roi de sens ne de raison ;
     [et n]eqedent bastart l'apeloit on.
     [Raous] l'ama a la clere façon,
     [so]n escuier en a fait a bandon –
     [mais] en lui ot estrange compaignon.

Cambrai était un jeune homme courtois et noble à merveille ; tous ses vassaux, tous ses marquis l'aimaient beaucoup.

18.

La gracieuse et digne dame Aalais vit que son fils était grand et fort et bien développé ; il avait déjà fêté ses quinze ans.

Dans ce même royaume, il y avait un seigneur de grande bravoure du nom d'Ybert. Celui-ci avait un fils à qui on donna le nom de Bernier au moment de son baptême. [*La fin de cette laisse est en grande partie perdue, mais semble raconter que dans sa jeunesse le jeune Bernier fut envoyé à*] Paris, où il grandit dans la compagnie des barons les plus puissants, leur servant souvent du vin à table ; [là il connut Raoul, qui aurait mieux fait de lui] séparer la tête du tronc, n'en doutez pas, [car par la suite Bernier] le tua de façon cruelle et déshonorante.

19.

Le comte Raoul au clair visage aimait de tout son être le jeune Bernier, fils d'Ybert de Ribemont. On n'aurait pu trouver nulle part un garçon plus beau, ni plus doué pour le combat à l'épée ou au bâton, ni sachant mieux en cour royale s'exprimer avec sagesse et raison. Pourtant, on l'appelait bâtard. [Raoul] au clair visage l'aimait et fit bientôt de lui son écuyer – [mais (?)] en lui il eut un drôle de compagnon.

XX

285 [Dame] A[alais] voit son fil enbarnir,
    [bien v]oit qu'il puet ses garnemens soufrir.
    [............................] con ja poez oïr
    [...............................]t et semonre et banir
    [................................] eüssiés veïr
290 [...]int de servir
    [....................................] si lor dist son plaisir
    [..................................] devez faillir

Après sa variante au v. 286 et une note, B poursuit :

XXI

292.i Dont s'ecrïerent Normans et Herupoix.

XXII

292.ii Nostre emp[er]eres a adobé l'enffant.
  .iii Il en apelle ses senechau[s] avant :
   .iv « Aportez armes, car ge le vos comment. »

A reprend :

Dist l'empereres au coraige vaillant :   [6a]
« Biaus niés R[aous], je vos voi fort et grant,
295 la merci Dieu le pere omnipotent. »

XXIII

Nostre empereres ama molt le meschin :
l'erme li donne qi fu au Sarrazin
q'ocist Rolans desor l'aigue del Rin.
Desor la coife de l'auberc doublentin
300 li a assis, puis li a dit : « Cousin,
icis vex hiaumes fu a un Sarrasin –
il ne doute arme vaillant un angevin.
Cil te doint foi qi de l'aigue fist vin

20.

[Dame] Aalais vit son fils devenir un homme et reconnut [bien] qu'il était en âge de porter les armes. [*À la suite de la perte d'un feuillet entier du manuscrit, on ne connaît qu'en partie, et d'après la copie de Fauchet faite au XVIe siècle, les laisses XX-XXII.*] [Dame Aalais dit à son fils,] ainsi que vous pouvez l'entendre :

« Proclamez les bans et faites venir [tous vos hommes à Cambrai, afin] de voir [lesquels seront prêts à vous] servir. »

[Quand ils furent rassemblés, Raoul] leur dit ce qu'il voulut :

[« Au moment de mon plus grand besoin,] vous ne devez pas me délaisser... »

21.

[*Dans cette laisse, Raoul vient à Paris demander au roi Louis de le faire chevalier.*]

Puis les Normands et les Hurepois s'exclamèrent...

22.

Notre empereur adouba le jeune homme ; il appela ses sénéchaux auprès de lui :

« Apportez-lui ses armes, car je vous l'ordonne... »

[*Le manuscrit A reprend :*] L'empereur au cœur valeureux dit : « Raoul, mon cher neveu, je vois que grâce à Dieu le Père tout-puissant, vous êtes devenu grand et fort. »

23.

Notre empereur aimait beaucoup le jeune homme : il lui donna le heaume qui avait appartenu au Sarrasin que Roland tua sur le bord du Rhin. Il posa le heaume sur la coiffe du double haubert, puis il lui dit :

« Cher cousin, ce vieux heaume a appartenu à un Sarrasin et contre lui les armes ne valent pas un denier d'Anjou. Que Celui

et sist as noces del saint Arcedeclin. »
305 Et dist R[aous] : « Ge[l] praing par tel destin,
vostre anemi i aront mal voisin –
ne lor faut guere au soir ne au matin. »
En icel elme ot un nazel d'or fin –
un escaboucle i ot mis enterin,
310 par nuit oscure en voit on le chemin.

XXIV

Li rois li çainst l'espee fort et dure ;
d'or fu li pons et toute la heudure
et fu forgie en une combe oscure –
Galans la fist qi toute i mist sa cure.
315 Fors Durendal qi fu li esliture
de toutes autres fu eslite la pure ;
arme en cest mont contre li rien ne dure.
Iteles armes font bien a sa mesure :
biax fu R[aous] et de gente faiture.
320 S'en lui n'eüst un poi de desmesure
mieudres vasals ne tint onqes droiture,
mais de ce fu molt pesans l'aventure :
hom desreez a molt grant painne dure.   [6b]

XXV

Li rois li donne son bon destrier corant.
325 La cele est d'or et deriere et devant,
taillie a bestes de riches contenant ;
oevres i ot de molt divers samblant.
Bien fu couvers d'un riche bouqerant,
et la sorcele d'un riche escarimant
330 deci a terre geronnee pendant.

qui de l'eau fit vin aux noces de saint Archedeclin[1] te donne la foi. »

Et Raoul répondit : « En l'acceptant, je vous promets d'être un voisin implacable pour vos ennemis : ils connaîtront la guerre soir et matin ! »

Ce heaume avait un nasal d'or pur sur lequel se trouvait une grosse escarboucle grâce à laquelle on pouvait voir son chemin même au plus noir de la nuit[2].

24.

Le roi lui ceignit la forte et solide épée : le pommeau et toute la garde en étaient d'or ; elle avait été forgée par Galant[3] qui avait déployé toute sa science en la fabriquant dans une ténébreuse vallée. Elle était reconnue supérieure à toutes les autres à l'exception de Durendal[4]. Contre elle, nulle arme en ce monde ne pouvait résister. De telles armes étaient bien à la mesure de Raoul : il était beau et bien bâti. S'il n'avait quelque peu manqué de mesure, on n'aurait pas pu trouver meilleur combattant pour défendre un fief. Mais ce défaut entraîna de graves conséquences : un homme irascible aura de la peine à vivre longtemps.

25.

Le roi lui remit un bon destrier rapide. La selle en était d'or de l'arrière à l'avant, décorée de bêtes aux allures superbes ; elle était travaillée de diverses façons. Le cheval était revêtu d'une riche étoffe et la couverture de selle était faite d'une soie orientale qui tombait en plis jusqu'au sol.

---

1. Architriclinus est le titre latin de l'économe aux noces de Cana (Jean 2, 9) ; à la suite d'une méprise sur le texte de la Vulgate, il fut promu au rang de nom propre et devint le nom du marié qui, lui, reçut la désignation honorifique de saint. **2.** Au Moyen Âge, *l'escarboucle* était une pierre aux pouvoirs magiques, renommée pour son éclat. Elle apparaît souvent sur les heaumes. On croyait que sa lueur pouvait éclairer la nuit comme un phare ; on en trouve, par exemple, au sommet des mâts de la flotte de l'émir Baligant dans la *Chanson de Roland*. **3.** Le célèbre forgeron et armurier païen, Galant, est mentionné dans de nombreuses chansons de geste. **4.** Durendal : nom de l'épée de Roland.

R[aous] i saut par si fier contenant ;
puis a saisi l'escu a or luisant –
a bendes d'or fu la boucle seant –
mais ne crient arme ne fort espieu tranchant ;
335 et prent l'espieu a or resplendissant,
a .v. clox d'or l'ensaigne bauliant.
Fait un eslais a loi d'ome saichant :
au retenir le va si destraignant
c'onqes de terre le sorportast plain gant.
340 Dïent François : « Ci a molt bel enfant !
L'onnor son pere ira bien chalengant. »
Tex en fist goie qe puis en fu dolant,
con vos orrez ce longuement vos chant.

XXVI

Adoubés fu R[aous] de Cambrezis.
345 Une grant piesce remeist la chose ensi.
Nostre empereres au coraige hardi
le retint bien comme son bon ami
et ceneschal, ce savons nos de fi,
en fist en France si con aveiz oï ;
350 or n'a baron de ci qe en Ponti
ne li envoit son fil ou son nourri
ou son neveu ou son germain cousin.
Il fu preudon, ces ama et goï ;   [7a]
bien les retint et bien les revesti,
355 si lor donna maint destrier arabi.
Dolant en furent trestuit si anemi,
et li Manciax, qi le don recuelli
de Cambrizis qi a mal reverti.
R[aous] fu preus, de son quer le haï.
360 Par le concel au riche sor G[ueri]
commença puis tel noise et tel hustin
dont maint baron furent mort et traï.

Raoul sauta fièrement sur la selle et saisit son écu d'or brillant – la boucle en était plaquée sur des bandes d'or. Désormais il ne craignait aucune arme ni aucun épieu tranchant. Raoul saisit son propre épieu, resplendissant d'or, où flottait son enseigne fixée par cinq clous d'or. Il s'élança en cavalier expérimenté : au moment de retenir son coursier, il serra la bride avec une telle force que sa monture ne le porta pas en avant de la longueur d'un gant.

Les Français s'exclamèrent : «Quel beau jeune homme! Il saura revendiquer l'héritage de son père!»

Tels furent joyeux qui par la suite en furent marris, comme vous l'entendrez si je chante assez longuement.

26.

Raoul de Cambrai fut adoubé et pendant longtemps rien ne changea. Notre empereur au cœur valeureux le compta parmi ses plus proches amis, et nous savons en vérité qu'il le nomma sénéchal de toute la France, comme vous l'avez entendu dire. Il n'y avait pas de baron d'ici jusqu'au Ponthieu qui ne lui envoyât son fils, son protégé, son neveu ou son cousin germain. C'était un homme de valeur qui les accueillait et les chérissait : il retenait leurs services, leur fournissait des armes et il leur donnait maint destrier arabe. Tous ses ennemis en furent peinés, surtout le chevalier du Mans, qui avait reçu le don malencontreux du Cambrésis. Raoul était vaillant et le détestait de tout son cœur. Sur les conseils du puissant Guerri le Roux, il commença plus tard disputes et querelles, à la suite desquelles beaucoup de barons furent tués ou trahis.

XXVII

Une grant piece estut puis demorer
desc'a cele eure qe vos m'orrez conter :
365 le jor de Pasqe qe on doit celebrer,
et l'andemain doit on joie mener,
qe R[aous] ist fors del mostier, li ber,
de s[aint] [Den]ys, ou il ala ourer.
Emmi la place qi tant fist a loer
370 cil chevalier commence[n]t a jouer
a l'escremie por lor cors deporter.
Tant i joerent a mal l'estut torner –
apres lor giu lor covint aïrer :
les fix Ernaut i covint mort jeter,
375 cel de Doai qi tant fist a loer.

XXVIII

Qant li effant furent andui ocis –
li fil Ernaut de Doai le marchis –
desor R[aoul] [e]n ont le blasme mis,
qe trestuit dient li baron del païs
380 qe par R[aoul] furent andui ocis.
Li quens Er[naus] n'iert ja mais ces amis
desq'a cele eure q'en iert vengemens pris ;
molt trepassa et des ans et des dis,   [7b]
ne sai combien ne je ne l'ai apris.
385 Se Dex n'em pense qi en la crois fu mis,
mar le pensa R[aous] de Cambrezis.
Forment en fu dolans li sors G[ueris] ;
il ot bon droit si con il m'est avis,
qe molt grant paine en ot puis li floris,
390 et por ces deus ot il molt d'anemis.

27.

Il ne se passa rien pendant très longtemps, jusqu'à cette heure dont vous m'entendrez parler : le jour de Pâques, que l'on doit fêter, et le lendemain, ce jour de joie, quand Raoul le brave sortit de l'église de Saint-Denis[1] où il était allé prier. Sur la place tant louée, les chevaliers commençaient à faire de l'escrime pour s'amuser. Ils jouèrent tant, que les choses ne purent que tourner mal ; le jeu s'envenima : les fils d'Ernaut, le digne seigneur de Douai, furent voués à la mort.

28.

Quand les deux jeunes garçons – les fils d'Ernaut, marquis de Douai – furent tués, le blâme en retomba sur Raoul, car tous les barons du pays répétaient que c'était Raoul qui les avait tués. Le comte Ernaut refusera son amitié à Raoul jusqu'à l'heure où il aura sa vengeance. Des journées et des années passèrent – je n'ai jamais su combien. Si le Seigneur qui fut mis sur la croix ne veille pas sur lui, Raoul de Cambrai viendra à regretter ses actions. Guerri le Roux était accablé de chagrin, et il avait bien raison, me semble-t-il, car le vieillard en souffrit énormément par la suite et se fit maint ennemi à cause de ces deux garçons.

---

1. L'église royale de Saint-Denis est étroitement associée avec la royauté franque dans les chansons de geste. Le martyr Denis, missionnaire en Gaule et premier évêque de Paris au IIIe siècle, est souvent identifié avec Denys l'Aréopagite (mentionné dans les Actes des Apôtres 17, 34) et par conséquent avec l'auteur inconnu de plusieurs écrits mystiques du Ve siècle, lui aussi confondu avec l'Aréopagite. L'église royale est mentionnée douze fois dans notre texte, le plus souvent dans la formule « le roi de Saint-Denis » ; le saint est évoqué pas moins de seize fois.

XXIX

Grans fu li diex as effans enterrer.
A Pentecoste qe on doit celebrer
tint Loeys sa grant cort comme ber.
R[aoul] apele qe il pot molt amer.
395 « Biax niés, dist il, je vos vuel commander
qe del piument me servez au disner.
– Sire, dist il, je nel vos doi veer.
Je sui vostre hon, je nel puis refuser. »
A B[ernier] font le piument livrer ;
400 as gentix homes en fisent tant donner
qe par droiture nes en doit on blasmer.
Li quens R[aous] qi molt fist a loer
a l'endemain fist B[ernier] adouber
des millors armes qe il pot recouvrer.
405 El dos li vest l'auberc tenant et cler,
et lace l'elme qui fu a or paré(r),
et çainst l'espee c'on li fist presenter.
Son bon destrier B[erniers] i va monter.

XXX

Des qe B[erniers] fu el destrier monte(r)z
410 a grant mervelle par fu biax adoubez.
L'escu saisi qi fu a or bendez
et prent l'espieu qi bien fu acerez,
le confanon a .v. clox d'or fermez ;   [8a]
fait un eslais, si s'en est retornez.
415 Emmi la place fu molt grans li barnez ;
dist l'uns a l'autre : « Cis est molt bel armez ;
encor ne soit de mollier espousez,
c'est grans et riches ces noble parentez. »
Et dist R[aous] : « Diex en soit aourez !
420 Or ne plains pas – ja mar le mescreez –
les garnemens qe je li ai donez :
por ces amis doit il estre honorez. »
Mais puis en fu R[aous] grainns et irez,
sifaitement con vos dire m'orrez.

29.

Grand fut le deuil à l'enterrement des garçons. À la grande fête de la Pentecôte Louis tint noblement sa cour plénière. Il y manda Raoul, qu'il aimait beaucoup :

« Mon neveu, dit-il, je tiens à ce que vous me serviez le vin aromatisé au dîner.

– Sire, répondit-il, comment vous le refuser ? Je suis votre homme et ne peux pas me dérober. »

Ils apportèrent le vin aromatisé à Bernier, et lui et Raoul en firent tant verser aux nobles barons que nul n'eut le droit de les blâmer. Le lendemain le très renommé comte Raoul fit adouber Bernier des meilleures armes qu'il put trouver. Il lui mit sur le dos le haubert fort et luisant ; il lui laça le heaume doré et lui ceignit l'épée qu'on lui avait présentée. Bernier monta sur son bon destrier.

30.

Dès que Bernier fut monté sur le destrier, il eut l'air d'un fort beau chevalier. Il saisit l'écu aux bandes d'or et prit l'épieu bien aiguisé, auquel fut fixé le gonfanon par cinq clous d'or. Il s'élança et puis revint. Sur la place il y avait de nombreux barons, qui se disaient l'un à l'autre : « Quel beau chevalier ! Bien qu'il soit bâtard[1], il descend d'une famille noble et puissante. »

Et Raoul dit : « Que le Seigneur soit loué ! Croyez-moi, je ne regrette aucunement ces armes que je lui ai données. Honneur à lui en considération de ses proches ! »

Mais par la suite Raoul en fut triste et marri, comme vous l'entendrez raconter.

---

1. L'accord masculin du participe *espousez* suggère la traduction « bien qu'il n'ait pas encore pris de femme », mais comme l'indique S. Kay, cet épisode insiste sur les mérites exceptionnels de Bernier en dépit de sa naissance (Bernier est le fils d'Ybert de Ribemont et de sa concubine, Marsent). La comparaison avec les vers 5548 et 5674 (qui se terminent par *mollier espousee*) fait penser à une licence poétique, d'où notre interprétation.

425 « Sire B[erniers], dist R[aous] li senez,
en la qintaine por moi' amor ferrez,
si qe le voie Loeys l'adurez » ;
et dist B[erniers] : « si con vos commandez.
Premiere chose qe reqise m'avez,
430 si m'aït Diex, escondiz nen sereiz. »
Une qintaine drecent la fors es preiz,
de deus escus, de deus haubers safrez.
L'enfes B[erniers] c'est en haut escrïez :
« Sire Beraut, envers moi entendez » –
435 gentix hom fu si tint granz eritez –
« a la qintaine c'il vos plaist me guiez. »
Et cil respont : « Volentiers et de grez. »
Beraus le guie, B[erniers] fu desreez :
en la qintaine fu si grans cox donez,
440 ja par bastart mais si grant ne verrez
que les escus a ambedeus trouez
et les haubers desmailliés et fauseiz ;
li uns des pex est fendus et troez   [8b]
qe tres parmi est li espiex passez.
445 Il fait son tor, si s'en est retornez.
D'ambesdeus pars est mervelles loez,
de maintes dames veüs et esgardez.

XXXI

En la qintaine ot feru B[erneçons] ;
il s'en repaire par devant les barons.
450 Biaus fu et gens et escheviz et lons.
Descent a pié, chauciés les esperons ;
devant [Raoul] s'asiet a genoillons.
« Sire, dist il, biax est li gueredons.
Vostre hom sui liges, si m'aït saint Symon.
455 Ja a mes oirs nen iert retracïon
qe par moi soit menee traïson ;
mais je vos proi por Dieu et por son non
q'as fix Herbert ne soit ja vos tençons. »

« Seigneur Bernier, dit Raoul le sage, pour l'amour de moi, allez jouter à la quintaine[1] devant Louis, le roi au cœur acharné. »

Et Bernier de répondre : « À vos ordres. Par Dieu, je ne dois pas refuser la première chose que vous me demandez. »

Au loin, dans les prés, on dressa une quintaine faite de deux écus et de deux hauberts dorés. Le jeune Bernier s'écria à haute voix :

« Seigneur Béraut, écoutez-moi ! » (C'était un noble baron avec de riches terres.) « Guidez-moi à la quintaine, s'il vous plaît. »

Et Béraut répondit : « Très volontiers ! »

Béraut l'y conduisit, mais Bernier devint insensé : vous ne verrez jamais plus un bâtard frapper de coups si vigoureux, car il perça les deux écus et mit en morceaux les mailles des hauberts. Un des poteaux fut entièrement fendu par l'épieu qui passa au travers. Bernier fit pivoter son coursier et revint au château. Tout le monde chanta ses louanges, et maintes dames l'admirèrent.

31.

Une fois que le jeune Bernier eut frappé la quintaine, il revint auprès des barons. Il était beau, noble, grand, et élancé. Il mit pied à terre, portant toujours ses éperons, et s'agenouilla devant Raoul.

« Mon seigneur, lui dit-il, vous m'avez bien récompensé. Par saint Simon[2], je suis votre homme lige. Mes héritiers ne souffriront jamais de reproche à cause d'une quelconque trahison de ma part ; mais je vous supplie au nom du Seigneur de ne jamais chercher querelle aux fils d'Herbert de Vermandois. »

---

1. Pour s'entraîner, les chevaliers combattaient contre un mannequin mobile attaché à un poteau et servant de cible, qui assenait un coup chaque fois qu'on le frappait de travers. **2.** Simon, appelé « le Cananéen » ou « le Zélote », fut un des douze apôtres. Il est évoqué huit fois dans le poème.

R[aous] l'oï ; mornes fu et enbruns.
460 A l'ostel va, o lui maint compaingnons –
    tant i ot princes n'en sai dire les nons ;
    el palais monte[n]t o ermins peliçons.
    G[ueris] parole o les floris grenons :
    del grant service est ja reqis li dons
465 dont maint frans hom vuidera les arçons.

XXXII

Guerri parole o le grenon flori.
« Par ma foi, sire, ne vos en iert menti,
molt longement vos a mes niés servi.
Rien ne li donne[n]t, se saichiés, si ami
470 qant son service ne li avez meri.
Rendez li viax l'onnor de Cambrizi,
toute la terre Taillefer le hardi.
– Je nel puis faire, li rois li respondi,   [9a]
li Manciax l'a qi del gant le saisi.
475 Par tel covent le quer en ai mari ;
par maintes fois m'en sui puis repentis,
mais li baron le loerent ensi. »
Et dist li sors : « Mal en sommes bailli.
Ce chaleng je, par le cors saint Geri ! »
480 Isnelement fors de la chambre issi ;
par maltalant vint el palais anti.
As eschés joue R[aous] de Cambrizis
si con li hom qi mal n'i entendi :
G[ueris] le voit, par le bras le saisi,
485 son peliçon li desront et parti.
« Fil a putain, le clama – si menti –
malvais lechieres, por quoi joes tu ci ?
N'as tant de terre, par verté le te di,
ou tu peüses conreer un ro[n]ci. »
490 R[aous] l'oï, desor ces piés sailli –
si haut parole qe li palais fremi,
qe par la sale l'a mains frans hon oï.
« Qi la me tout ? trop le taing a hardi ! »
G[ueris] respont : « Ja te sera gehi :

En l'entendant, Raoul fut morne et abattu. Il revint à son logis, entouré de nombreux compagnons – il y avait tant de princes que je ne saurais vous en dire les noms. Vêtus de pelisses d'hermine, ceux-ci montèrent au palais royal. Guerri à la moustache blanche parla ; voici qu'il exigeait, pour les nombreux services rendus par Raoul, le don qui ferait vider les arçons à maint vaillant chevalier.

32.

Guerri à la moustache blanche parla : « Par ma foi, sire, ce ne sont pas des mensonges : mon neveu vous a servi très longtemps. Vous savez que ses amis ne lui donnent rien puisque vous n'avez pas récompensé ses services. Donnez-lui au moins le Cambrésis, toute la terre de Taillefer le hardi.

– Je ne le puis, répondit le roi, le chevalier du Mans le détient, et je lui ai accordé mon gant. J'en ai le cœur affligé et je l'ai souvent regretté, mais les barons me l'avaient conseillé. »

Guerri le Roux dit : « Nous sommes fort à plaindre ! Sur les reliques de saint Géri, je conteste ce don ! »

Il sortit aussitôt de la chambre du roi et, en colère, monta à la grande salle antique. Raoul de Cambrai, qui ne soupçonnait aucun mal, y jouait aux échecs. Dès qu'il vit Raoul, Guerri le saisit par le bras si fort qu'il déchira la manche de sa pelisse.

« Fils de pute, lança-t-il – mais à tort –, stupide fripon, pourquoi joues-tu ici ? Tu n'as pas assez de terre, je te l'assure, pour faire paître un seul cheval de somme. »

À ces mots, Raoul bondit sur ses pieds et cria si fort que la salle en trembla et que tous les nobles chevaliers qui s'y trouvaient l'entendirent :

« Qui me la confisque ? Il est bien téméraire ! »

Guerri répondit : « La vérité ne te sera jamais cachée : c'est

495 li rois meïsmes – bien te tient a honi –
    dont devons estre tensé et garanti. »
    R[aous] l'oï, toz li sans li fremi.
    Dui chevalier qe ces peres norri
    en entendirent et la noise et le cri –
500 de lui aidier furent amanevi ;
    et B[erniers] sert qi le henap [t]endi.
    Devant le roi vienent cil aati.
    Cele parole pas a pié ne chaï.   [9b]
    R[aous] parole, dejoste lui G[ueris].

XXXIII

505 Raous parole qi ot grant maltalant.
    « Drois empereres, par le cors saint Amant,
    servi vos ai par mes armes portant ;
    ne m'en donnastes le montant d'un bezant.
    Viax de ma terre car me rendez le gant,
510 si con la tint mes pere(s) au cors vaillant.
    – Je nel puis faire, li rois respont atant.
    Je l'ai donnee au Mancel combatant.
    Ne li tolroie por l'onnor de Melant. »
    G[ueris] l'oï si se va escriant :
515 « Ainz combatroie armez sor l'auferrant
    vers Giboin le Mancel souduiant ! »
    R[aoul] clama malvais et recreant.
    « Par cel apostre qe qiere[n]t penaant,
    s'or ne saisis ta terre maintenant
520 hui ou demain ains le solell couchant,
    je ne mi home ne t'ierent mais aidant. »
    C'est la parole ou R[aous] ce tint tant,
    dont maint baron furent puis mort sanglant.
    « Drois empereres, ge vos di tot avant,
525 l'onnor del pere, ce sevent li auqant,
    doit tot par droit revenir a l'esfant.
    Des iceste eure, par le cors saint Amant,
    me blasmeroient li petit et li grant
    se je plus voie ma honte conqerant
530 qe ma terre voie autre home tenant.

le roi lui-même – il te traite comme un homme sans honneur, lui qui devrait nous défendre et nous protéger. » Raoul l'écoutait et tout son sang ne fit qu'un tour. Deux chevaliers que son père avait élevés à sa cour entendirent le tumulte et les cris et se déclarèrent tout prêts à l'aider. Bernier faisait le service du vin et leur tendit le hanap. Ils se précipitèrent au-devant du roi. Sans tomber à ses pieds, Raoul s'adressa à lui, avec Guerri à ses côtés.

33.

Plein de colère, Raoul s'adressa au roi : « Mon juste empereur, sur les reliques de saint Amand[1], je vous ai servi à l'aide de mes armes, mais en récompense vous ne m'avez pas même donné la valeur d'un besant. Rendez-moi, au moins, par le don de votre gant, la terre que mon vaillant père a possédée.

– Je ne le puis, répondit le roi sans hésitation, car je l'ai donnée au guerrier du Mans. Même pour toutes les richesses de Milan, je ne la lui reprendrais pas. »

À ces mots, Guerri s'écria : « Alors, je combattrai tout armé sur mon coursier contre l'ignoble Giboin du Mans ! »

Et il traita Raoul de lâche et de couard, disant : « Par l'apôtre que vont prier les pénitents[2], si tu ne réclames pas tes terres aujourd'hui ou demain avant le coucher du soleil, ni moi ni mes hommes ne t'aiderons plus jamais. »

Voici les paroles auxquelles Raoul s'arrêta et qui furent à l'origine de la mort sanglante de nombreux chevaliers :

« Mon juste empereur, je vous le dis sans ambages : le fief du père doit par droit revenir au fils, c'est bien connu. Dès cet instant, sur les reliques de saint Amand, les nobles et le bas peuple aussi me blâmeraient si je continuais à poursuivre ma honte en acceptant qu'un autre possède mon fief. Mais par Celui

---

1. Saint Amand, né vers 584 en Poitou, fut d'abord ermite, ensuite évêque itinérant, et enfin évêque de Maastricht. Il avait l'appui des rois francs, mais était mal accepté par les peuples qu'il cherchait à convertir. Il a fondé plusieurs monastères, dont Elnone où il fut enseveli. Il est évoqué six fois dans le texte.
2. Il s'agit de l'apôtre saint Pierre de Rome (cf. au v. 7224).

Mais par celui qi fist le firmamant,
se mais i truis le Mancel souduiant,
de mort novele l'aseür a mon brant ! »   [10a]
Oit le li rois, si se va enbronchant.

XXXIV

535 Li Manciax fu el palais a un dois ;
manecier s'oit si en fu en effrois,
au roi en vint vestus d'un ermin frois.
« Drois empereres, or me va molt sordois.
Vos me donastes Cambrizis les Artois ;
540 ne la poés garantir demanois.
Ves ci un conte qi est de grant boufois –
R[aous] a non, molt a riche harnois,
vostre niés est, ce sevent li François ;
li sor G[ueris] est ces amis molt prois.
545 En cest païs n'ai ami si cortois
qe vers ces deus me valsist un balois.
Je t'ai servi a mon branc vienois ;
n'i ai conqis vaillant un estampois.
Or m'en irai sor mon destrier norois
550 asez plu[s] povres qe je n'i vig[n] ançois,
s'en parleront Alemant et Tiois
et Bourguignon et Normant et François –
de mon service n'ai qi vaile un tornois. »
Pitié em prist Loeys nostre roi ;
555 R[aoul] apele de son gant a orfrois.
« Biaus niés, dist il, por Dieu qi fist les lois,
lai li encor tenir deus ans ou trois
par tel couvent con ja dire m'orrois :
qe c'il muert conte de ci q'en Vermendois,
560 d'Aiz la Chapele deci en Cellentois,
de Monloon deci en Ollenois,
qe les honnors et la terre tenrois.
Ja n'i perdrois le montant d'u[n] balois. »   [10b]
R[aous] l'oï, ne fu pas en souspois.
565 Par le concelg G[ueri] qi tint Artois
en prist le gant – puis en fu mors toz frois.

qui créa le firmament, si jamais j'y trouve l'ignoble Giboin du Mans, je le voue à une mort prochaine par mon épée ! »

À ces mots, le roi baissa la tête.

34.

Giboin du Mans était assis à une table d'honneur dans la grande salle ; il entendit ces menaces et en eut grand-peur. Habillé d'un manteau fourré d'hermine, il vint auprès du roi.

« Mon juste empereur, les choses vont très mal pour moi. Vous m'avez accordé le Cambrésis, près de l'Artois, mais vous ne pouvez plus me le garantir. Regardez ce comte et toute sa morgue – il s'appelle Raoul et a une puissante suite. C'est votre neveu, comme le reconnaissent les Français. Guerri le Roux est son proche parent. Dans ce pays je n'ai aucun ami qui oserait s'opposer à ces deux. Je vous ai servi avec mon épée de Vienne, sans recevoir la valeur d'un denier d'Étampes. Je partirai bientôt sur mon cheval norvégien, bien plus pauvre qu'à mon arrivée ; les Allemands, les Thiois, les Bourguignons, les Normands, les Français – tous diront que pour mon service je n'ai pas reçu la valeur d'un denier de Tours. »

Notre roi Louis eut pitié de lui ; il fit signe à Raoul avec son gant brodé d'or.

« Beau neveu, dit-il, par Dieu qui donna les commandements, laisse-le en possession du fief pour deux ou trois ans encore, à la condition que vous m'entendrez prononcer ici : s'il meurt un comte d'ici en Vermandois, d'Aix-la-Chapelle jusqu'à Senlis, de Laon en Orléanais, tu recevras son fief et toute sa terre. Tu ne perdras rien par cet arrangement. »

Raoul entendit ces paroles et n'hésita pas ; sur le conseil de Guerri le Roux qui possédait l'Artois, il accepta le gant – mais par la suite il en mourut, froid comme le marbre.

XXXV

Li quens R[aous] en apela Gueri.
« Oncles, dist il, je vos taing a ami.
Cest don prendrai, ne vos en iert failli. »
570 Del fié son pere grant chalenge saisi
dont maint baron furent mort et honni.
Ostaige qierent au fort roi Loeys,
et il lor done – malvais concel creï –
des plus haus hom[es] qe R[aous] i choisi.
575 Qarante ostaige l'ont juré et plevi,
mas puis en furent coreços et mari.
Li rois lor donne Lohier et Anseïs,
s'i fu Gociaumes et Gerars et Gerins,
Herbers del Mainne et Joifrois l'Angevins,
580 Henris de Troies et Gerars li meschins –
Senlis tenoit devers li Biauvoisin ;
ensamble donne Galeran et Gaudin,
et puis Berart qi tenoit Caorsin.
L[i] quens R[aous] n'ot pas le quer frarin ;
585 les sains aporte el palais marberin –
chieres reliqes i ot de saint Fremin
et de saint P[iere] et de saint Augustin.
Li rois li jure – n'i qist autre devin –
qe les honors li donra il en fin,
590 qex quens qe muire entre Loire et le Rin.

XXXVI

Li rois li done Olivier et Ponçon,
s[i] li livra et Garnier et Ponçon,
et puis li donne Amauri et Droon,   [11a]
Richier le viel et l'Amorois Foucon,
595 et Berengier et son oncle Sanson :
cil sont ostaige qe il donne au baron.
Devant le roi jurerent el donjon
qe des ostaiges seront bon compaignon,
qe se quens muert d'Orliens desq'a Soisons,
600 de Monloon dusq'a Ais au perron,

35.

Le comte Raoul appela Guerri.

«Mon oncle, lui dit-il, je vous considère comme mon ami. J'accepterai ce don et ne vous ferai jamais défaut!»

Il essuya en réalité une querelle en échange du fief de son père, et ce fut la mort et la ruine de maint chevalier. Ils demandèrent des garants au puissant roi Louis, parmi les plus nobles chevaliers que Raoul vit à la cour, et il les leur accorda – ce faisant, il écouta un mauvais conseil. Quarante garants lui engagèrent leur parole, mais par la suite ils le regrettèrent amèrement. Le roi leur donna Lohier et Anséis, ainsi que Gociaume, Gérard, Gérin, Herbert du Maine, Geoffroi l'Angevin, Henri de Troyes, et le jeune Gérard, qui possédait Senlis du côté du Beauvaisis. Avec ceux-ci, il leur donna Galeran et Gaudin, et puis Bérard, qui possédait le Quercy. Le comte Raoul n'eut pas le cœur lâche; dans la grande salle de marbre il fit apporter les saintes reliques – il y avait de précieuses reliques de saint Firmin[1], de saint Pierre et de saint Augustin. Le roi ne demanda pas d'autre témoin; il jura qu'à la fin il donnerait à Raoul les fiefs du premier comte qui mourrait entre Loire et Rhin.

36.

Le roi lui donna Olivier et Ponçon, lui livra Garnier et Ponçon. Ensuite il lui donna Amaury et Droon, Riquier le Vieux et Foulques d'Aumarie, Béranger et son oncle Samson : ce sont tous des garants qu'il donna au noble baron. Tous jurèrent dans le donjon, devant le roi, d'être de fidèles témoins, que si un comte venait à mourir d'Orléans jusqu'à Soissons, de Laon

---

1. Firmin, premier évêque d'Amiens (IVe s.). Évoqué encore au vers 1427.

qe la conté li donra a bandon.
R[aous] ot droit, tres bien le vos dison,
mais l'empereres ot trop le quer felon
qi de tel terre fist a son neveu don
605 dont maint baron widierent puis arçon.
R[aous] fu saiges, tres bien le vos disons,
qi des ostaiges demanda a fuison.

XXXVII

Quarante ostaiges l'empereres li done.
Li sors G[ueris] les prent et araisone :
610 Gerins d'Auqois et Huon de Hantonne,
Richart de Rainz et Simon de Perone,
Droon de Miax, Savari de Verone,
Estout de Lengres et Wedon de Borbone –
toute Borgoigne tenoit en sa persone,
615 tel chevalier n'ot jusq'a Barselone –,
sor sains jurererent q'il n'i qerront essoine.
Li rois meïsme jura par sa couronne
qe ja par home n'i perdra une poume.

XXXVIII

Li empereres a la fiere puissanse
620 quarante ostaiges li livra en oiance,
par tel couve[n]t con dirai la samblance :
qe ce quens muert en Vermandois n'en France,
qe de la terre, qui q'il tourt a pesance,   [11b]
li fera il el païs delivrance,
625 ja n'i perdra nes le fer d'une lance.
Puis l'en failli par sa desmesurance ;
maint gentil homme torna puis a pesance –
tuit il ostaige en furent en balance.

XXXIX

Ostaiges ot trestoz a son devis.
630 Une grant piece demora puis ensi,
mien esciant un an et .xv. diz.

jusqu'au perron à Aix, son comté serait accordé sans réserve à Raoul. Raoul avait le droit pour lui, nous vous l'assurons, mais l'empereur eut le cœur perfide quand il donna à son neveu une terre telle qu'elle ferait vider les arçons à maint vaillant chevalier. Raoul agit en sage, nous vous l'assurons, en demandant une multitude de garants.

37.

L'empereur lui donna quarante garants. Guerri le Roux les prit et les harangua. Gérin d'Auxois et Hugues de Hantonne, Richard de Reims et Simon de Péronne, Droon de Meaux, Savari de Véronne, Estout de Langres et Eudes de Bourbon – celui qui possédait à lui seul toute la Bourgogne, et qui n'avait son pareil d'ici à Barcelone – tous jurèrent sur les reliques qu'ils ne chercheraient aucune excuse. Et le roi lui-même jura sur sa couronne que Raoul ne perdrait pour personne la valeur d'une pomme.

38.

Le puissant empereur lui livra en la présence de tous ses barons quarante garants, s'engageant selon les termes que je vous dirai : s'il meurt un comte en Vermandois ou en France, il livrera son fief à Raoul, à qui il n'en manquera même pas le fer d'une lance, quel que soit celui qui en souffre. Mais par la suite le roi par son outrecuidance manqua à sa parole et fit souffrir de nombreux nobles chevaliers – tous les garants furent en péril.

39.

Raoul eut tous les garants qu'il désirait. Les choses restèrent longtemps ainsi – pendant un an et quinze jours, me semble-t-il.

R[aous] s'en va ariere en Cambrizi,
et par dedens le terme qe vos dis
fu mors Herbers uns quens poesteïs –
635 preus fu et saiges et ot molt bons amis.
Vermandois tint et trestout le païs :
Roie fu soie, Perone et Orignis,
et Ribemons, Sainz Quentins et Claris –
tant buer fu nez qi a plenté d'amis !
640 R[aous] le sout qi molt en fu hatis.
Molt tost monta sor un destrier de pris,
siax a mandez qi s'en sont entremis,
s'i fu ces oncles d'Aras li sors G[ueris] ;
ainc ne finere[n]t si vinre[n]t el païs,
645 .vii. vins amaine[nt] et a vair et a gris.
Le don vont qere au fort roi Loeys
dont mains frans hom fu puis mors et ocis.
R[aous] ot droit si con je ai apris ;
le tort en ot li rois de Saint Denis –
650 par malvais roi est mains frans hom honnis.
Li baron vinre[n]t a la cort a Paris,
a pié descende[n]t par desoz les olis,
el palais montent – ja iert li rois reqis.   [12a]
Loeys truevent el faudestuef asis.
655 Li rois regarde, vit venir les marchis ;
devant venoit R[aous] o le cler vis.
« Cil Diex, dist il, qi en la crois fu mis,
il saut et gart le fort roi Loeis ! »
Li empereres ne fu pas trop hatis.
660 « Dex gart toi, niés, cil qi fist paradis. »

XL

Raous parole li gentix et li ber.
« Drois empereres, ne le vos qier celer,
vostre niés sui, ne me doit meserrer.
Mors est Herbers, si com j'oï conter,
665 qi Vermendois sieut tenir et garder.
Faites m'en tost les honors delivrer :
je le vos vi et plevir et jurer,

Raoul rentra en Cambrésis et avant le terme dont j'ai parlé le puissant comte Herbert mourut – c'était un chevalier preux et avisé, soutenu par de bons amis. Il possédait le Vermandois et toutes les terres environnantes : à lui appartenaient Roie, Péronne, Origny, Ribemont, Saint-Quentin et Cléry – un homme avec une multitude d'amis est très fortuné !

Raoul apprit la mort du comte et s'empressa. Il enfourcha aussitôt son destrier de prix et fit mander les intéressés : parmi eux se trouvait son oncle d'Arras, Guerri le Roux. Sans se reposer, ils chevauchèrent vers Paris en compagnie de cent quarante chevaliers vêtus de vair et de petit gris. Ils allèrent exiger du puissant roi Louis le don par lequel maint noble chevalier trouva la mort par la suite. Raoul avait pour lui le droit, comme je vous l'ai appris, et le roi de Saint-Denis avait tort : à cause d'un mauvais roi, maint noble chevalier est mis à mal.

Les barons vinrent à la cour à Paris et mirent pied à terre sous les oliviers ; ils montèrent dans la grande salle – le moment d'exiger le don royal était arrivé. Ils trouvèrent Louis assis sur le trône. Le roi vit approcher les marquis, à leur tête Raoul au clair visage.

« Que le Seigneur qui fut crucifié sauvegarde le puissant roi Louis ! »

L'empereur ne répondit pas à la hâte : « Que Dieu qui créa le paradis te protège, mon neveu. »

40.

Le noble comte Raoul lui adressa la parole : « Mon juste empereur, je suis votre neveu, je vous le dis franchement, et ne dois pas être victime d'une tromperie. J'ai entendu dire que le comte Herbert, qui possédait le Vermandois, est mort. Accordez-m'en de suite tous les privilèges : je vous l'ai vu jurer et promettre, et vous m'avez fait livrer des garants.

et les ostaiges m'en feïstes livrer.
– Nou ferai, frere, dist Loeys li ber.
670 Del gentil conte don[t] je t'oi ci parler
sont quatre fill qi molt font a loer.
Tex chevaliers ne porroit nus trover.
S'or vos aloie lor terre abandonner,
tuit gentill home m'en devroient blasmer,
675 mais a ma cort nes poroie mander,
ne me volroient servir ne honnorer.
Et neporcant, bien le te vuel moustrer,
n'ai nul talent de ciax deseriter ;
por un seul home n'en vuel quatre grever. »
680 R[aous] l'entent, les cens qide derver.
Escharnis est, ne seit mais qe penser.
Par maltalent s'en commence a torner ;
desq'a[u] palais ne se vost arester.   [12b]
De ces ostaiges i vit assez ester –
685 par sairement les prist a apeler.

XLI

Li quens R[aous] ot molt le cuer mari.
Droon apele et Joifroi le hardi,
celui d'Angou qi molt s'en esperdi,
Herbert del Maine et Gerart et Henri,
690 Sanson de Troies et Bernart le flori.
« Venez avant baron, je vos en pri.
Si con l'avez et juré et plevi,
demain au jor sor vos fois vos envi
dedens ma tor, par le cors saint Geri !
695 De grant dolor i serez raempli. »
Joifrois l'oï, toz li cors li fremi.
« Amis, dist il, por qoi m'esmaiés ci ?
– Jel vos dirai, R[aous] li respondi.
Mors est Herbers, cil qi tint Orign[i]
700 et Saint Quentin et Perone et Clari
et Ham et Roie, Neele et Falevi.
Penseiz qe j'aie le riche fié saisi ?
Li empereres m'en a del tout failli ! »

– Je ne le ferai pas, cher ami, répondit le puissant Louis, car le noble comte dont je t'entends parler a quatre fils, tous dignes de louanges. Ce sont des chevaliers sans pair. Si maintenant je te donnais leur terre, tous les nobles me blâmeraient ; je ne pourrais plus jamais les convoquer à ma cour, car ils refuseraient de me servir et de m'honorer. Même sans cela, je te l'assure, je n'ai point l'intention de les déshériter : je ne voudrais aucunement léser quatre hommes pour en avantager un seul. »

Raoul l'entendit et pensa perdre la raison. On s'était moqué de lui et il ne savait que faire. Plein de rage, il s'en alla et ne s'arrêta pas avant de pénétrer dans la grande salle. Là il vit la plupart de ses garants et commença à leur rappeler leur serment.

41.

Le comte Raoul en fut vivement affligé. Il manda Droon et Geoffroi le Hardi, le comte d'Anjou qui en eut très peur, Herbert du Maine, Gérard et Henri, Samson de Troyes et Bernard le chenu.

« Approchez-vous, barons, je vous en prie. Selon la teneur de votre serment, j'exige, sur votre parole, que vous vous présentiez demain dans ma tour lorsque le jour poindra. Par les reliques de saint Géri, vous y éprouverez une grande douleur ! »

À ces mots, Geoffroi trembla de tout son corps.

« Mon ami, lui dit-il, pourquoi me faites-vous si grand-peur ?

– Je vous le dirai, lui répondit Raoul. Herbert est mort, celui qui possédait Origny, Saint-Quentin, Péronne, Cléry, Ham, Roie, Nesle et Flavy. Pensez-vous que j'aie pris possession de ce puissant fief ? Pas du tout, car l'empereur m'a fait complètement défaut ! »

Et li baron chascuns li respondi :
705 « Donnés nos trives, s'irons a Loeys.
A sa parole averons tost oï
confaitement en serons garanti. »
Et dist R[aous] : « Par ma foi, je l'otri. »
B[erniers] s'en vait el palais signori ;
710 devant le roi s'en vont tot aati.
Joifroi parole, au roi proie merci.
« Drois empereres, malement sons bailli.
Por q'a(s) ostaiges cest malfé nos rendis,   [13a]
au plus felon qi ait hauberc vesti ?
715 Mors est Herbers – ainc tel baron ne vi ;
de tout son fié vieut estre ravesti ! »

XLII

Joifrois parole a l'aduré coraige.
« Drois empereres, trop feïs grant folaige
qant ton neveu donnas tel eritaige,
720 et d'autrui terre l'onnor et le fieage.
Mors est Herbers qi menoit grant barnaige ;
R[aous] a droit, vos en aveiz l'outraige.
Delivreis li, nos en somes ostaige.
– Diex, dist li rois, por un poi je n'enraige
725 qant por un home perde[n]t quatre l'oumaje ;
mais par celui qi fist parler l'imaige,
je qit si[s] dons li vendra a outraige.
Se ne remaint par plait de mariaige,
mains gentix hom i recevront damaige. »

XLIII

730 Li rois parole qi le cuer ot dolant.
« Biax niés R[aous], dist il, venés avant.
Par tel covent vos en doing ci le gant :
je ne mi home ne te seront garant. »
Et dist R[aous] : « Et je miex ne demant. »

Et chacun des barons lui répondit : « Accordez-nous une trêve et nous irons trouver Louis. Nous entendrons de sa propre bouche comment nous pourrons être sauvés. »

Et Raoul de répondre : « Par ma foi, je vous l'accorde. »

Bernier s'en alla dans l'imposante salle, et tous s'approchèrent aussitôt du roi. Geoffroi prit la parole et implora la grâce du roi :

« Mon juste empereur, nous sommes fort à plaindre. Pourquoi nous avez-vous livrés en garants à ce diable, à l'homme le plus cruel qui fut jamais vêtu de haubert ? Le bon baron Herbert est mort – jamais je n'ai vu son pareil – et celui-ci veut être investi de tout son fief ! »

42.

Geoffroi au cœur acharné parla : « Mon juste empereur, tu as commis une imprudence insensée en donnant à ton neveu un tel héritage – le fief et les terres d'un autre. Herbert, qui avait une troupe importante de barons, est mort ; Raoul a pour lui le droit, à vous incombe la honte. Livrez-lui les terres, car nous en sommes les garants.

– Dieu, dit le roi, il s'en faut de peu que j'enrage quand pour un seul homme je perds l'hommage de quatre autres. Mais par Celui qui fit parler la statue[1], je crois que par ce don lui viendra la honte. Si on ne peut pas arranger un mariage, de nombreux nobles chevaliers en souffriront. »

43.

Le cœur triste, le roi parla.

« Mon neveu Raoul, dit-il, approche-toi. Par ce gant je t'investis de ce fief, à la condition que ni moi ni mes hommes ne serons plus tes garants. »

Et Raoul de répondre : « Je ne demande pas mieux. »

---

1. Allusion au miracle de la statue parlante d'Édesse, mentionné également dans la *Vie de saint Alexis*, v. 168.

735 B[erniers] l'oï, si se drece en estant ;
      ja parlera hautement en oiant.
      « Li fil Herbert sont chevalier vaillant,
      riches d'avoir, et des amis ont tant
      qe ja par vos n'en perdront un besant. »
740 François parolent el palais li auqant ;
      dist l'uns a l'autre, li petit et li grant :
      « L'enfes R[aous] n'a mie sens d'effant ;
      l'onnor son pere va molt bien chalengant,   [13b]
      si muet li rois une guere si grant
745 dont mainte dame avront les cuers dolant. »

XLIV

      B[erniers] parole qi cuer a de baron
      si hautement qe bien l'entendi on.
      « Drois empereres, por le cors saint Simon,
      esgardez ore se ci a desraison !
750 Li fil Herbert n'ont pas fait qe felon,
      n'en vostre cort forgugier nes doit on.
      Por qoi donnez lor terres a bandon ?
      Ja Damerdiex ne lor face pardon
      c'il nel deffende[n]t vers R[aoul] le baron.
755 – Et je l'otroi, dist li rois a bandon.
      Qant sor mon pois en a reciut le don,
      ja n'en avrai fermé mon confanon. »

XLV

      Berniers parole a Raoul de Cambrai.
      « Je sui vostre hom, ja nel vos celerai,
760 mais endroit moi [ja ne vos loerai]
      qe vos lors terres prenés, car tres bien sai
      il sont .l. a Ernaut de Doai –
      en nule terre tex barons n'esgardai.
      Prenez en droit ainz qe riens lor mesfai ;
765 c'il t'ont meffait por oux l'amenderai,
      por toie amor si les aconduirai.

En l'entendant, Bernier se leva et dit d'une voix forte devant l'assemblée des barons :

« Les fils d'Herbert sont de vaillants chevaliers, riches en possessions, et avec une telle multitude d'amis que vous ne les priverez pas d'un seul besant. »

La plupart des Français, dans la grande salle, quel que soit leur rang, commençaient à murmurer, se disant les uns aux autres :

« Ce jeune Raoul raisonne comme un homme. Il revendique une juste récompense pour le patrimoine de son père, et le roi prépare une guerre si dure que mainte dame aura le cœur affligé. »

44.

Bernier au cœur valeureux parla si fort que tous l'entendirent :

« Mon juste empereur, sur les reliques de saint Simon, regardez bien s'il n'y a pas d'injustice ! Puisque les fils d'Herbert n'ont pas agi en traîtres, on ne doit pas les condamner injustement en votre cour. Pourquoi les priver de leurs terres ? Que le Seigneur Dieu leur refuse à jamais le pardon s'ils ne les défendent contre le noble Raoul !

– J'en suis d'accord, dit le roi rondement. Puisqu'il a reçu ce don contre mon gré, je n'attacherai jamais mon enseigne pour le secourir. »

45.

Bernier s'adressa ensuite à Raoul de Cambrai : « Je suis ton vassal, je te le dis franchement, mais quant à moi je ne te conseille pas de saisir leurs terres, car je sais bien qu'Ernaut de Douai a cinquante hommes – nulle part je n'ai vu de tels chevaliers ! Accepte un accord amical plutôt que de les léser ; et s'ils t'ont lésé, je réparerai le tort à leur place, et pour l'amour de toi je les amenerai ici.

– Voir, dist R[aous], ja ne le penserai.
Li dons m'e[st] fais, por rien nel gue[r]pirai. »
Et dist B[erniers] : « Sire, a tant m'en tairai,
770 Tant qe lor force au deffendre verrai. »

XLVI

Qant voit R[aous] qe si bien li estait,
q'en la grant cort li a on le don fait,
ne Loeys desdire ne s'en lait,   [14a]
por poi B[erniers] ces chevos n'en detrait.
775 Li quens R[aous] a son ostel s'en vait ;
el destrier monte, fait sonner son retrait,
de Paris ist, n'i ot ne cri ne brait.

XLVII

Vait s'en R[aous] poingnant a esperon,
desc'a Cambrai est venus a bandon ;
780 a lor ostex descende[n]t li baron.
L'enfes B[erniers] tenoit le chief enbrun :
a R[aoul] ot tencié par mesproison ;
ains dormira q'il boive de puison,
ne qe il voist n'en palais n'en donjon,
785 qe vers sa dame ne vieut movoir tençon.
Li quens R[aous] descendi au perron.
Dame Aalais a la clere façon
son filg baisa la bouche et le menton.

XLVIII

Dame Aalais au gent cors signori
790 son fil R[aoul] baisa et conjoï,
et li frans hom par la main la saisi.
Andui monterennt el grant palais anti.
Ele l'apele – maint baron l'ont oï ;
« Biax fix, dist ele, grant vos voi et forni.
795 Seneschax estes de France, Dieu merci.
Molt m'esmervel del fort roi Loeys :
molt longuement l'avez ore servi,

– Vraiment, répondit Raoul, il n'en est pas question. Le don m'en est fait et jamais je n'y renoncerai. »

Et Bernier de dire : « Seigneur, pour le présent je me tais, jusqu'au moment où je verrai leurs effectifs. »

46.

Quand Raoul vit que les choses allaient si bien pour lui qu'il reçut en cour plénière le don du Vermandois, et que Louis n'osa pas le désavouer, peu s'en fallut que Bernier ne s'arrache les cheveux ! Le comte Raoul revint à son logement. Là il enfourcha son destrier, fit sonner son départ, et quitta Paris sans tambour ni trompette.

47.

Raoul chevaucha à bride abattue et arriva rapidement à Cambrai. Les chevaliers regagnèrent leurs logements. Le jeune Bernier avait la tête baissée, car il regrettait de s'être disputé avec Raoul ; il ira se coucher sans se désaltérer, sans aller dans la grande salle ou le donjon, car il ne veut pas provoquer de querelle avec dame Aalais. Le comte Raoul descendit de cheval au perron et dame Aalais au clair visage embrassa son fils sur la bouche et le menton.

48.

Dame Aalais au beau corps gracieux accueillit son fils en l'embrassant, et le noble jeune homme la prit par la main. Ensemble ils montèrent vers la grande salle antique. Devant une multitude de barons, elle lui adressa la parole.

« Mon cher fils, lui dit-elle, je vois que tu es grand et robuste. Grâce à Dieu, tu es sénéchal de toute la France. Le puissant roi Louis m'étonne beaucoup, car tu l'as longtemps servi sans

ne ton service ne t'a de rien meri.
Toute la terre Taillefer le hardi,
800 le tien chier pere qe je pris a mari,
te rendist ore par la soie merci,
car trop en a Mancel esté servi.
Je me mervelg qe tant l'as consenti   [14b]
qe grant piece a ne l'as mort ou honni. »
805 R[aous] l'entent – le cuer en ot mari.
« Merci, ma dame, por Dieu qi ne menti !
Tout mon service m'a Loeys meri :
mors est Herbers, ice saichiés de fi ;
de sa grant terre ai le don recoilli. »
810 Oit le la dame, souspirant respondi :
« Biax fix, dist ele, longement t'ai norri.
Qi te donna Peronne et Origni
et Saint Quentin, Neele et Falevi,
[Et] Ham et Roie et la tor de Clari,
815 de mort novele, biax fix, te ravesti.
Laisse lor terre, por amor Dieu t'en pri !
R[aous] tes peres, cil qi t'engenuï,
et quens Herbers furent tos jors ami.
Maint grant estor ont ensamble forni ;
820 ainc n'ot entr'ax ne noise ne hustin.
Se tu m'en croiz, par les saints de Ponti,
non aront ja li effant envers ti. »
Et dist R[aous] : « Nel lairai pas ensi,
qe toz li mons m'en tenroit a failli
825 et li mien oir en seroient honni. »

XLIX

« Biax fix R[aous], dist A[alais] la bele,
je te norri del lait de ma mamele.
Por qoi me fais dolor soz ma forcele ?
Qi te dona Perone et Peronele
830 et Ham et Roie et le borc de Neele
ravesti toi, biaux fix, de mort novele.
Molt doit avoir riche lorain et cele   [15a]
et bon barnaige qi vers tel gent revele.

aucune récompense. Il est bien temps qu'il te rende par sa misé-
ricorde toutes les terres de Taillefer le Hardi, ton cher père et
mon époux, car Giboin du Mans en a trop longtemps profité. Je
m'étonne que tu aies si longtemps accepté pareille situation sans
le tuer ou le déshonorer. »

À l'écouter, Raoul en eut le cœur marri.

« Je vous demande grâce, ma dame, par Dieu qui jamais ne
mentit ! Louis vient de récompenser tous mes services : sachez
que le comte Herbert est mort et que j'ai reçu en don toute sa
grande terre. »

La dame l'écouta et répondit en soupirant.

« Cher fils, dit-elle, je t'ai élevé pendant des années. Celui qui
te donna Péronne et Origny, Saint-Quentin et Nesle et Flavy,
Ham et Roie et la tour de Cléry, t'a condamné, cher fils, à une
mort prochaine. Je t'en prie au nom de Dieu, renonce à leur
terre ! Ton père, Raoul, qui t'engendra, fut toujours un ami
proche du comte Herbert. Ils ont combattu côte à côte dans de
nombreuses batailles, sans jamais la moindre querelle, la
moindre dispute. Si tu suis mon conseil, par les saints du Pon-
thieu, ses enfants n'auront jamais de querelle avec toi non
plus. »

Et Raoul de répondre : « Je n'abandonnerai pas ce don pour
autant, car tout le monde me tiendrait pour un lâche et mes
héritiers en subiraient la honte. »

49.

« Mon cher fils Raoul, dit la belle Aalais, je t'ai nourri du lait
de ma poitrine – pourquoi fais-tu pénétrer une telle douleur au
plus profond de mon sein ? Celui qui te donna Péronne et Péro-
nelle, Ham et Roie et la ville de Nesle, t'a condamné, cher fils,
à une mort prochaine. Pour s'opposer à de tels adversaires, il
faut avoir un harnais et une selle magnifiques, et de très bons

De moi le sai, miex vosisse estre ancele,
835 nonne velee dedens une chapele.
Toute ma terre iert mise en estencele. »
R[aous] tenoit sa main a sa maissele,
et jure Dieu qi fu nez de pucele
q'il nel lairoit por tout l'or de Tudele.
840 Ains q'il ne[l] lait en iert traite boele
et de maint chief espandue cervele.

L

Dame A[alais] o le simple viaire
avoit vestu une pelice vaire.
Son fil apele, ce li dist par contraire :
845 « Biax fix R[aous], qant ce deviés faire,
car mandissiés les barons d'Arouaise.
— Volentiers dame, mais ce nes en puis traire,
par cele foi qe je doi saint Ylaire,
se Dex se done qe je vis en repaire,
850 tant en ferai essorber et deffaire
et pendre en haut as forches comme laire
qe tuit li vif aront assez qe braire.
— Diex ! dist la dame, li cuers point ne m'esclaire.
Li sor G[ueris] en iiert prevos et maire. »

LI

855 « Biax fix R[aous], dist la dame au vis fier,
a si grant tort guere ne commencier.
Li fil H[erbert] sont molt bon chevalier,
riche d'avoir, si ont maint ami chier.
Fix, ne destruire chapele ne mostier ;
860 la povre gent por Dieu ne essillier.

compagnons. Pour ma part, je préférerais être servante ou nonne voilée dans une chapelle plutôt que de te voir partir, car toute ma terre sera la proie des flammes. » *ennui*

Raoul prit son menton dans sa main[1] et jura par Dieu qui naquit de la Vierge qu'il ne renoncerait pas au don pour tout l'or de Tudèle[2]. Avant d'y renoncer, il fera jaillir des viscères et répandra mainte cervelle.

50.

Dame Aalais au visage franc portait une pelisse de menuvair. À son fils elle exprima son désaccord :

« Mon cher fils Raoul, puisqu'il te faut agir de la sorte, fais rassembler les barons de l'Arrouaise[3].

– Très volontiers, ma dame, mais s'ils refusent de m'accompagner, par la foi que je dois à saint Hilaire[4], si Dieu m'accorde de revenir vivant, j'en ferai aveugler et mutiler et pendre tant d'entre eux au haut des potences comme des voleurs, que tous les survivants auront de quoi pleurer.

– Dieu, dit la dame, mon cœur n'est pas soulagé pour autant, car c'est Guerri le Roux qui tirera profit de l'opération. »

51.

« Mon cher fils Raoul, dit la dame au fier visage, ne commence pas la guerre si injustement. Les fils d'Herbert sont de très bons chevaliers, riches en possessions, et ils ont une multitude de bons amis. Mon fils, ne détruis ni chapelle ni église, et pour l'amour de Dieu, ne massacre pas les pauvres

---

1. Ce geste, que Raoul répète au vers 1014, signifie l'ennui, selon Ph. Ménard, *Société Rencesvals*, IVᵉ Congrès international, Heidelberg, 1967. C'est l'attitude caractéristique des êtres en proie à la douleur, selon F. Garnier, *Le Langage de l'image au Moyen Âge*, Le Léopard d'or, 1982, t. I, pp. 181-184. **2.** Tudèle : Tudela, riche ville d'Espagne dans la province de Navarre. **3.** Arrouaise : territoire entre Saint-Quentin et Cambrai, s'étendant depuis Albert jusqu'à la Sambre, recouvert autrefois par une forêt. **4.** Probablement saint Hilaire, théologien et évêque de Poitiers, mort vers 367. Il est évoqué de nouveau au v. 2460.

Biax fix R[aous], por Dieu nel me noier,   [15b]
combien as gent por guere commencier ?
– En non Dieu, dame, bien seront .x. millier.
Del sor G[ueri] ferai confanonnier.
865 Cil d'Aroaise ne l'oseront laisier
qe il n'i vaigne[nt], cui q'il doie anuier.
– Dex ! dist la dame, c'est mal acommencier. »

LII

« Dex, dist la dame, par ton Saintisme non,
je ne dis pas G[ueris] ne soit preudon
870 et preus et saiges, si a cuer de baron,
si portera molt bien ton confanon,
et conqerra le païs a bandon.
Cil d'Arouaise sont malvais et felon.
Se tu fais proie de buef ou de mouton,
875 la seront il si fier comme lion ;
se fais bataille, maint plait en orra on,
car au ferir s'en fuiront li glouton –
en la bataille seras a grant friçon.
Li filg Herbert ne sont mie garçon.
880 Qant te verront si seul sans compaingnon,
trencheront toi le chief so[z] le menton,
et je, biax fix, foi qe doi saint Simon,
morrai de duel, n'en avrai garison. »
Et dist R[aous] : « Vos parlez en pardon,
885 qe par celui qi vint a paissïon,
je nel lairoie por tot l'or d'Avalon
qe je n'i voise, qant g'en ai pris le don. »

LIII

« Biax fix R[aous], je te di bien sans faille
q'en Aroaise a malvaise fraipaille.
890 Se tu fais proie [d]e chose qi riens vaille,   [16a]
tuit te sivront et sergant et pietaille,
mais n'en fai nul armer contre bataille

gens. Mon cher fils Raoul, dis-moi franchement : combien as-tu de gens pour commencer cette guerre ?

– Au nom de Dieu, ma dame, il y en aura plus de dix mille et Guerri le Roux sera mon gonfalonier. Les chevaliers de l'Arrouaise n'oseront pas refuser de venir, même contre leur gré.

– Dieu, dit Aalais, cela commence mal ! »

52.

« Dieu, dit la dame, par ton très saint Nom, je ne dis pas que Guerri n'est pas un homme de valeur, preux et avisé, avec le cœur d'un guerrier. Il portera bravement ton gonfanon et conquerra rapidement le pays. Mais les gens de l'Arrouaise ne sont pas dignes de foi. Si tu remportes en butin des bœufs ou des moutons, ils se montreront féroces comme des lions ; mais si tu entres en bataille, il y aura de quoi se plaindre, car les poltrons s'enfuiront devant les coups et tu trembleras sur le champ de bataille. Les fils d'Herbert ne sont pas des enfants ; quand ils te verront sans compagnons, ils te trancheront la tête sous le menton, et moi, cher fils, je mourrai de douleur, par saint Simon. Rien ne pourra me sauver.

– Vous dépensez votre salive pour rien, répondit Raoul, car par Celui qui souffrit la Passion, je ne manquerai pas d'aller en Vermandois pour tout l'or d'Avalon[1], maintenant que j'en ai accepté le don. »

53.

« Mon cher fils Raoul, je te dis en vérité que les gens de l'Arrouaise sont de minables poltrons. Si tu pilles des choses de quelque valeur, fantassins et hommes d'armes te suivront tous, mais ne les fais pas armer pour la vraie bataille, car ils n'y

---

1. Avalon : île mystérieuse des romans arthuriens, où se serait retiré le roi Arthur. Évoquée de nouveau pour ses richesses légendaires au v. 3786.

car n'i valroient vaillant une maaille,
ainz s'en fuiront sor q[u]i qe la perte aille.
895 N'avras de gent valissant une paille.
La gent H[erbert] ne sont mie frapaille ;
il t'ociront, c'en est la devinaille,
et si te di, le cuer soz la coraille
te trairont il a lor branc qi bien taille. »

LIV

900 « Biax fix R[aous], por Dieu le droiturier,
a si grant tort guere ne commencier.
Car me di ore q'escera de Bernier ?
Tant l'as norri qe l'as fait chevalier.
– En non Dieu, dame, felon le vi et fier ;
905 devant le roi le me vint chalengier.
Qant g'en jurai le cors de saint Richier
mar l'en orroie parole so[r]hauchier,
et il me dist bien le devoit laissier
tant qe venroit desq'as lances brisier ;
910 mais au besoing vieut ces oncles aidier. »
Oit le la dame, qide vive esraigier ;
a haute vois commença a huchier :
« Bien le savoie, a celer nel vos qier,
ce est li hom dont avras destorbier,
915 c'il en a aise, de la teste tranchier.
Biax fix R[aous], un consel vos reqier,
q'as fis H[erbert] vos faites apaisier
et de la guere acorder et paier.
Laisse lor terr[e], il t'en aront plus chier,   [16b]
920 si t'aideront t'autre gu[e]re a baillier
et le Mancel del païs a chacier. »
R[aous] l'oï, le sens quida changier,
et jure Dieu qi tot a a jugier
q'il nel feroit por l'or de Monpeslier.
925 « Maldehait ait – je le taing por lanier –
le gentil homme, qant il doit tornoier,
a gentil dame qant se va conseillier !
Dedens vos chambres vos alez aaisier,

vaudraient pas la maille[1] d'un denier – ils s'enfuiront sans se préoccuper des conséquences. Ceux qui te resteront ne vaudront pas une paille. Mais les gens d'Herbert n'ont rien de poltrons : ils te tueront, on le devine sans peine, et je te dis ici qu'ils t'ôteront le cœur de la poitrine avec leurs épées tranchantes. »

54.

« Mon cher fils Raoul, par Dieu notre Juge, ne commence pas de guerre si injustement. Dis-moi ce qui va arriver à Bernier, que tu as élevé et fait chevalier ?

– Au nom de Dieu, ma dame, je l'ai vu perfide et cruel, car il est venu revendiquer le fief devant le roi. Quand j'ai juré sur les reliques de saint Riquier[2] que je ne voulais plus en entendre parler, il m'a répondu qu'il laisserait les choses ainsi jusqu'au moment où il faudrait briser les lances, mais qu'il voulait aider ses parents dans la difficulté. »

À ces mots, dame Aalais devint furieuse et se mit à crier à pleins poumons :

« Je le savais bien ! Je te le dis en toute sincérité : c'est Bernier qui sera ta ruine, et il te tranchera la tête l'occasion venue. Mon cher fils Raoul, écoute mon conseil : fais la paix avec les fils d'Herbert et accepte un accord et une compensation pour éviter la guerre. Si tu renonces à leur fief, ils auront davantage d'amitié pour toi et viendront t'aider à chasser Giboin du Mans de ton pays, dans l'autre guerre que tu dois mener. »

À ces mots, Raoul pensa devenir fou ; il jura par Dieu le Juge souverain qu'il ne le ferait pas pour tout l'or de Montpellier.

« Je voue à tous les diables le seigneur – je le tiens pour un poltron – qui au moment d'entreprendre la bataille va écouter les conseils d'une femme ! Allez vous détendre dans vos

---

1. La plus petite pièce de monnaie, qui valait un demi-denier. 2. Saint Riquier fonda au VIIe siècle, dans le diocèse d'Amiens, le *monasterium Centulense*, qui abandonna plus tard ce nom pour prendre celui de son fondateur. Il est évoqué quatorze fois dans le poème.

        beveiz puison por vo pance encraissier,
930 et si pensez de boiwre et de mengier,
        car d'autre chose ne devez mais plaidier ! »
        Oit la dame, si prist a larmoier.
        « Biax fils, dist ele, ci a grant destorbier !
        Ja vi tel jor qe je t'oi grant mestier,
935 qant li François te vosent forjugier –
        donner me vosent le felon pautounier,
        celui del Maine, le felon soldoier.
        Je nel vos prendre ne avec moi colchier,
        ainz te norri, qe molt t'avoie chier,
940 tant qe poïs monter sor ton destrier,
        porter tes armes et ton droit desraisnier.
        Puis t'envoiai a Paris cortoier,
        a quatre cenz, sans point de mençoingier,
        de gentils homes – chascuns ot le cuer lié ;
945 n'i ot celui n'eüst hauberc doublier.
        Li empereres te retint volentiers ;
        il est mes freres, ne te vols[t] abaissier,
        ains t'adouba et te fist chevalier,
        et seneschal por t'onnor essaucier.   [17a]
950 Tes anemis en vi molt embronchier,
        et tes amis lor goie sorhaucier
        car au besoing s'en qidoient aidier.
        Or viex aler tel terre chalengier
        ou tes ancestres ne prist ainz un denier,
955 et qant por moi ne le viex or laisier,
        cil Damerdiex qi tout a a jugier
        ne t'en remaint sain ne sauf ne entier ! »
        Par cel maldit ot il tel destorbier,
        con vos orez, de la teste trenchier !

                                LV

960 Dame A[alais] ot molt le cuer mari.
        Son filg maldist, fors del palais issi ;
        entree en est el mostier Saint Geri.
        En crois se met devant le crucefi ;
        Dieu reclama qi onqes ne menti :

chambres, buvez de vos breuvages pour vous emplir la panse, ne songez qu'à boire et manger, car vous ne devez pas vous mêler d'autre chose ! »

À ces mots, la dame se mit à pleurer.

« Mon cher fils, lui dit-elle, voici un grand malheur ! Je me souviens d'un jour où je t'ai rendu un grand service, quand les Français voulaient te priver de ton patrimoine en me donnant à ce mauvais va-nu-pieds du Maine, cet ignoble félon. J'ai refusé de l'épouser et de coucher avec lui ; puisque je t'aimais tendrement, j'ai préféré t'élever jusqu'au moment où tu as pu monter sur ton destrier, porter tes armes et défendre ton droit. C'est alors que je t'ai envoyé à la cour à Paris, en compagnie de quatre cents nobles chevaliers, sans exagérer. Chacun avait le cœur joyeux et tous portaient des hauberts à double épaisseur. L'empereur t'a accueilli parmi son entourage, car il est mon frère et ne voulait pas te nuire. Il t'a donné la colée et t'a fait chevalier et puis sénéchal pour te rendre plus d'honneur. J'ai vu tes ennemis s'en attrister et tes amis s'en réjouir, car dans le besoin ils étaient sûrs de ton secours. Et voici que tu veux aller revendiquer une terre dans laquelle tes ancêtres n'ont jamais gagné un denier vaillant. Et puisque tu refuses d'y renoncer par amour pour moi, que le Seigneur Dieu qui nous juge ne te ramène pas ici sain, sauf et entier ! »

Cette malédiction lui porta à ce point malheur, comme vous allez l'entendre, que Raoul eut la tête tranchée.

55.

Dame Aalais fut vivement affligée. Après avoir maudit son fils, elle sortit de la grande salle et entra dans l'église Saint-Géri. Elle se prosterna, les bras en croix devant le crucifix et implora Dieu qui jamais ne mentit :

965 « Glorieus Diex qi en crois fustes mis,
si con c'est voirs q'al jor del venredi
fustes penez qant Longis vos feri,
por pecheors vostre sanc espandi,
ren moi mon filg sain et sauf et gari.
970 Lasse, dolante, a grant tort l'ai maldi !
Ja l'ai je, lase, si doucement norri !
Se il i muer, bien doit estre gehi,
ce iert mervelle s'au coutel ne m'oci ! »
A ces paroles del mostier departi ;
975 devant li garde si vit le sor G[ueri].
Passa avant, par le frainc l'a saisi.
« Sire vasals, qe chevalchiés ici ?
Ou avez vos tel concell acolli ?
— Dame, dist il, ne vos en iert menti.   [17b]
980 Ce fait l'orgiex vostre fil qe voi ci.
Sous ciel n'a homme si preu ne si hardi,
c'il li blasmoit, ja mais fusent ami. »

LVI

Li sors G[ueris] nel vost aseürer.
Ou voit R[aoul], cel prent a apeler :
985 « Biax niés, dist il, comment volrez errer ?
iceste guere lairés la vos ester ? »
Et dist R[aous] : « De folie oi parler.
Miex me lairoie toz les menbres colper ! »
Par tout Artois fait les barons mander
990 et d'Arouaise les grans gens asambler,
et cil i vinrent qi ne l'osent veer :
desq'a .x. mile les peüssie[z] esmer.
Parmi les portes les veïssiés entrer,
l'or et l'argent luire et estenceler !
995 Voi[t] le la dame, le sens qide derver.
« Lase ! dist ele, ne sai mais qe penser.
Li fil Herbert referont asambler
lor ost plaigniere ; se se vient au joster,
ja sans grant perte ne porront retorner. »

« Dieu de Gloire, qui fûtes mis en croix, s'il est vrai que le Vendredi vous avez souffert sous le coup de Longin[1] et répandu votre sang pour nous, pécheurs, rendez-moi mon fils sain, sauf et entier. Pauvre misérable, j'ai fait une très grande folie quand je l'ai maudit, celui que j'ai si tendrement élevé. S'il meurt, on ne peut pas le nier : seul un miracle pourrait m'empêcher de me tuer d'un coup de couteau ! »

Sur ces mots, elle quitta l'église et vit devant elle Guerri le Roux. Elle s'approcha de lui et saisit le frein de son cheval.

« Seigneur, pourquoi chevauchez-vous par ici ? Qu'est-ce qui vous a donné cette idée ?

– Madame, répondit-il, je vous le dis sans ambages, c'est l'orgueil de votre fils que voici. Il n'y a personne sous le ciel, aussi courageux ou hardi soit-il, qui jamais regagnerait son amitié après lui avoir fait un reproche. »

56.

Guerri le Roux ne chercha pas à la rassurer. Dès qu'il vit Raoul, il se mit à lui demander : « Cher neveu, comment penses-tu continuer ? Vas-tu renoncer à cette guerre ? »

Et Raoul répondit : « J'entends des paroles insensées ! Je me laisserais plutôt trancher les membres. »

Il convoqua les barons de tout l'Artois et fit rassembler les grands seigneurs de l'Arrouaise, qui n'osèrent refuser de venir : vous pourriez estimer leur nombre à dix mille. Il fallait les voir entrer par les grandes portes, tout étincelants d'or et d'argent ! En les voyant s'assembler, dame Aalais pensa perdre la raison.

« Misérable que je suis, dit-elle, je ne sais plus que penser ! Les fils d'Herbert vont convoquer de même toute leur armée : si la lutte s'engage, les troupes ne reviendront pas sans avoir souffert des pertes énormes ! »

---

1. Longin est le nom du soldat qui donna le coup de lance au Christ sur la Croix. Sa légende, très populaire au Moyen Âge, est racontée plus loin aux vers 5115 ss. et figure dans la *Légende dorée*. Il est évoqué également aux vv. 3691, 4064, 5002, et 8250.

LVII

1000 Droit a Cambrai fu A[alais] la bele.
     Parmi la porte Galeran(s) de Tudele,
     la voit venir tant destrier de Castele,
     tant bon vasal et tante bele cele.
     La dame estoit dedens une chapele ;
1005 a l'issir fors son fil R[aoul] apele.
     « Biax fix, dist ele, por la virgene pucele,
     qe qidiés faire de tel gent garçonnele ?
     Hom d'Aroaise ne vaut une cinele.
     Trop par sont bon por vuidier escuele,   [18a]
1010 mas au combatre, tex en est la novele,
     ne valent mie un froumaje en fissele. »
     R[aous] l'oï ; li cuers soz la mamele
     li fremist toz et saut jusq'a l'aissele.
     Par irour tint sa main a sa maissele.
1015 « Dame, dist il, ci a longe favele,
     qe par la dame qe l'on qiert a Nivele,
     miex volroie estre toz jors cers d'une ancele
     qe ne conqiere Perone et Peronele,
     et Ham et Roie et le borc de Neele.
1020 Rois Loeys qi les François chaele
     m'en fist le don en sa sale nouvele.
     Ançois en iert mainte froide cervele,
     et traïnans en iert mainte bouele,
     qe je lor lais vaillant une prunele !
1025 – Dex ! dist la dame, con cuisant estencele !
     Tu em morras, car tes cuers trop revele. »

LVIII

     « Biaus fix R[aous], se g'en fuse creüe –
     por ce ce sui [toute vielle et chenue]
     ne sui je pas [de mon cens esperdue] –
1030 iceste guerre ne fust awant meüe. »
     R[aous] l'oï, toz li cors li tressue,
     G[ueri] apele a [l]a fiere veüe.

57.

La belle Aalais était à Cambrai. Par la Porte Galeran de Tudèle elle vit passer une multitude d'excellents chevaliers, avec leurs destriers de Castille et leurs selles de prix. En sortant d'une chapelle, elle s'adressa à son fils Raoul.

« Cher fils, dit-elle, dis-moi par la Vierge Marie ce que tu comptes faire avec toute cette canaille ? Les gens de l'Arrouaise ne valent pas un gratte-cul. Ils sont très doués pour vider les écuelles, mais il est bien connu que dans la bataille ils ne valent pas un fromage blanc en faisselle. »

À ces mots, le cœur de Raoul frémit dans sa poitrine et bondit jusqu'à l'aisselle. Montrant sa colère, Raoul prit son menton dans sa main et dit :

« Madame, ce sont là d'interminables radotages, car par la sainte dame de Nivelles[1], j'aimerais mieux être pour toujours le serf d'une chambrière que renoncer à la conquête de Péronne et de Péronnelle, de Ham, de Roie et de la ville de Nesle. Louis, le roi des Français, me les a donnés dans sa grande salle toute neuve. On verra beaucoup de cervelles froides, beaucoup d'entrailles traînant à terre, avant que je leur abandonne la moindre chose.

– Dieu, dit Aalais, quel brandon de discorde ! Tu mourras, car ton cœur est trop rebelle ! »

58.

« Mon cher fils Raoul, si tu me croyais – bien que je sois [toute vieille et chenue], je n'ai pas [perdu mon entendement] pour autant – cette guerre ne serait jamais entreprise. »

À l'entendre, Raoul se mit à transpirer de colère et s'adressa

---

1. La dame invoquée ici est vraisemblablement sainte Gertrude, dont le père Pépin de Landen était le maire du palais d'Austrasie. Gertrude était la première abbesse du couvent de Nivelles en Brabant, où elle mourut en 659.

« Gardez tos soit vostre gens esmeüe ;
sor Vermendois soit telx guere creüe
1035 dont mainte eglise soit arse et confondue.
Laissiés ma dame, vielle est et remasue ;
la gens me blasme qi est a moi venue.
En maint estor a esté combatue –
ainc ne pot estre en bataile vainchue. »   [18b]

LIX

1040 Congié demande R[aous] de Cambresis –
part de sa mere A[alais] au cler vis ;
passe Aroaise – ce est li siens païs ;
ensamble o lui s'en va li sors G[ueris] –
bien sont armé sor les chevals de pris.
1045 En Vermendois d'autre part ce sont mis ;
prenent les proies – mains hom en fu chatis ;
ardent la terre – li maisnil sont espris ;
et B[erneçons] fu mornes et pensis :
qant vit la terre son pere et ces amis
1050 ensi ardoir, por poi n'enraige vis.
Ou qe cil voisent, B[erniers] remeist toz dis :
de lui armer ne fu mie hastiz.

LX

Li quens R[aous] apela Manecier,
Droon le conte et son frere Gautier.
1055 « Prenés vos armes vistement sans targier :
quatre cenz soient, chascuns sor bons destrier,
a Origni soiés ains l'anuitier.
Mon tré tendez em mi liu del mostier
et en ces porches esseront mi sonmier ;
1060 dedens les creutes conreés mon mangier ;
sor les croi[s] d'or seront mi esprevier ;
devant l'autel faites aparillier
un riche lit ou me volrai couchier ;
au crucefis me volrai apuier
1065 et les nonnains prendront mi esquier.

à Guerri au fier visage : « Fais convoquer promptement tous tes
chevaliers ; qu'une telle guerre éclate sur le Vermandois que
mainte église y soit brûlée et détruite ! Ne fais plus attention à
ma mère, c'est une vieille radoteuse qui blâme les chevaliers qui
sont venus m'aider. Mais ils ont participé à maint combat et ne
peuvent être vaincus en bataille. »

59.

Raoul de Cambrai demanda congé et quitta sa mère, Aalais
au clair visage. Il traversa l'Arrouaise, qui lui appartenait, en
compagnie de Guerri le Roux – tous deux sont solidement
armés sur leurs chevaux de prix. Au sortir de l'Arrouaise, ils
pénétrèrent dans le Vermandois et s'emparèrent du bétail –
maint homme en souffrit ; ils brûlèrent la terre – les fermes
étaient en flammes. Le jeune Bernier était morne et sombre – à
voir ainsi brûler la terre de son père et de ses proches, il devint
presque fou. Où que Raoul et Guerri allassent, il restait toujours
derrière et ne s'empressait pas de revêtir ses armes.

60.

Le comte Raoul fit mander Manessier, le comte Droon, et son
frère Gautier :

« Prenez vos armes sans tarder ! Vous devez être quatre cents
à Origny[1] avant la tombée du jour, chacun monté sur un destrier
bien équipé. Dressez ma tente au milieu de l'abbaye et faites
mettre mes bêtes de somme sous les porches ; préparez mon
repas dans les cryptes et faites jucher mes éperviers sur les croix
d'or. Devant le maître autel faites préparer un lit splendide où
j'irai me coucher adossé au crucifix. Mes écuyers s'amuseront

---

1. Origny : aujourd'hui Origny-Sainte-Benoîte, à 15 km à l'est de Saint-
Quentin ; anciennement, siège d'une abbaye de bénédictines, établie vers 850 et,
selon notre poème, incendiée par Raoul de Cambrai.

Je vuel le liu destruire et essillier,
por ce le fas li fil H[erbert] l'ont chier. »
Et cil responde[n]t : « Nos nel poons laissier. »
Isnelement se vont aparillier ;   [19a]
1070 es chevals monte[n]t li nobile guerier –
n'i a celui n'ait espee d'acier,
escu et lance et bon hauberc dobliier.
Vers Origni prene[n]t a aproichier.
Li saint sonnerent sus el maistre mostier,
1075 de Dieu lor menbre le pere droiturier ;
tos les plus fox convint a souploier ;
ne vossent pas le corsaint empirier.
Sa fors es prez fisent lor tré drecier ;
la nuit i giurent de ci a l'esclairier.
1080 Tou[t] aussi bien se vont aparillier
con c'il deüse[n]t estre un an tout entier.

LXI

Sous Origni ot un bruel bel et gent ;
la se logierent li chevalier vaillant
desq'al demain a l'aube aparissant.
1085 R[aous] i vint endroit prime sonnant ;
a sa maisnie tença par maltalant.
« Fil a putain, fel glouton souduiant !
Molt estes ore [cuvert] et mal pensant
qi trespassez onqes le mien commant !
1090 – Merci biau sire, por Dieu le raemant !
Ne sommes mie ne Giue ne tirant,
qi les corsains alomes destruiant. »

LXII

Li quens R[aous] fu molt desmesurez.
« Fil a putain – ce dist li desreez –
1095 je commandai el mostier fust mes trez,

avec les nonnes. Puisque les fils d'Herbert révèrent tant ce lieu, je tiens à l'anéantir absolument. »

Ils répondirent : « À vos ordres » et firent de suite leurs préparatifs. Les nobles guerriers enfourchèrent leurs chevaux – ils avaient chacun épée d'acier, écu, lance et bon haubert à double épaisseur. Ils approchèrent d'Origny et, en entendant sonner les cloches de l'église principale, ils se souvinrent de Dieu le Juge souverain ; même les plus insensés se sentaient obligés de s'incliner, car ils ne voulaient pas profaner les saintes reliques. Ils dressèrent leurs tentes dans les prés qui entouraient le monastère et y dormirent cette nuit-là jusqu'au point du jour. Ils s'y installèrent comme si c'était pour y passer une année entière.

61.

Au pied d'Origny il y avait un agréable lieu boisé ; là-bas les vaillants chevaliers installèrent leur camp jusqu'au matin, quand parut l'aube. Raoul y arriva vers l'heure de prime[1] et se mit à tancer vertement ses compagnons :

« Fils de pute, minables gredins ! Que vous avez l'esprit pervers et traître d'avoir osé désobéir à mes ordres !

– De grâce, seigneur, par Dieu le Rédempteur ! Nous ne sommes ni juifs ni infidèles pour aller profaner les saintes reliques. »

62.

Le comte Raoul avait perdu toute mesure.

« Fils de pute, dit l'insensé, j'ai donné l'ordre que ma tente,

---

1. *Prime* est la première heure canoniale, célébrée à l'aube, qui varie selon la saison. La journée médiévale est divisée par les heures de l'office (prime, tierce, sexte ou midi, none et vêpres), sonnées par les cloches des monastères pour appeler les moines à la prière, mais entendues également en dehors des monastères. Voir aussi la note au v. 5697.

tendus laiens, et li pommiaus doreiz.
Par qel concel en (en) est il destornez ?
– Voir, dist G[ueris], trop ies desmesurez !
Encor n'a gaires qe tu fus adoubés.   [19b]
1100 Se Diex te heit, tu seras tost finez.
Par les frans homes est cis lius honnorez ;
ne doit pas estre li corsains vergondez.
Car bele est l'erbe et fresche par les prez,
et si est clere la riviere dalez,
1105 ou vos angardes et vos homes metez
qe ne soiés soupris ne encombrez. »
Et dist R[aous] : « Si con vos commandez.
A tant le lais puis qe vos le volez. »
Sor l'erbe vert ont les tapis getez ;
1110 R[aous] s'i est couchiés et acoutez.
.X. chevalier a avuec lui menez :
concel i prisent qi a mal est tornez.

LXIII

Raous escrie : « As a[r]mes chevalier !
Alomes tost Origni pesoier !
1115 Qi remanra ja mais ne l'arai chier ! »
Li baron monte[n]t, qe ne l'osent laissier –
ensamble furent plus de troi millier –
vers Origni prenent a avancier.
Le borc asaillent, si prenc[n]t a lancier ;
1120 cil se deffende[n]t qi en ont grant mestier.
La gent R[aoul] prene[n]t a aprochier :
devant la vile vont les aubres trenchier,
et les nonnains issent fors del mostier,
les gentix dame[s], chascune ot son sautier,
1125 et si faisoient le Damerdieu mestier.
Marcens i fu qi fu mere Bernier :
« Merci, R[aous], por Dieu le droiturier,
grans pechiés faiz se nos lais essilier ;
legierement nos puet on essillier. »   [20a]

surmontée de pommeaux dorés, soit dressée à l'intérieur de l'abbaye. Qui en a donné le contrordre ?

– Certes, dit Guerri, tu as perdu toute mesure ! Voilà peu de temps que tu es chevalier et, si Dieu te prend en haine, tu seras bientôt mort ! Cet endroit est vénéré par les nobles gens ; les saintes reliques ne doivent jamais être profanées. L'herbe du pré est fraîche et agréable, et la rivière qui le longe est limpide ; c'est là que tu dois installer tes chevaliers et poster ton avant-garde, pour qu'il n'y ait aucune mauvaise surprise. »

Et Raoul de répondre : « À tes ordres. Puisque tu le veux, je n'en dirai plus rien. »

Ils étendirent les tapis sur l'herbe verte et Raoul s'y allongea, appuyé sur son coude. Avec lui il amena dix chevaliers ; Ensemble ils prirent une décision aux conséquences désastreuses.

63.

Raoul s'écria : « Aux armes, chevaliers ! Allons vite démolir Origny ! Celui qui hésite ne sera plus jamais mon compagnon. »

Les barons se mirent en selle, car ils n'osaient pas refuser – en tout il y en avait plus de trois mille qui avançaient sur Origny. Ils attaquèrent la ville et se mirent à lancer des projectiles. Dans leur grand besoin les habitants se défendirent. Les hommes de Raoul s'approchèrent de la ville et coupèrent les arbres qui l'entouraient. Les nonnes, qui étaient toutes de haute naissance, sortirent de l'abbaye avec leurs psautiers et récitèrent le service divin. Parmi elles se trouvait Marsent, la mère de Bernier.

« De grâce, Raoul, par Dieu notre Juge ! Ce serait un grave péché de nous laisser anéantir ; il est trop facile de nous massacrer. »

LXIV

1130 Marcens ot non la mere Berneçon
et tint un livre de[s] le tans Salemon ;
de Damerdieu disoit une orison.
R[aoul] saisi par l'auberc fermillon.
« Sire, dist ele, por Dieu et por son non,
1135 ou est B[erniers], gentix fix a baron ?
Je ne le vi des qel norri garçon.
– En non Dieu, dame, au maistre pavillon,
ou il se joe a maint bon compaignon.
Tel chevalier n'a ju[s]q'el pré Noiron :
1140 as fix H[erbert] m'a fait movoir tençon,
et ci dist bien ja ne chaut esperon,
se je lor lais le montant d'un bouton.
– Diex ! dist la dame, con a cuer de felon !
Il sont si oncle, si qe bien le seit on ;
1145 se le lor perdent, mar les i verra on. »

LXV

« Si[re] R[aous], valroit i rien proiere,
qe un petit vos traisisiés ariere ?
Nos somes nonnes, par les sainz de Baviere ;
ja ne tenrons ne lance ne baniere,
1150 ne ja par nos nen iert uns mis en biere.
– Voir, dist R[aous], vos estes losengiere.
je ne sai rien de putain chanberiere
qi ait esté corsaus ne maailliere,
a toute gens communax garsoniere.
1155 Au conte Y[bert] vos vi je soldoiere ;
la vostre chars ne fu onqes trop chiere –
se nus en vost, par le baron saint Piere,
por poi d'avoir en fustes traite ariere !
– Diex ! dist la dame, or oi parole fiere !   [20b]
1160 Laidengier m'oi par estrainge maniere !
Je ne fu onqes corsaus ne maailliere.
S'uns gentils hom fist de moi sa maistriere,
un fil en oi don[t] encor sui plus fiere.

64.

La mère du jeune Bernier s'appelait Marsent ; elle tenait un livre du temps de Salomon et récitait une prière au Seigneur Dieu. Elle saisit Raoul par son haubert brillant.

« Au nom de Dieu, seigneur, dit-elle, où est Bernier, le noble fils de baron ? Je ne l'ai pas vu depuis le temps où, tout jeune, je l'élevais.

– Au nom du Seigneur, dame, il est dans le pavillon principal, où il s'amuse avec beaucoup de bons compagnons. Il n'a pas son pareil jusqu'au Jardin de Néron à Rome[1]. Il m'a encouragé à entrer en guerre contre les fils d'Herbert, et a même juré de ne plus chausser d'éperon si je leur abandonne la valeur d'un bouton.

– Dieu, dit la dame, quel cœur de traître ! Ce sont ses oncles – tout le monde le sait. S'ils perdent leurs biens, malheur à ceux qui leur auront nui ! »

65.

« Seigneur Raoul, est-ce que ma prière pourrait vous persuader de vous retirer un peu en arrière ? Par les saints de Bavière, nous ne sommes que des nonnes et ne porterons jamais ni lance ni enseigne. Aucun homme ne sera jamais mis en bière par nos bras.

– Certes, dit Raoul, vous êtes menteuse. Je n'ai rien à faire d'une pute de chambrière, d'une garce, d'une coureuse qui s'est vendue à tout venant : je vous savais la prostituée du comte Ybert. Votre chair n'était jamais bien chère ! Par saint Pierre, si quelqu'un en voulait, il pouvait vous mener à l'écart pour presque rien !

– Dieu ! dit la dame, quelles paroles insensées ! J'entends des calomnies étranges. Je n'ai jamais été ni garce ni coureuse. Si un noble seigneur a fait de moi sa maîtresse, j'ai de lui un fils

---

1. Le Jardin de Néron à Rome, site d'un parc où Néron fit brûler les chrétiens et, selon la légende, l'endroit où la basilique Saint-Pierre fut élevée, est souvent mentionné dans les chansons de geste. (Voir plus loin aux vv. 3785, 4690, 5645, 7154, et 8069.)

La merci Dieus ne m'ent met pas ariere :
1165 qi bien sert Dieu, il li mostre sa chiere. »

LXVI

« Sire R[aous], dist la mere Bernier,
nos ne savons nule arme manoier.
Bien nos poez destruire et essilier.
Escu ne lance ne nos verez baillier
1170 por nos desfendre, a celer nel vos qier.
Tot nostre vivre et tot nostre mengier
de cel autel le couvient repairier,
et en cel borc prenons nostre mengier.
Li gentil homme ont ce liu forment chier,
1175 q'il nos envoie[nt] et l'argent et l'or mier.
Donés nos trives de l'aitre et del mostier
et en nos prez voz alez aasier.
Del nostre, sire, se le volez baillier,
conreerons vos et vos chevalier ;
1180 la livroison aront li escuier –
fuere et avainne [et] planté a mengier. »
Et dist R[aous] : « Par le cors saint Richier,
por vostre amor qe m'en volez proier
arez la trive, qui q'il doie anuier. »
1185 Et dist la dame : « Ce fait a mercier. »
Vait s'en R[aous] sor sen cheval corcier ;
B[erniers] i vint, qi molt fist a proisier,   [21a]
veïr sa mere Marsent o le vis fier.
D'a li parler avoit molt grant mestier.

LXVII

1190 Vait s'en R[aous], si est issus del pas ;
B[erniers] i vint vestus d'un riches dras
veïr sa mere, si descendi en bas.
[El]le le baise et prent entre ces bras –
trois f(r)oiz l'acole, ne ce fist mie mas.
1195 « Biax fix, dist ele, tes armes prises as.
Bien soit del conte par cui si tos les as,

dont je me vante toujours. Grâce à Dieu, je n'ai pas à me cacher : Dieu montre son visage à celui qui le sert loyalement. »

66.

« Seigneur Raoul, dit la mère de Bernier, nous ne savons point manier les armes. Vous pouvez nous massacrer et nous anéantir sans peine. Vous ne nous verrez distribuer ni écu ni lance pour nous défendre, je vous le dis en toute sincérité. Tous nos vivres et toute notre nourriture viennent de cet autel, et nous nous ravitaillons dans ce bourg. Les nobles seigneurs honorent cet endroit et nous envoient argent et or pur. Épargnez notre monastère et notre cimetière et allez prendre vos aises dans nos prés. Si vous daignez l'accepter, vous et vos chevaliers pouvez vous pourvoir de nos biens qui seront livrés à vos écuyers – foin et avoine et nourriture à volonté. »

Et Raoul répondit : « Vous serez épargnées, sur les reliques de saint Riquier. Même si certains le désapprouvent, vous aurez ma trêve, par amitié pour vous qui m'en priez. »

Et la dame dit : « Cela mérite notre reconnaissance. »

Raoul s'en alla sur son coursier, et Bernier – ce chevalier de prix – vint voir sa mère au fier visage. Il avait grand besoin de lui parler.

67.

Raoul s'en alla, hâtant le pas, et Bernier, vêtu richement, vint voir sa mère. Dès qu'il mit pied à terre, elle lui donna un baiser et le prit dans ses bras – trois fois elle le serra de toutes ses forces.

« Cher fils, lui dit-elle, tu as reçu tes armes. Béni soit le comte qui te les a accordées si jeune, et béni sois-tu plus encore pour

et de toi miex qant tu deservi l'as.
Mais une chose nel me celer tu pas :
l'onnor ton pere por qoi gueroieras ?
1200 N'i a plus d'oirs, ja ne la perderas –
par ta proesce et par ton cens l'aras. »
Et dist B[erniers] : « Por le cors saint Toumas,
je nel feroie por l'onnor de Baudas !
R[aous] mesires est plus fel qe Judas ;
1205 il est mesires, chevals me done et dras,
et garnemens et pailes de Baudas.
Ne li fauroie por l'onnor de Damas
tant qe tuit dient : "B[erniers], droit en as !"
– Fix, dist la mere, par ma foi, droit en as ;
1210 ser ton signor, Dieu en gaaingneras. »

LXVIII

En Origni le bor[c] grant et plaingnier –
li fil H[erbert] orent le liu molt chier –
clos a palis q'entor fisent fichier,
mais por desfendre ne valoit un denier.
1215 Un pré avoit mervillous et plagnier   [21b]
soz Origni ; la on sieut tornoier.
Li gués estoit as nonnains del mostier ;
lor buef i paissent dont doivent gaaingnier.
Sous ciel n'a home qi l'osast empirier.
1220 Li quens R[aous] i fait son tré drecier ;
tuit li paisson sont d'argent et d'or mier,
qatre cenz homes s'i pueent herbergier.
De l'ost se partent troi glouton pautonnier ;
deci al borc ne finent de broichier.
1225 L'avoir i prisent, ne l'i vosent laissier ;
sous en pesa qu[i] il devoit aidier :
.x. en i qeurent, chascuns porte un levier ;
les deus ont mors par leur grant encombrier,
li tiers s'en vait fuiant sor son dest[r]ier.
1230 Deci as trez ne se vost atargier ;
A pié descent desor le sablonier,
son droit signor va le souler baisier.

les avoir méritées. Mais il y a une chose que tu ne dois pas me cacher : pourquoi fais-tu la guerre contre le fief de ton père ? Il n'a pas d'autre héritier que toi et jamais tu ne le perdras – tu l'auras par ta bravoure et ton intelligence. »

Et Bernier dit : « Sur les reliques de saint Thomas, je ne voudrais pas le faire pour tout le fief de Bagdad, mais mon seigneur Raoul est plus félon que Judas. C'est mon seigneur et il me donne chevaux et vêtements, armes et riches draps de soie de Bagdad. Je ne manquerai pas à son service pour toutes les richesses de Damas, avant que tous ne disent : "Bernier, tu en as le droit !"

– Mon fils, dit sa mère, tu as assurément raison. Sers ton seigneur et tu gagneras le royaume de Dieu. »

68.

Le grand et spacieux bourg d'Origny – les fils d'Herbert aimaient beaucoup l'endroit – était fermé par une palissade qu'ils avaient fait ériger, mais pour défendre le bourg elle ne valait pas un denier. Au pied d'Origny se trouvait un beau pré spacieux où l'on joutait d'habitude. Le gué appartenait aux nonnes de l'abbaye, et c'est dans ce pré qu'elles faisaient paître les bœufs qui labouraient leurs champs. Personne au monde n'aurait osé l'endommager. C'est là que le comte Raoul fit dresser sa tente, dont les piquets étaient tous d'argent et d'or pur – quatre cents hommes pouvaient s'y loger.

Trois misérables scélérats quittèrent l'armée et chevauchèrent jusqu'au bourg. Ils en enviaient les richesses et ne voulaient pas s'en passer, mais l'affaire tourna mal pour eux : dix hommes, chacun armé d'un levier, se ruèrent sur eux. Deux des pillards furent tués dans l'attaque, et le troisième s'échappa sur son destrier. Il regagna en hâte le campement. Il descendit sur le terrain sablonneux et alla baiser le soulier de son seigneur.

Tout en plorant merci prist a crïer,
a haute voiz commença a huchier :
1235 « Ja Damerdieu ne puist ton cors aidier,
se ne te vas de ces borgois vengier
qi tant sont riche et orguillos et fier.
Toi ne autrui ne prisent un denier ;
ainz te manasce[n]t la teste a rooignier :
1240 ce il te puent ne tenir ne baillier,
ne te garroit tot l'or de Monpeslier !
Mon frere vi ocire et detranchier,
et mon neveu morir et trebuchier.
Mort m'i eüssent, par le cors saint Richier,
1245 qant je m'en vign fuiant sor cest destrier ! »   [22a]
R[aous] l'oï, le sens qida changier.
A vois c'escrie : « Ferez, franc chevalier –
je vuel aler Origni pesoier !
Puis q'il me font la guere comencier,
1250 se Diex m'aït, il le comparront chier ! »
Qant cil l'entende[n]t, si se vont haubergier
isnelement, q'il ne l'osent laissier ;
bien sont .x. mile – tant les oï prisier.
Vers Origni commence[n]t a broichier ;
1255 es focez entrent por le mieux esploitier ;
le paliz tranche[n]t a coigniés d'acier –
desous lor piés le font jus trebuchier ;
le fosé passent par delez le vivier –
de ci as murs ne vossent atargier.
1260 E[s] borgois n'ot a cel jor q'aïrier
qant del palis ne se porent aidier.

LXIX

Li borgois voient le paliz ont perdu :
li plus hardi en furent esperdu.
As forteresce des murs sont revenu,
1265 si getent pieres et maint grant pex agu –
des gens R[aoul] i ont molt confondu.
Dedens la vile n'a home remasu
as murs ne soient por desfendre venu,

Tout en versant des larmes il se mit à demander grâce et s'écria à pleins poumons :

« Que le Seigneur Dieu ne t'aide jamais, si tu ne vas pas te venger de ces bourgeois, qui sont si riches, si orgueilleux et si cruels. À leurs yeux, ni toi ni personne ne vaut un denier – ils menacent plutôt de te couper la tête ! S'ils s'emparent de toi, tout l'or de Montpellier ne pourra te sauver. J'ai vu mon frère mis en pièces, et mon neveu mourir et rouler à terre. Ils m'auraient tué, moi aussi, sur les reliques de saint Riquier, si je n'avais pris la fuite sur ce destrier ! »

À ces mots, Raoul se mit en colère et s'écria à haute voix :

« Frappez, nobles chevaliers ! Je veux aller réduire Origny à l'état de ruines. Puisqu'ils m'obligent à commencer la guerre, je jure devant Dieu qu'ils vont le payer cher ! »

Quand ses hommes l'entendirent, ils allèrent tout de suite revêtir leurs hauberts, car ils n'osèrent pas refuser. Il y en avait dix mille, à ce que j'ai entendu dire. Ils chevauchèrent en direction d'Origny et traversèrent les fossés pour s'attaquer à la palissade – ils en coupèrent les pieux avec des cognées d'acier et les firent culbuter sous leurs pieds. Ils traversèrent le fossé du côté du vivier et se précipitèrent vers les remparts. L'angoisse des bourgeois était grande ce jour-là, car la palissade ne les protégeait plus.

69.

Les bourgeois comprirent qu'ils avaient perdu la palissade et même les plus audacieux en furent éperdus. Ils se retirèrent dans les points forts des remparts et lancèrent des pierres et maints pieux aiguisés – nombre des hommes de Raoul furent assommés. Tous les hommes du bourg vinrent aux remparts

et jurent Dieu et la soie vertu
1270 se R[aoul] truevent, mal li est avenu.
Bien se deffende[n]t li jovene et li chenu !
R[aous] le voit, le quer ot irasqu –
se tuit ne sont afolé et pendu,
il ne se prise valisant un festu.   [22b]
1275 A vois c'escrie : « Baron, touchiés le fu ! »
et il si fisent qant il l'ont entendu,
car au gaaing sont volentiers venu.
Malement a R[aous] couvent tenu
qi entre lui et l'abeese fu ;
1280 le jor lor a rendu malvais salu :
le borc ont ars – n'i a rien remasu.
L'enfes B[erniers] en a grant duel eü
qant il voit ci Origni confundu.

LXX

Li quens R[aous] ot molt le quer irié
1285 por les borgois qi l'ont contraloié.
Dieu en jura et la soie pitié
q'il ne laroit por Rains l'arseveschié
qe toz nes arde ainz q'il soit anuitié.
Le fu cria – esquier l'ont touchié ;
1290 ardent ces sales et fonde[n]t cil planchier,
tounel esprene[n]t – li sercle sont trenchié,
li effant ardent a duel et a pechié.
Li quens R[aous] en a mal esploitié :
le jor devant ot Marcent fiancié
1295 qe n'i perdroient nes un paile ploié –
le jor les art, tant par fu erragiés.
El mostier fuient ; ne lor a preu aidié :
cel deffiassent n'i eüssent lor pié.

LXXI

En Origni le borc grant et plaignier –
1300 li fil H[erbert] orent le liu molt chier,
Marsent i misent qi fu mere B[ernier]

pour le défendre, jurant par Dieu et sa puissance que s'ils trou-
vaient Raoul, il s'en porterait mal. Jeunes et vieux se défendi-
rent vaillamment ! Voyant cela, Raoul se mit en colère – s'il ne
réussit pas à les éliminer tous, il ne s'estime pas valoir un fétu
de paille !

Il s'écria à haute voix : «Barons, mettez le feu !» ce qu'ils
firent dès qu'ils l'entendirent, car ils prenaient tous grand plaisir
à piller la ville. Raoul avait très mal respecté l'accord passé
entre lui et l'abbesse ! Ce jour-là, on ne peut pas dire qu'il leur
a souhaité le bonjour, quand ils brûlèrent le bourg, le réduisant
à néant ! Le jeune Bernier éprouva une grande douleur en
voyant Origny ainsi détruit.

70.

Le comte Raoul était très en colère contre les bourgeois qui
lui avaient résisté ; il jura par Dieu et sa miséricorde que toutes
les richesses de l'archevêché de Reims ne l'empêcheraient pas
de les brûler avant la tombée du jour. Il donna le signal du feu
et ses écuyers le mirent. Les salles brûlèrent et les planchers
s'écroulèrent ; les tonneaux s'enflammèrent et leurs cercles
éclatèrent. Les flammes engloutirent même les enfants – quelle
douleur et quelle action coupable ! Le comte Raoul agit très
mal : le jour précédent il avait promis à Marsent que les nonnes
ne perdraient pas même un bout de soie plié – aujourd'hui il les
brûlait, tellement il était insensé. Elles se sauvèrent dans
l'église, mais en vain : elles auraient dû défier Raoul plutôt que
d'y mettre les pieds.

71.

Dans la vaste et grande ville d'Origny, que les fils d'Herbert
aimaient tant – ils y avaient établi Marsent, la mère de Bernier,

et cent nonains por Damerdieu proier –
li quens R[aous], qi le coraige ot fier,
a fait le feu par les rues fichier.   [23a]
1305 Ardent ces loges, ci fondent li planchier,
li vin espandent, [s'en flotent] li celie[r],
li bacon ardent, si chieent li lardie[r].
Li saïns fait le grant feu(r) esforcier :
fiert soi es tors et el maistre cloichier –
1310 les covretures covint jus trebuchier.
Entre deus murs ot si grant charbonier,
les nonains ardent, trop i ot grant brasier.
Totes cent ardent par molt grant encombrier –
art i Marsens qi fu mere B[ernier],
1315 et Clamados la fille au duc Renier.
Parmi l'arcin les covint a flairier ;
de pitié pleurent li hardi chevalier.
Qant B[erneçons] voit si la cose empirier,
tel duel en a le sens qida changier.
1320 Qi li veïst son escu enbracier !
Espee traite est venus au mostier,
parmi les huis vit la flame raier –
de tant con puet uns hom d'un dart lancier
ne puet nus hon ver le feu aproichier.
1325 B[erniers] esgarde dalez un marbre chier ;
la vit sa mere estendue couchier,
sa tenre face (estendue couchier),
sor sa poitrine vit ardoir son sautier ;
lor dist li enfes : « Molt grant folie qier –
1330 ja mais secors ne li ara mestier.
Ha, douce mere, vos me bais[as]tes ier !
En moi avez mout malvais iretier :
je ne vos puis secore ne aidier.
Dex ait vostre arme qi le mont doit jugier,   [23b]
1335 E R[aous] fel, Dex te doinst encombrier !
Le tien homaje avant porter ne qier ;
se or ne puis ceste honte vengier,
je ne me pris le montant d'un denier. »
Tel duel demaine chiet li li brans d'acier –

avec cent religieuses pour prier Dieu – le comte Raoul au cœur féroce fit mettre le feu dans toutes les rues. Les maisons brûlèrent, les planchers cédèrent, le vin se répandit tellement que les celliers en furent inondés, le lard brûla et les garde-manger s'effondrèrent. La graisse aviva les flammes, qui atteignaient les tours et le plus haut clocher – les toitures s'écroulèrent. Entre les deux murs le brasier fut si intense que les religieuses périrent. Toutes les cent brûlèrent dans ce grand incendie – Marsent, la mère de Bernier, y périt, ainsi que Clamados, la fille du duc Renier. La puanteur des corps carbonisés fut épouvantable ; les hardis chevaliers pleuraient de compassion.

Quand le jeune Bernier vit ce désastre, il en éprouva une telle douleur qu'il pensa devenir fou. Vous auriez dû le voir saisir son écu ! L'épée à la main, il vint à l'abbaye et vit les flammes jaillir à travers les portes – nul ne put s'approcher du feu à moins d'une portée d'arc. Bernier regarda : il vit sa mère étendue à terre à côté d'un marbre précieux, son tendre visage [brûlé et noir (?)][1] et son psautier en flammes sur la poitrine. Le jeune homme dit alors :

« Comme un fou je perds mon temps, rien ne pourra plus l'aider. Ah, douce mère, hier vous m'avez embrassé ! Vous avez en moi un très mauvais fils, car je ne puis vous secourir ni vous aider. Que Dieu le Juge souverain reçoive votre âme ; et toi, cruel Raoul, qu'il te confonde ! Je renonce désormais à ton service. Si je ne peux pas venger cette honte, je ne vaux pas à mes yeux un denier ! »

Il se livra à une telle douleur que l'épée d'acier tomba de ses

---

1. Le scribe recopia ici la fin du vers précédent. La correction s'inspire d'une suggestion de Meyer et Longnon.

1340 troi foiz se pasme sor le col del destrier.
Au sor G[ueri] s'en ala consellier,
mais li consaus ne li pot preu aidier.

LXXII

L'enfe B[erniers] ot molt le cuer mari –
por consellier s'en ala a Gueri.
1345 « Conselliés moi por Dieu qi ne menti :
mal m'a baili R[aous] de Cambresi,
qi ma mere art el mostier d'Origni,
dame Marsent au gent cors signori.
Celes mameles dont ele me norri
1350 vi je ardoir, par le cors saint Geri ! »
G[ueris] respont : « Certes, ce poise mi.
Por vostre amor en ai le cuer mari. »

LXXIII

As trez repairent li nobile guerier.
B[erniers] s'en vait ou n'ot qe courecier,
1355 a pié descent de son corant destrier ;
a hueses traire qeurent cil esquier –
por sa dolor pleurent les gens B[ernier].
Cortoisement le[s] prist a araisnier :
« Franche maisnie, savez moi concellie[r] ?
1360 R[aous] mesire ne m'a mie molt chier,
qi ma mere art la dedens cel mostier.
Diex me laist vivre qe m'en puise vengier ! »
R[aous] repaire ; fait ot le destorbier –
les nonnains fist ardoir et graaillier.   [24a]
1365 A pié descent del fauvelet corcier ;
la le desarme[n]t li baron qi l'ont chier :
il li deslace[n]t son vert elme a or mier,
puis li desçaigne[n]t son bon branc q'est d'acier,
del dos li traient le bon hauberc doublier –
1370 camosé ot le bliaut de qartier.
En toute France n'ot plus bel chevalier,
ne si hardi por ce[s] armes baillie[r].

mains – il se pâma par trois fois sur l'encolure de son destrier. Il alla demander conseil à Guerri le Roux, mais aucun conseil ne put lui être d'un grand secours.

72.

Le jeune Bernier fut vivement affligé ; il alla demander conseil à Guerri :

« Par Dieu qui jamais ne mentit, conseillez-moi ; Raoul de Cambrai m'a outragé en brûlant ma mère, dame Marsent au noble corps gracieux, dans l'abbaye d'Origny. Sur les reliques de saint Géri, j'ai vu brûler les seins qui m'avaient allaité ! »

Guerri répondit : « Certes, cela me peine et j'ai un chagrin profond à cause de l'amitié que je vous porte. »

73.

Les nobles guerriers revinrent à leurs tentes. Bernier, plein de chagrin, s'en alla puis descendit de son destrier rapide ; des écuyers accoururent pour lui retirer ses bottes. Ses gens pleurèrent de compassion, mais Bernier leur demanda courtoisement :

« Nobles compagnons, sauriez-vous me conseiller ? Mon seigneur Raoul ne m'estime guère, puisqu'il a brûlé ma mère dans cette abbaye là-bas. Que Dieu me laisse vivre assez pour m'en venger ! »

Raoul revint, celui qui avait semé la mort : il avait fait brûler et carboniser les religieuses. Il descendit de son coursier fauve ; les barons qui l'estimaient lui retirèrent ses armes, lui délacèrent son heaume vert orné d'or pur, lui détachèrent sa bonne épée d'acier et lui enlevèrent son bon haubert à double épaisseur – son bliaut écartelé était tout froissé. Il n'y avait pas de plus beau chevalier dans toute la France, ni de plus hardi pour porter les armes.

LXXIV

Devant la place de son demaine tré
descent R[aous] del destrier abrievé.
1375 La le desarment li prince et li chasé :
de son bliaut ot l'elmin engoulé ;
en nule terre n'ot plus bel desarmé.
Son seneschal a R[aous] apelé,
qi del mengier le serve[i]t molt a gré,
1380 et il i vint, n'i a plus demoré.
    « Del mangier pense, si feras grant bonté :
poons rostiz et bons cisnes pevreis
et venoison a molt riche plenté,
qe tout li pires an ait tot a son gré.
1385 Je ne volroie por l'or d'une cité
qe li baron m'en eüsent gabé. »
Qant cil l'oï ci l'en a regardé ;
trois foiz ce saigne por la grant cruauté.
    « Nomeni dame ! qe avez empensé ?
1390 Vos renoiés Sainte crestienté
et baptestire et Dieu de maïsté !
Il est caresme qe on doit jeüner –
li grans devenres de la solempnité
qe pecheor ont la crois aouré.   [24b]
1395 Et nos chaitif qe ci avons erré,
les nonnai[n]s arces, le mostier violé,
ja n'en serons envers Dieu acordé
se sa pitiés ne vaint no cruauté. »
Oit le R[aous] si l'en a regardé.
1400 « Fix a putain, por q'en as tu parlé ?
Por qoi ont il enver moi meserré ?
Mi esquier sont andui afront[é] –
n'est pas mervelle se chier l'ont comparé ;
mais le qaresme avoie oublïé. »
1405 Eschés demande, ne li furent veé ;
par maltalant s'aisist emmi le pré.

74.

Raoul descendit de son fougueux destrier devant sa propre tente. Les princes et les vassaux lui ôtèrent ses armes. Le col de son bliaut était fourré d'hermine, et sans armure il était le plus bel homme du monde. Raoul manda son sénéchal, qui lui servait à table des repas à son gré, et celui-ci arriva sans délai :

«Occupe-toi du repas et tu rendras grand service, lui dit Raoul. Prépare des paons rôtis et de bons cygnes au poivre et de la venaison à l'envi ; que le moindre de mes hommes mange à son gré ! Je ne voudrais pas, même pour tout l'or d'une cité, que les barons se moquent de moi. »

Quand son sénéchal l'entendit, il le regarda fixement et se signa par trois fois à cause de l'énorme sacrilège.

«Au nom du Seigneur ! dit-il, à quoi pensez-vous ? Vous reniez la sainte Église, le baptême et le Dieu de majesté ! Nous voici en carême où il faut jeuner, et c'est aujourd'hui le Vendredi saint où les pécheurs adorent la Croix. Et nous, misérables, qui sommes venus ici et avons brûlé les religieuses, violé leur abbaye, nous ne serons jamais réconciliés avec Dieu, à moins que sa miséricorde ne surpasse notre sacrilège. »

À ces mots, Raoul le dévisagea : «Fils de pute, tais-toi ! Pourquoi les bourgeois d'Origny m'ont-ils offensé ? Ils m'ont assommé deux de mes écuyers – il n'y a rien d'étonnant à ce qu'ils aient payé cher ce méfait. Mais c'est vrai que j'avais oublié le carême. »

Il demanda des échecs, qu'on ne lui refusa pas et, bouillonnant de colère, il s'assit au milieu du pré.

LXXV

As eschés goue R[aous] de Cambrisis
si con li om qi bien en est apris.
Il a son roc par force en roie mis
1410 et d'un poon a un chevalier pris –
por poi q'il n'a et maté et conquis
son compaignon qi ert au giu asis.
Il saut en piés – molt par ot cler le vis –
por la chalor osta son mantel gris,
1415 le vin demande ; .x. s'en sont entremis
des damoisiax qi molt sont de grant pris.

LXXVI

Li quens R[aous] a demandé le vin ;
lors i corurent tels .xiiii. meschin,
n'i a celui n'ait peliçon ermin.
1420 Uns damoisel – nez fu de Saint Quentin,
fix fu Y[bert], un conte palasin –
cil a saisie une coupe d'or fin,
toute fu plaine de piument ou de vin ;
lors s'agenolle devant le palasin.   [25a]
1425 Bien peüst on estanchier un roncin
ains q'il desist ne roumans ne latin.
L'enfes le voit si jure saint Fremin
se ne la prent R[aous] de Cambresin,
il respandra le piument et le vin.

LXXVII

1430 Li quens R[aous], qant le vaslet choisi,
isnelement le hennap recoilli ;
Dieu en jura qi onqes ne menti :
« Amis, biax frere, ainc plus tos ne te vi ! »
R[aous] parole qe plus n'i atendi :
1435 « Or m'entendez frans chevalier hardi !
Par cest vin cler qe vos veés ici
et par l'espee qi gist sor le tapi
et par les sains qe Jhesu ont servi,

75.

Raoul de Cambrai était expert aux échecs : agressivement il dégagea sa tour et avec un pion il s'empara d'un cavalier – il était sur le point de mettre en échec et de faire mat son adversaire au jeu. Il bondit sur ses pieds, le visage rayonnant. À cause de la chaleur, il enleva son manteau de fourrure grise et demanda qu'on serve le vin. Dix jeunes hommes de haut rang s'en occupèrent.

76.

Le comte Raoul demanda qu'on serve le vin ; quelque quatorze jeunes nobles, qui tous portaient des pelisses d'hermine, accoururent. Un jeune homme, originaire de Saint-Quentin et fils du comte palatin Ybert, saisit une coupe d'or pur, toute pleine de piment ou de vin et s'agenouilla devant le noble comte. Mais on aurait pu abreuver un cheval de somme avant que le comte prononce une parole, que ce soit en français ou en latin. Devant cette attitude, le jeune homme jura sur saint Firmin que si Raoul de Cambrai ne prenait pas la coupe, il renverserait le piment et le vin.

77.

Quand le comte Raoul remarqua enfin le jeune homme, il saisit d'un coup le hanap et jura par Dieu qui jamais ne ment :

« Cher ami, je ne t'avais pas vu plus tôt ! »

Et Raoul dit sans tarder : « Écoutez-moi, nobles chevaliers hardis ! Par ce vin clair que voici et par l'épée qui gît sur le tapis, et par les saints qui ont servi Jésus, les fils d'Herbert sont

     li fil H[erbert] sont ici mal bailli –
1440 ne lor laira[i] qi vaille un parisi !
     Par cele foi qe je doi saint Geri,
     ja n'avront pais – se saichiés vos de fi –
     tant qe il soient outre la mer fuï !
     – En non Dieu, sire, B[erniers] li respondi,
1445 dont seront il vilainement bailli,
     car par celui qi le mont establi
     li fil H[erbert] ne sont mie failli –
     bien sont .l. qi sont charnel ami
     qe trestuit ont et juré et plevi
1450 ne se fauront tant con il soient vif. »

LXXVIII

     Raous parole qi le coraige ot fier.
     « Entendez moi, nobile chevalier,
     par le signor qe l[e] mon doit jugier :
     les fix H[erbert] ferai ci aïrier –   [25b]
1455 ne lor lairai le montant d'un denier
     de toute honnor ne de terre a baillier
     ou vif remaigne[n]t, ou mort puise[nt] couchier !
     Outre la mer les en ferai naigier ! »
     Huimais orez la deffense B[ernier].
1460 « R[aous], biaus sire, molt faites a proisier
     et d'autre chose fais molt a blastengier.
     Li fil H[erbert], ce ne puis je noier,
     sont molt preudomme et molt bon chevalier.
     S'outre la mer les en faites chacier,
1465 en ceste terre arez malvais loigier.
     Je sui vostre hom, a celer nel vos qier –
     de mon service m'as rendu mal loier :
     Ma mere as arce la dedens cel mostier –
     desq'ele est morte n'i a nu[l] recovrier.
1470 Or viex m[es] oncle[s] et mon pere essillier –
     n'est pas mervelle s'or me vuel corecier.
     Il sont mi oncle, je lor volrai aidier,
     et pres seroie de ma honte vengier ! »

fort à plaindre : je ne leur laisserai rien qui vaille un denier de Paris ! Par la foi que je porte à saint Géri, ils ne trouveront plus la paix – n'en doutez pas – jusqu'à ce qu'ils s'enfuient outre-mer !

– Au nom de Dieu, seigneur, lui répondit Bernier, ce serait une bien vilaine façon de les traiter, car par Celui qui créa le monde, les fils d'Herbert ne sont pas des lâches – ils ont au moins cinquante parents du même sang, qui ont tous juré solennellement de ne pas les abandonner tant qu'ils seront en vie. »

78.

Raoul au cœur farouche parla : « Écoutez-moi, nobles chevaliers, par le Juge souverain du monde : je donnerai aux fils d'Herbert un sujet de colère – je ne leur laisserai pas la valeur d'un denier de toutes leurs possessions, ni de terres où ils puissent vivre durant leur vie ou reposer une fois morts ! Je leur ferai traverser la mer ! »

Vous allez entendre maintenant la réponse de Bernier : « Raoul, beau seigneur, vous êtes digne d'éloges et moi, par contre, je mérite le blâme. On ne peut pas nier que les fils d'Herbert sont des hommes de valeur et d'excellents chevaliers. Si vous les faites chasser outre-mer, cette terre ne vous sera pas un logis hospitalier. Je suis votre homme lige, mais je ne vous cache pas que vous m'avez mal récompensé mon service : vous avez brûlé ma mère dans cette abbaye. Puisqu'elle est morte, il n'y a plus rien à faire, mais voici que vous voulez massacrer mon père et mes oncles – on ne doit pas s'étonner si je me mets en colère ! Ce sont mes oncles et je veux les secourir, et je serais prêt à venger ma honte ! »

R[aous] l'oï, le sens quida changier ;
1475 le baron prist forment a laidengier.

LXXIX

Raous parla a la clere façon.
« Fix a putain, dist il a Berneçon,
je sai molt bien qe vos estes lor hom,
si est vos peres Y[bers] de Ribemont.
1480 Por moi marir ies en mon pavillon,
et mes consox te dïent mi baron.
Ne deüst dire bastars itel raison.
Fix a putain, por le cors saint Simon
preis va n'em praing le chief so[z] le menton !   [26a]
1485 « Diex ! dist B[erniers], con riche gueredon –
de mon service m'ofr'on ci molt bel don ! »

LXXX

Berniers escrie a sa voiz haute et clere,
« Sire R[aous], ci n'ai parent ne frere :
asez seit on qe Y[bers] est mes pere
1490 et gentix feme refu assez ma mere. »

LXXXI

« Sire R[aous], a celer nel vos qier,
ma mere fu fille a un chevalier –
toute Baviere avoit a justicier.
Preé[e] en fu par son grant destorbier ;
1495 en cele terre ot un noble guerier,
qi l'espousa a honor de mostier.
Devant le roi qi France a a baillier
ocist deus princes a l'espee d'acier :
grant fu la guere, si ne pot apaissier.
1500 En Espolice s'en ala a Gaifier,
vit le preudoume, cel retint volentier ;
en ceste terre ne vost puis repair[i]e[r],
toi ne autrui ne daigna ainc proier. »

À ces mots, Raoul se fâcha et commença à injurier cruelle-
ment le baron.

79.

Raoul au clair visage parla : «Fils de pute, dit-il au jeune
Bernier, je suis parfaitement conscient que vous êtes leur
homme lige, puisque Ybert de Ribemont est votre père. Vous
êtes à l'intérieur de ma tente pour me nuire et mes barons vous
livrent mes secrets. Un bâtard ne doit pas prononcer de telles
paroles. Fils de pute, sur les reliques de saint Simon, peu s'en
faut que je ne te tranche la tête sous le menton ! »
– Dieu ! répondit Bernier, quelle récompense ! Qu'on me
paie bien mon service ! »

80.

Bernier s'exclama de sa voix puissante et nette : «Seigneur
Raoul, je n'ai ici ni frère ni parent, mais tout le monde sait bien
qu'Ybert est mon père et que ma mère était une dame de haute
noblesse. »

81.

«Seigneur Raoul, je vous le dis en toute sincérité : ma mère
était fille d'un chevalier qui gouvernait toute la Bavière, mais
elle lui a été enlevée pour son grand malheur. Dans cette terre
il y avait un noble guerrier qui l'avait épousée selon les rites de
l'Église. Devant le roi qui gouverne la France il a tué deux
princes avec son épée d'acier : une guerre horrible a éclaté,
impossible à arrêter. Il s'en est allé à Spolète auprès de Gaifier
qui a reconnu sa valeur et l'a retenu en qualité de vassal. Il n'a
jamais voulu revenir dans ce pays ni solliciter sa grâce auprès
de vous ou de qui que ce soit. »

LXXXII

« Dont fu ma mere soufraitouse d'amis.
1505 Il n'ot si bele en quarante païs –
Y[bers] mes peres qi molt par est gentix
la prist par force, si con je ai apris ;
n'en fist pas noces, itant vos en devis. »

LXXXIII

« Sire R[aous], l'enfes B[erniers] dist,
1510 Y[bers] mes peres par sa force la prist.
Je ne dis pas qe noces en feïst.
Par sa richese dedens son lit la mist,
toz ses talans et ces voloirs en fist –
et qant il vost autre feme reprist.   [26b]
1515 Doner li vost Joifroi, mais ne le sist ;
nonne devint, le millor en eslist. »

LXXXIV

« Sire R[aous], tort faites et pechié.
Ma mere as arce dont j'a[i] le quer irié –
Dex me laist vivre tant q'en soie vengiés ! »
1520 R[aous] l'oï, s'a le chief enbronchié.
« Fil a putain, le clama, renoié,
s'or nel laissoie por Dieu et por pitié,
ja te seroient tuit li menbre tranchié !
Qi me tient ore qe ne t'ai essillié ? »
1525 Et dist B[erniers] : « Ci a male amistié !
Je t'ai servi, amé et sozhaucié –
de bel service reçoif malvais loier !
Se je avoie le brun elme lacié,
je combatroie a cheval ou a pié
1530 vers un franc home molt bien aparillié
q'il n'est bastars c'il n'a Dieu renoié ;
ne vos meïsme qe voi outreqidié
ne me ferriés por Rains l'arceveschié ! »
Oit le Raous, si a le front haucié.
1535 Il a saisi un grant tronçon d'espié

82.

« Pour cette raison, ma mère était dépourvue d'amis. En quarante pays il n'y avait pas de femme plus belle – mon père Ybert, qui était de haute noblesse, l'a ravie contre son gré, m'a-t-on dit ; il ne l'a jamais épousée, je vous l'assure. »

83.

« Seigneur Raoul, dit le jeune Bernier, mon père Ybert l'a enlevée de force – je ne dis pas qu'il l'a épousée. En abusant de son pouvoir il l'a mise dans son lit, où il a fait d'elle tout ce qu'il lui a plu – et quand il a voulu, il a pris une autre femme. Il a voulu lui donner Joufroi pour époux, mais elle a refusé ; elle s'est faite religieuse et a choisi ainsi la meilleure solution. »

84.

« Seigneur Raoul, vous avez commis un péché grave. Vous avez brûlé vive ma mère et j'en ai le cœur plein de colère – que Dieu me laisse vivre assez pour m'en venger ! »

À ces mots, Raoul baissa la tête.

« Fils de pute, l'appela-t-il, renégat, si Dieu et la compassion ne m'en empêchaient, je te mettrais en pièces ! Qui m'empêche de t'anéantir à présent ? »

Et Bernier de dire : « Quel manque d'amitié ! Je vous ai servi, aimé et soutenu – je reçois une bien mauvaise récompense pour un fidèle service ! Si j'avais sur la tête le heaume bruni, je serais prêt à faire face, à cheval ou à pied, à un noble adversaire armé de toutes ses armes pour prouver qu'on n'est pas un bâtard quand on n'a pas renié Dieu. Vous même, avec toute votre outrecuidance, ne pourriez pas me frapper alors, pour tout l'or de l'archevêché de Reims ! »

À ces mots, Raoul leva la tête ; il saisit un grand tronçon

qe veneor i avoient laissié ;
par maltalent l'a contremont drecié –
fiert B[erneçon] qant il l'ot aproichié,
par tel vertu le chief li a brisié,
1540 sanglant en ot son ermine delgié.
Voit le B[erniers], tot a le sens changié.
[Par] grant irour a R[aoul] enbracié –
ja eüst molt son grant duel abaissié.　　　　　　　[27a]
Li chevalier i qeurent eslaissié –
1545 cil les departent q'il ne ce sont touchié.
Son escuier a B[erneçons] huchié :
« Or tost mes armes et mon hauberc doublier,
ma bonne espee et mon elme vergié !
De ceste cort partirai san congié ! »

LXXXV

1550 Li quens R[aous] ot le coraige fier ;
qant il voit ci B[erneçon] correcié,
et de sa teste li voit le sanc raier,
or a tel duel le sens qida changier.
« Baron, dist il, savez moi concellier ?
1555 Par maltalent en voi aler B[ernier]. »
Lors li escrient li vaillant chevalier,
« Sire R[aous], molt li doit anuier :
il t'a servi a l'espee d'acier,
et tu l'en as rendu malvais loier –
1560 sa mere as arce la dedens cel mostier,
et lui meïsme as fait le chiés brisier.
Dex le confonde qi tot a a jugier
qil blasmera se il s'en vieut vengier !
Faites l'en droit s'il le daingne baillier. »
1565 Et dist R[aous] : « Millor concel ne qier.
B[erneçon], frere, por Dieu le droiturier,
droit t'en ferai voiant maint chevalier.
– Tele acordanse qi porroit otroier ?
Ma mere as arce qe si me tenoit chier,
1570 de moi meïsme as fait le chief brisier !
Mais par celui q[u]i nos devons proier,

d'épieu que des chasseurs avaient abandonné. Plein de rage, il le brandit, se précipita sur Bernier et le frappa d'une telle force qu'il lui ouvrit la tête et ensanglanta sa pelisse de fine hermine. Voyant cela, Bernier devint furieux ; il saisit Raoul à bras le corps et fut sur le point d'apaiser sa grande colère quand les autres chevaliers accoururent : ils les ont séparés avant qu'ils aient pu se faire mal. Le jeune Bernier fit signe à son écuyer :

« Apporte-moi vite mes armes et mon haubert à double épaisseur, ma bonne épée et mon heaume à vergettes ! Je quitterai cette cour sans prendre congé ! »

85.

Quand le comte Raoul au cœur farouche vit la colère de Bernier, qu'il vit couler le sang de sa tête, il en éprouva une telle douleur qu'il pensa devenir fou.

« Barons, dit-il, sauriez-vous me conseiller ? Je vois Bernier s'en aller plein de rage. »

Alors les vaillants chevaliers s'écrièrent : « Seigneur Raoul, il a bien le droit de se fâcher : il vous a servi de son épée d'acier, et vous l'avez mal récompensé – vous avez brûlé vive sa mère dans cette abbaye et vous l'avez lui-même blessé à la tête. Que Dieu le Juge souverain confonde celui qui oserait le blâmer de vouloir s'en venger ! Dédommagez-le, s'il veut bien l'accepter.

– Je ne cherche pas de meilleur conseil, dit Raoul. Bernier, mon frère, par Dieu notre Juge, je te dédommagerai devant de nombreux chevaliers.

– Qui pourrait accepter cet accord ? Vous avez brûlé vive ma mère qui m'aimait tant, et moi-même vous m'avez blessé à la tête ! Je jure par le Dieu de nos prières que vous ne me verrez

ja enver vos ne me verrés paier   [27b]
jusqe li sans qe ci voi rougoier
puist de son gré en mon chief repairier.
1575 Qant gel verai, lor porrai esclairier
la grant vengance qe vers ton cors reqier –
je nel laroie por l'or de Monpeslier. »

LXXXVI

Li q[u]ens R[aous] belement l'en apele ;
il s'agenoille – vestue ot sa gonnele ;
1580 par grant amor li a dit raison bele.
« E B[erneçons] – ce dist li quens –, chaelle !
N'en viex pas [dr]oit ? s'en pren amende bele –
noiant por ce qe je dot rien ta guere,
mais por ice qe tes amis vuel estre ;
1585 qe par Saint Jaqe c'on qiert en Compostele,
ançois perdroie del sanc soz la mamele,
ou me charoit par plaie la bouele,
toz mes palais depeciés en astele !
Tant en fesise l'amirant de Tudele,
1590 nes Loeis qi les François chaele !
Por ce le fas, par la virgene pucele,
qe l'amendise en soit et gente et bele.
Des Origni jusq'au borc de Neele –
.xiiii. liues, droit est qe je l'espele –
1595 cent chevalier, chascuns ara sa cele,
et je la toie par deseur ma cervele.
Baucent menrai, mon destrier de Castele ;
n'encontrerai ne sergant ne pucele
qe je ne die : "Veiz ci la B[ernier] cele !" »
1600 Dïent François : « Ceste amendise est bele ;
qi ce refuse vos amis ne vieut estre. »

pas faire la paix avant que tout ce sang que je vois couler rouge
ici ne rentre de son propre gré dans ma tête. Quand je verrai
cela, je pourrai alors laisser s'apaiser l'horrible vengeance que
je veux tirer de vous – mais autrement je n'y renoncerai pas
pour tout l'or de Montpellier ! »

86.

Le comte Raoul lui parla avec douceur ; revêtu d'une simple
tunique, il s'agenouilla devant Bernier et lui adressa ces douces
paroles en toute amitié :

« Ah, Bernier, dit le comte, tout doux ! Ne veux-tu pas un
juste accord ? Accepte une belle réparation – non pas parce que
je redoute ton hostilité, mais parce que je veux être ton ami. Par
saint Jacques de Compostelle[1], plutôt que de perdre ton amitié
je préférerais voir jaillir le sang de ma poitrine, les viscères me
sortir du ventre, ou tout mon palais en ruines ! Une telle offre
serait digne de l'émir de Tudèle, voire même de Louis le chef
des Français. Je te le propose, par la sainte Vierge, afin que la
réparation soit juste et acceptable. D'Origny jusqu'au bourg de
Nesle – cela fait quatorze lieues, il convient que je le précise –
cent chevaliers porteront leurs selles, et moi-même je porterai la
tienne sur la tête[2]. Je mènerai Baucent, mon destrier de Castille,
et à chaque serviteur et chaque jeune fille que je rencontrerai, je
dirai : "Voici la selle de Bernier !"

– C'est une généreuse réparation, dirent les Français, celui
qui la refuse ne veut pas être votre ami. »

---

1. Fils de Zébédé et frère de l'apôtre Jean, saint Jacques, dit le Majeur, fut
l'objet d'un culte et d'un des pèlerinages les plus importants du Moyen Âge, que
fera d'ailleurs Bernier vers la fin de notre poème. Selon la tradition, saint Jacques
aurait prêché l'Évangile en Espagne et ses restes seraient revenus à Compostelle
(Galice) après sa mort à Jérusalem. Il est invoqué également au v. 4680. 2. Forme
très ancienne de réparation publique, appellée *harmiscara*, attestée par le capi-
tulaire de Worms de 829. Cette punition infamante de l'époque carolingienne se
trouve également dans le *Roman de Rou* de Wace (ca. 1160-1174). Voir aussi la
note au v. 2095.

LXXXVII

Raous parole par grant humeliance :   [28a]
« Berneçon, frere, molt ies de grant vaillance –
pren ceste acorde si lai la malvoillance.
1605 – Voir, dist B[erniers], or oi je plait d'enfance.
Je nel feroie por tot l'or d'Aquilance,
dusqe li sans dont ci voi la sanblance
remontera en mon chief sans doutance ;
dusq'a cele eure n'iert faite acordance
1610 ou je verrai s'avoir porrai venjance.
– Voir, dist R[aous], ci a grant mesestance ;
dont ferons nos vilaine desevrance. »
G[ueris] parole par grant desmesurance :
« Par Dieu bastars, ci a grant desfiance –
1615 mes niés R[aous] t'ofre aseiz sans dotance.
D'or en avant el grant fer de ma lance
est vostre mors escrite sans faillance. »
Et dist B[erniers] : « N'aiés en moi fiance –
ceste colee n'iert ja mais sans pesance ! »

LXXXVIII

1620 Es vos la noise tres parmi l'ost levee !
L'enfes B[erniers] a la chiere menbree
d'un siglaton a la teste bendee.
Il vest l'auberc dont la maille est feree,
et lace l'elme, si a çainte l'espee ;
1625 el destrier monte a la crupe estelee ;
a son col pent une targe roee,
et prent l'espié ou l'ensaigne est fermee.
Il sonne un cor a molt grant alenee –
.v. chevalier ont la noise escoutee,
1630 homme B[ernier], s'en tiene[n]t lor cont[r]ee.
Vers B[erneçon] viene[n]t de randonee :
ne li fauront por chose qi soit nee.
Des gens R[aoul] font laide desevree ;   [28b]
vers Ribemont ont lor voie tornee.
1635 Li quens Y[bers] a la barbe meslee

87.

Raoul parla en grande humilité : « Bernier, mon frère, ta vaillance est exceptionnelle – accepte cet accord et renonce à la haine.

– Certes, répondit Bernier, ce sont des enfantillages. Pour tout l'or d'Aquilance[1] je n'y renoncerai pas avant que tout le sang que je vois ici ne remonte sans faute dans ma tête. Aucun accord ne sera envisageable jusqu'à l'heure où je verrai la possibilité de me venger.

– Certes, dit Raoul, c'est une très mauvaise affaire, et notre séparation aura des conséquences désastreuses. »

Guerri parla avec une violence démesurée : « Bâtard que tu es, c'est une provocation scandaleuse ! Mon neveu Raoul t'a offert une réparation généreuse. Désormais ta mort est inscrite infailliblement sur le fer de ma lance. »

Et Bernier de répondre : « Défiez-vous de moi ! Le coup que Raoul m'a porté aura des conséquences qui dureront à jamais ! »

88.

C'est alors qu'un grand tumulte traversa l'armée ! Le jeune Bernier au visage sérieux banda sa tête avec une étoffe de soie. Il revêtit le haubert aux mailles de fer, laça son heaume et ceignit son épée. Il enfourcha son destrier à la croupe étoilée, pendit à son cou son bouclier orné de rosaces, saisit l'épieu où était fixée son enseigne et sonna longuement de son cor. Cinq chevaliers, tous des vassaux de Bernier, qui tenaient de lui leurs terres, entendirent l'appel. Ils arrivèrent en courant, car ils n'abandonneraient Bernier pour rien au monde.

Ils se séparèrent funestement des gens de Raoul, puis s'en allèrent vers Ribemont. Le comte Ybert à la barbe grise se tenait

---

1. « Tout l'or d'Aquilance », expression proverbiale de richesse. Il s'agit vraisemblablement, avec changement de suffixe, d'Aquilée, port d'Italie sur l'Adriatique. Voir aussi au v. 3971.

　　　ert as fenestres de la sale pavee,
　　　a grant compaigne de gent de sa contree.
　　　Il regarda tres parmi la valee,
　　　et vit B[ernier] et sa gent adoubee ;
1640 bien le connut, s'a la colour muee ;
　　　dist a ces homes : « Franche gent honnoree,
　　　je voi venir mon fill par cele pree :
　　　chasquns des ciens a bien la teste armee –
　　　bien samble gent de mal faire aprestee.
1645 Ja nos sera la novele contee
　　　por qoi R[aous] a no terre gastee. »

LXXXIX

　　　Li quens Y[bers] o le coraige fier
　　　va oïr vespres del glorieus del ciel.
　　　B[erniers] descent, il et si chevalier ;
1650 cil del chastel li qeurent a l'estrier,
　　　puis li demande[n]t : « Por Dieu le droiturier,
　　　saveiz noveles ? nel devez pas noier.
　　　– Oïl, dist il, aseiz en puis noncier,
　　　de si malvaises ne m'en sai concellier.
1655 Qi or volra sa terre chalengier,
　　　gart q'il soit preus de son hiaume lacier !
　　　R[aous] mes sires nos vieut toz essillier,
　　　et tos mes oncles de la terre chacier –
　　　tous les manace de la teste a tranchier,
1660 mais Dieu de gloire nos porroit bien aidier. »
　　　Devant la sale desarmerent Bernier,
　　　et de son chief vire[n]t le sanc raier –　　　　　　　[29a]
　　　mains gentils hom s'en prist a esmaier.
　　　Vespres sont dites ; Y[bers] vient del mostier,
1665 il va son fil acoler et baisier ;
　　　jos [d]e la face li vit le sanc raier ;
　　　de la mervelle se prist a mervillier –
　　　tel duel en a le sens qide changier.
　　　« Biaus fix, dist il, por le cors saint Richier,
1670 dont ne puis je monter sor mon destrier ?
　　　Qi fu li hon qi vos osa touchier

devant les fenêtres de la salle dallée en compagnie de nombreuses gens de son pays. Il regarda dans la vallée et vit Bernier s'approcher avec ses compagnons d'armes. Dès qu'il le reconnut, il changea de couleur et dit à ses hommes : « Nobles gens estimables, je vois mon fils qui s'approche à travers ce pré. Tous ses hommes portent un heaume solide et semblent prêts à combattre. Bientôt nous saurons pourquoi Raoul a ravagé notre terre. »

89.

Le comte Ybert au cœur farouche alla écouter les vêpres du glorieux Roi du ciel. Bernier mit pied à terre, ainsi que ses chevaliers ; les gens du château accoururent pour lui tenir les étriers et lui demandèrent :

« Par Dieu notre Juge, avez-vous des nouvelles ? Dites-le-moi franchement !

– Oui, dit-il, j'en ai beaucoup, mais de si mauvaises que je ne sais quoi faire. Celui qui voudra défendre son fief doit se montrer prêt à lacer son heaume ! Mon seigneur Raoul veut nous anéantir tous et chasser mes oncles de ce pays – il menace de leur trancher à tous la tête, mais Dieu pourrait bien nous venir en aide. »

Ils désarmèrent Bernier devant la grande salle et virent couler le sang de sa tête – maints nobles compagnons en furent bouleversés. Une fois les vêpres terminées, Ybert revint de l'église et courut embrasser son fils ; il vit le sang couler le long de la face de Bernier. Il fut si bouleversé par ce fait inattendu qu'il pensa devenir fou de douleur.

« Cher fils, dit-il, sur les reliques de saint Riquier, suis-je donc incapable de monter sur mon destrier ? Quel homme a osé te frapper alors que je peux toujours porter les armes ?

tant con je puise mes garnemens baillier ?
– Se fist mes sires, ce dist l'enfes Bernier,
li quens R[aous], qi nos vieut essillier.
1675 Totes nos terres est venus chalengier :
ne te laira valissant un denier.
Tout Origni a ja fait graaillier –
Marcent ma mere o le coraige entier
Vi je ardoir, ce ne puis je noier.
1680 Por ceul itant qe m'en voux aïrier
me feri il d'un baston de poumier ;
tous sui sanglans desq'al neu del braier.
Droit m'en offri, ce ne puis je noier,
mais je nel vox prendre ne otroier.
1685 A vos, biaus peres, m'en vign por consellier –
or repensons de no honte vengier ! »
Oit le li peres, cel prist a laidengier.

XC

Ibers parole a la barbe florie.
« Biax fix B[erniers], ne t'en mentirai mie :
1690 de pluisors gens te sai conter la vie ;
hom orguillous, qe qe nus vos en die,
n'ara ja bien – fox est qi le chastie.   [29b]
Qanq'il conqiert en .vii. ans par voisdie,
pert en un jor par sa large folie.
1695 Tant qe tu fus petiz en ma baillie,
te norresismes par molt grant signorie ;
et qant fus grans, en ta bachelerie,
nos guerpesiz par ta large folie –
R[aoul] creïs et sa losengerie ;
1700 droit a Cambrai fu ta voie acoillie.
Tu l'as servi – il t'a fait cortoisie !
Tant t'a batu comme vielle roncie !
Je te desfen toute ma manantie –
ja n'i prendras vaillisant une alie ! »
1705 B[erniers] l'entent s'a la coulor noircie.
« Merci, biaux pere, por Dieu le fil Marie ;
reteneis moi en la vostre baillie.

– C'est mon seigneur, le comte Raoul, répondit le jeune Bernier, qui veut nous anéantir. Il est venu revendiquer toutes nos terres et ne t'en laissera pas la valeur d'un denier. Il a déjà incendié toute la ville d'Origny – j'ai vu brûler ma mère Marsent au cœur sans détours, je ne puis le nier. Et quand j'ai osé protester, il m'a frappé d'un bâton en bois de pommier. Me voici couvert de sang jusqu'au nœud de ma ceinture. Je ne dois pas cacher qu'il m'en a offert réparation, mais je l'ai refusée tout net et suis venu à vous, mon cher père, afin de prendre conseil. L'heure est venue de venger notre honte ! »

À ces mots, le père commença à injurier son fils.

90.

Ybert à la barbe blanche dit : « Bernier, mon fils, je peux te raconter sans mensonge la vie de bien des gens : un homme orgueilleux, quoi qu'on dise, n'aura jamais bonne fortune – mais on perd son temps à lui faire des remontrances ! Ce qu'il gagne en sept ans par sa malice, il le perd en un jour par sa grande folie. Tant que tu étais un enfant sous ma protection, nous t'avons élevé en grand seigneur ; quand tu as grandi, à l'âge de devenir chevalier dans ta grande folie tu nous as quittés – tu as écouté les paroles flatteuses de Raoul et tu es allé droit à Cambrai. Tu l'as servi, et voici la courtoise récompense : il t'a battu comme une vieille rosse ! Eh bien, je te refuse toute ma fortune – voilà ce que tu en auras : des prunes[1] ! »

À ces mots, Bernier s'assombrit.

« Pitié, mon père, par Dieu le fils de Marie ; reprenez-moi

---

1. *Alie* : litt. « alise, sorbe », fruit de l'alisier/sorbier. Employé, comme d'ailleurs beaucoup d'autres objets sans valeur (bouton, clou, pomme, etc.), comme renforcement de la négation. Selon Mohren, *Le Renforcement affectif...* (1980), *alie* est le sixième en fréquence après *denier, bouton, gant, fétu*, et *pomme*. Dans la mesure du possible, nous avons cherché à garder ces expressions pittoresques. Voir aussi au v. 1733.

Qant vi ardoir Origni l'abeïe,
Marcent la bele, ma mere l'eschevie,
1710 et mainte dame qi est arce et perie –
nule des cent nen est remeise en vie –
miex vossisse estre trestoz nus en Roucie !
Par tous les sains c'on reqiert a Pavie,
qant g'en parlai voiant ma baronie
1715 a mon signor ou a grant felonnie,
tel me donna d'un baston leiz l'oïe
del sanc vermel oi la chiere souplie. »
Y[bers] l'entent, dont n'a talent q'il rie ;
il jure Dieu qui tot li mondes prie :
1720 « Ceste meslee mar i fu commencie,
Marcent vo mere ne arce ne bruïe –
li fel cuivers par engien l'a traïe.
Ançois en iert mainte targe percie   [30a]
et mainte [broigne] rumpue et dessartie
1725 qe ja la terre li soit ensi guerpie.
Ja ne soit hom (qi de ce me desdie –)
de la parole drois est qe l'en desdie :
il a ma terre a grant tort envaïe :
ce nel desfen a m'espee forbie,
1730 je ne me pris une poume pourie.
E R[aous], fel, li cor Dieu te maldie
qe as nonnains creantas compaingni[e]
qe n'i perdroient valisant une alie –
puis les as arces par ta grande folie !
1735 Qant Diex ce suefre, ce est grans diablie
terre ne erbe n'est soz ces piés partie ! »

XCI

El conte Y[bert] n'ot le jor qu'aïrier.
Par grant amor en apela B[ernier].
« Biax fix, dist il, ne vos chaut d'esmaier,
1740 car par celui qi tout a a jugier,
ançois qart jor le comparra mout chier. »
Les napes metent sergant et despencier ;
au dois s'asient li vaillant chevalier.

sous votre protection. Quand j'ai vu brûler l'abbaye d'Origny, et la belle, l'élégante Marsent, ma mère, et maintes dames périr dans les flammes – pas une des cent n'a survécu – j'aurais préféré être en Russie, tout nu ! Par tous les saints patrons de Pavie, lorsque j'ai reproché ce crime à mon indigne seigneur en la présence de mes barons, il m'a donné un tel coup près de l'oreille que j'eus la tête couverte de sang vermeil. »

À ces mots, Ybert n'eut pas le cœur à rire ; il jura à Dieu à qui tout le monde adresse des prières :

« Malheur à ceux qui ont commencé ce conflit et qui ont brûlé vive ta mère Marsent – le cruel scélérat l'a sûrement trompée. Maint bouclier sera percé et maint haubert sera rompu et mis en pièces avant que cette terre lui soit abandonnée. Que personne ne me contredise : il faut contrecarrer ses prétentions. C'est à tort qu'il a envahi mes terres ; si je ne les défends pas mon épée polie au poing, je ne m'estimerai pas valoir une pomme pourrie ! Raoul, félon que tu es, que le Seigneur Dieu te maudisse, car tu avais consenti aux religieuses qu'elles n'y perdraient rien qui vaille, et puis tu les as brûlées vives dans ta grande folie ! Quand Dieu le tolère, c'est l'œuvre du diable si la terre et l'herbe ne s'ouvrent sous tes pieds ! »

91.

Ce jour-là le comte Ybert ne fut que colère. Tendrement il appela Bernier.

« Mon cher fils, dit-il, ne t'effraie pas, car par le Juge souverain, Raoul paiera cher ses crimes avant quatre jours. »

Les serviteurs et maîtres d'hôtel mirent les nappes, et les vaillants chevaliers s'assirent sur l'estrade d'honneur. Contrai-

Qi qe mangast, Y[bert] l'estut laissier –
1745 un os de cerf commence a chapuisier.
　　Li gentil home le prisent a huchier :
　　« Car mengiés, sire, por Dieu le droiturier –
　　jors est de Pasques c'on se doit rehaitier. »
　　Et dist Y[bers] : « Je nel puis commencier.
1750 [Or] voi mon fil dont qit le sens changier,
　　le cors sanglant jusq'el neu del braier.
　　Li quens R[aous] ne m'a mie trop chier,　　　　　　[30b]
　　qe si sanglant le m'a fait envoier.
　　Vos li viel homme garderez le terrier,
1755 et la grant tor et le palais plaignier ;
　　et li vaslet et li franc esquier
　　voist tost chascuns aprester son destrier,
　　car orendroit nos couvient chevauchier. »
　　Dist B[erniers] : « Sire, ne m'i devez laissier !
1760 – Si fera, fix, par le cors saint Richier ;
　　malades estes – faites vos aaisier,
　　qe de sejor avez molt grant mestier. »
　　Dist B[erniers] : « Sire, ja n'en devés plaidier,
　　qe par le cresme qe pris a bautisi[e]r,
1765 je nel lairoie por les membre trenchier
　　qe je n'i voise por ma honte vengier. »
　　A ces paroles se vont aparillier ;
　　ainc toute nuit ne finent de broichier,
　　a Roie vinre[n]t asez ains l'esclarier.

XCII

1770 Qant li baron sont a Roie venu,
　　isnelement sont a pié descendu.
　　Li quens Y[bers] n'a gaires arestu –
　　bien fu armés, a son col son escu ;
　　en son dos ot un blanc hauberc vestu,
1775 a son costé le bon branc esmolu.
　　De ci au gué ne sont aresteü.
　　La maistre gaite qi en la faude fu
　　jete une piere – n'a gaire atendu ;
　　por poi nel fiert desor son elme agu.

rement aux autres, Ybert ne put rien avaler – il se mit à tailler
dans un os de cerf, et ses nobles compagnons s'exclamèrent :

« Mangez, seigneur, par Dieu notre Juge, c'est aujourd'hui le
jour de Pâques où l'on doit se réjouir.

– Je ne puis même pas y toucher, répondit Ybert. Je pense
devenir fou quand je vois ici mon fils dont le corps est couvert
de sang jusqu'au nœud de la ceinture. Le comte Raoul me tient
en piètre estime pour me renvoyer mon fils ainsi ensanglanté.
Vous, les vieillards, vous allez garder le remblai, la tour princi-
pale et la grande salle ; que les jeunes avec les nobles écuyers
aillent tout de suite préparer leurs destriers, car il nous faut
chevaucher aujourd'hui même.

– Seigneur, dit Bernier, ne me confinez pas ici !

– Il le faut, mon fils, sur les reliques de saint Riquier, car tu
es mal en point. Fais-toi soigner, tu as grand besoin de repos.

– Seigneur, répondit Bernier, n'en parlez pas, car par le
chrême qui a sacré mon baptême, je ne renoncerai pas à cette
occasion de venger ma honte, dût-on me trancher les
membres. »

Là-dessus, ils allèrent se préparer. Ils chevauchèrent toute la
nuit et parvinrent à Roie bien avant l'aube.

92.

Dès que les barons furent parvenus à Roie, ils mirent pied à
terre. Le comte Ybert n'hésita guère – il était solidement armé,
l'écu au cou, le haubert étincelant sur le dos et la bonne épée
tranchante au côté. Les barons coururent au gué. Le chef du gué,
depuis sa guérite, lança de prime abord une pierre qui manqua
de peu le heaume pointu d'Ybert. Elle aurait renversé Ybert si

1780 S'ataint l'eüst, bien l'eüst abatu ;
     en l'ague clere chiet devant le crenu.
     Puis li escrie : « Vasal, di, qi es tu ?   [31a]
     Je t'ai jeté, ne sai se t'ai feru.
     Or revuel traire, qe j'ai mon arc tendu ! »
1785 Et dist Y[bers] : « Amis, frere, ne tu !
     J'ai non Y[bers], fix sui Herbert feü.
     Va di W[edon] a la fiere vertu,
     le mien cher frere qi le poil a chenu,
     q'il viegne a moi qe molt l'ai atendu –
1790 besoign en ai, onqes si grant ne fu ! »

XCIII

     Et dist la gaite : « Comment avez vos non ?
     – Amis, biax frere, ja sarez la raison :
     j'ai non Y[bers], nez sui de Ribemont.
     Va, si me di mon frere dant Wedon
1795 q'il vaigne a moi, por le cors saint Simon –
     besoign en ai, ainc si grant ne vit on ! »
     Et dist la gaite : « A Dieu beneiçon ! » ;
     desq'a la chambre est venus a bandon.

XCIV

     Vait s'en la gaite qe plus n'i atendi
1800 desq'a la chambre dans W[edon] le hardi.
     L'anel loiga, li chambrelains l'oï.
     Qant li quens Wedes le voit si esbahi,
     « Amis, biax frere, isnelement me di,
     as tu besoign, por Dieu qi ne menti ?
1805 – Oïl voir, sire, onqes si grant ne vi :
     sa defors a un vo charnel ami –
     le conte Y[bert], ensi l'ai je oï. »
     W[edes] l'entent, fors de son lit sailli.
     En son dos a un ermine vesti,
1810 il vest l'auberc, lace l'elme burni,
     a son costé a çaint le branc forbi.
     A tant eis vos son seneschal Tieri,   [31b]

elle l'avait touché, mais elle tomba dans l'eau limpide devant son coursier. Puis le guetteur cria :

« Dites-le-moi, vassal, qui êtes-vous ? Je vous ai lancé une pierre, mais je ne sais si je vous ai atteint. J'ai tendu mon arc et je vais maintenant tirer sur vous !

– Cher ami, pas toi ! dit Ybert. Je m'appelle Ybert, fils de feu Herbert. Va dire à Eudes au cœur valeureux, mon cher frère aux cheveux blancs, qu'il vienne à moi – je l'ai attendu trop longtemps, car j'ai le plus grand besoin de son aide. »

93.

Le guetteur lui demanda : « Quel est votre nom ?

– Cher ami, vous apprendrez la vérité : je m'appelle Ybert et suis né à Ribemont. Allez vite dire à mon frère Eudes qu'il vienne me voir, sur les reliques de saint Simon – j'ai le plus grand besoin d'aide que l'on ait jamais vu !

– Que Dieu nous bénisse ! » dit le guetteur qui se précipita vers la chambre d'Eudes.

94.

Sans plus attendre, le guetteur courut à la chambre d'Eudes le hardi. Il frappa avec le marteau et le chambellan l'entendit. Quand le comte Eudes le vit si agité, il lui demanda : « Mon cher ami, dis-moi vite ce que tu as, par Dieu qui jamais ne mentit.

– Certes, seigneur, je n'ai jamais rien vu de si urgent : là dehors il y a un de vos parents, il m'a dit s'appeller le comte Ybert. »

À ces mots, Eudes bondit de son lit. Il jeta sur son dos sa pelisse d'hermine, revêtit son haubert, laça son heaume bruni et ceignit l'épée bien polie à son côté. Voilà son sénéchal Thierry

qi(l) li amaine son destrier arabi !

W[edes] i monte, s'a son escu saisi,

1815 et prent la lance au confanon sarci –

isnelement fors del palais issi.

XCV

Va s'en quens W[edes], ç'avala les degrez –

desq'a la bare n'est ces resnes tirez.

Voit la grant route des chevalier armés ;

1820 il a parlé : « Frere Y[bers], dont venez ?

est ce besoig[n], qi a ceste eure alez ?

– Oïl, voir, frere – ja si grant ne verez :

Rois Loeys nos vieut deseriter,

R[aoul] le conte a nos païs donez,

1825 a .x. mile homes est en no tere entrez.

Grans mestiers est qe bien la deffendez –

isnelement toz nos amis mandez ! »

Et dist quens W[edes] : « Nos en arons assez,

mais encor cuit adez qe me gabez.

1830 Je nel creroie por l'or d'une citez

li quens R[aous] fust ci desmesurez

qe ja sor nos soit ci a ost tornez.

Li sors G[ueris] est saiges hon asez ;

ains tex consoux ne fu par lui trovez. »

1835 Respont Y[bers] : « De folie parlez.

Toz Origni est ars et embrasez,

et les nonnains qe mises i avez

a toutes arces – ce fu grans cruautez. »

XCVI

Et dist quens W[edes] : « Por le cors saint Richier,

1840 a fait R[aous] Origni graaillier ?

– Oïl, biau frere, par Dieu le droiturier

qe Berneçons en est venus des ier ;

il vit sa mere ardoir en un mostier,

les cent nonains, par mortel encombrier.

[32a]

qui lui amena son destrier arabe ; Eudes l'enfourcha, saisit son écu, prit sa lance avec son gonfanon solidement fixé et quitta aussitôt la grande salle.

95.

Eudes descendit les marches et s'en alla – il ne tira pas sur les rênes avant d'avoir gagné la barrière. En voyant la grande troupe de chevaliers en armes, il dit :

« Ybert, mon frère, d'où venez-vous ? Quelle urgence vous fait chevaucher à cette heure ?

– Certes, mon frère, vous ne verrez jamais plus grande urgence : le roi Louis veut nous déshériter, il a donné notre pays au comte Raoul, qui est entré dans notre terre avec dix mille hommes. Il est essentiel que vous la défendiez – vite, faites rassembler tous nos alliés !

– Nous en aurons beaucoup, répondit Eudes, mais je suis convaincu que vous plaisantez. Même si l'on me donnait tout l'or d'une citadelle, je ne croirais jamais que le comte Raoul ait assez de démesure pour venir nous attaquer avec son armée ! Guerri le Roux est un homme avisé – il ne lui aurait jamais donné un tel conseil. »

Et Ybert de répondre : « Ce sont des paroles insensées – tout Origny est en flammes et toutes les religieuses que vous y avez établies ont été brûlées vives – quelle cruauté ! »

96.

« Sur les reliques de saint Riquier, dit alors le comte Eudes, est-ce Raoul qui a fait incendier Origny ?

– Oui, cher frère, par Dieu notre Juge ! Le jeune Bernier est revenu hier de la ville ; il a vu brûler vive sa mère dans l'abbaye avec les cent religieuses – quelle tragédie fatale !

1845 – Or le croi je, dist W[edes] au vis fier,
　　qe B[erneçon] ne taing pas a legier. »

XCVII

　　Et dist Y[bers] o les floris grenons :
　　« Dites, biau frere, por Dieu, qi manderons ? »
　　W[edes] respont : « A plenté en arons.
1850 Mandons H[erbert], ja est siens Ireçons,
　　et de Tieraisse tient les plus fors maisons –
　　il tient bien trente qe chastiax que donjons.
　　Il est nos freres, tres bien nos i fions. »
　　I[l] le manderent, s'i ala Berneçons ;
1855 cil lor amaine mil gentil compaignons –
　　sous Saint Quentin tende[n]t lor pavillons.
　　Raoul mandere[n]t, le conte de Soissons ;
　　cil lor amaine mil chevalier barons.
　　Soz Saint Quentin fu molt biaus li sablons ;
1860 la descendire[n]t – molt i ot de penons.
　　Dieu en jurerent et ces saintisme nons
　　se R[aoul] truevent – tex en est la chançons –
　　mar i reciut de lor terres les dons ;
　　le sor G[ueri] saicheront les grenons.

XCVIII

1865 Apres manderent cel de Retest, Bernart ;
　　toute Champaigne tenoit cil d'une part.
　　Cil jure Dieu q'il fera l'estandart ;
　　mil chevalier entre lui et Gerart
　　ont amené – nen i a nul coart.
1870 Sous Saint Quentin se loigent d'une part ;
　　par maltalant jurent saint Lienart
　　se R[aoul] truevent ne G[ueri] le gaignart,　　　　　[32b]
　　« li plus hardiz s'en tenra por musart –
　　nos li trairons le sanc parmi le lart ! »

– Je vous crois maintenant, dit Eudes au visage valeureux, car j'ai toute confiance en le jeune Bernier. »

97.

Alors Ybert à la moustache blanche parla : « Dites-le-moi, au nom de Dieu, cher frère, qui allons-nous convoquer ?
– Nous aurons tous les hommes qu'il nous faut, répondit Eudes. Appelons Herbert, à qui appartient Hirson et les meilleures forteresses de Thiérache – il a au moins une trentaine de châteaux ou de tours. C'est notre frère, et nous pouvons avoir toute confiance en lui. »

Le jeune Bernier s'en alla le convoquer et Herbert leur amena mille nobles compagnons, qui dressèrent leurs tentes au pied des murs de Saint-Quentin. Ils convoquèrent Raoul, le comte de Soissons, qui vint avec une compagnie de mille excellents chevaliers. Là où le sable au pied des remparts de Saint-Quentin était le plus beau, ils mirent pied à terre, au milieu d'une multitude de pennons. Tous jurèrent par Dieu et ses saints Noms[1] que s'ils trouvaient Raoul – c'est ainsi que la chanson nous le raconte –, ce dernier se repentirait d'avoir accepté le don de leurs fiefs ; quant à Guerri, ils lui arracheraient les moustaches !

98.

Ensuite ils convoquèrent Bernard de Rethel[2], qui possédait toute la Champagne, et il jura d'être leur gonfalonier. Gérard et lui amenèrent mille chevaliers courageux. Ils se logèrent tous ensemble au pied des remparts de Saint-Quentin et dans leur colère ils jurèrent par saint Léonard[3] que, pour peu qu'ils trouvent Raoul ou ce cruel Guerri, « le plus hardi des deux se tiendra pour un sot, car nous lui tirerons le sang à travers le lard ! »

---

1. Les 72 noms de Dieu viendraient des 72 lettres que contient chacun des vers 19, 20, et 21 de l'Exode, 14. Ils expriment les attributs et la générosité de Dieu et sont souvent évoqués dans les chansons de geste. Voir surtout Spitzer (1941). **2.** L'identification de Retest avec Rethel fut proposée par Meyer et Longnon. **3.** Saint Léonard de Noblat, en Limousin, était l'objet d'un culte très répandu au Moyen Âge. Pour de nombreux croisés, il devint le patron des prisonniers.

XCIX

1875 Il font mander le bon vasal Richier,
     qi tint la terre vers la val de Rinier.
     Avec celui vinre[n]t mil chevalier –
     chascuns ot [a]rmes et bon corant destrier ;
     soz Saint Quentin se loigent el gravier.

C

1880 Sor la riviere, qi tant fist a loer,
     les cleres armes i reluisent tant cler
     de deus pars font la riviere muer ;
     et jurent Dieu qi se laisa pener
     en sainte crois por son peule sauver
1885 se R[aoul] puent en lor terre trover
     seürs puet estre de la teste colper.

CI

     Apres celui i vint W[edes] de Roie ;
     mil chevalier a ensaignes de soie
     amaine o lui – molt vinrent droite voie.
1890 Soz Saint Quentin se loigent a grant goie ;
     il jurent Dieu qe pecheor avoie
     se R[aoul] trueve[n]t, mar acoilli lor proie :
     « Nos li trairons le poumon et le foie !
     Rois Loeys qi les François maistroie
1895 l'en fist le don del pris d'une lamproie ;
     n'en tenra point tant comme je vis soie ! »

CII

     Puis fu mandez li menres Loeys –
     ce fut li mendres des qatre H[erbert] fix.
     O lui amainne mil chevalier de pris ;
1900 bien fu armés sor Ferrant de Paris.

99.

Ils firent convoquer le bon vassal Riquier, qui possédait la terre du côté du val de Rinier[1]. Mille chevaliers l'accompagnaient, chacun bien armé sur un bon destrier fougueux. Ils campèrent sur le sable au pied des remparts de Saint-Quentin.

100.

Sur le bord de la belle rivière, les armes brillaient d'un tel éclat que, de ce côté, les eaux en étaient transformées. Alors ils jurèrent par Dieu qui accepta de souffrir sur la croix pour sauver le monde que, s'ils trouvaient Raoul sur leur terre, il y laisserait à coup sûr sa tête.

101.

Vint ensuite Eudes de Roie à la tête de mille chevaliers aux enseignes de soie. Ils arrivèrent par le plus court chemin et se logèrent joyeusement au pied des remparts de Saint-Quentin. Ils jurèrent par le Seigneur qui guide les pécheurs que, s'ils trouvaient Raoul, il se repentirait de les avoir pillés :

« Nous lui arracherons le poumon et le foie ! Louis, roi des Français, lui a donné notre fief comme s'il ne s'agissait que d'une lamproie, mais Raoul n'en possédera rien tant que je vivrai ! »

102.

Ensuite on convoqua Louis le Petit, benjamin des quatre fils d'Herbert. Solidement armé et chevauchant Ferrant de Paris, il amena mille chevaliers de grand renom. Ils dressèrent leurs

---

1. Le *val de Rinier/Rivier* fut un toponyme fréquent dans les chansons de geste. Meyer et Longnon l'identifient avec le *pagus Ripuarius* de l'époque franque, qui correspondrait à la portion de l'ancien diocèse de Cologne située en deçà du Rhin.

Souz Saint Quentin ont lor ostex porpris ;   [33a]
il jurent Dieu qi en la crois fu mis
mar i entra R[aous] de Cambresis,
il et ces oncles d'Aras li sors G[ueris] :
1905 « Leqel qe truisse, par le cors saint Denis,
tantost sera detranchiés et ocis.
Mar fu li dons de Vermendois reqis ! »

CIII

Puis vint Y[bers] qi cuer ot de baron,
li ainsnez freres – peres fu Berneçon.
1910 Aveqes lui ot maint bon compaignon :
la veïssiés tant bon destrier gascon !
Soz Saint Quentin descende[n]t el sablon –
la ot tendu maint riche pavillon –
et jure[n]t Dieu qi soufri passïon
1915 mar prist R[aous] de la terre le don !

CIV

Qant li baron prise[n]t a desloigier,
vers Origni prisent a [aproichier] ;
onze mil furent, n'i a cel n'ait destrier
et beles armes et espee d'acier.
1920 A une liue, si con j'oï noncier,
de l'ost R[aoul] se fisent herbergier ;
loiges i fisent aprester et rengier.
« Baron, dist W[edes], nobile chevalier,
hons sans mesure, [il] ne vaut un alier.
1925 Li quens R[aous] fait forment a proisier,
niés est le roi qi France a a baillier.
Se l'ocions par no grant encombrier
[ja] l'enperere mais ne nos avra chier ;
toutes nos terres nos fera essilier
1930 et s'il nos puet ne tenir ne bailie[r],   [33b]
il nos fera toz les menbres tranchier.
Car li faisons un mesaige envoier
qe de nos terres se traie un poi arier ;

pavillons au pied des remparts de Saint-Quentin et jurèrent par Dieu qui fut mis sur la croix que Raoul de Cambrai se repentirait d'avoir envahi leurs terres – lui et son oncle, Guerri le Roux d'Arras :

« Le premier que je trouve, par les reliques de saint Denis, aura la tête tranchée. Il se repentira d'avoir sollicité le don du Vermandois ! »

103.

Ensuite vint Ybert, le frère aîné au cœur vaillant – c'est le père du jeune Bernier –, en compagnie de maints nobles compagnons. Si seulement vous aviez vu tous ces bons destriers gascons ! Ils mirent pied à terre et dressèrent maint pavillon splendide sur le sable, au pied des remparts de Saint-Quentin. Tous jurèrent par Dieu qui souffrit la Passion que Raoul se repentirait d'avoir accepté le don de leur terre.

104.

Quand les barons quittèrent le campement, ils avancèrent sur Origny. Ils avaient une force de onze mille chevaliers, chacun monté sur un destrier, avec de belles armes et une épée d'acier. On m'a dit qu'ils s'installèrent à une lieue de l'armée de Raoul – là ils dressèrent leurs tentes en rangs.

« Barons, dit Eudes, nobles chevaliers, un homme sans mesure ne vaut pas lourd. Le comte Raoul est un homme estimable, car il est le neveu du roi qui gouverne la France. Si par malheur nous le tuons, l'empereur ne sera jamais plus notre ami : il détruira toutes nos terres et, s'il réussit à nous prendre, il nous mettra en pièces. Envoyons plutôt un messager à Raoul qui lui demandera de se retirer tant soit peu de nos terres. Qu'il

voist en la soie, por Dieu le droiturier –
1935 cil l'en doinst goie qi tot a a jugier !
S'on li fait chose dont doie courecier
nos l'en ferons droiture sans targier,
ne de sa terre un seul point ne li qier –
ains li volrons de la nostre laissier ;
1940 puis referons l'eglise et le mostier
q'il fist a tort ardoir et graaillier,
aiderons li s'autre guere baillier
et le Mancel del païs a chacier,
et pardonrons l'amende de Bernier.
1945 – Dieu ! dist Y[bers], cui porrons envoier ?
– Je irai, sire », ce li a dit Bernier.
Oit le li peres, prist soi a courecier.
« Par Dieu, lechieres, trop estes prisa[u]tier !
Raler i viex – batus i fus l'autrier !
1950 S'or i estoies, ja volroies tencier –
tos nos porroies no droit amenuisier. »
Devant lui garde, vit G[erart] le Pohier.
« Alez i frere, je vos en vuel proier !
– Volontiers, sire, ne qier plus delaier. »
1955 Vint a son tré por son cors haubergie[r].

CV

A son tré vint dans G[erars] l'Espanois.
En son dos veist un hauberc jaserois,
en son chief lace un elme paviois ;
on li amaine un bon destrier norois.
1960 Par son estrier i monta li Flandrois,   [34a]
a son col pent un escu demanois,
a tant s'en torne tres parmi le marois,
au tré R[aoul] est venus demanois :
aseis i trueve Cambrisis et Artois.
1965 Li quens R[aous] seoit au plus haut dois,
bien fu vestus d'un chier paille grigois.
Li mesaigiers ne samble pas Tiois :
il s'apuia sor l'espieu acerois,
de saluer ne fu mie en souspois.

s'en aille dans son pays, par Dieu notre Juge, et que le Juge souverain l'en récompense ! Si nous l'avons contrarié, nous lui en rendrons satisfaction sans tarder. Je ne réclame pas même un iota de sa terre – nous lui céderons plutôt une parcelle de la nôtre et ferons reconstruire l'église et l'abbaye qu'il a brûlées et réduites à tort en cendres ; nous viendrons à son secours dans son autre guerre et l'aiderons à chasser le chevalier du Mans du pays ; et nous renoncerons à la réparation qu'il devait à Bernier.

– Dieu ! dit Ybert, qui pourrons nous envoyer ?

– J'irai, seigneur », répondit Bernier.

À ces mots, son père enragea : « Par Dieu, fripon, tu es trop impulsif ! Hier on t'a battu et déjà tu veux y retourner ! Dès que tu seras là-bas, tu chercheras une querelle – tu détruiras en un instant notre bon droit. »

Devant lui il aperçut Gérard de Poix. « Allez-y, cher ami, je vous en prie !

– Très volontiers, seigneur, et sans délai. »

Il entra dans sa tente pour endosser son haubert.

105.

Gérard d'Espagne[1] entra dans sa tente. Il endossa un haubert oriental et se laça sur la tête un heaume de Pavie. On lui amena un bon destrier de Norvège. Le chevalier flamand y monta par l'étrier, pendit un écu à son cou et partit aussitôt à travers les marais. Il arriva sans tarder devant la tente de Raoul, où il trouva de nombreux chevaliers de Cambrai et de l'Artois. Raoul, vêtu d'une étoffe précieuse de soie grecque, était installé sur l'estrade. Le messager n'eut pas l'allure d'un Allemand : il s'appuya sur son épieu d'acier et ne tarda pas à saluer Raoul :

---

1. Une correction de *l'Espanois* en *li Pohois* (« de Poix ») n'est pas indispensable, car l'épithète réapparaît au vers 3274. Certains chevaliers français adoptaient parfois des noms qui indiquaient leur participation à la reconquête de l'Espagne. Il s'agit, en tout cas, du même Gérard évoqué à la fin de la laisse 104.

1970 « Cil Damediex qi fu mis en la crois,
et estora les terres et les lois,
il saut R[aoul] et trestous ces feois,
le gentil conte cui oncles est li rois !
– Diex gart toi, frere ! dist R[aous] li cortois.
1975 Si m'aït Diex, ne sambles pas Irois ! »

CVI

« Sire R[aous] – ce dist G[erars] li bers –
c'il vos plaisoit mon mesaige escouter,
gel vos diroie sans plus de demorer.
– Di tos, biau frere – pense del retorner
1980 qe si ne vaignes mon couvine esgarder. »
Dist G[erars] : « Sire, ainc n'i vos mal penser. »
Tout son mesaige li commence a conter
de chief en chief si con il dut aler.
R[aous] l'oï, si commence a penser.
1985 « Par foi ! dist il, bien le doi creanter
mais a mon oncle en vuel ançois parler. »

CVII

Vait s'en R[aous] a G[ueri] consellier :
tout le mesaige dant G[erart] le Poihier
li a conté, ne l'en vost plus laisier.
1990 Oit le Gueris ; Dieu prist a mercier.   [34b]
« Biax niés, dist il, bien te dois faire fier
qant quatre conte se vuele[n]t apaier.
Niés, car le fai, por Dieu t'en vuel proier ;
laisse lor terre, ne la te chaut baillier. »
1995 R[aous] l'entent, le sens qide changier ;
ou voit G[ueri], se li prent a huchier :
« G'en pris le gant voiant maint chevalier
et or me dites q'il fait a relaissier –
trestos li mons m'en devroit bien huier ! »

« Que le Seigneur qui fut mis en croix et qui établit les pays et les lois sauve Raoul, le noble comte et neveu du roi, ainsi que tous ses hommes liges.

– Que Dieu te garde, cher ami, répondit le courtois Raoul. Par Dieu, tu n'as pas l'allure d'un chevalier d'Irlande ! »

106.

« Seigneur Raoul, dit Gérard le preux, s'il vous plaisait d'entendre mon message, je vous le dirais sans plus tarder.

– Dis-le vite, cher ami, et repars aussitôt : ne vas pas espionner mes positions.

– Seigneur, dit Gérard, je ne songeais pas à une telle chose. »

Il lui raconta alors son message de bout en bout, ainsi qu'il fallait le relater. Raoul l'écouta, puis se mit à réfléchir.

« Par ma foi, dit-il, je dois bien accepter cette offre, mais je veux d'abord en parler à mon oncle. »

107.

Raoul s'en alla demander conseil à Guerri. Il lui répéta tout le message de Gérard de Poix, car il ne voulait rien lui cacher. Lorsqu'il l'eut entendu, Guerri rendit grâce à Dieu.

« Cher neveu, dit-il à Raoul, tu peux bien être fier quand quatre comtes veulent t'apaiser ! Fais ce qu'ils demandent, mon neveu, et quitte leur terre – qu'est-ce que cela peut te faire de la régir ? »

À ces mots, Raoul enragea et se mit à injurier Guerri :

« J'en ai été investi par le gant devant maints chevaliers et voici que vous me dites de la lâcher ! Tout le monde se moquerait de moi ! »

CVIII

2000 Raous parole au coraige hardi.
    « On soloit dire [del] riche sor G[ueri]
    qu'en tout le mont n'avoit un si hardi,
    mais or le voi couart et resorti ! »
    G[ueris] l'oï, fierement respondi ;
2005 por trestout l'or d'Abevile en Ponti
    ne volsist il qe il l'eüst gehi,
    ne qe ces niés l'en eüst si laidi.
    Par maltalant a juré saint Geri :
    « Qant por coart m'en avez aati,
2010 ains en seront mil hauberc dessarti
    qe je ne il soions ja mais ami ! »
    Dist au mesaige : « Torne toi tos de ci ;
    as fix Herbert isnelement me dit
    bien se desfendent, bien seront asailli ! »
2015 Dist li mesaiges : « Par mon chief, je l'otri :
    de la lor part loiaument vos desfi.
    Mar acoi[n]tastes les nonnains d'Origni –
    bien vos gardez, bien serez recoilli !
    Chascuns des nos a son hauberc vesti ! »
2020 A tant s'en torne, s'a son escu saisi –   [35a]
    ce fu mervelle qant il nul n'en feri
    et neporqant s'ot il l'espieu brandi
    qant li menbra de Y[bert] le flori
    qi de R[aoul] atendoit la merci.

CIX

2025 Vait s'en Gerars, ne s'i est atargiés.
    Li quens Y[bers] est vers lui adreciés :
    « Q'aveis trové ? Gardés nel me noiés.
    – En non Dieu, sire, molt est outreqidiés !
    Il n'i a plus : tos vos aparilliés,
2030 et vos batailles ajostez et rengiés. »
    Et dist B[erniers] : « Diex en soit graciés !
    – Baron, dist W[edes], faites pais, si m'oiés.
    Hom sans mesure est molt tos empiriés.

108.

Raoul au cœur valeureux reprit : « On disait dans le temps du puissant Guerri le Roux, qu'il n'y avait au monde baron plus audacieux. Mais je le vois à présent peureux et lâche ! »

À ces mots, Guerri répondit fièrement que par tout l'or d'Abbeville en Ponthieu il aurait voulu ne pas avoir donné ce conseil qui poussa son neveu à l'insulter de cette manière. Plein de colère, il jura par saint Géri :

« Puisque vous m'avez traité de couard, mille hauberts seront mis en pièces avant que nous ne soyons amis, lui et moi ! »

Et il dit au messager : « Va-t'en vite d'ici et dis de ma part aux fils d'Herbert qu'ils s'apprêtent à se défendre, car ils seront bel et bien attaqués ! »

Et le messager de répondre : « Sur ma tête, j'accepte votre défi et de leur part je vous le rends de bonne foi. Vous vous repentirez d'avoir attaqué les religieuses d'Origny – soyez sur vos gardes, car nous serons prêts à vous recevoir, chacun vêtu de son haubert ! »

Il se retourna aussitôt et saisit son bouclier – ce fut un miracle s'il ne frappa personne de l'épieu qu'il avait brandi, mais alors il se souvint d'Ybert le chenu qui attendait la réponse de Raoul.

109.

Gérard regagna en hâte le campement, et le comte Ybert vint lui demander :

« Quel accueil as-tu trouvé ? Dis-le-moi franchement ! »

– Au nom de Dieu, seigneur, Raoul est plein d'outrecuidance ! Il n'y a plus rien à faire : il faut vous préparer tout de suite et mettre vos troupes en rangs.

– Que Dieu soit loué ! » dit Bernier.

« Barons, dit Eudes, taisez-vous et écoutez-moi : l'homme qui manque de mesure court à sa perte. Envoyez un nouveau

      Preneis un mes et si li renvoiés.
2035 Cele parole qe G[erars] li Poiers
      li conta ore, qant fu apparilliés,
      li tenrons nos c'il en est aaisiés.
      Par aventure s'en est puis conseilliés,
      et c'il le fait, chascuns de nos soit liés.
2040 – Diex ! dist Y[bers], j'en sui molt esmaiés.
      Ou est li mes ? Gardez nel me noiés ! »
      Dist B[erneçons] : « J'en sui aparilliés. »
      Oit le li p(er)eres, molt en fu coreciés.
      « Par Dieu, lechieres, trop ies outrequidiés !
2045 Et neporqant, qant presentez en ies,
      autre qe tu n'i portera les piés. »
      Dist B[erniers] : « Sire, grans mercis en aiés ! »
      Il vest l'auberc ; tos fu l'elme laciés ;
      el destrier monte – ces escus n'est pas viés.
2050 Voit le li pere, si l'en prist grans pitiés.   [35b]
      « Alez, biax fix, por Dieu ne delaiés !
      Por Dieu nos drois ne soit por vos laissiés ! »
      Dist B[erneçons] : « Por noient en plaidiés,
      qe ja par moi nen serez avilliés. »

                              CX

2055 Vait s'en B[erniers], de sa gent departi ;
      vint jusq'as treiz mais pas ne descendi.
      Au saluer pas ne mesentendi :
      « Cil Damerdieus qi onqes ne menti,
      et qi Adan et Evain beneï,
2060 il saut et gart maint baron qe voi ci –
      entor aus m'ont molt doucement norri,
      onqes n'i oi ne noise ne estrif –
      et il confonde R[aoul] de Cambrisi
      qi ma mere art el mostier d'Origni,
2065 et les nonnains, dont j'ai le cuer mari ;
      et moi meïsme feri il autresi
      si qe li sans vermaus en respandi.
      Diex me laist vivre qe li aie meri –
      si ferai je, par Dieu qi ne menti,

messager à Raoul. Nous nous en tiendrons à l'offre que Gérard de Poix lui a faite quand il était notre messager, si Raoul veut bien l'accepter. Peut-être qu'il a écouté d'autres conseils depuis. S'il accepte cet accord, nous en serons tous heureux.

— Dieu ! dit Ybert, j'en suis fort inquiet ! Qui sera le messager ? Dites-le-moi franchement ! »

Et Bernier de répondre : « Me voici prêt. »

À ces mots, son père devint furieux :

« Par Dieu, fripon, tu es très présomptueux ! Mais, puisque tu t'es proposé, nul autre n'y mettra les pieds.

— Seigneur, je vous en remercie de tout mon cœur », répondit Bernier. Il endossa le haubert, laça vite son heaume et enfourcha son destrier – son bouclier était tout neuf.

Voyant cela, le père fut très ému :

« Allez, mon fils, n'hésitez pas. Je prie Dieu que notre bonne cause ne soit pas perdue à cause de vous !

— Inutile d'en parler, dit Bernier, car jamais je ne causerai votre déshonneur. »

110.

Bernier s'en alla, laissant ses hommes derrière lui. Il s'approcha des tentes de Raoul, mais ne mit pas pied à terre. Son salut témoigna de sa valeur :

« Que le Seigneur qui ne mentit jamais et qui bénit Adam et Ève, sauvegarde maints chevaliers que je vois ici – chez eux, ils m'ont élevé très tendrement ; je n'ai jamais eu ni querelle ni lutte avec eux – mais qu'Il confonde Raoul de Cambrai, qui a brûlé vive ma mère dans l'abbaye d'Origny avec les religieuses, ce dont j'ai le cœur marri. Et il m'a moi-même frappé et a fait couler mon sang vermeil. Que Dieu m'accorde de vivre assez longtemps pour m'en venger – je le ferai, par Dieu qui jamais

2070 se j'en ai aise, par le cors saint Geri !
     – Voir, dist R[aous], fol mesaigier a ci !
     Est ce B[erniers], fix Y[bert] le flori ?
     Fix a putain, or te voi mal bailli !
     En soignantaige li viex t'engenuï. »

CXI

2075 Raous parole, q'il ne s'en puet tenir.
     « Cuivers bastars, je ne t'en qier mentir :
     a mon qartier te covient revenir,
     as escuiers te covient revertir –
     de si haut home ne pues si vil veïr ! »
2080 Berniers l'oï, del sens qida issir.   [36a]

CXII

     « Sire R[aous] – ce dist l'enfes Bernier –
     laissiés ester le plait de vo qartier.
     Le vostre boivre ne le vostre mangier,
     se Dex m'aït, nen ai je gaires chier :
2085 n'em mengeroie por les menbres tranchier ;
     ne je ne vuel folie commencier.
     Cele parole dant Gerart le Poihier
     q'il vos conta en vostre tré plaignier,
     li fil Herbert m'ont fait ci envoier,
2090 vos tenront il cel volez otroier.
     Endroit de moi nel volroie empirier.
     Ma mere arcistes en Origni mostier,
     et moi fesistes la teste peçoier ;
     droit m'en offristes, ce ne puis je noier :
2095 por l'amendise poi avoir maint destrier.
     Ofert m'en fure[n]t cent bon cheval corcier,
     et cent mulet et cent palefrois chier
     et cent espees et cent haubers doblier
     et cent escus et cent helmes a or mier.
2100 Coureciés ere qant vi mon sanc raier,
     si ne le vous ne prendre n'otroier.
     A mes amis m'en alai conseillier ;

ne mentit, si j'en trouve l'occasion, sur les reliques de saint Géri !

– Certes, dit Raoul, ce messager est insensé ! Est-ce Bernier, le fils d'Ybert le chenu ? Fils de pute, tu es fort à plaindre, car le vieillard t'a engendré en concubinage ! »

111.

Raoul, qui ne pouvait pas se retenir, lança :

« Gredin de bâtard, je te le dis sans ambages : tu dois revenir à mon campement et rejoindre les écuyers – déjà tu te crois si important que tu refuses de fréquenter tes pareils ! »

À ces mots, Bernier enragea.

112.

« Seigneur Raoul, dit le jeune Bernier, ne parlez plus de votre campement. Je le jure devant Dieu, je n'ai que faire de votre boisson ni de votre nourriture – dût-on me couper les membres, je n'en accepterai point ! Mais je ne veux pas chercher querelle. Les fils d'Herbert m'ont fait venir ici pour vous assurer qu'ils respecteront toujours l'offre que mon seigneur Gérard de Poix vous a faite sous votre tente principale, si vous daignez l'accepter. Ce ne sera pas moi qui fausserai cet accord. Vous avez brûlé vive ma mère dans l'abbaye d'Origny et moi-même vous m'avez blessé à la tête ; mais vous m'en avez offert réparation, cela je ne puis le nier : j'aurais pu recevoir maints destriers en réparation[1]. Vous m'avez offert cent bons chevaux rapides, cent mulets et cent palefrois de prix, cent épées et cent hauberts à double épaisseur, cent boucliers et cent heaumes en or pur. Quand j'ai vu mon sang couler, j'étais furieux et j'ai refusé net votre réparation. Mais je suis allé prendre conseil

---

1. Il n'est pas fait mention plus haut de cette forme de réparation, mais plutôt que Raoul porterait, d'Origny à Nesle, en compagnie d'une centaine de ses hommes, la selle de Bernier (voir la note au v. 1596).

or le me loent li nobile guerier,
se or le m'ofre[s], ja refuser nel qier,
2105 et pardonrai trestot par saint Richier,
mais qe mes oncles puisse a toi apaier. »

CXIII

Li quens R[aous] la parole entendi.
Ou voit B[ernier], si l'apela ami :
« Si m'aït Diex, grant amistié a ci,
2110 et par celui qi les paines soufri   [36b]
ja vo concel nen seront m[e]soï. »
Desq'a son oncle a son oire acoilli ;
ou q'il le voit, par le bras l'a saisi,
et la parole li conta et gehi,
2115 et l'amendise de Bernier autresi :
tout li conta, n'i a de mot menti.
« Fai le, biaus oncles, por amor Deu te pri !
Acordon nos, si soions bon ami ! »
G[ueris] l'entent ; fierement respondi :
2120 « Vos me clamastes coart et resorti.
La cele est mise sor Fauvel l'Arabi :
n'i monteriés por l'onnor de Ponti
por q'alissiés en estor esbaudi !
Fuiés vos ent a Cambrai, je vos di !
2125 Li fil H[erbert] sont tuit mi anemi –
ne lor faut guerre, de ma part les desfi ! »
Dist B[erneçons] : « Damerdieu en merci !
Sire R[aous], je voi cest plait feni,
por un meffait dont m'avez mal bailli.
2130 Deci qe la vos avoie servi ;
vos le m'aveiz vilainement meri :
ma mere arcistes el mostier d'Origni
et moi meïsmes feristes autreci,
si qe li sans vermaus en respandi. »
2135 Il prent troi pox de l'ermin q'ot vesti ;
par mi les mailles de l'auberc esclarci ;
enver R[aoul] les geta et jali.
Puis li a dit : « Vassal, je vos desfi !

auprès de mes proches, et à présent ces nobles guerriers me pressent d'accepter votre offre, si vous la renouvelez. Par saint Riquier, je pardonnerai tout si je puis vous réconcilier avec mes oncles. »

113.

Le comte Raoul écouta ces paroles. En face, il traita Bernier avec amitié :

« Par Dieu, voici des propos très aimables. Par Celui qui a souffert pour nous racheter, ton geste ne passera pas inaperçu. »

Il s'en alla vers son oncle et, dès qu'il le vit, il le saisit par le bras et lui exposa et lui expliqua les propositions de Bernier, y compris la réparation proposée. Il lui en fit un rapport exact et détaillé.

« Pour l'amour de Dieu, cher oncle, accepte ! Accordons-nous avec eux et soyons de bons amis. »

À ces mots, Guerri répliqua avec fureur : « Vous m'avez traité de lâche et de poltron. La selle est déjà mise sur Fauvel, votre destrier arabe, mais même toutes les richesses de Ponthieu ne sauraient vous contraindre à monter pour vous élancer en pleine bataille. Réfugiez-vous à Cambrai, je vous dis ! Les fils d'Herbert sont tous mes ennemis – ils auront leur guerre, car je les défie à moi tout seul !

– Dieu en soit loué, dit le jeune Bernier. Seigneur Raoul, je vois qu'il n'y aura point d'accord, et tout cela à cause du mal que vous m'avez fait. Je vous avais servi jusqu'alors, mais vous m'avez très mal récompensé : vous avez brûlé vive ma mère dans l'abbaye d'Origny et moi-même vous m'avez frappé et avez fait couler mon sang vermeil. »

Il prit trois poils du manteau d'hermine qu'il portait, les tirant à travers les mailles de son haubert étincelant ; il les lança contre Raoul en disant :

Ne dites mie je vos aie traï. »
2140 Dïent François : « Torneiz vos ent de ci.   [37a]
Vos avés bien vo mesaige forni. »

CXIV

« Sire R[aous], dist B[erniers] li vaillans,
la bataille iert molt orrible et pesans,
et vos et autres i serez connoissans :
2145 en toz lius mais vos en serai nuissans.
– Voir, dist R[aous], tant sui je plus dolans !
Ja reprovier n'en iert a nos effans :
desfiés m'as, bien t'en serai garans.
Mais c'estïens en cel pré ata(n)qans
2150 l'un de nos deus i seroit ja versans.
– Voir, dist B[erniers], molt en sui desirans ;
je mosteroie, se g'en ere creans,
q'a tort fu pris de la terre li gans
et qe vers moi ies fel et souduians ! »
2155 R[aous] l'oï, d'ire fu tressuans.
Grant honte en ot por les apartenans.
Bien sot q'estoit B[erniers] ces maxvuellans ;
desarmeis ert, s'en fu mus et taisans.

CXV

Qant voit B[erniers] desfié les a lors,
2160 son bon escu torne devant son dos.
Bien fu brochiés li destriers de Niors ;
R[aoul] le conte vost ferir par esfors –
en son tref ert, ci n'ert mie defors.
L'enfes B[erniers] lait corre les galos –
2165 plus tost li vient qe chevrieus parmi bos ;
uns chevalier qi molt avoit grant los
entre R[aoul] et B[ernier] se mist fo[r]s,
et B[erneçons] le fiert par mi le cors.

« Vassal, je vous défie ! Ne dites jamais que je vous ai attaqué en traître.

– Allez-vous-en, dirent les Français, vous avez amplement délivré votre message. »

114.

« Seigneur Raoul, fit le vaillant Bernier, la bataille sera horrible et cruelle, et l'on vous reconnaîtra facilement, vous et les autres ; désormais et en tous lieux je m'acharnerai sur vous.

– Certes, dit Raoul, j'en suis très affligé ! Mais nos enfants n'en auront jamais honte : tu m'as défié comme il fallait, j'en porte témoignage. Si nous pouvions en venir aux mains dans ce pré même, l'un de nous deux serait déjà étendu à terre.

– Certes, dit Bernier, je ne demande pas mieux : je prouverais, si on voulait s'en référer à moi, que le gant a été reçu contre le droit, et qu'à mon égard vous avez été traître et ignoble. »

À ces mots, Raoul transpira de colère et éprouva une grande honte, car toute l'assistance avait entendu ces paroles. Il reconnut bien que Bernier était son ennemi, mais puisqu'il ne portait pas d'armes, il se tut et garda le silence.

115.

Lorsque Bernier vit qu'il les avait défiés, il tourna son bon bouclier vers son dos et éperonna furieusement le destrier de Niort. Il chercha à se ruer sur le comte Raoul, bien qu'il fût dans sa tente, et pas dehors. Le jeune Bernier laissa filer son destrier et galopa sur Raoul plus vite que le chevreuil ne court à travers les bois ; mais un chevalier très estimé s'interposa entre Raoul et Bernier, et le jeune Bernier le transperça de sa lance.

CXVI

　　Li chevalier fist molt large folie :
2170 devant B[ernier] se mist par estoutie,   [37b]
　　car a R[aoul] vost faire garantie.
　　B[erniers] le fiert, q'il ne l'espargne mie ;
　　par mi le cors son roit espieu li guie –
　　mort le trebuche : l'arme s'en est partie.
2175 R[aous] le voit, a haute vois c'escrie :
　　« Frans chevalier, ne vos atairgiés mie !
　　C'il vos eschape, ne me pris une alie !
　　Ferir me vost, q'il n'aime pas ma vie. »
　　Cent chevaliers par molt grant aatie
2180 en sont monté el destrier d'Orqenie –
　　n'i a celui qe B[ernier] ne deffie.
　　Voit le li enfes, n'a talent q'il en rie ;
　　fuiant s'en torne, s'a sa voie acoillie.
　　Apres lui torne[n]t mais ne l'ataigne[n]t mie,
2185 car tost l'emporte li destriers d'Orqenie.
　　Y[bers] estoit leiz la selve foillie,
　　et vit l'enchaus et la fiere envaïe.
　　Dieu reclama, le fil sainte Marie :
　　« Ci voi mon fil – grant mestier a d'aïe.
2190 Se je le per, n'iere liés en ma vie.
　　Or del secore, franche gent et hardie ! »
　　.Xiiii. cor i sonne[n]t la bondie ;
　　la veïssiés tante targe saisie,
　　et por ferir tante lance brandie !

CXVII

2195 Li quens Y[bers] c'est escriés troi mos :
　　« Or del reqerre, car li drois en est nos !
　　B[erniers] s'en vient plus tost qe les galos –
　　nostres mesaiges a parlé comme sos !
　　Cent chevalier le sivent a esclous ;
2200 apres lui voi(t) lancier maint gavelos. »   [38a]
　　Dont ce desrengent de deus pars a esfors ;

116.

Le chevalier fit une grande imprudence en se jetant témérairement devant Bernier, car il cherchait à protéger Raoul. Bernier le frappa sans l'épargner, lui transperçant le corps de son épieu robuste – il l'étendit mort ; son âme s'envola.

Voyant cela, Raoul cria à haute voix : « Nobles chevaliers, n'hésitez plus ! S'il vous échappe, je ne vaux pas lourd ! Il a voulu me frapper, car il n'aime pas me voir en vie. »

Cent chevaliers coururent à toute vitesse pour enfourcher leurs destriers d'Orcanie, chacun jurant la mort de Bernier.

Voyant cela, Bernier n'eut pas le cœur à rire ; il s'enfuit aussitôt et reprit son chemin. Les autres le poursuivirent mais ne surent le rattraper, car son destrier d'Orcanie l'emporta rapidement. Ybert se tenait à l'orée d'un bois touffu, d'où il vit l'attaque brutale et la poursuite. Il invoqua Dieu, le Fils de Marie :

« Je vois ici mon fils en grande détresse. Si je le perds, jamais de la vie je ne connaîtrai le bonheur ! Allons le secourir, nobles gens vaillants ! »

Quatorze cors sonnèrent l'attaque : si seulement vous aviez vu tous les boucliers saisis et toutes les lances brandies pour frapper !

117.

Le comte Ybert s'écria : « Attaquons, car le droit est pour nous ! Bernier revient à bride abattue – notre messager a parlé comme un étourdi ! Cent chevaliers sont sur ses talons et je les vois lancer maints javelots sur lui ! »

Des deux côtés les armées rompirent les rangs avec impétuo-

qui fust li drois ne cui en fust li tors,
par B[erneçon] asamblerent les os.

CXVIII

Li baron furent et serré et rengié,
2205 d'ambe deus pars mout bien aparillié.
Li plus hardi en pleurent de pitié
car tres bien sevent n'i valra amistié ;
tuit li coart en sont molt esmaié :
cil qi chara n'ara autre loier
2210 fors de l'ocire a duel et a pechié –
ja n'i avra autre gaige mestier ;
et li vaslet en sont goiant et lié,
et li pluisor sunt descendu a pié :
cortoisement ce sont aparillié,
2215 il auqant ont lor estriers acorcié.
Par B[erneçon] est tex plais commencié
dont maint baron furent puis essillié,
en es le jor ocis et detranchié.

CXIX

Les os se voient, molt se vont redoutant ;
2220 d'ambe deus pars se vont reconissant.
Tuit li coart vont de poour tramblant,
et li hardi s'en vont resbaudissant.
Les gens R[aoul] se vont bien afichant
q'as fix Herbert feront dolor si grant,
2225 q'apres les peres en plouront li effant.
Tuit sont armé li petit et li grant.
Li sors G[ueris] les va devant guiant,
o lui si fil qi tant ont hardemant :
ce est Reniers au coraige vaillant,
2230 et Garnelins qi bien fiert de son branc.   [38b]
Li quens R[aous] sist desor l'auferrant ;
il et ces oncles vont lor gent ordenant.
Si serré vont li baron chevalchant,
se getissiés sor les hiaumes un gant

sité ; quoi qu'il en soit du droit ou du tort, le jeune Bernier commença la guerre.

118.

Les barons étaient disposés en rangs serrés, très bien équipés des deux côtés. Les plus vaillants pleuraient de compassion, car tous savaient que l'amitié ne valait plus rien. Tous les poltrons tremblèrent d'épouvante, car celui qui tombera n'y recevra que la mort douloureuse et cruelle – jamais plus il n'aura besoin d'un garant. Mais les jeunes gens débordaient de joie. La plupart descendirent de cheval afin de s'équiper comme des chevaliers de cour, et plusieurs raccourcirent leurs étriers. Le jeune Bernier engagea les hostilités au cours desquelles de nombreux barons perdirent la vie et furent, ce jour-là, tués et mis en pièces.

119.

Les armées s'observaient et se redoutaient fort ; des deux côtés les ennemis se reconnaissaient. Tous les poltrons tremblaient de peur, tandis que les vaillants se réjouissaient. Les troupes de Raoul se vantaient qu'elles feraient tant souffrir les fils d'Herbert que les enfants pleureraient après leurs pères. Tous, les petits aussi bien que les grands, revêtirent leurs armes. Guerri le Roux chevauchait à leur tête, accompagné de ses fils courageux : il s'agissait de Renier au cœur valeureux et du jeune Garnier, qui frappe si bien de son épée. Le comte Raoul chevauchait son coursier et, avec l'aide de son oncle, déployait ses troupes. Les barons chevauchaient en rangs si serrés que si on avait jeté un gant sur leurs heaumes, il ne serait pas tombé à

2235 ne fust a terre d'une louee grant —
    desor les crupes des destriers auferant
    gisent li col et deriere et devant.

CXX

    Grans sont les os qe Raous amena :
    .x. mile furent, G[ueris] les chaela :
2240 n'i a celui n'ait armes et cheval.
    Li fil Herbert, ne vos mentirai ja [...]
    et Berneçon qi l'estor desira,
    a onze mil sa grant gent aesma.
    Bien s'entreviene[n]t et deça et dela.
2245 Chascuns frans hom de la pitié plora ;
    prometent Dieu qi vis en estordra
    ja en sa vie mais peché ne fera,
    et c'il le fait, penitance en prendra.
    Mains gentix hom s'i acumenia
2250 de troi poux d'erbe, qu'autre prestre n'i a ;
    s'arme et son cors a Jhesu commanda.
    R[aous] en jure et G[ueris] s'aficha
    qe ja par oux la guerre ne faudra,
    tant qe la terre par force conqerra ;
2255 les fix H[erbert] a grant honte ocira,
    ou de la terre au mains les chasera.
    Et Y[bers] jure ja plain pié n'en tendra ;
    et li barnaiges trestoz li afia
    qe por morir jus ne le guerpira.
2260 « Diex, dist B[erniers], qel fiance ci a !   [39a]
    Maldehait ait qi premiers re[cr]era,
    ne de l'estor premerains s'enfuira ! »
    Bertolais dist qe chançon en fera,
    jamais jougleres tele ne chantera.

terre avant d'avoir parcouru une bonne lieue : les têtes des destriers fougueux s'appuyaient sur les croupes des chevaux qui les précédaient.

120.

L'armée qu'amena Raoul était immense : elle comptait dix mille hommes, avec Guerri à leur tête. Chaque guerrier possédait armes et cheval. Les fils d'Herbert, je vous l'assure [...][1] et le jeune Bernier qui rechercha avidement la bataille, estima le nombre de ses effectifs à onze mille hommes. Des deux côtés, les troupes s'avancèrent. Chaque homme noble pleurait de compassion ; tous promirent à Dieu que s'ils en sortaient vivants ils ne pécheraient plus jamais de la vie, ou s'ils le faisaient, ils en feraient pénitence. Maint homme noble se donna lui-même la communion avec trois brins d'herbe[2] – car il n'y avait pas de prêtres dans l'armée – et recommanda son âme et son corps à Jésus. Raoul jura et Guerri déclara qu'ils ne mettraient pas un terme à la guerre avant que la terre ne soit conquise par les armes – les fils d'Herbert mourront dans la honte ou, au moins, seront chassés du pays. Et Ybert jura que Raoul ne posséderait jamais un seul pied carré de sa terre, et tous ses barons engagèrent leur foi qu'ils ne l'abandonneraient jamais, même au prix de leur vie.

« Dieu, dit Bernier, quelle fidélité est-ce là ! Maudit soit le premier qui faussera parole ou le premier qui s'enfuira de la bataille ! »

Bertolai dit qu'il ferait la chanson de cette bataille – nul jongleur n'en ferait jamais de meilleure.

---

1. Il y a vraisemblablement une lacune après ce vers. 2. Il s'agit d'une forme de communion laïque, employée quand on risque de mourir sans pouvoir recevoir les derniers sacrements d'un prêtre. Cette pratique, pleinement attestée dans les chansons de geste, correspondait à une réalité médiévale, dont disputaient les théologiens de l'époque.

CXXI

2265 Mout par fu preus et saiges Bertolais,
et de Loon fu il nez et estrais,
et de paraige del miex et del belais.
De la bataille vit tot les gregnors fais ;
chançon en fist – n'oreis milor ja mais,
2270 puis a esté oïe en maint palais –
del sor G[ueri] et de dame A[alais]
et de R[aoul] – siens fu liges Cambrais,
ces parins fu l'evesques de Biauvais :
B[erniers] l'ocist, par le cors saint Girvais
2275 il et Ernaus q[u]i fu liges Doais.

CXXII

Ainc tex bataille ne fu ne tex effrois.
Ele n'est pas de Normans ne d'Englois,
ains est estraite des pers de Vermendois ;
assez i ot Cambrezis et Artois,
2280 et Braibençons s'i ot molt Champenois ;
des Loeys i ot asez François.
Li fil H[erbert] wele[n]t tenir lor drois ;
molt en aront de sanglans et de frois –
toutes lor vies lor essera sordois.
2285 B[erniers] lait corre son bon destrier norois ;
sor son escu vait ferir l'Avalois.
Toutes ces armes ne valent un balois :
vilainement l'en fist le contrepois,
plaine sa lance l'abat mor en l'erbois.
2290 « Saint Qentin ! crie. Ferés tuit demanois !   [39b]
Mar acointa R[aous] son grant boufois !
Se ne l'ocis a mon branc vienois,
dont sui je fel et coars et revois ! »

121.

Bertolai était exceptionnellement preux et avisé ; il naquit à Laon d'une bonne famille de grande noblesse. Il observa les plus beaux faits d'armes de la bataille et en fit la chanson[1] – vous n'en écouterez jamais de meilleure : elle fut chantée depuis dans maint palais – il chanta Guerri le Roux, dame Aalais et Raoul, seigneur lige de Cambrai qui avait pour parrain l'évêque de Beauvais. Bernier le tua, sur les reliques de saint Gervais[2], lui et Ernaut, seigneur lige de Douai.

122.

Jamais on ne vit une telle bataille ni un pareil tumulte. Il ne s'agissait ni de Normands ni d'Anglais, mais des plus hauts seigneurs du Vermandois : il y eut de nombreux chevaliers du Cambrésis et de l'Artois, avec des Brabançons et maints Champenois, ainsi que de nombreux Français de l'armée de Louis. Les fils d'Herbert cherchaient à protéger leurs biens – beaucoup des leurs allaient verser leur sang ou mourir, et ils allaient subir les conséquences de ce combat pour le restant de leur vie. Bernier laissa filer son bon destrier de Norvège et frappa le chevalier d'Avalois sur son écu. Toutes ses armes ne lui valurent rien, le misérable n'a pas pesé lourd[3] : de toute la longueur de sa lance, Bernier l'étendit mort sur l'herbe.

« Saint-Quentin ! s'écria-t-il. Tous à l'attaque ! Raoul se repentira de sa grande présomption ! Si je ne le tue pas avec mon épée de Vienne, je ne suis qu'un misérable poltron et un scélérat ! »

---

1. Allusion à une version du poème qui aurait été composée à chaud, sur le champ de bataille même. Certains chercheurs d'autrefois voyaient dans cette extraordinaire mise en abyme la narration authentique de la genèse du poème, mais les critiques contemporains y trouvent plutôt un procédé littéraire d'authentification de la « vérité » du récit. **2.** Associé d'habitude avec saint Protais. Deux martyrs (IIe s. ?) dont les corps furent exhumés à Milan en 386 ; on ne connaît rien de leur histoire, mais leur culte fut très populaire au Moyen Âge. **3.** Littéralement : « [Bernier] l'emportait terriblement en poids sur lui ». *Balois* : littéralement, criblure, résidu de grains retenu par le crible.

Dont laisent corre de deus pars a esplois ;
2295 sonnent cil graisle par ice grant escrois.
Puis qe Diex eut establies les lois
par nule guere ne fu si grans esfrois.

CXXIII

A l'ajoster oïssiés noise grant.
D'ambes deus pars ne vont pas maneçant ;
2300 si s'entrefiere[n]t et deriere et devant
d'une grant liue n'oïst on Dieu tounant.
E vos Y[bert] a esperon broichant ;
a haute voiz va li quens escriant :
« Ou ies, R[aous], por Dieu le raemant ?
2305 Por qoi seroient tant franc home morant ?
Torne vers moi ton destrier auferant !
Se tu me vains a l'espee tranchant,
toute ma terre aras a ton commant –
tuit s'enfuiront li pere et li effant ;
2310 n'i clameront un denier valisant. »
Ne l'oï pas R[aous], mien esciant ;
d'autre part ert en la bataill[e] grant,
il et ces oncles qi le poil a ferrant.
Y[bers] le voit, molt se va coresant :
2315 le destrier broiche qi li va randonant
et fiert Fromont sor son escu devant.
Desoz la boucle le va tout porfendant,
li blans haubers ne li valut un gant,
el cors li va son espieu conduisant ;	[40a]
2320 tant con tint l'anste l'abati mort sanglant.
« Saint Quentin ! crie, Baron, ferez avant !
Les gens R[aoul] mar s'en iront gabant –
de nostre terre mar i reciut le gant ! »

Là-dessus, les chevaliers des deux camps poussèrent leurs chevaux à l'attaque ; les trompettes faisaient un très grand vacarme. Aucune guerre n'avait produit un si grand tumulte depuis que Dieu établit les lois.

123.

Si seulement vous aviez entendu l'énorme vacarme au choc des armées ! Des deux côtés, il ne se contentèrent pas de menaces : partout, il pleuvait de tels coups que l'on n'entendit pas Dieu tonner sur une lieue entière. Voilà qu'accourut Ybert au grand galop, en s'écriant à haute voix :

« Où es-tu, Raoul, au nom de Dieu le Rédempteur ! Pourquoi tant de nobles hommes devraient-ils mourir ? Tourne contre moi ton destrier fougueux ! Si tu me vaincs avec ton épée tranchante, tu auras toute ma terre à ta disposition : tous, pères et enfants, s'enfuiront, sans en réclamer la valeur d'un denier. »

Je sais bien que Raoul ne l'entendit pas ; il était ailleurs parmi la grande presse, en compagnie de son oncle aux cheveux gris-de-fer. Ybert le vit et s'en fâcha fort : il éperonna son destrier, qui s'élança sous lui, et frappa Fromont sur le devant de l'écu. Il le transperça sous la boucle et le haubert brillant ne valut pas un gant, car son épieu l'atteignit au corps et, à pleine lance, l'étendit mort, baigné de sang.

« Saint-Quentin, s'écria-t-il, en avant, barons, frappez ! Les gens de Raoul n'auront pas sujet de se vanter ! Raoul se repentira d'avoir été investi de notre terre par le gant ! »

CXXIV

Vuedes de Roie lait corre a esperon,
2325 li uns des freres – oncles fu B[erneçon].
Bien fu armés sor un destrier gascon.
Sor son escu ala ferir Simon,
parent R[aoul] a la clere façon ;
desous la boucle li perce le blazon,
2330 el cors i met le pan del confanon –
tant con tint l'anste l'abat mor el sablon.
« Saint Quentin ! crie. Ferez avant, baron !
Mar prist R[aous] de no terre le don –
tuit i morront, li encrieme felon ! »

CXXV

2335 Par la bataille eis poignant Loeys –
c'est li plus jovenes des quatre H[erbert] fis
mais desor toz estoit il de grant pris.
Bien fu armés sor Ferrant de Paris
qi li dona li rois de Saint Denis ;
2340 ces parrins fu li rois de Saint Denis.
A haute vois a escrïer se prist :
« Ou ies alez, R[aous] de Cambrizis ?
Torne vers moi ton destrier ademis.
Se tu m'abas, grant los aras conquis –
2345 qite te claim ma terre et mon païs :
n'i clamera rien nus de mes amis. »
Ne l'oï pas R[aous] de Cambrezis   [40b]
car venus fust, ja ne li fust eschis ;
d'autre part ert el riche poigneïs,
2350 ou tient le chaple il et li sors G[ueris].
L'enfes le voit, a poi n'enraige vis.
Son bon escu torne devant son pis,
le destrier broiche, de grant ire embramis,
et fiert Garnier desor son escu bis –
2355 nez fu d'Aras, fil G[ueri] au fier vis.
Desoz la boucle li a frait et malmis ;
ainc por l'auberc ne pot estre garis :

124.

Eudes de Roie piqua des deux – c'était un des frères, l'oncle du jeune Bernier. Solidement armé sur son destrier gascon, il alla frapper sur son écu Simon, un parent de Raoul au clair visage. Il en fendit le blason sous la boucle et lui enfonça le pan de son gonfanon dans le corps – de toute la longueur de sa hampe il l'étendit mort dans la poussière.

« Saint-Quentin, s'écria-t-il. En avant, barons, frappez ! Raoul se repentira d'avoir reçu en don notre terre – ils vont tous mourir, ces félons exécrables ! »

125.

Voilà que Louis chevauchait parmi la presse – c'était le benjamin des quatre fils d'Herbert, mais sa valeur dépassait celle de tous les autres. Solidement armé sur Ferrant de Paris, que son parrain le roi de Saint-Denis lui avait donné, il s'écria à haute voix :

« Où es-tu allé, Raoul de Cambrai ? Tourne contre moi ton destrier fringant. Si tu m'abats, tu en retireras un grand honneur : je remettrai solennellement entre tes mains ma terre et mon pays, et aucun de mes amis n'y réclamera rien. »

Raoul de Cambrai ne l'entendit pas, sinon il serait venu et n'aurait pas cherché à l'éviter : il était ailleurs, en plein combat acharné où il se battait au côté de Guerri le Roux. Quand il le comprit, le jeune Louis faillit éclater de rage. Il plaça son bon écu devant sa poitrine, éperonna son destrier et – blême de colère – frappa sur l'écu foncé Garnier d'Arras, le fils de Guerri au fier visage. Il fendit et transperça l'écu sous la boucle ; son haubert ne le protégea point, car Louis l'atteignit au corps – il

el cors le fiert, ne li pot faire pis ;
mort le trebuche, vers sa gent est guenchis.

CXXVI

2360 Qant Loeys ot geté mort Garnier,
« Saint Quentin ! crie. Ferez i chevalier !
Mar vint R[aous] nos terres chalengier ! »
Ei vos G[ueris] poignant sor son destrier ;
l'escu enbrace, tint l'espee d'acier.
2365 Cui [i]l ataint n'a de mire mestier –
plus de .xiiii. en i fist trebuchier.
Il regarda leiz un bruellet plaignier,
son fil vit mort – le sens qide changier :
deci a lui ne fine de broichier.
2370 A pié descent de son corant destrier,
et tot sanglant le commence a baissier.
« Fix, dist li peres, tan vos avoie chier !
Qi vos a mort, por le cors saint Richier,
ja de l'acorde ne vuel oïr plaidier
2375 si l'avrai mort et fait tot detranchier ! »
Son fil vost metre sor le col del destrier
qant d'un vaucel vit lor gent repairier.   [41a]
G[ueris] le voit, n'i a qe corecier ;
sor son escu rala son fil couchier.
2380 « Fix, dist li peres, vos me covient laissier,
mais ce Dieu plaist, je vos qit bien vengier.
Cil ait vostre arme qi le mont doit jugier ! »
A son destrier commence a repairier ;
G[ueris] i saut ou il n'ot q'aïrier,
2385 fiert en la presse a guise d'omme fier.
Qi li veïst son maltalent vengier,
destre et senestre les rens au branc serchier,
et bras et pis et ces testes tranchier,
de coardie nel deüst blastengier :
2390 bien plus de .xx. en i fist trebuchier,
entor lui fait les rens aclaroier.

ne pouvait lui faire un pire sort – et l'étendit mort avant de se diriger vers les siens.

126.

Après avoir abattu Garnier, Louis s'écria :

« Saint-Quentin ! Frappez, chevaliers ! Raoul se repentira d'avoir revendiqué nos terres ! »

Voilà Guerri galopant sur son destrier, l'écu au bras, l'épée d'acier au poing. Tous ceux qu'il atteignait n'avaient plus besoin de médecin ; déjà il en a fait culbuter plus de quatorze ! En regardant à côté d'un bois épais, il vit son fils, mort, et fut bouleversé : il éperonna jusqu'à lui, descendit de son destrier rapide et se prit à embrasser le cadavre sanglant.

« Mon fils, dit le père, je t'aimais tant ! Sur les reliques de saint Riquier, je ne veux pas entendre parler de réconciliation jusqu'à ce que j'aie tué et mis en pièces celui qui t'a tué ! »

Il allait placer son fils sur l'encolure de son destrier quand il vit revenir ses ennemis par un vallon. Désespéré à cette vue, Guerri retourna étendre son fils sur son écu.

« Mon fils, dit le père, il me faut te quitter. Mais s'il plaît à Dieu, je pense bien te venger. Que le Juge souverain reçoive ton âme ! »

Plein de colère, Guerri revint vers son destrier, sauta dessus et frappa parmi la presse comme un forcené. À le voir donnant libre cours à sa fureur, frappant de son épée à droite et à gauche parmi les rangs, on ne pouvait pas l'accuser de lâcheté : il désarçonna bien plus de vingt chevaliers et les rangs s'éclaircirent autour de lui.

CXXVII

Grans fu li chaples et molt pesans li fais.
Es vos G[ueris] poignant tot a eslais ;
et encontra Ernaut q[u]i fu Doais.
2395 Les destriers broiche[n]t qi molt furent irais,
grans cols se done[n]t es escus de Biauvais :
ploie[n]t les lances si porfende[n]t les ais,
mais les haubers n'ont il mie desfais.
Andui s'abatent tres enmi le garais,
2400 en piés resaillent – nen i a un malvais ;
as brans d'acier se deduiront huimais.

CXXVIII

Andui li conte furent nobile et fier.
El sor G[ueri] ot molt bon chevalier,
fort et hardi por ces armes baillier.
2405 L'escu enbrace, tint l'espee d'acier,
et fiert Ernaut sor son elme a or mier,
qe flors et pieres en fait jus trebuchier.
S'or n'eüst trait E[rnaus] son chief arier,
fendu l'eüst G[ueris] dusq'el braier.   [41b]
2410 Devers senestre cola li brans d'acier –
de son escu li trancha un qartier
et un des pans de son hauberc doublier.
Grans fu li cols, molt fist a resoignier ;
si l'estona q[e]l fist agenoillier.
2415 E[rnaus] le voit, n'i ot qe esmaier ;
Dieu reclama, le verai justicier :
« Sainte Marie, pensez de moi aidier !
Je referai d'Origni le mostier. »
A ces paroles eiz vos poignant Renier,
2420 fix fu G[ueri] le nobile guerier ;
devant son pere vit Ernaut trebuchier.
L'escu enbrace, cel prent a avancier ;
ja l'eüst mort sans autre recouvrier
qant d'autre part e vos poignant B[ernier] –
2425 a haute vois commença a huchier :

127.

Grand fut le combat et pesante la bataille. Voilà Guerri galopant à bride abattue contre Ernaut de Douai. Chacun éperonna son destrier fougueux et assena un grand coup à son adversaire sur l'écu de Beauvais : ils ployèrent leurs lances et les étais des boucliers cédèrent, mais ils ne rompirent pas les haubers. Ils se renversèrent dans le guéret mais se remirent vite sur leurs pieds – ils étaient tous deux des braves. Ce sera désormais le jeu hardi des épées d'acier.

128.

Les deux comtes étaient nobles et farouches. Guerri le Roux était un excellent chevalier, fort et hardi au maniement des armes. L'écu au bras, l'épée d'acier au poing, il frappa Ernaut sur son heaume d'or pur, faisant sauter les fleurs ornementales et les pierres précieuses. Si Ernaut n'avait pas envoyé la tête en arrière, Guerri l'aurait pourfendu jusqu'à la ceinture. L'épée d'acier dévia à gauche, tranchant un des quartiers de son écu et un des pans de son haubert à double épaisseur. Grand fut le coup, et redoutable ! Il étourdit tant Ernaut qu'il tomba à genoux.

Voyant cela, Ernaut s'épouvanta et invoqua Dieu, le vrai Juge :

« Sainte Marie, pensez à me secourir ! Je reconstruirai l'abbaye d'Origny. »

Ces paroles étaient à peine prononcées que Renier, le fils du noble guerrier Guerri, arriva au galop. Voyant Ernaut trébucher devant son père, Renier s'avança, l'écu au bras, prêt à achever Ernaut, mais voilà que Bernier arriva au galop de l'autre côté et se mit à crier à pleins poumons :

« Gentix hom, sire, por Dieu, ne le touchier !
Torne vers moi ton auferrant destrier :
bataille aras se l'oses commencier. »
Qant cil l'oï n'i ot qe correcier ;
2430 d'a lui combatre avoit grant desirier :
vengier voloit son chier frere Garnier.
Li uns vers l'autre commence a avancier ;
grans cols se donne[n]t es escus de qartier –
desoz les boucles les font fraindre et percier,
2435 mais les haubers ne porent desmaillier.
Outre s'en pasent ; les lances fon[t] brisier,
qe nus des deus ne guerpi son estrier.
B[erniers] le vit, le sens qida changier.

CXXIX

Cil B[erniers] fu de molt grant vertu.
2440 Il a sachié son bon branc esmolu ;   [42a]
le fil G[ueri] fiert parmi l'elme agu,
qe flors et pieres en a jus abatu ;
trenche la coife de son hauberc menu –
deci es dens l'a colpé et fendu.
2445 Et dist G[ueris] : « Bien ai cest colp veü.
Se j'aten l'autre, por fol m'avrai tenu ! »
Entor lui a tant des B[ernier] veü
de la poour a tout le sanc meü.
Au cheval vint qe bien l'a atendu ;
2450 G[ueris] i monte, a son col son escu.
Poignant s'en vait ; son fil lait remasu
encontre terre mort gisant estendu.

CXXX

Vait s'en G[ueris] q'il ne seit mais qe faire,
parmi un tertre a esperon repaire ;
2455 por ces deus fix son grant duel maine et maire.
Qi li veïst as poins ces chevols traire !
R[aoul] encontre, n'i mist autre essamplaire –
il li aconte le duel et le contraire.

« Noble seigneur, pour l'amour de Dieu, ne le touchez pas !
Tournez contre moi votre destrier fougueux : vous aurez la
bataille si vous osez l'entreprendre ! »

À ces mots, Renier se mit en colère. Il désirait ardemment se
battre contre lui, car il voulait venger son cher frère Garnier. Ils
se mirent à avancer l'un contre l'autre et à se porter des coups
vigoureux sur les écus écartelés ; ils les fendirent et les percèrent
sous les boucles, mais ils ne purent pas démailler les hauberts.
Au passage, ils brisèrent leurs lances, mais ni l'un ni l'autre ne
vida l'étrier. Voyant cela, Bernier pensa devenir fou.

129.

Ce Bernier était un homme exceptionnellement robuste. Il
tira sa bonne épée affilée et frappa le fils de Guerri sur son
heaume pointu, dont il abattit les fleurs ornementales et les
pierres précieuses. Il trancha la coiffe de son haubert à mailles
serrées et lui fendit la tête jusqu'aux dents.

Guerri dit : « J'ai bien vu ce coup – je serais insensé d'en
attendre un autre ! »

Il vit autour de lui tant des hommes de Bernier que son sang
se glaça dans ses veines. Il vint à son cheval qui l'attendait et se
mit en selle, l'écu au cou. Il l'éperonna, laissant son fils mort,
étendu par terre de tout son long.

130.

Ne sachant plus que faire, Guerri chevaucha et gravit au
grand galop un tertre. Accablé par la grande douleur qu'il
éprouvait à cause de la mort de ses deux fils, des deux mains, il
s'arracha les cheveux. Lorsqu'il retrouva Raoul, il ne parla pas
d'autre chose, mais lui exposa toute sa douleur et sa perte :

« Li fil H[erbert] sont felon de pute aire :
2460 mes fix m'ont mort, par le cors saint Ylaire !
Chier lor vendrai ains qe soie au repaire –
Diex secor moi tant qe je m'en esclaire ! »

CXXXI

« Biax niés R[aous] – ce dist li sors G[ueris] –
par cele foi qe je doi saint Denis,
2465 li fil H[erbert] sont de mervillous pris :
andeus mes fix ont il mors et ocis !
Je nel qidase por tot l'or de Paris
ier au matin, ains qe fust miedis,
vers nos durassent vaillant deus parizis.
2470 A molt grant tort les avommes requis !
Se Dex n'en pense, ja uns n'en ira vis !   [42b]
Por Dieu te pri qe en la crois fu mis
qe en l'estor hui seul ne me guerpis.
La moie foi loiaument te plevis :
2475 n'encontreras .x. de tes anemis,
se il t'abate[n]t de ton destrier de pris,
par droite force t'avera[i] lues sus mis. »
De ce ot goie R[aous] de Cambrisis.

CXXXII

Li quens R[aous] au coraige vaillant
2480 d'ambes deus pars voit la presse si grant
qe il n'i pot torner son auferrant
ne de l'espee ferir a son talant :
tel duel en a toz en va tressuan.
Par grant fierté va la presse rompant
2485 mais d'une chose le taign je a effant,
qe vers son oncle fausa de couvenant :
G[ueri] guerpi, son oncle le vaillant,
et les barons qui li furent aidant.
Parmi la presse s'en torne chaploiant ;
2490 cui [i]l ataint il n'a de mort garant –
a plus de .xx. en va les chiés tolant,

« Les fils d'Herbert sont d'impitoyables enfants de salaud : ils m'ont tué mes fils. Sur les reliques de saint Hilaire, je leur ferai payer cher leurs crimes avant de retourner dans mon pays – que Dieu me garde jusqu'à ce que je puisse me venger ! »

131.

« Raoul, cher neveu, dit Guerri le Roux, par la foi que je porte à saint Denis, les fils d'Herbert sont des adversaires redoutables : ils ont tué mes deux fils ! Hier matin, avant midi, je n'aurais pas cru pour tout l'or de Paris qu'ils vaudraient deux sous contre nous. Nous avons eu tort de les attaquer ! Si Dieu ne nous protège pas, aucun des nôtres n'en réchappera vivant ! Je te prie au nom du Seigneur qui fut mis sur la croix de ne pas me laisser seul aujourd'hui dans la bataille ; et je te fais cette promesse en échange : même si dix de tes ennemis te jettent à bas de ton destrier de prix, je t'y remonterai de droite force. »

Raoul de Cambrai prit plaisir à entendre ces mots.

132.

Le comte Raoul au cœur vaillant vit la presse si grande des deux côtés qu'il ne pouvait ni diriger son coursier ni frapper de son épée là où il le voulait : il suait de l'angoisse qu'il éprouvait. Avec une férocité extrême, il se mit à ouvrir les rangs, mais à mon avis il se comporta puérilement en ce qui concerne son oncle : il manqua à sa promesse et abandonna Guerri, son oncle vaillant, et les barons qui étaient là pour l'aider. Il s'enfonça dans la presse, distribuant des coups autour de lui – tous ceux qu'il atteignait étaient voués à la mort ! À plus de vingt ennemis, il sépara la tête du tronc, mais la plupart s'enfuirent devant lui.

par devant lui vont li pluisor fuiant.
E vos Y[bert] a esperon broichant :
sor son escu fiert le conte Morant ;
2495 et B[erneçons] i est venus corant,
si fiert un autre qe mort l'abat sanglant ;
et tuit li frere i fiere[n]t maintenant :
la gent R[aoul] vont forment enpirant.
Li destrier vont parmi l'estor fuiant,
2500 les sengles routes, les resnes traïnant ;
la ot ocis maint chevalier vaillant.   [43a]
Li fil H[erbert] n'ont mie sens d'effant :
mil chevalier en envoient avant
qe vers Cambrai ne s'en voist nus fuiant.
2505 E vos R[aoul] a l'aduré talant ;
de lui vengier ne se va pas faignant.
Hugon encontre, le preu conte vaillant ;
n'ot plus bel home de ci q'en Oriant,
ne plus hardi, ne mieudre conqerant.
2510 Jovenes hom ert, n'ot pas aaige grant –
chevalerie et pris aloit qerant.
Sovent aloit lor essaigne escriant,
les gens R[aoul] aloit mout damaigant.
R[aous] le vit ; cele part vint corant.
2515 Grans cols se donne[n]t des espees tranchant :
parmi son elme nel va mie espargnant,
qe flor et pieres en va jus craventant ;
trenche la coife de son hauberc tenant –
dusq'es espaules le va tout porfendant ;
2520 mort le trebuche : « Cambrai ! va escriant.
Li fil H[erbert] mar s'en iront gabant –
tuit i morrunt li glouton sousduiant ! »

CXXXIII

Li quens R[aous] ot le coraige fier.
De deus pars voit si la presse engraignier
2525 qe il n'i puet torner son bon destrier,
n'a son talent son escu manoier :
tel duel en a, le sens quide changier.

Voilà qu'accourut Ybert au grand galop ; il frappa sur son écu le comte Morant. Bernier aussi arriva à toute vitesse et en frappa un autre, qu'il étendit mort, baigné de sang. Brusquement voilà tous les frères qui assenaient de puissants coups et faisaient des ravages parmi les gens de Raoul. Les destriers fuyaient à travers le champ de bataille, leurs sangles cassées net et leurs rênes traînant à terre. Maint vaillant chevalier y trouva la mort. Les fils d'Herbert n'étaient pas des enfants naïfs : ils envoyèrent mille chevaliers en avant pour empêcher toute fuite en direction de Cambrai.

Mais voilà Raoul à la volonté acharnée, qui ne cachait pas son désir de vengeance. Il rencontra Hugues, le brave comte vaillant : il n'y eut pas de plus beau chevalier d'ici jusqu'en Orient, ni de plus audacieux, ni de plus victorieux. Il était encore jeune, d'âge tendre, en quête de renommée et d'exploits chevaleresques. Il poussait fréquemment le cri de guerre des Vermandois et faisait de grands dégâts parmi les gens de Raoul. Lorsqu'il le vit, Raoul vint vers lui à bride abattue. Ils se portèrent des coups vigoureux de leurs épées tranchantes. Raoul ne l'épargna pas : il passa son épée au travers du heaume, dont il fit sauter les fleurs ornementales et les pierres précieuses. Il trancha la coiffe de son haubert robuste et lui pourfendit la tête jusqu'aux épaules. Il l'étendit mort en s'écriant :

« Cambrai ! Les fils d'Herbert se repentiront de leurs propos insensés – ces ignobles traîtres vont tous mourir ! »

133.

Le comte Raoul avait le cœur farouche. Des deux côtés il vit tant grossir la presse qu'il ne put ni diriger son bon destrier ni manier son écu comme il le voulait : il en éprouva une telle douleur qu'il pensa devenir fou. Qui l'avait vu manier son écu

Qi(l) li veïst son escu manoier,
destre et senestre au branc les rens serchier,
2530 bien li menbrast de hardi chevalier ;
mais d'une chose le taign je a legier –   [43b]
G[ueri] guerpi, son oncle le legier,
et les barons qi li durent aidier.
Parmi la presse commense a chaploier ;
2535 cui [i]l ataint n'a de mire mestier –
bien plus de .vii. en i fist trebuchier.
Devant lui voit le bon vasal Richier
qi tint la terre ver le val de Rinier ;
parent Y[bert] et le confanonier –
2540 cousins germains estoit l'enfant B[ernier].
Atout mil homes vint les barons aidier ;
des gens R[aoul] faisait grant encombrier.
Voit le R[aous], cel prent a covoitier.
Prent un espieu qi puis li ot mestier ;
2545 par grant aïr le prent a paumoier.
Desous lui broiche le bon corant destrier
et fiert Richier en l'escu de qartier –
desoz la boucle li fist fraindre et percier,
le blanc hauber desrompre et desmaillier,
2550 parmi le cors li fist l'espieu baignier,
plaine sa lance l'abati en l'erbier.
L'ensaigne Y[bert] chaï el sablonier ;
R[aous] le voit, n'i ot q'esleescier.
« Canbrai ! escrie. Ferez i, chevalier !
2555 Ne la garont li glouton losengier ! »

CXXXIV

Raous lait corre le bon destrier corant.
Devant lui garde, vit Jehan le vaillant :
cil tint la terre de Pontiu et de Ham ;
en toute l'ost n'ot chevalier si grant,
2560 ne homme nul qe R[aous] doutast tant –
asseiz fu graindres qe Saisnes ne gaians,   [44a]
plus de cent homes avoit ocis au branc.
R[aous] l'esgarde qant le va avisant :

et fendre les rangs à la force de l'épée, à droite et à gauche, se souviendrait d'un chevalier hardi ; mais à mon avis il commit un acte irréfléchi en abandonnant son oncle, l'ardent Guerri, et les barons qui étaient là pour l'aider. Il s'enfonça dans la presse, distribuant des coups autour de lui – ceux qu'il atteignait n'avaient plus besoin de médecin – il en désarçonna bien plus de sept. Devant lui il aperçut le bon vassal Riquier, qui possédait le fief du côté du val de Rinier – il était parent et gonfalonier d'Ybert et cousin germain du jeune Bernier. Avec mille hommes, il vint à l'aide des barons et fit de grands dégâts parmi les gens de Raoul. Voyant cela, Raoul eut envie de l'attaquer. Il empoigna furieusement un épieu qui lui sera utile par la suite. Sous lui il éperonna son bon destrier rapide et frappa Riquier sur l'écu écartelé, qu'il fendit et perça sous la boucle. Il rompit et démailla le haubert brillant, passa son épieu au travers du corps et de toute la longueur de sa lance il l'étendit mort sur l'herbe. Quand Raoul vit l'étendard d'Ybert tomber dans la poussière, il se réjouit et s'écria :

« Cambrai ! À l'attaque, chevaliers ! Les misérables traîtres ne reprendront jamais leur étendard ! »

134.

Raoul laissa filer son bon destrier rapide. Devant lui il aperçut Jehan, le vaillant chevalier qui possédait le fief du Ponthieu et de Ham. Dans toute l'armée il n'y avait pas de plus fort chevalier ni d'homme que Raoul redoutât autant – il était bien plus grand qu'un Saxon ou qu'un géant et avait tué plus de cent hommes avec son épée. Lorsqu'il l'aperçut, Raoul le regarda et

si grant le voit seoir sor l'auferrant
2565 por tout l'or Dieu n'alast il en avant,
qant li remenbre de Taillefer errant,
qi fu ces peres ou tant ot hardemant.
Qant l'en souvint, si prist hardeme[n]t tant
por quarante homes ne fuïst il de champ.
2570 Droit ver Jehan retorne maintenant ;
le destrier broche – bien le va semonnant –
brandist la hanste de son espieu trenchant,
et fiert Jehan sor son escu devant :
desoz la boucle le va tout porfendant,
2575 li blans haubers ne li valut un gant,
par mi le cors li va l'espieu passant –
plaine sa lance l'abati mort sanglant.
« Cambrai ! escrie hautement en oiant,
Ferez, baron, n'alez mais atargant !
2580 Li oir H[erbert] mar s'en iront gabant –
tuit i morront, li glouton souduiant ! »

CXXXV

Raoul lait coure le bon destrier isnel ;
fiert Bertolai en son escu novel,
parent B[ernier], le gentil damoisel –
2585 el val de Meis tenoit un bel chastel ;
des gens R[aoul] faisoit molt grant maisel.
R[aous] le fiert, cui mervelles fu bel,
qe li escus ne li vaut un mantel
et de l'auberc li rompi le clavel ;
2590 parmi le cors li mist le penoncel –
mort le trebuche el pendant d'un vaucel.   [44b]
« Cambrai ! escrie. Fereis i, damoisel !
Par cel signor qi forma Daniel,
ne le gara li agais del cenbel. »

le vit si grand sur son coursier que pour toutes les richesses de
ce monde il n'osa aller plus avant. Mais il se souvint soudain de
Taillefer, son père si courageux, et cette seule pensée lui donna
tant de hardiesse qu'il n'aurait pas abandonné le champ devant
quarante ennemis. Il se dirigea aussitôt droit sur Jehan, épe-
ronna son destrier, l'encourageant de toute sa force, brandit la
hampe de son épieu tranchant et frappa Jehan sur le devant de
l'écu : il le transperça sous la boucle, et le haubert brillant ne
valut pas un gant, car son épieu l'atteignit en plein corps et de
toute la longueur de sa lance il l'étendit mort, baigné de sang.

« Cambrai ! s'écria-t-il d'une voix forte devant l'assemblée.
À l'attaque, barons, il n'y a pas un instant à perdre ! Les
héritiers d'Herbert se repentiront de leurs paroles insensées –
ces traîtres ignobles vont tous mourir ! »

135.

Raoul laissa filer son bon destrier rapide et sur l'écu neuf
frappa Bertolai – un parent de Bernier, le noble jeune homme –
qui possédait un beau château dans le val de Metz et qui faisait
un grand massacre des gens de Raoul. Raoul éprouva un tel
plaisir à le frapper que son écu ne le protégea pas plus qu'un
manteau ! Il lui rompit l'encolure du haubert et passa le pennon
au travers du corps – il l'étendit, mort, sur la pente d'un vallon.

« Cambrai ! s'écria-t-il. À l'attaque, jeunes gens ! Par le Sei-
gneur qui créa Daniel, la ruse ne le préservera plus du
combat[1]. »

---

1. Avec Meyer et Longnon, je corrige *la* en *le* pour arriver à la traduction
donnée.

CXXXVI

2595 La terre est mole, si ot un poi pleü ;
li [sans] espoisse [le brai et le] palu.
Bien vos sai dire des barons comment fu,
liqel sont mort et liqel sont venchu.
Li bon destrier sont las et recreü,
2600 li plus corant sont au pas revenu.
Li fil H[erbert] i ont forment perdu.

CXXXVII

Il ot pleü, s'i fist molt lait complai –
trestuit estanchent li bauçant et li bai.
E vos Ernaut, le conte de Doai ;
2605 R[aoul] encontre, le signor de Cambrai.
Un reprouvier li dist qe je bien sai :
« Par Dieu, R[aous], ja mais ne t'amerai
deci qe mort et recreant t'avrai !
Tu m'as ocis mon neveu Bertolai,
2610 et Richerin qe durement amai
et tant des autres qe ne recoverai.
– Voir, dist R[aous], encor en ocirai
ton cors meesmes, se aisement en ai. »
E[rnaus] respont : « Et je m'en garderai.
2615 Je vos desfi del cors saint Nicolai,
si m'aït Diex, qe je le droit en ai ! »

CXXXVIII

« Ies tu dont ce, R[aous] de Cambrisis ?
Puis ne te vi qe dolans me feïs.
De ma mollier oi deus effans petis,
2620 ses envoia[i] a la cort a Paris,
de Vermendois au roi de Saint Denis.   [45a]
En traïson andeus les oceïs –

136.

Il avait un peu plu et la terre était molle ; le sang rendit la boue et le marais encore plus gluants. Je puis bien vous dire le sort des barons, lesquels moururent et lesquels furent vaincus. Les bons destriers étaient épuisés et las, et les plus rapides marchaient au pas. Les fils d'Herbert subirent de graves pertes.

137.

Il avait plu et le terrain était un vrai bourbier – tous les chevaux, balzans et bais, se fatiguaient. Voilà qu'Ernaut, le comte de Douai, rencontra Raoul, le seigneur de Cambrai, et lui lança cette insulte :

« Par Dieu, Raoul, je ne te porterai plus jamais d'amitié tant que tu ne seras pas mort et défait. Tu as tué mon neveu Bertolai, et Richerin que j'aimais de tout mon cœur, et tant d'autres que je ne retrouverai jamais.

– Certes, dit Raoul, et je te tuerai, toi aussi, si j'en trouve l'occasion. »

Et Ernaut de répondre : « Et je me défendrai ! Je te défie sur les reliques de saint Nicolas[1] car, je le jure devant Dieu, j'ai le droit pour moi ! »

138.

« Es-tu bien Raoul de Cambrai ? Je ne t'ai pas revu depuis que tu m'as rendu misérable. Ma femme m'avait donné deux petits enfants que j'avais envoyés à la cour à Paris – du Vermandois je les ai envoyés au roi de Saint-Denis. Tu les as tués tous les deux en trahison – pas de tes propres mains, mais tu as

---

1. Nicolas, évêque de Myre (Lycie, Asie Mineure) au IVe siècle ; un des saints les plus populaires de la chrétienté. En 1087 ses reliques furent volées par des marins italiens et transportées à Bari (Apulie). Il est évoqué encore aux vv. 2983 et 4857.

nel feïz pas, mais tu le consentis.
Por cel afaire ies tu mes anemis :
2625 s'a ceste espee n'est de toi li chiés pris
je ne me pris vaillant deus parisis !
– Voir, dist R[aous], molt vos estes haut pris !
De la parole se ne vos en desdis,
ja mais ne voie la cit de Cambrisis ! »

CXXXIX

2630 Li baron tencent par grant desmesurance.
Les chevals broichent, chascuns d'aus c'en avance –
li plus hardis ot de la mort doutance.
Grant cols se donent es escuz de Plaisance
mais li hauberc lor fisent secorance ;
2635 andui s'abatent sans nule demorance ;
em pié resaillent – molt sunt de grant puissance ;
as brans d'acier refont tele acointance,
dont li plus fors en fu en grant dotance.

CXL

Andui li conte ont guerpi lor estrier.
2640 En R[aous] ot mervilloz chevalier,
fort et hardi por ces armes baillier ;
hors de son fuere a trait le branc d'acier,
et fier[t] E[rnaut] sor son elme a or mier
qe flors et pieres en a jus trebuchié.
2645 Ne fust la coife de son hauberc doublier,
deci es dens feïst le branc glacier.
L'espee torne el costé senestier ;
de son escu li colpa un qartier,
et deus cens maille de son hauberc doublier –
2650 tout estordi le fist jus trebuchier.
Ernaut le voit, n'i ot qe esmaier ; [45b]
Dieu reclama, le verai justicier :
« Sainte Marie, pensez de moi aidier !
Je referai d'Origni le mostier.
2655 Certes, R[aous], molt fais a resoignier,

consenti à leur mort. Pour ce crime tu es devenu mon ennemi.
Si je ne te tranche pas la tête avec cette épée que voici, je ne
vaux pas deux deniers de Paris !

– Certes, dit Raoul, tu te surestimes ! Que je ne revoie jamais
la cité de Cambrai, si je ne te fais pas ravaler ces paroles ! »

139.

Les deux barons se menacèrent avec une violence démesurée.
Ils éperonnèrent leurs chevaux et se lancèrent l'un contre l'autre
– même le plus hardi craignit la mort. Ils se portèrent de grands
coups sur les écus de Plaisance, mais les hauberts les protégè-
rent. Le choc les désarçonna immédiatement, mais il se relevè-
rent aussitôt – c'étaient des guerriers redoutables – et s'attaquè-
rent de leurs épées d'acier à tel point que même le plus fort en
fut épouvanté.

140.

Chacun des comtes vida l'étrier. Raoul était un chevalier
formidable, fort et hardi au maniement des armes ; il tira son
épée d'acier et frappa Ernaut sur son heaume d'or pur, faisant
sauter les fleurs ornementales et les pierres précieuses. Sans la
coiffe de son haubert à double épaisseur, l'épée l'aurait fendu
jusqu'aux dents. Mais l'épée dévia sur la gauche et trancha un
des quartiers de l'écu ainsi que deux cents mailles de son hau-
bert à double épaisseur – il le fit tomber tout étourdi à terre. À
ce coup, Ernaut fut épouvanté et invoqua Dieu, le vrai Juge :

« Sainte Marie, pensez à me secourir ! Je reconstruirai
l'abbaye d'Origny. Certes, Raoul, tu es très redoutable, mais s'il

mais se Dieu plaist, je te qit vendre chier
la mort de ciax dont si m'as fait irier ! »

CXLI

Li quens E[rnaus] fu chevalier gentis,
et par ces armes vasals et de grant pris.
2660 Vers R[aoul] torne, de maltalent espris ;
grant colp li done con chevalier gentis
parmi son elme qi fu a or floris ;
trenche le cercle qi fu a flor de lis –
ne fust la coife de son hauberc treslis,
2665 deci es dens li eüst le branc mis,
Voit le R[aous], mornes fu et pensis ;
a voiz escrie : « Foi qe doi saint Denis,
comment q'il pregne, vasalment m'a reqis !
Vendre me qides la mort de tes amis –
2670 nel di por ce vers toi ne m'escondis –
si m'aït Diex qi en la crois fu mis,
ainc tes enfans ne mal ne bien ne fis. »
Del colp E[rnaut] fu R[aous] si aquis
sanglant en ot et la bouche et le vis.
2675 Qant R[aous] fu jovenciax a Paris
a escremir ot as effans apris ;
mestier li ot contre ces anemis.

CXLII

Li quens R[aous] fu molt de grant vertu.
En sa main tint le bon branc e[s]molu,
2680 et fiert E[rnaut] parmi son elme agu
qe flors et pieres en a jus abatu.   [46a]
Devers senestre est li cols descendu ;
par grant engien li a cerchié le bu,
del bras senestre li a le poing tolu –
2685 atout l'escu l'a el champ abatu.
Qant voit E[rnaus] q'ensi est confondu,
qe a la terre voit gesir son escu,
son poing senestre qi es enarme fu,

plaît à Dieu, je te ferai payer cher la mort de mes fils qui m'a causé tant de douleur ! »

141.

Le comte Ernaut était un noble chevalier, un combattant hardi et de grande valeur. Il fondit sur Raoul, bouillant de colère, et lui porta un coup vigoureux qui passa au travers du heaume à fleurs dorées – ce fut un coup digne d'un noble chevalier, qui lui trancha le cercle fleurdelisé ; sans la coiffe de son haubert à triples mailles, l'épée l'aurait fendu jusqu'aux dents.

À ce coup, Raoul fut triste et sombre.

« Par la foi que je dois à saint Denis, s'écria-t-il, quoi qu'il en soit, tu m'as frappé hardiment ! Tu cherches à me faire payer la mort de tes proches, mais sans vouloir me justifier envers toi, je jure devant Dieu qui fut mis en croix que je n'ai rien fait à tes enfants, ni bien ni mal. »

Le coup d'Ernaut avait si cruellement atteint Raoul qu'il en avait la bouche et le visage tout couverts de sang. Lorsqu'il était jeune à Paris, Raoul enseignait l'escrime aux enfants – maintenant il en avait besoin contre ses ennemis !

142.

Le comte Raoul était un homme exceptionnellement robuste. Il saisit la bonne épée tranchante et frappa Ernaut sur son heaume pointu, faisant sauter les fleurs ornementales et les pierres précieuses. Le coup descendit à gauche, visant habilement le tronc de l'adversaire, et trancha le poing de son bras gauche qui tomba à terre avec l'écu. Quand Ernaut s'aperçut qu'il était ainsi vaincu et vit à terre l'écu avec son poing gauche pris dans les énarmes et son sang vermeil répandu sur le sol [...][1]

---

1. Il manque un ou plusieurs vers ici, au cours desquels Ernaut récupère son cheval.

le sanc vermel a la terre espandu [...]
2690 E[rnaus] i monte qi molt fu esperdus,
fuiant s'en torne lez le bruellet ramu ;
q[i] puis le blasme ot tout le sens perdu.
R[aous] l'enchause qi de preis l'a seü.

CXLIII

Fuit s'en E[rnaus] et R[aous] s'enchauça.
2695 E[rnaus] [le conte] durement redouta,
car ces destrier desoz lui estancha
et li baucens durement l'aproicha.
E[rnaus] se pense qe merci crïera ;
ens el chemin un petit s'aresta,
2700 a sa voiz clere hautement s'escria :
« Merci, R[aous], por Dieu qi tot cria !
Se ce vos poise qe feru vos ai la,
vos hom serai ensi con vos plaira.
Qite vos clain tot Braibant et Hainau,
2705 qe ja mes oirs demi pié n'en tendra. »
Et Raous jure qe ja nel pensera
desq'a cele eure qe il ocis l'avra.

CXLIV

Fuit s'en E[rnaus] broichant a esperon ;
R[aous] l'enchauce qi cuer a de felon.
2710 E[rnaus] regarde contremont le sablon,
et voit R[ocoul] le nobile baron   [46b]
qi tint la terre vers la val de Soisons –
niés fu [Ernaut] et cousins Berneçons ;
avec lui vinrent mil nobile baron.
2715 E[rnaus] le voit, vers lui broiche a bandon ;
merci li crie por avoir garison.

CXLV

Ernaut c'escrie, poour ot de morir :
« Biaus niés R[ocous], bien me devez garir
envers R[aoul] qi ne me vieut guerpir.

éperdu, Ernaut enfourcha son destrier et s'enfuit du côté du petit bois touffu – celui qui par la suite l'en blâmerait doit être fou ! Raoul lui donna la chasse en le suivant de près.

143.

Ernaut s'enfuit et Raoul lui donna la chasse. [Le comte] Ernaut eut grand-peur, car son destrier s'épuisait sous lui et le balzan de Raoul était sur ses talons. Ernaut décida alors de crier grâce ; il s'arrêta un instant sur le chemin et cria tout fort de sa voix retentissante :

« Pitié, Raoul, par Dieu qui créa toute chose ! Si tu es fâché par le coup que je viens de te porter, je suis prêt à devenir ton vassal. Je remets solennellement entre tes mains tout le Brabant et le Hainaut – mon héritier n'en possédera jamais un demi-pied. »

Mais Raoul jura qu'il ne serait pas question de pitié jusqu'à ce qu'il l'ait tué.

144.

Ernaut s'enfuit, piquant des deux, et Raoul au cœur cruel lui donna la chasse. En regardant vers le haut de l'éminence sablonneuse, Ernaut vit Rocoul, le noble baron qui possédait la terre du côté du val de Soissons – c'était son neveu et le cousin du jeune Bernier. Il s'approcha avec mille nobles barons. Dès qu'il le vit, Ernaut éperonna vers lui sans relâche et implora sa protection.

145.

Craignant la mort, Ernaut s'écria : « Rocoul, cher neveu, il faut bien que vous me protégiez contre Raoul qui refuse de me

2720 Ce m'a tolu dont devoie garir :
     mon poing senestre a mon escu tenir.
     Or me manace de la teste tolir. »
     Rocous l'oï ; del sens quida issir.
     « Oncles, dit il, ne vos chaut de fuïr ;
2725 bataille ara R[aous], n'i puet faillir,
     si fiere et dure con il porra soufrir. »

CXLVI

     En Rocoul ot mervillous chevalier,
     fort et hardi por ces armes baillier.
     « Oncles, dist il, ne vos chaut d'esmaier. »
2730 Le cheval broiche des esperons d'or mier,
     brandist la hanste planee de pumer
     et fiert R[aoul] en l'escu de qartier,
     et R[aous] lui, nel vost mie esparnier :
     desoz la boucle li fist fraindre et percier.
2735 Bons haubers orent, nes porent enpirier ;
     outre s'en passent, les lances font brisier,
     qe nus des deus n'i guerpi son est[r]ier.
     R[aous] le vit, le sens qida changier.
     Par maltalent tint l'espee d'acier
2740 et fiert R[ocoul] sor son elme a or mier –   [47a]
     pieres et flors en fist jus trebuchier.
     Devers senestre cola li brans d'acier :
     tout son escu li fait jus reoingnier,
     sor l'estriviere fait le branc apuier,
2745 soz le genoil li fait le pié tranchier,
     o l'esperon l'abat el sablonnier.
     Voit le R[aous], n'i ot q'esleecier.
     Puis lor a dit un molt lait reprovier ;
     « Or vos donrai un mervillous mestier !
2750 E[rnaus] ert mans et vos voi eschacier :
     li uns iert gaite, de l'autre fas portier.
     Ja ne porrés vostre honte vengier !
     – Voir, dist Rocous, tant sui je plus irié(r) !
     Oncles E[rnaus], je vos qidoie aidier,
2755 mais mes secors ne vos ara mestier. »

lâcher. Il m'a privé de toute protection en me coupant le poing gauche avec lequel je tenais mon écu, et à présent il menace de me trancher la tête ! »

À ces mots, Rocoul enragea.

« Mon oncle, dit-il, inutile de fuir : Raoul aura sa bataille et sans faute, la plus cruelle et la plus rude qu'il ait jamais connue ! »

146.

Rocoul était un chevalier extraordinaire, fort et hardi au maniement des armes.

« Mon oncle, dit-il, n'ayez crainte ! »

Il piqua son cheval de ses éperons d'or pur, brandit la hampe de sa lance polie en bois de pommier et frappa Raoul sur son écu écartelé. Raoul lui rendit son coup sans l'épargner, lui fendant et perçant l'écu sous la boucle. De leurs hauberts solides nulle maille ne céda ; au passage ils brisèrent leurs lances, mais aucun des deux ne vida l'étrier. Voyant cela, Raoul pensa devenir fou. Plein de rage, il saisit l'épée d'acier et frappa Rocoul sur son heaume d'or pur, faisant sauter pierres précieuses et fleurs ornementales. L'épée d'acier glissa sur la gauche et rogna son écu sur toute sa longueur ; puis il fit peser l'épée sur l'étrivière et lui trancha le pied sous le genou, l'abattant dans la poussière avec son éperon.

Voyant cela, Raoul se réjouit et puis se moqua d'eux :

« À présent il faut vous trouver des emplois convenables : puisqu'Ernaut est manchot et que vous n'avez qu'une jambe, l'un sera guetteur, et l'autre, portier. Vous ne pourrez jamais venger votre honte !

– Certes, répondit Rocoul, je suis au comble du malheur ! Ernaut, mon oncle, je cherchais à vous aider, mais mon secours ne vous sera d'aucune utilité. »

Fuit s'en E[rnaus], n'i ot qe esmaier ;
R[aous] l'enchauce, q'il ne le vieut laissier.

CXLVII

Fuit s'en E[rnaus], broichant a esperon ;
R[aous] l'enchauce qi quer a de felon.
2760 Il jure Dieu qi soufri passïon
por tout l'or Dieu n'aroit il garison
qe ne li toille le chief so[z] le menton.
E[rnaus] esgarde contreval le sablon
et voit venir dant H[erbert] d'Ireçon,
2765 W[edon] de Roie, Loeys et Sanson,
le conte Y[bert], le pere B[erneçon].
E[rnaus] les voit, vers ous broiche a bandon ;
merci lor crie por avoir garison.

CXLVIII

Ernaus escrie, poour ot de morir.
2770 « Signor, dist il, bien me devés garir
envers R[aoul] qi ne me vieut guerpir.   [47b]
De nos parens nos a fait tant morir(ir) ;
se m'a tolu dont deüse garir,
mon poing senestre a [m]on escu tenir.
2775 Or me manace de la teste tolir ! »
Y[bers] l'oï ; del sens qida issir.

CXLIX

Ibers lait core le bon destrier gascon,
brandist la hanste, destort le confanon,
et fiert R[aoul] en l'escu au lion ;
2780 desoz la boucle li perce le blason,
fauce la maille de l'auberc fremillon,
lez le costé li mist le confanon –
ce fu mervelle qant il ot garison.
Plus de quarante l'ont saissi environ ;
2785 ja fust ocis ou menez en prison
qant G[ueris] vint a coite d'esperon,

Épouvanté, Ernaut s'enfuit. Raoul lui donnait la chasse et ne voulait pas le lâcher.

147.

Ernaut s'enfuit, piquant des deux ; Raoul au cœur cruel lui donnait la chasse. Il jura par Dieu qui souffrit la Passion que tout l'or de ce monde ne pourrait l'empêcher de lui trancher la tête au-dessous du menton. En regardant au bas de l'éminence sablonneuse, Ernaut vit s'approcher Herbert d'Hirson, Eudes de Roie, Louis, Samson et le comte Ybert, père du jeune Bernier. Dès qu'il les vit, Ernaut galopa vers eux sans relâche et implora leur protection.

148.

Pressé par la crainte de la mort, Ernaut s'écria :

« Seigneurs, il faut bien que vous me protégiez contre Raoul qui refuse de me lâcher. Il a tué beaucoup de nos parents et il m'a privé de toute protection en me coupant le poing gauche avec lequel je tenais mon écu. À présent il menace de me trancher la tête ! »

À ces mots, Ybert enragea.

149.

Ybert laissa filer son bon destrier de Gascogne, brandit la hampe de sa lance, déploya le gonfanon et frappa Raoul sur l'écu orné d'un lion. Il transperça le blason sous la boucle, déchira les mailles du haubert brillant et enfonça son gonfanon le long du flanc – quel miracle que Raoul en eût réchappé ! Plus de quarante ennemis l'entourèrent et le saisirent, il serait déjà mort ou en prison n'eût été Guerri qui arriva au grand

a quatre cenz qi sont si compaignon,
tuit chevalier et nobile baron.
De lui rescoure sont en mout grant fríçon ;
2790 la abatirent maint vasal de l'arsçon.

CL

Or ot G[ueris] sa grant gent asamblee :
quatre cenz furent de gent molt bien armee.
G[ueris] lait corre par molt grant aïree
et fiert Bernart sor la targe doree,
2795 cel de Retest a la chiere menbree.
Desous la boucle li a fraite et troe[e],
la vielle broigne rompue et despasnee ;
parmi le cors li a l'anste pasee –
mort le trebuche de la cele doree.
2800 Lors veïssiés une dure meslé :   [48a]
tant' hanste fraindre, tant[e] targe troee,
et tante broigne desmaillie et fausee,
tant pié, tant pong, tante teste colpee,
tant bon vasal gesir goule baee !
2805 Des abatus est joinchie la pree
et des navrez est l'erbe ensangletee.
R[aoul] rescousent a la chiere menbree ;
li quens le voit, grant goie en a menee.
Espee traite par molt grant aïree
2810 fiert en la preisse ou dure est la meslee.
Le jor en a mainte arme desevree
dont mainte dame remeist veve clamee :
plus de .xiiii. en a mors a l'espee.
E[rnaus] le voit, mie ne li agree ;
2815 Dieu reclama qi mainte ame a sauvee :
« Sainte Marie, roïne coronee,
la moie mors n'iert ja mais restoree
q'en cest diable ci n'a point de rousee. »
Fuiant s'en torne parmi une valee,
2820 R[aous] le vit, s'a la teste levee ;
apres lui broiche toute une randonnee.
Se li escrie a molt grant alenee :

galop avec quatre cents compagnons d'armes, tous chevaliers et nobles barons. Il s'empressèrent de le délivrer et désarçonnèrent maints chevaliers.

150.

À présent Guerri avait rassemblé ses hommes – ils étaient quatre cents, tous solidement armés. Dans sa fureur, Guerri galopa à bride abattue et frappa Bernard, le sire de Rethel au visage sérieux, sur son bouclier doré. Il le fendit sous la boucle et le troua, rompant et déchirant la vieille cuirasse. Il lui passa sa lance au travers du corps et le renversa, mort, de la selle dorée. Si seulement vous aviez vu ce rude combat : tant de hampes mises en pièces, tant de boucliers troués, et tant de cuirasses déchirées et rompues ; tant de pieds, de poings, de têtes tranchés, tant de bons chevaliers étendus à terre, la bouche ouverte ! Le champ était parsemé de morts et l'herbe était teinte du sang des blessés.

Ils délivrèrent Raoul au visage sérieux et, en le voyant, le comte manifesta une grande joie. Plein de rage, il tira son épée et frappa dans la presse là où le combat était le plus rude. Ce jour-là il sépara mainte âme de son corps et fit de mainte dame une veuve : plus de quatorze périrent par son épée.

Voyant cela, Ernaut ne trouva pas matière à se réjouir et implora Dieu qui sauva bien des âmes :

« Sainte Marie, Reine couronnée, ma mort est certaine, car ce diable n'a pas une once de compassion[1]. »

Il tourna bride et s'enfuit le long d'une vallée. Mais Raoul le vit et releva la tête ; il s'élança à sa poursuite à grands coups d'éperons en lui criant de toute la puissance de ses poumons :

---

1. Pour la traduction, je suis l'interprétation de S. Kay, qui voit dans le mot *rousee* (« rosée ») un sens symbolique, « compassion ».

« Par Dieu, E[rnaus], ta mort ai desiree !
A cest branc nu est toute porparlee ! »
2825 E[rnaus] respont, cui goie est definee :
« N'en puis mais, sire – tex est ma destinee.
N'i vaut desfense une poume paree ! »

CLI

Fuit s'en E[rnaus], q'il ne seit ou guenchir ;
tel poor a ne se puet soustenir.
2830 R[aoul] esgarde q'il voit si tost venir ;
merci li crie con ja porez oïr :   [48b]
« Merci, R[aous], se le poez soufrir !
Jovenes hom sui, ne vuel encor morir.
Moines serai, si volrai Dieu servir ;
2835 cuites te claim mes onnors a tenir.
– Voir, dist R[aous], il te covient fenir,
a cest' espee le chief del bu partir.
Terre ne erbe ne te puet atenir,
ne Diex ne hom ne t'en puet garantir,
2840 ne tout li saint qe Dieu doivent servir ! »
E[rnaus] l'oï, s'a geté un soupir.

CLII

Li quens R[aous] ot tout le sens changié.
Cele parole l'a forment empirié
q'a celui mot ot il Dieu renoié.
2845 E[rnaus] l'oï, s'a le chief sozhaucié ;
cuers li revint, si l'a contraloié :
« Par Dieu, R[aous], trop te voi renoié,
de grant orguell, fel et outreqidié !
Or ne te pris nes q'un chien erragié
2850 qant Dieu renoies et la soie amistié,
car terre et erbe si m'avroit tost aidié,
et Dieu de gloire, c'il en avoit pitié ! »
Fuiant s'en torne, s'a son branc nu sachié.
Devant lui garde qant il l'ot eslongié ;
2855 voit B[erneçon] venir tout eslaisié,

« Par Dieu, Ernaut, il y a longtemps que je cherche ta mort !
Cette lame nue en est complice ! »

Dépovuvu de toute joie, Ernaut répondit : « Qu'y puis-je
désormais, seigneur? tel est mon destin. Toute résistance est
inutile[1]. »

151.

Ernaut fuyait et ne savait où trouver refuge. Il avait si peur
qu'il pouvait à peine se maintenir en selle. Quand il vit Raoul
se rapprocher rapidement, il lui cria grâce ainsi que vous pouvez
l'entendre :

« De grâce, Raoul, si vous pouvez m'épargner. Je suis jeune
et ne veux pas encore mourir. Je me ferai moine et servirai Dieu
– je t'abandonne mes fiefs.

– Certes, dit Raoul, il te faut mourir – avec cette épée je te
séparerai la tête du tronc. Ni la terre ni l'herbe ne peut te sauver.
Ni Dieu ni homme ne peut te délivrer, ni même tous les saints
qui se consacrent au service de Dieu. »

À ces mots, Ernaut soupira profondément.

152.

Le comte Raoul était fou de rage. Ces paroles lui valurent
beaucoup de mal, car en disant ces mots il renia Dieu. En
entendant cela, Ernaut souleva la tête, reprit ses forces et
adressa à Raoul de vifs reproches :

« Par Dieu, Raoul, je vois que par ton grand orgueil et ta
mauvaise outrecuidance tu as renié ta foi ! Je ne fais pas plus de
cas de toi que d'un chien enragé, puisque tu as renié Dieu et son
amour, car la terre et l'herbe auraient vite fait de m'aider, et le
Dieu de gloire aussi, par sa compassion ! »

Ernaut tira son épée, tourna bride et s'enfuit. Lorsqu'il eut
pris un peu d'avance, il aperçut devant lui le jeune Bernier qui

---

1. Littéralement : « toute défense vaut encore moins qu'une pomme pelée ».

de beles armes molt bien aparillié,
d'auber[c] et d'elme(s) et d'escu(s) et d'espié.
E[rnaus] le voit, s'a son poing oblié :
por la grant goie a tout le cuer hatié.
2860 Vers B[erneçon] a son cheval drecié ;
merci li crie par molt grant amistié :   [49a]
« Sire B[erniers], aiés de moi pitié !
Vez de R[aoul] con il m'a justicié :
del bras senestre m'a mon poing rooignié ! »
2865 B[erniers] l'oï, tout a le sens changié,
de poor tramble desq'en l'ongle del pié ;
et vit venir R[aoul] tout aïrié –
ains q'il le fiere l'ara il araisnié.

CLIII

En B[erneçon] ot molt bon chevalier,
2870 fort et hardi et nobile guerier.
A sa vois clere commença a huchier :
« Oncles E[rnaus], ne vos chaut d'esmaier,
car je irai mon signor araisnier. »
Il s'apuia sor le col del destrier ;
2875 a haute vois commença a huchier :
« E Raous, sire, fix de franche mollier !
Tu m'adoubas, ce ne puis je noier,
mais durement le m'as puis vendu chier :
ocis nos a tant vaillant chevalier,
2880 ma mere arsistes en Origni mostier,
et moi fesistes la teste peçoier.
Droit m'en o[f]fristes, ce ne puis je noier :
por l'amendise poi avoir maint destrier –
offert m'en furent cent bon cheval corcier,
2885 et cent mulet et cent palefroi chier,
et cent escu et cent haubers doubliers.
Coreciés ere qant vi mon sanc raier ;
a mes amis m'en alai conseillier.
Or le me loent li vaillant chevalier,
2890 se or le m'ofres, ja refuzer nel qier,
et pardonrai trestout, par saint Richier,   [49b]

s'approcha au grand galop, équipé de belles armes – haubert, heaume, écu et épieu.

Voyant cela, Ernaut oublia son poing qu'il avait perdu : la joie remplit tout son cœur. Il dirigea son cheval vers Bernier et implora sa grâce tendrement :

« Seigneur Bernier, ayez pitié de moi ! Voyez comme Raoul m'a maltraité : il m'a séparé le poing du bras gauche ! »

À ces mots, Bernier pensa devenir fou. Il trembla de peur de la tête aux pieds en voyant s'approcher Raoul plein de rage – mais avant de le frapper, il lui parlera.

153.

Le jeune Bernier était un excellent chevalier, fort et hardi, et un noble guerrier. De sa voix retentissante il se mit à dire :

« Ernaut, mon oncle, n'ayez crainte, car je vais parler à mon seigneur. »

S'appuyant sur l'encolure de son destrier, il se mit à crier à pleins poumons :

« Raoul, seigneur, fils d'une noble femme ! Je ne puis nier que c'est toi qui m'as fait chevalier, mais tu me l'as fait payer très cher : tu as tué tant de nos vaillants chevaliers, tu as brûlé vive ma mère dans l'abbaye d'Origny, et tu m'as blessé moi-même à la tête. Mais tu m'en as offert réparation, cela je ne puis le nier : j'aurais pu recevoir maints destriers en réparation. Tu m'as offert cent bons chevaux rapides, cent mulets et cent palefrois de prix, cent écus et cent hauberts à double épaisseur. Quand j'ai vu mon sang couler, j'étais furieux et suis allé prendre conseil auprès de mes proches. À présent ces vaillants chevaliers me poussent à accepter ton offre, si tu la renouvelles. Par saint Riquier, je pardonnerai tout si je peux te réconcilier

　　　　mais qe mes oncles puisse a toi apaier.
　　　　Ceste bataille feroie je laissier,
　　　　vos ne autrui ne qerroie touchier,
2895　toutes nos terres vos feroie baillier –
　　　　mar en lairez ne[s] anste [d]e poumier.
　　　　Laissiés les mors, n'i a nul recouvrier.
　　　　E R[aous], sire, por Dieu le droiturier,
　　　　pitié te pregne, laisse nos apaissier,
2900　et cel mort home ne te chaut d'enchaucier –
　　　　qi le poing pert, n'a en lui q'aïrier. »
　　　　R[aous] l'oï, le sens qida changier ;
　　　　si s'estendi qe ploient li estrier,
　　　　desoz lui fait le dest[r]ier archoier.
2905　« Bastars ! dist il, bien savez plaidoier,
　　　　mais vos losenges ne vos aront mestier –
　　　　n'en partirés sans la teste tranchier !
　　　　– Voir, dist B[erniers], bien me doi corecier –
　　　　or ne me vuel hui mais humelier. »

CLIV

2910　Qant B[ernier] voit R[aoul] le combatant,
　　　　[q]e sa proiere ne li valoit un gant,
　　　　par vertu broiche desouz lui l'auferrant,
　　　　et R[aous] vient vers lui esperonant,
　　　　Grans cols se done[n]t sor les escus devant ;
2915　desoz les boucles les vont toz porfendant.
　　　　Berniers le fiert qi droit i avoit grant –
　　　　li bon espieu et l'ensaigne pendant
　　　　li mist el cors, nen pot aler avant.
　　　　R[aous] fiert lui par si grant maltalant
2920　escuz n'aubers ne li valut un gant :
　　　　ocis l'eüst, sachiés a esciant,　　　　　　　　　[50a]
　　　　mais Diex et drois aida B[erneçon] tant
　　　　lez le costé li va le fer frotant.
　　　　Et B[erniers] fait son tor par maltalent
2925　et fier[t] R[aoul] parmi l'elme luisant
　　　　qe flors et pieres en va jus craventant –
　　　　trenche la coife del bon hauberc tenant,

avec mes oncles. Je ferai cesser cette bataille, ne chercherai plus
à blesser ni toi ni qui que ce soit, et t'abandonnerai toutes nos
terres – tu en auras jusqu'à la dernière hampe en bois de pom-
mier. Oublions les morts, on n'y peut plus rien. Raoul, seigneur,
par Dieu notre Juge, laissez-vous gagner par la pitié et faisons
la paix. Il est inutile de donner la chasse à cet homme presque
mort – celui qui perd un poing n'a plus qu'à s'attrister. »

À ces mots, Raoul pensa devenir fou. Il se raidit avec une
telle force qu'il fit plier les étriers et cambrer son destrier sous
lui.

« Bâtard ! dit-il, vos propos sont subtils, mais vos belles
paroles ne vous serviront à rien – vous ne vous échapperez pas
sans que je vous coupe la tête !

– Certes, dit Bernier, j'ai bien le droit de me courroucer. Je
refuse désormais de m'humilier ! »

154.

Quand Bernier comprit que sa prière ne valait pas un gant
contre Raoul le belliqueux, il éperonna avec ardeur son coursier
tandis que Raoul galopait vers lui. Ils se portèrent des coups
vigoureux sur le devant des écus, qu'ils transpercèrent sous les
boucles. Bernier, qui avait pour lui son bon droit, le frappa et fit
pénétrer son solide épieu à l'enseigne déployée dans le corps de
Raoul, qui ne pouvait plus avancer.

Mais Raoul attaqua Bernier avec une telle rage que ni l'écu
ni le haubert ne purent le protéger : il l'aurait tué, je vous
l'assure, si Dieu et son bon droit n'avaient si bien aidé le jeune
Bernier que le fer ne fit que lui frôler le côté. Plein de rage,
Bernier fit volte face et frappa un coup qui passa au travers du
heaume brillant de Raoul, faisant sauter les fleurs ornementales
et les pierres précieuses – il déchira la coiffe du bon haubert
solide et l'épée pénétra jusqu'au cerveau.

en la cervele li fait couler le brant.
Baron, por Dieu, n'iere ja qi vos chant,
2930 puis qe l'on muert et l'om va definant,
qe sor ces piés soit gaires en estant :
le chief enclin chaï de l'auferrant.
Li fil H[erbert] en sont lié et goiant ;
tex en ot goie qi puis en fu dolans,
2935 con vos orrés se longement vos chant.

CLV

Li quens R[aous] pense del redrecier.
Par grant vertu trait l'espee d'acier :
qi li veïst amon son branc drecier !
Mais il ne trueve son colp ou emploier ;
2940 dusq'a la terre fait son bras asaier,
dedens le pré fiert tot le branc d'acier –
a molt grant paine l'en pot il resaichier.
Sa bele bouche li prent a estrecier
et si vair oil prenent a espessier ;
2945 Dieu reclama qi tout a a baillier :
« Glorieus peres qi tout pues justicier,
con je voi ore mon cors afoibloier !
Soz siel n'a home, se jel conseüse ier,
apres mon colp eüst nul recovrier.
2950 Mar vi le gant de la terre bailier –   [50b]
ceste ne autre ne m'avra mais mestier.
Secorés moi, douce dame del ciel ! »
B[erniers] l'oï, le sens qida changier.
Desoz son elme commence a larmoier ;
2955 a haute voiz commença a huchier :
« E R[aous], sire, fix de franche mollier,
tu m'a(s)doubas, ce ne puis je noier,
mais durement le m'as puis vendu chier :
ma mere arcis par dedens un moustier,
2960 et moi fesis la teste peçoier.
Droit m'en ofris, ce ne puis je noier ;
de la vengance ja plus faire ne qier. »
Li quens E[rnaus] commença a huchier :

Barons, pour Dieu, aucun chant ne prétendit jamais qu'un homme – puisque tout homme doit mourir – puisse rester longtemps debout devant la mort : ainsi Raoul, la tête la première, tomba du cheval. Les fils d'Herbert manifestèrent une grande joie : mais qui se réjouit d'abord s'en repent par la suite, comme vous l'entendrez si je vous chante tout entière cette chanson.

155.

Le comte Raoul tenta de se redresser. Il tira son épée du fourreau avec ardeur – vous auriez dû le voir brandir son épée en l'air ! Mais il ne put ajuster son coup, et son bras retomba vers la terre : l'épée d'acier s'enfonça de toute sa longueur dans le pré – c'est à grand-peine qu'il put la retirer. Sa belle bouche se pinça et ses yeux étincelants se troublèrent. Raoul implora Dieu, maître de toute chose :

« Père glorieux, Juge souverain, comme je sens à présent mon corps s'affaiblir ! Aucun chevalier au monde, si je l'avais rencontré hier, ne se serait guéri de mon coup. Je me repens d'avoir accepté d'être investi de cette terre par le gant – ni de cette terre, ni d'aucune autre, je n'aurai plus besoin. Secourez-moi, douce Reine du ciel ! »

À ces mots, Bernier pensa devenir fou. Les larmes coulaient sous son heaume et il se mit à crier à pleins poumons :

« Ah, seigneur Raoul, fils d'une noble femme ! Je ne puis nier que c'est toi qui m'as fait chevalier, mais depuis tu me l'as fait payer très cher : tu as brûlé vive ma mère dans une abbaye et tu m'as blessé moi-même à la tête. Mais tu m'en as offert réparation, cela je ne puis le nier ; je ne cherche pas plus ample vengeance ! »

Le comte Ernaut se mit à crier :

« Cest home mort laisse son poing vengier !
2965 – Voir, dist B[erniers], desfendre nel vos qier,
mais il est mors, ne vos chaut de[l] tochier. »
E[rnaus] respont : « Bien me doi correcier ! »
Au tor senestre trestorne le destrier
et el poing destre tenoit son branc d'acier
2970 et fiert R[aoul], ne le vost esparnier,
parmi son elme qe il vost empirier :
la maistre piere en fist jus trebuchier,
trenche la coife de son hauberc doublier,
en la cervele li fist le branc baignier.
2975 Ne li fu sez, ains prist le branc d'acier,
dedens le cors li a fait tout plungier.
L'arme s'en part del gentil chevalier ;
Damerdiex l'ait, se on l'en doit proier.

CLVI

Berniers escrie : « Saint Quentin et Doai !   [51a]
2980 Mors est R[aous], li sire de Cambrai –
mort l'a Ernaus et B[erniers], bien le sai ! »
Li quens E[rnaus] broiche le destrier bai ;
B[erniers] en jure le cors saint Nicolai :
« De ce me poise qe je R[aoul] mort ai,
2985 si m'aït Diex, mais a mon droit fait l'ai ! »
E vos G[ueri] sor un grant destrier bai ;
son neveu trueve, s'en fu en grant esmai –
il le regrete si con je vos dirai :
« Biax niés, dist il, por vos grant dolor ai.
2990 Qi vos a mort, ja mais ne l'amerai,
pais ne acorde ne trives n'en prendrai
desq'a cele eure qe toz mors les arai :
pendus as forches toz les essillerai !
A[alais], dame, qel duel vos noncerai –
2995 ja mais a vos parler n'en oserai. »

« Que cet homme à moitié mort puisse venger la perte de son poing !

– Certes, dit Bernier, je ne puis vous l'interdire ; mais Raoul est blessé à mort – inutile de le toucher davantage. »

Et Ernaut de répondre : « Ma colère est méritée ! »

Il fit virevolter son destrier vers la gauche ; dans son poing droit il serrait son épée d'acier et, sans l'épargner, frappa Raoul sur son heaume qu'il voulait mettre en pièces – il en fit sauter la plus grosse pierre, déchira la coiffe de son haubert à double épaisseur et lui plongea l'épée dans le cerveau. Mais cela ne lui suffit pas : il retira l'épée d'acier et la replongea toute entière dans le corps. L'âme du noble chevalier s'envola – que Dieu la reçoive, voilà notre prière.

156.

Bernier s'écria : « Saint-Quentin et Douai ! Raoul est mort, le seigneur de Cambrai ! Ernaut et Bernier l'ont tué, je le sais bien. »

Le comte Ernaut éperonna son cheval bai et Bernier jura sur les reliques de saint Nicolas :

« Je regrette d'avoir tué Raoul mais, par Dieu, j'étais dans mon droit ! »

Voilà Guerri sur un grand destrier bai. Il trouva son neveu mort et, accablé de douleur, le regretta en ces termes :

« Mon neveu, dit-il, votre mort me désole. Je refuserai mon amitié à celui qui t'a tué : je ne lui accorderai ni paix ni trêve ni répit jusqu'à l'heure où je les aurai tous tués – je les verrai tous morts, pendus au gibet !

« Aalais, dame, quelle douloureuse nouvelle j'ai à vous annoncer – je n'oserai jamais vous en parler ! »

CLVII

E vos G[ueri] broichant a esperon,
Son neveu trueve gisant sor le sablon :
en son pong tint c'espee li frans hom –
si l'a estrainte entre heut et le pom
3000 qe a grant paine desevrer li pot on ;
sor sa poitrine son escu a lion.
G[ueris] se pasme sor le piz del baron.
« Biax niés, dist il, ci a male raison.
Ja voi je la le bastart B[erneçon]
3005 qe adoubastes a Paris el donjon :
il vos a mort par malvaise oqison
mais par celui qi soufri passïon
se ne li trais le foie et le poumon
je ne me pris vaillant un esperon ! »   [51b]

CLVIII

3010 Li sors G[ueris] vit ce[s] homes morir
et son neveu travillier et fenir
et sa cervele desor ces oils gesir ;
lors ot tel duel des cens qida issir.
« Biax niés, dist il, ne sai qe devenir.
3015 Par cel signor qi se laisa laidir,
cil qi de moi vos ont fait departir
n'avront ja pais qe je puisse soufrir,
ces avrai faiz essillier et honnir
ou(t) toz au mains de la terre fuïr !
3020 Trives demant, se [j]e i puis venir,
tant qe je t'aie fait en terre enfoïr. »

CLIX

Grant duel demaine d'Aras li sors G[ueris] ;
Perron apele : « Venez avant, amis,
et Harduïn et Berart de Senliz,
3025 poingiés avant desq'a mes anemis,
Et prenez trives, si con je le devis,
tant qe mes niés soit dedens terre mis. »

157.

Voilà que Guerri accourut au grand galop. Il trouva son neveu étendu mort dans la poussière. Le noble guerrier tenait encore l'épée dans son poing – il la serrait tant entre la garde et le pommeau qu'on eut de la peine à la lui enlever – et il tenait aussi sur sa poitrine son écu orné d'un lion. Guerri s'évanouit sur la poitrine du chevalier.

« Mon neveu, dit-il, quel malheur ! Je vois là-bas le jeune Bernier, ce bâtard que vous avez adoubé à Paris dans le donjon : le scélérat vous a tué sans honneur, mais par Celui qui souffrit la Passion, si je ne lui arrache pas le foie et le poumon, je ne vaux pas grand-chose ! »

158.

Guerri le Roux vit mourir ses gens et fut témoin des dernières souffrances de son neveu. En voyant la cervelle répandue sur les yeux de Raoul, il éprouva une telle douleur qu'il pensa devenir fou.

« Mon neveu, dit-il, que vais-je devenir ? Par le Seigneur qui se laissa humilier, ceux qui m'ont séparé de vous ne connaîtront aucun repos jusqu'à ce que je les aie fait périr et déshonorés ou, au moins, que je les aie chassés de leur terre ! Je demanderai une trêve, si c'est possible, le temps de vous enterrer. »

159.

Guerri le Roux d'Arras se livra à la douleur ; il appela Pierre :

« Approchez, mon ami, vous et Hardouin et Bérart de Senlis. Galopez jusqu'à mes ennemis et demandez une trêve, dans ces termes : le temps que mon neveu soit mis en terre. »

Et cil respondent : « Volontiers, a toudis ! »
Les chevals broichent, escus devant lor vis ;
3030 les fix H[erbert] n'ont pas longement quis,
ains les troverent sor les chevals de pris –
grant goie font de R[aoul] q'est ocis ;
tex en ot goie qe puis en fu maris.
Eiz les mesaiges de parler entremis :
3035 a ciax parole[n]t, as cols les escuz bis.
« Tort en avez, par le cors [saint] Denis !
Li quens R[aous] don [n]'ert il molt gentis ?
Si ert ces oncles nostre rois Loeys
et cil d'Arras li bons vasals Guerris.
3040 Tex en fait goie, sains et saus et garis,
qi essera detranchiés et ocis.
G[ueris] vos mande, li preus et li hardis,
respit et trives, par le cors [saint] Denis,
tant qe ces niés soit dedens terre mis.
3045 – Nos l'otrions, dist Y[bers] li floris,
c'il les demande jusq'al jor del juïs ! »

[52a]

CLX

Les trives donne[n]t devant midi sonnant.
Par la bataille vont les mors reversant ;
qi trova mort son pere ou son effant,
3050 neveu ou oncle ou son apartenant,
bien poés croire le cuer en ot dolant.
Et G[ueris] va les siens mors recuellant :
andeus ces fix oublia maintenant
por son neveu, R[aoul] le combatant.
3055 Devant lui garde, vit Jehan mort sanglant :
en toute France n'ot chevalier si grant ;
R[aous] l'ocist, ce sevent li auqant.
G[ueris] le vit – cele part vint corant ;
lui et R[aoul] a pris de maintenant,
3060 andeus les œvre a l'espee trenchant,
les cuers en traist, si con trovons lisant.
Sor un escu a fin or reluisant
les a couchiés por veoir lor samblant :

Ils répondirent : « Très volontiers. »

Ils éperonnèrent leurs chevaux, les écus devant le visage. Ils ne cherchèrent pas longtemps les fils d'Herbert avant de les trouver sur leurs chevaux de prix, débordant de joie à la nouvelle de la mort de Raoul – mais qui se réjouit d'abord s'en repent par la suite. Voilà que les messagers, l'écu bruni au cou, entreprirent les négociations :

« Sur les reliques de saint Denis, vous avez tort. Le comte Raoul, ne fut-il pas de haute noblesse ? Il avait pour oncles notre roi Louis et le bon chevalier Guerri d'Arras. Tel qui à présent, sain et sauf et à l'abri du danger, se réjouit, sera bientôt tué et mis en pièces. Guerri, le preux et le hardi, vous demande une trêve et un répit, sur les reliques de saint Denis, le temps que son neveu soit mis en terre.

– Et nous les lui accordons, répondit Ybert le chenu, même s'il les demandait jusqu'au jour du Jugement dernier. »

160.

La trêve fut accordée avant midi sonnant et ils recherchèrent les morts à travers le champ de bataille. Vous pouvez bien imaginer la douleur dans le cœur de celui qui trouva mort son père ou son enfant, son neveu, son oncle ou un de ses parents.

Et Guerri ramassait les siens, mais pour le moment il laissa ses deux fils pour s'occuper de son neveu, Raoul le guerrier. Devant lui il aperçut le corps sanglant de Jehan, le plus grand chevalier de toute la France – et tous savaient que Raoul l'avait tué. Lorsqu'il le vit, Guerri courut vers lui et ramassa aussitôt sa dépouille et celle de Raoul. Il leur ouvrit le corps à tous deux avec son épée affilée et leur retira le cœur, comme l'affirme le texte écrit. Il les plaça sur un écu d'or resplendissant

l'uns fu petiz, ausi con d'un effant ;
3065 et li R[aoul], ce sevent li auqant,
fu asez graindres, par le mien esciant,
qe d'un torel a charue traiant.
G[ueris] le vit – de duel va larmoiant ;
ces chevaliers en apele plorant :   [52b]
3070 « Franc compaignon, por Dieu venez avant.
Ves de R[aoul] le hardi combatant,
qel cuer il a encontre cel gaiant !
Plevi m'avez, franc chevalier vaillant,
force et aïde a trestout vo vivant.
3075 Mi anemi sont ci devant voiant :
celui m'on[t] mort qe je amoie tant.
Se je nel venge, tai[n]g moi a recreant !
Piere d'Artois, ralez a ox corant,
rendés lor trives, nes qier porter avant ! »
3080 Et cil respont : « Tout a vostre commant ! »
As fix H[erbert] s'en va esperonnant
si lor escrie hautement en oiant :
« G[ueris] vos mande, par le cors saint Amant,
tenés vos trives – saichiés a esciant
3085 c'il en a aise n'arés de mort garant ! »
Qant cil l'entende[n]t, molt en sont esmaiant ;
de la bataille sont forment anuiant,
et lors destriers lassé et recreant.
Envers G[ueri] revient cis trave[r]s chan[s],
3090 et li sors va toz ces homes rengant ;
ançois le vespre en seront mil dolant.

CLXI

Or ot G[ueris] sa grant gent asamblee –
.v. mile furent et .vii. cenz en la pree ;
li fil H[erbert] ront la lor ajostee –
3095 .vii. mile furent de gent bien ordenee.
G[ueris] chevalche, la baniere levee ;
voit le B[erniers], s'a la color muee.

pour les examiner : l'un était petit, comme le cœur d'un enfant, mais celui de Raoul – tout le monde le sait – était beaucoup plus gros, à ce que je sais, que celui d'un taureau attelé à une charrue[1].

Voyant cela, Guerri éclata en sanglots et en pleurs appela ses chevaliers :

« Nobles compagnons, approchez au nom de Dieu. Voyez comme est gros le cœur de Raoul, le guerrier hardi, en comparaison de celui de ce géant ! Vous m'avez promis, nobles chevaliers vaillants, votre aide et votre soutien pour toute la vie. Voici mes ennemis devant nous : ils ont tué celui que j'aimais tant. Si je ne le venge pas, je me tiens pour un couard ! Pierre d'Artois, retournez vite auprès d'eux et dites-leur que nous renonçons à la trêve – je ne veux plus l'observer. »

Pierre répondit : « À vos ordres ! »

Il galopa à la rencontre des fils d'Herbert et leur dit d'une voix forte devant l'assemblée des barons :

« Sur les reliques de saint Amand, Guerri renonce à votre trêve – je vous promets que s'il en trouve l'occasion, vous n'échapperez pas à la mort ! »

En entendant ces paroles, ils furent épouvantés : ils étaient fatigués de la guerre et leurs chevaux étaient las et épuisés. Le messager revint vers Guerri à travers champs et le Roux rangea ses gens en ordre de bataille : avant la tombée du jour, mille hommes allaient souffrir.

161.

Guerri rassembla alors sa grande armée – dans le pré ils étaient cinq mille sept cents. Les fils d'Herbert, de leur côté, réunirent la leur : ils étaient sept mille tous en rangs. La bannière déployée, Guerri s'avança.

Voyant cela, Bernier changea de couleur.

---

1. Selon la physionomie ancienne, le cœur était le siège du courage, et sa grandeur était donc un indice de la valeur de l'homme.

« Voiés, fait il, confaite recelee :

G[ueris] nos a sa grant gent amenee.   [53a]

3100 Je cuit la trive mar i fu hui donnee. »

G[ueris] lait coure par molt grant alenee

et fiert Hugon a la chiere menbree –

cousin B[ernier] ; tele li a donnee

desoz la boucle l[i] a fraite et troee,

3105 la vielle broigne rompue et despanee,

parmi le cors li a l'anste passee –

mort le trebuche de la cele doree.

Voit le B[erniers], s'a la coulor muee.

« E G[ueris], fel, dist il, barbe meslee !

3110 Respit et trives nos aviés demandee,

et con traïtres la nos as trespassee.

Mais ains q'il soit la nuis au jor meslee,

en sera il mainte targe troee

et pluisors armes de maint cors desevree ! »

3115 A icest mot commença la meslee

et G[ueris] tint el poign traite l'espee ;

desor maint elme l'a iluec esprovee :

deci q'a[l] poin est toute ensangletee –

bien plus de trente en a mort a l'espee.

3120 Voit le B[erniers], s'a la color muee

qant de sa gent il fait tele aterree.

Celi en jure q'est el ciel coronee :

« S'or en devoie gesir goule baee,

si sera ja de nos deus la meslee ! »

CLXII

3125 Cil B[erneçons] fu molt de grant vertu,

et vit Ugon son cousin estendu ;

fill fu s'antain, grant ire en a eü.

Il le regrete et dist qe mar i fu :

« Ahi, G[ueris], quel ami m'as tolu !   [53b]

3130 Cuivers viellars, maldehait aies tu ! »

Il se redrese sor l'auferant crenu,

et G[ueris] broiche qant il l'a conneü.

Si durement se sont entreferu

« Voyez cette attaque brusquée, dit-il. Guerri a mené sa grande armée contre nous ; je crois que nous allons regretter cette trêve qu'on lui avait accordée aujourd'hui. »

Guerri galopa à bride abattue à la rencontre d'Hugues au visage sérieux, un cousin de Bernier ; il lui assena un tel coup qu'il fendit et troua son écu sous la boucle et déchira et rompit la vieille cuirasse. Il lui passa la hampe de sa lance par le travers du corps et le renversa, mort, de sa selle dorée.

Voyant cela, Bernier changea de couleur.

« Ah, Guerri, scélérat à la barbe grise, dit-il, tu nous as demandé une trêve et un répit, mais tu l'as rompue comme un traître ! Mais avant que la nuit ne se mêle au jour, maint bouclier sera troué et mainte âme séparée de son corps ! »

Sur cette déclaration, la bataille commença. Guerri tira son épée et en éprouva la lame sur tant de heaumes qu'elle fut couverte de sang jusqu'au pommeau – à l'aide de son épée il tua plus de trente de ses ennemis. Bernier changea de couleur en voyant un tel massacre de ses gens. Il jura par la Vierge couronnée :

« Même si je devais en tomber mort, la bouche ouverte, il faut que je me mesure à lui ! »

162.

Le jeune Bernier était un homme exceptionnellement robuste. Il vit, étendu à terre, le corps de son cousin Hugues, fils de sa tante, et en éprouva une grande douleur. Il se mit à le plaindre et à regretter son triste sort :

« Hélas, Guerri – tu m'as enlevé un grand ami ! Vieux scélérat, maudit sois-tu ! »

Il se dressa sur son coursier aux longs crins et Guerri, dès qu'il le reconnut, piqua des éperons vers lui. Le choc fut si

     desoz la bouc[l]e percierent les escu –
3135 bons haubers orent qant il ne sont rompu.
     G[ueris] se tint qi le poil ot chenu ;
     B[erneçon] a del destrier abatu.
     Goie ot G[ueris] qant il le vit cheü.
     Il traist l'espee, sore li est coru –
3140 ja en presist le chief desor le bu
     qant Y[bers] vint qi bien l'a secoru.
     G[ueris] le vit, grant duel en a eü.
     « Bastars, dist il, trop vos ai consentu.
     R[aoul] as mort, certes, qe mar i fu,
3145 mais par celui c'on apele Jesu
     ja n'avrai goie le montant d'un festu
     s'aie ton cuer sa defors trestout nu ! »

CLXIII

     Ce dist G[ueris] : « Franc chevalier baron,
     ja n'en avrai a nul jor retraçon
3150 qe mes lignaiges porchaçast traïson.
     Ou ies alez, li bastars B[erneçons] ?
     N'a encor gaires qe t'oi en tel randon
     devers le ciel te levai les talons.
     Ja de la mort n'eüses garison
3155 ne fust tes peres, Y[bers] de Ribemont. »
     G[ueris] lait corre le destrier de randon,
     brandist la hanste, destort le confanon,
     et va ferir dant Herber d'Ireçon –
     c'est l'uns des freres, oncles fu B[erneçon].   [54a]
3160 Grant colp li done sor l'escu au lion
     q'i[l] li trancha son ermin peliçon,
     demi le foie et demi le poumon :
     l'une moitié en chaï el sablon,
     l'autre moitiés demora sor l'arçon –
3165 mort le trebuche del destrier d'Aragon.
     Attant e vos Loeys et Vuedon,
     le conte Y[bert], le pere Berneçon :
     mort ont trové H[erbert] le franc baron ;
     por lor chier frere furent en grant friçon.

violent qu'ils trouèrent les écus sous les boucles – leurs haubusts
étaient solides, car ils ne cédèrent pas. Guerri le chenu tint bon
sur son cheval et renversa Bernier de son destrier. À le voir à
terre, Guerri se réjouit ; il tira son épée et se précipita sur lui –
il lui aurait séparé la tête du tronc si Ybert n'était pas venu le
secourir.

Voyant cela, Guerri éprouva une grande douleur.

« Bâtard, dit-il, je t'ai trop longtemps supporté ! Tu as tué
Raoul, et c'est un grand malheur – mais par Celui qu'on appelle
Jésus, je ne retrouverai jamais une once de joie avant de t'avoir
arraché le cœur ! »

163.

Guerri parla ainsi : « Nobles et vaillants chevaliers, jamais je
ne m'entendrai reprocher un acte de trahison commis par mon
lignage. Où t'es-tu enfui, Bernier le bâtard ? Il y a peu de temps
je t'avais malmené au point que tu avais les talons en l'air. Tu
n'aurais pas échappé à la mort sans le secours de ton père, Ybert
de Ribemont. »

Guerri galopa à bride abattue ; il brandit la hampe de sa lance,
déploya son gonfanon et alla frapper Herbert d'Hirson, l'oncle
du jeune Bernier et l'un des quatre frères. Il lui assena un tel
coup sur l'écu orné d'un lion qu'il déchira la pelisse d'hermine
et lui arracha la moitié du foie et la moitié du poumon : une
partie tomba dans la poussière et l'autre resta sur l'arçon – le
chevalier tomba, mort, de son destrier d'Aragon. Voilà qu'arri-
vèrent Louis, Eudes, et le comte Ybert, père du jeune Bernier.
Quand ils virent qu'était mort leur cher frère Herbert, le noble
baron, ils frissonnèrent d'horreur. Bernier laissa filer son bon

3170 B[erniers] lait corre le bon destrier gascon ;
　　　sor son escu fiert le conte Faucon
　　　et Loeys ala ferir Sa[n]son,
　　　li quens Y[bers] Amauri le Breton :
　　　onqes cil troi n'orent confessïon.
3175 La gent Y[bert] croissent a grant fuison,
　　　sor la G[ueri] fu la confusïon :
　　　molt plus de terre c'on ne trait d'un boujon
　　　les requlerent li parent B[erneçon].
　　　Tant i a mors chevalier el sablon
3180 n'i puet passer chevalier ne frans hon.
　　　Li bon destrier, je vos di par raison,
　　　li plus corant sont venu au troton.

CLXIV

　　　Li sors G[ueris] voit sa gent enpirier ;
　　　tel duel en a le sens qide changier.
3185 Sor son escu ala ferir Gautier ;
　　　Pieres d'Artois ne s'i vost atargier,
　　　ains fiert le conte Gilemer le Pohier,
　　　et Harduïns vait ferir Elïer :
　　　ainc a ces troi n'i ot arme mestier –　　　　　　　[54b]
3190 n'i covint prestre por aus cumenïer.
　　　La gens Y[bert] commence a avancier,
　　　et la G[ueri] molt a amenuisier :
　　　tuit sont ocis li baron chevalier,
　　　ne mais .vii. vins qi ne sont mie entier.
3195 Il se ralient parmi le sablonier ;
　　　ains qe il fuient se venderunt molt chier.
　　　G[ueris] esgarde parmi le sablonnier,
　　　voit sa maisnie estendue couchier
　　　morte et sanglente : n'ot en lui q'aïrier.
3200 De sa main destre la commence a sainier.
　　　« E, tant mar fustes, nobiles chevalier,
　　　cil de Cambrai, qant ne vos puis aidier ! »
　　　Tenrement pleure, ne se seit conseillier ;
　　　l'aigue li [c]ort contreval le braier.

destrier de Gascogne et frappa le comte Faucon sur l'écu ; Louis attaqua Samson ; le comte Ybert, Amaury le Breton : aucun des trois n'eut le temps de se confesser. Les troupes d'Ybert devinrent de plus en plus nombreuses et ce fut la confusion totale parmi les gens de Guerri : les parents de Bernier les firent reculer à plus d'une portée d'arbalète. Le sable était tellement jonché de morts que ni chevaliers ni hommes de pied ne purent passer. Je vous dis vrai, même les meilleurs destriers et les plus rapides se mirent au trot.

164.

Guerri le Roux vit la déconfiture de ses gens et en éprouva une telle douleur qu'il pensa devenir fou. Il alla frapper Gautier sur l'écu. Pierre d'Artois n'hésita pas à attaquer le comte Gilemer de Poix, tandis que Hardouin alla frapper Élier : aucune armure ne put protéger ces trois et aucun d'entre eux n'eut le loisir de recevoir la communion de la main d'un prêtre. Les troupes d'Ybert commencèrent à l'emporter et celles de Guerri furent de moins en moins nombreuses – ils étaient tous morts, les vaillants chevaliers, à part cent quarante, et ceux-ci étaient tous blessés. Ils se rassemblèrent sur le champ sablonneux – plutôt que de fuir, ils vendront cher leur vie.

Guerri regarda au milieu du champ sablonneux et vit ses compagnons étendus à terre, morts et couverts de sang – il en fut plein d'angoisse. De sa main droite il se signa.

« Ah, nobles chevaliers de Cambrai, quel triste sort, quand je suis incapable de vous porter secours ! »

Il pleura tendrement sans pouvoir se consoler, et ses larmes lui coulaient jusqu'à la ceinture.

CLXV

3205 Or fu G[ueris] lez l'oriere del bos,
o lui .vii. vins de chevalier cortois,
et vit Bernier d'autre part le marois,
et Loeys el destrier Castelois,
le conte Y[bert] qi tenoit Vermandois,
3210 W[edon] de Roie et trestos lor feois.
« Diex, dist G[ueris], qe ferai, peres rois ?
Mes anemis voi ci et lor harnois –
la voi B[ernier] qi m'a mis en effrois :
celui m'a mort (qi m'a mis en effrois).
3215 S'ensi les lais et je a tant m'en vois,
trestous li mons m'en tenra a revois. »
Par vertu hurte le bon destrier norois,
mais ne li vaut la montance d'un pois
car desoz lui li estanche el chamois.   [55a]

CLXVI

3220 El sor G[ueris] n'en ot qe correcier :
il ne sot tant son cheval esforcier
ne le passast uns roncins charuier.
G[ueris] le voit ; le sens qida changier.
A pié descent – ne se vost atargier,
3225 la cele osta qe n'i qist esquier ;
il le pormaine por le mieux refroidier.

CLXVII

Li sors G[ueris] le destrier pormena.
Trois fois se viutre, sor les piés se dreça –
si for heni qe la terre sonna.
3230 G[ueris] le voit ; molt fiere goie en a.
La cele a mise, par l'estrier i monta,
des esperons un petit le hurta :
par desoz lui si isnel le trova
plus tost li cort q'aronde ne vola.
3235 Ou voit B[ernier], fierement l'apela.
« Bastars, dist il, trop te voi en en la !

165.

À présent Guerri était à la lisière du bois en compagnie de cent quarante nobles chevaliers. De l'autre côté du marais il aperçut Bernier, Louis sur son destrier de Castille, le comte Ybert qui possédait le Vermandois, Eudes de Roie, et tous leurs vassaux.

« Dieu, s'exclama Guerri, Père éternel, que faire ? Devant moi je vois mes ennemis et tout leur équipage – voilà Bernier qui m'a jeté dans le désespoir en tuant celui dont la mort m'est une perte irréparable[1]. Si je les quitte ainsi et m'en retourne sans combattre, tout le monde me prendra pour un lâche ! »

Il éperonna avec violence son bon destrier de Norvège, mais en vain, car il s'effondra sous lui.

166.

Guerri le Roux était au désespoir : impossible de faire avancer son destrier à l'allure d'un cheval de trait. Voyant cela, Guerri pensa devenir fou. Il mit pied à terre aussitôt, enleva la selle sans attendre un écuyer et fit marcher son cheval pour mieux le reposer.

167.

Guerri le Roux fit marcher son cheval. Par trois fois la bête se vautra sur le sol, puis se releva et hennit si fort que la terre en résonna. Voyant cela, Guerri en éprouva une très grande joie. Il remit la selle, monta par l'étrier et le piqua légèrement des éperons : il le sentit si rapide sous lui qu'il filait plus vite que l'hirondelle. Dès qu'il vit Bernier, il le défia :

« Bâtard, dit-il, tu es bien loin de moi ! Tu as tué en trahison

---

1. Le scribe copia deux fois la fin du vers précédent ; la traduction suit la correction proposée par S. Kay, *dont me va molt sordois*, d'après le v. 538.

R[aoul] as mort, qe premiers t'adouba,
en felonie, et li quens molt t'ama ;
mais s'un petit te traioies en ça,
3240 de mort novele mes cors t'avestira ! »

CLXVIII

Qant B[erneçons] oit le plait de sa mort,
le destrier broiche, le confanon destort.
« Sire G[ueris], fait i[l], vos avez tort.
R[aous] vos niés ot molt le cuer entort,
3245 mais aseiz plus vos voi felon et fort.
Des qe Dex [m]ist saint Gabriel en l'ort,
ne fu mais hom ou il n'eüst re[m]ort :
por l'amendise irai a Acre au port
servir au Temple, ja n'i avra recort. »   [55b]

CLXIX

3250 Se dist G[ueris] : « Bastart, petit vos vaut.
Se mes escus et mes espiex ne faut,
tele amendise ne pris je un bliaut,
si t'avrai mort ou encroé en haut ! »
Dist B[erneçons] : « C'est li plais de Beraut.
3255 Cuivers viellars, ancui arez vos chaut !
Je vos ferrai, se Damerdiex me saut ! »

CLXX

Berniers lait corre, li prex et li hardis,
mais ces destriers fu forment alentis ;
et G[ueris] broiche, q[u]i toz fu afreschis,

Raoul qui t'a adoubé et qui te manifestait une grande amitié. Mais si tu t'approches un peu, je t'enverrai une mort rapide ! »

168.

En entendant cette menace de mort, le jeune Bernier éperonna son destrier et déploya son gonfanon.

« Seigneur Guerri, dit-il, vous avez tort. Votre neveu Raoul avait le cœur rusé, mais je vous trouve beaucoup plus cruel et violent. Pourtant, depuis que Dieu a mis saint Gabriel dans le Jardin[1], aucun homme n'a jamais senti un plus grand remords que moi : pour réparer ce que j'ai fait, j'irai au port d'Acre servir dans l'ordre du Temple[2] – jamais je ne m'en dédirai. »

169.

Et Guerri de répondre : « Bâtard, cette offre ne te vaut rien ! À moins que mon écu et mon épieu ne me fassent défaut, je ne compte pour rien une telle réparation – je te verrai plutôt mort et pendu haut et court !

– Paroles vaines[3] ! Vieux scélérat, ce jour s'avérera trop chaud à votre goût : je saurai vous frapper, si Dieu me garde ! »

170.

Bernier, le preux et le hardi, rendit les rênes, mais son cheval, épuisé, avançait avec peine ; Guerri éperonna alors son destrier, qui avait repris des forces, et frappa Bernier sur son écu foncé.

---

1. L'archange Gabriel, associé surtout avec l'Annonciation, est mentionné quatre fois dans la Bible, mais jamais en association avec l'expulsion d'Adam et d'Ève du jardin d'Éden. L'ange placé par Dieu devant la porte du Paradis terrestre n'est pas nommé. 2. L'ordre du Temple fut fondé en 1120 pour défendre la Terre sainte et les pèlerins qui s'y rendaient. Ils avaient un établissement entre la mer et la forteresse de Saint-Jean-d'Acre. 3. Littéralement : « Voici le procès de Béraut ». Hapax pour lequel nous adoptons la glose de Tobler-Lommatzsch ; mais comme l'indique S. Kay, il peut s'agir d'une version de l'expression courante d'alors, *chanter d'autre Bernart*, « changer d'avis ».

3260 et fiert B[ernier] desor son escu bis.
      Desoz la boucle li a frait et malmis,
      trenche la maille desoz son escu bis,
      lez le costé li a fer et fust mis :
      ce fu mervelle qant en char ne l'a pris.
3265 Si bien l'enpaint G[ueris] li viex floris
      qe B[erniers] a les estriers guerpis.
      G[ueris] le voit, molt en est esbaudiz ;
      espee traite est desor lui guenchis ;
      devers Bernier est li gius mal partis
3270 qant d'autre part eiz ces neveus saillis :
      ce fu Gerars et Henris de Cenlis ;
      qant cil i vinrent, ci les ont departis.
      G[ueris] les voit, molt les en a haïs.
      Il fiert Gerart l'Espanois au fier vis
3275 desor son elme qi est a flor de lis ;
      li cercles d'or ne li vaut un tapis :
      trenche la coife de son hauberc treslis,
      deci as dens li a tout le branc mis –
      mort le trebuche del bon destrier de pris.   [56a]
3280 Voit le G[ueris], molt en est esgoïs.
      « Cambrai ! escrie, cius est a sez norris !
      Ou ies alez, B[erneçons] li faillis ?
      Cuivers bastars, tos jors m'i es tu fuïs !
      Ja n'avrai goie tant con tu soies vis ! »

CLXXI

3285 Qant B[erniers] voit le franc Gerart morir,
      tel duel en a, le sens quide m[a]rir ;
      de Vermandois vit les grans gens [ven]ir.
      Cil de Cambrai ne porent plus soufrir.
      G[ueris] le voit, de duel quide morir.
3290 En l'estor vait le chaple maintenir,
      et tuit li sien i fierent par aïr.
      Dont veïssiés fier estor e[s]baudir,
      tante anste fraindre et tant escu croissir,
      tant bon hauberc desrompre et dessartir,
3295 tant bon destrier qi n'a soign de henir,

Il le fendit et le transperça sous la boucle, déchira les mailles derrière son écu foncé et passa le fer et la hampe du côté du flanc – ce fut un miracle que Bernier n'eût pas été touché au corps. Guerri le vieux chenu heurta Bernier si fort qu'il lui fit vider les étriers.

Voyant cela, Guerri se réjouit. Il tira son épée et se précipita sur son adversaire – le jeu était mal partagé pour Bernier, quand de l'autre côté survinrent ses neveux, Gérard et Henri de Senlis. Ils s'approchèrent et séparèrent les combattants.

Voyant cela, Guerri s'emplit de rage et frappa Gérard d'Espagne au fier visage sur le heaume orné de fleurs de lis – le cercle doré ne valut pas deux sous[1] : il déchira la coiffe de son haubert à triples mailles et l'épée le fendit jusqu'aux dents – il le culbuta, mort, de son destrier de prix.

Voyant cela, Guerri éprouva une joie extrême.

« Cambrai ! s'écria-t-il, celui-ci a son compte ! Où es-tu allé, Bernier le traître ? Bâtard, gredin, tu m'échappes constamment ! Je ne serai pas content tant que tu seras vivant. »

171.

Quand Bernier vit mourir le noble Gérard, il en éprouva une telle douleur qu'il pensa perdre la raison. Il vit s'approcher la grande armée des Vermandois ; les Cambrésiens ne pouvaient résister plus longtemps.

Voyant cela, Guerri pensa mourir de douleur. Il s'enfonça dans la mêlée et tous ses hommes se battirent avec violence autour de lui. Si seulement vous aviez vu la fureur du combat – tant de hampes brisées et tant d'écus fendus, tant de bons hauberts rompus et déchirés, tant de bons destriers qui ne hen-

---

1. Littéralement : « ne lui valut pas un tapis ».

    tant pié, tant poi[n]g, tant[e] teste tolir,
    plus de quarante en i fissent morrir.
    G[ueris] ne pot plus le chaple tenir ;
    a .vii. vins homes s'en puet hui mais partir.
3300 Il se demente con ja porés oïr :
    « Franche maisnie, qe porés devenir,
    qant je vos lais, si m'en convient partir ? »

CLXXII

    Vait s'en G[ueris], .vii. vins hommes chaele :
    de .x. mile homes nen remeist plus en cele.
3305 Il esgarda contreval [l]a vaucele,
    voit tant vasal traïnant la boeele –
    toz li plus cointe de rien ne se revele ;
    et G[ueris] pleure, sa main a sa maisele.
    R[aoul] en porte, dont li diex renovele.   [56b]
3310 Si con il va contreval la praele,
    voit sa gent morte ; doucement les apele :
    « Franche maisnie, par la virgene pucele,
    ne vos puis metre n'e[n] aitre n'en chapele.
    A[alais], dame, ci a dure novele ! »
3315 Tant a ploré, mollié a sa maissele ;
    li cuers li faut par desoz la ma[m]ele.
    Saint Jaqe jure c'on qiert en Compostele
    ne fera pais por l'onnor de Tudele,
    s'ait B[ernier] trait le cuer soz la mamele.

CLXXIII

3320 Li fil H[erbert] ne sont mie goiant :
    d'onze mil homes qe il orent avant,
    et des secors qe fisent païsant,
    n'ont qe troi cenz, par le mien esciant :
    par devers ous est la perte plus grant ;
3325 li plus hardiz s'en va espoentant.
    Lor frere troevent mort el sablon gisant,
    et lors parens don i ot ocis tant.
    A Saint Quentin les portent duel faisant,

niraient plus, tant de pieds, de poings, de têtes tranchés ! Ils en
tuèrent plus de quarante. Mais Guerri ne put plus soutenir le
poids de la mêlée – avec seulement cent quarante hommes il dut
abandonner le champ. Il se plaignit ainsi que vous pouvez
l'entendre :

« Nobles compagnons, qu'allez-vous devenir si je vous
quitte ? – mais il me faut vous abandonner ! »

172.

Guerri s'en alla, emmenant avec lui cent quarante hommes :
de dix mille hommes, il ne restait en selle que ces quelques
chevaliers. En regardant vers le fond du vallon, il vit de nom-
breux combattants dont les viscères se répandaient – même le
plus gai parmi eux n'avait plus matière à se réjouir ! Guerri, le
menton dans sa main[1], se mit à pleurer. Il emporta le corps de
Raoul et sa douleur éclata de nouveau. En chevauchant à travers
le champ de bataille il vit les cadavres de ses hommes et, ten-
drement, leur adressa la parole :

« Nobles compagnons, par la sainte Vierge, je ne puis vous
ensevelir en cimetière ou en chapelle. Aalais, noble dame,
quelle nouvelle douloureuse ! »

Les larmes inondèrent ses joues et son cœur chancela dans sa
poitrine. Il jura par saint Jacques de Compostelle qu'il ne ferait
pas la paix pour toutes les richesses de Tudèle avant d'avoir
arraché le cœur de la poitrine de Bernier.

173.

Les fils d'Herbert n'éprouvaient aucune joie : sur les onze
mille hommes qu'ils avaient au début, plus les renforts
constitués par les gens du pays, il n'en restait que trois cents, à
ce que je sais. De leur côté les pertes étaient plus lourdes –
même les plus hardis étaient frappés d'épouvante. Ils trouvèrent
leurs frères étendus, morts, dans la poussière et nombre de leurs
parents tués. Ils les portèrent à Saint-Quentin au milieu de mani-

---

1. Voir la note au v. 837.

et G[ueris] va son grant duel demenant :
3330 R[aoul] en porte, dont a le cuer dolant.
Desoz Cambrai descendirent a tant.

CLXXIV

A Cambrai fu A[alais], je vos di ;
ainc en trois jors ne me[n]ga ne dormi,
tout por son fil qe ele avoit laidi :
3335 maudi l'avoit, le cuer en a mari.
Un poi s'endort, qe trop ot consenti ;
soinga un soinge qe trop li averti :
de la bataille voit R[aoul] le hardi,
ou repairoit, un vert paile vesti,   [57a]
3340 et B[erneçons] l'avoit tout departi.
De la poour la dame c'esperi ;
ist de la sale s'encontra Amauri,
un chevalier qe ele avoit nouri.
La gentix dame le hucha a haut cri :
3345 « Ou est mes fix, por Dieu qi ne menti ? »
Cil ne parlast por l'onour de Ponti ;
navrés estoit d'un roit espieu burni –
chaoir voloit del destrier Arabi
qant uns borgois en ces bras le saisi.
3350 A ces paroles es vos levé le cri,
qe par tot dient, si c'on l'a bien oï,
« Mors est R[aous] et pris i est G[ueris] ! »

CLXXV

La gentix dame vit le duel engraignier.
Parmi la porte entrent li bon destrier,
3355 les arçons frais – n'i a qe peçoier ;
ocis i furent li vaillant chevalier.
Sergant i qeurent, vaslet et esquier.
Parmi la porte eiz vos entrer Gautier
qi R[aoul] porte sor son escu plegnier ;
3360 si le sostiene[n]t li vaillant chevalier,
le chief enclin soz son elme a or mier.

festations de douleur. Guerri, de son côté, se livra à la douleur en emportant Raoul, dont la mort lui brisait le cœur. Bientôt ils mirent pied à terre sous les murailles de Cambrai.

174.

Aalais était à Cambrai, je vous l'assure – voilà trois jours qu'elle n'avait ni mangé ni dormi à cause de son fils qu'elle avait outragé : elle l'avait maudit, et elle en avait le cœur marri. Épuisée, elle s'endormit et fit un songe qui ne s'avéra que trop par la suite : elle vit Raoul le hardi revenir de la bataille vêtu d'un drap de soie verte que le jeune Bernier avait déchirée. Épouvantée, elle se réveilla, quitta la salle et rencontra Amaury, un chevalier qui avait grandi auprès d'elle. À haute voix la noble dame lui cria :

« Où est mon fils, par Dieu qui jamais ne mentit ? »

Même pour le fief de Ponthieu il n'aurait pu répondre, car un solide épieu bruni l'avait blessé – il allait tomber de son destrier arabe quand un bourgeois le recueillit dans ses bras. Vous auriez dû entendre la clameur que ses paroles soulevèrent – tout le monde disait et on l'entendait clairement :

« Raoul est mort et Guerri est prisonnier ! »

175.

La noble dame vit augmenter sa douleur : les bons destriers franchirent la porte, leurs arçons mis en pièces, si bien qu'il ne restait plus rien à briser. Les vaillants chevaliers étaient tous morts. Des hommes d'armes, des valets, des écuyers accoururent. Voilà que Gautier[1] franchit la porte, portant la dépouille de Raoul sur son large écu avec l'aide de vaillants chevaliers. Gau-

---

1. Il ne s'agit pas ici du jeune neveu de Raoul, qui, lui, sera le personnage principal de la seconde partie du poème, et qui n'arrive à Cambrai qu'au vers 3426.

A Saint Geri le portent au mostier ;
en (v)une biere fissent le cors couchier :
quatre crois d'or fisent au chief drecier,
3365 d'argent i ot ne sai qans encencier ;
li saiges clerc i font le Dieu mestier.
Dame A[alais] ou n'ot qe corecier
devant la biere sist el faudetuef chier.
Les chevaliers en prist a araisnier.	[57b]
3370 « Signors, dist ele, a celer nel vos qier,
mon fil maudis par maltalent l'autrier.
Mieudres ne fu Rolans ne Oliviers
qe fustes, fix, por vos amis aidier !
Qant moi remenbre del traïtor B[ernier]
3375 qi vos a mort, j'en qit vive erragier ! »
Lors chiet pasmee, on la cort redrecier ;
de pitié pleure mainte franche mollier.

CLXXVI

Dame A[alais], qant revient de pasmer,
son fil regrete – ne se pot conforter.
3380 « Biau fix, dist ele, je te poi molt amer ;
tant te norris q'armes peüs porter.
Li miens chiers freres qi France a a garder
te donna armes : presis les comme ber.
O toi feïs un bastart adouber,
3385 q'il m'estut, lase, de tel dolor jeter
n'a home el siecle qi l'osast esgarder.
Malvaisement le se[u]t gueredonner :
soz Origni vos a fait devïer ! »
Lors vint G[ueris] qi tant fait a douter ;
3390 vait a la biere le paile souslever –
por la dolor le couvint a pasmer.
Dame A[alais] le prist a ranprosner :
« Sire G[ueris], on vos en doit blasmer.
Je vos charchai mon effant a garder –
3395 en la bataille le laissastes sevrer.
Qex gentils hom s'i porra mais fier,
puis qe tes niés n'en i pot point trover ? »

tier baissa la tête sous son heaume d'or pur. Ils le portèrent à l'église Saint-Géri et déposèrent le corps dans une bière, à la tête de laquelle ils dressèrent quatre croix d'or et je ne sais combien d'encensoirs d'argent ; des clercs savants célébrèrent l'office divin.

Dame Aalais, emplie de chagrin, s'assit dans un fauteuil de valeur devant la bière et s'adressa aux chevaliers :

« Seigneurs, dit-elle, je vous le dis en toute sincérité : emportée par la colère, j'ai maudit mon fils l'autre jour. Ah, mon fils, tu étais un meilleur soutien pour tes amis que ne furent Roland ni Olivier ! Quand je pense à ce traître de Bernier qui t'a tué, j'ai l'impression de devenir folle ! »

Là-dessus elle se pâma – on se précipita pour la relever et mainte noble dame pleura de compassion.

176.

Dame Aalais, lorsqu'elle revint à elle, pleura son fils, inconsolable.

« Mon fils, dit-elle, comme je t'aimais ! Je t'ai élevé jusqu'à l'âge où tu pouvais porter les armes. Mon cher frère qui doit sauvegarder la France t'adouba, et tu acceptas les armes comme un preux. En même temps tu fis adouber un bâtard, le triste sort m'échut de le tirer d'une misère telle que personne au monde n'osait s'intéresser à lui. Il nous a très mal récompensés en te faisant mourir devant Origny ! »

Voici qu'arriva Guerri le redoutable : il alla jusqu'à la bière, souleva le voile de soie, et la douleur qu'il sentit le fit s'évanouir. Dame Aalais se mit à lui faire des reproches :

« Seigneur Guerri, c'est votre faute ! J'avais confié mon enfant à vos soins et dans la bataille vous l'avez laissé échapper à votre garde. Quel homme honorable pourra désormais avoir confiance en vous, puisque vous n'avez pas pu protéger votre propre neveu ? »

G[ueris] l'oï, le sens qida derver,
les ex roelle, sorciux prent a lever ;   [58a]
3400 par contenance fu plus fiers d'un sengler.
   Par maltalant la prist a regarder –
   c'ele fust hom, ja se vossist mesler !
   « Dame, dist il, or revuel je parler.
   Por mon neveu qe j'en fis aporter,
3405 me covint il mes deus fils oublïer
   qe vi ocire et les menbres colper.
   Bien me deüst li cuers el cors crever ! »

CLXXVII

   « Sire G[ueris], dist la dame au fier vis,
   je vos charchai R[aoul] de Cambrisis.
3410 Fix ert vo frere – bien estoit vos amis ;
   en la bataille con fel le guerpesis. »
   G[ueris] l'entent ; a poi n'enraige vis.
   « Mal dites, dame, dist il, par saint Denis !
   Je n'en puis mais, tant sui je plus maris,
3415 qe B[erneçons] li bastars l'a ocis ;
   mais plus i ont perdu de lor amis.
   – Diex ! dist la dame, cum est mes cuers maris !
   Se l'eüst mort un quens poesteïs,
   de mon duel fust l'une motiés jus mis.
3420 Qui lairai je ma terre e mon païs ?
   Or n'i ai oir, par foi le vos plevis –
   ou par ot ore li bastars le cuer pris
   qe si haus hom fu par son cors reqis ? –
   fors Gautelet – ces peres ot non Henris ;
3425 fix est ma fille et molt par est gentis. »
   Gautiers le seut, si vint en Canbrisis,
   il et sa mere, qe n'i ot terme mis ;   [58b]
   et descendirent, si ont les cuers maris.
   Molt par fu l'enfes coraigeus et hardis.

À ces mots, Guerri pensa perdre la tête. Il roula les yeux, haussa les sourcils et prit un aspect plus féroce que celui d'un sanglier. Plein de rage, il la dévisagea – si elle avait été un homme, il aurait déjà été aux prises avec elle !

« Dame, dit-il, à mon tour de parler : pour ramener le corps de mon neveu j'ai dû laisser derrière moi mes deux fils que j'ai vu tuer et mettre en pièces. Mon cœur a failli éclater dans ma poitrine ! »

177.

« Seigneur Guerri, répondit la dame au fier visage, j'avais confié Raoul de Cambrai à vos soins. Il était le fils de votre frère : il s'était lié d'amitié avec vous, mais comme un lâche vous l'avez abandonné dans la bataille. »

À ces paroles, Guerri devint presque fou.

« Par saint Denis, dame, dit-il, vous parlez à tort ! Je ne pouvais empêcher – et je le regrette encore plus fort – que le jeune Bernier, ce bâtard, le tuât. Mais les Vermandois ont perdu encore plus de leurs proches.

– Dieu ! dit la dame, comme j'ai le cœur marri ! Si un comte puissant l'avait tué, ma douleur serait allégée de moitié. À qui vais-je laisser ma terre et mon pays ? Maintenant je n'ai plus d'héritier, je vous l'assure – où donc le bâtard a-t-il pris le courage de s'attaquer à un homme de si haut lignage ? – si ce n'est le jeune Gautier, le fils d'Henri et de ma fille : c'est un jeune homme très digne. »

Gautier l'apprit et vint sans tarder, ainsi que sa mère, en Cambrésis. Le cœur désolé, ils mirent pied à terre. Le jeune homme était exceptionnellement courageux et hardi.

CLXXVIII

3430 L'enfes Gautiers est descendu a pié.
El mostier entre, si n'ot pas le cuer lié ;
vint a la biere, s'a le paile haucié.
Maint gentill home en pleure[n]t de pitié.
« Oncles, dist il, tos ai duel acointié.
3435 Qi de nos deus a parti l'amistié,
ne l'amerai si l'arai essillié,
ars ou destruit ou del regne chacié !
Cuivers bastars, con tu m'as fait irié !
Se m'as tolu dont devoie estre aidié ;
3440 tuit nostre ami en fusent essaucié.
Mais par les sains qe Jhesu ont proié,
se je tant vif q'aie l'elme lacié,
ne te larai n'en donjon n'en plaisié
n'en forteresce dusq'a Paris au sié,
3445 si t'averai le cuer del pis sachié,
en cent parties fendu et peçoié !
Tuit ti ami en seront detrenchié ! »
G[ueris] l'oï, si a le chief haucié,
et dist en bas, qe nus ne l'entendié :
3450 « Se cis vit longes, Y[bert] fera irié. »

CLXXIX

Dame A[alais] fut d'ire trespensee.
Sa fille chiet de maintenant pasmee,
mais Gautelés l'en a sus relevee.
Au redrecier abati la velee
3455 de qoi la biere estoit acouvetee ;
voit de R[aoul] la chiere ensanglentee :
la maistre plaie li estoit escrevee.   [59a]
« Oncles, dist l'enfes, ci a male soldee
qe B[erneçons] li bastars t'a donnee,
3460 qe nouresis en ta sale pavee.
Se Dex se done q'aie tant de duree
qe je eüse la ventaille fermee,
l'iaume lacié, enpoignie l'espee,

178.

Le jeune Gautier mit pied à terre. Accablé de tristesse, il entra dans l'église, vint à la bière et souleva le voile. Maints nobles chevaliers pleuraient de compassion.

« Oncle, dit-il, bien que jeune j'ai appris ce que c'est que la douleur. Je ne serai jamais l'ami de celui qui a détruit l'amitié entre nous deux – je chercherai sa perte : il sera brûlé ou abattu, ou chassé du royaume ! Bâtard, gredin, comme tu m'as mis en colère ! Tu m'as enlevé celui qui devait être mon soutien, qui aurait travaillé à la gloire de tous nos proches. Mais par les saints qui prient Jésus, si je vis assez longtemps pour lacer mon heaume, je ne te laisserai pas en paix – que tu sois dans un donjon, une palissade, ou une forteresse, d'ici jusqu'au trône royal à Paris – avant de t'avoir arraché le cœur de la poitrine et de l'avoir découpé en cent morceaux ! Tous tes amis seront mis en pièces ! »

À ces mots, Guerri releva la tête et murmura, afin que nul ne l'entende : « Si ce jeune homme vit longtemps, il rendra furieux Ybert ! »

179.

Dame Aalais était accablée de tristesse. Sa fille s'évanouit aussitôt, mais le jeune Gautier la releva. Et ce faisant, il fit tomber le voile qui recouvrait la bière et aperçut le visage ensanglanté de Raoul, dont la plaie mortelle restait ouverte.

« Oncle, dit le jeune homme, le jeune Bernier, ce bâtard, que tu as élevé dans ta grande salle dallée t'a fort mal récompensé ! Si Dieu me laisse vivre assez longtemps pour attacher la ven-

ne seroit pas si en pais la contree :
3465 la vostre mors seroit chier comparee. »
G[ueris] l'oï, s'a la teste levee.
Il a parlet et dit raison menbree :
« En non Dieu, niés, je vos saindrai l'espee. »
Dist A[alais] la preus et la senee :
3470 « Biax sire niés, vos aré[s] ma contree. »
En poi de terme est la terre aclinee.

CLXXX

Grans fu li diex de la chevalerie ;
il n'est nus hom qi por verté vos die
tant alast loing, en Puille n'en Hongrie,
3475 q[e] por un conte de tele signorie
tel duel veïst en trestoute sa vie.
A ces paroles vint Heluïs s'amie ;
Abevile ot en droite anceserie.
Cele pucele fu richement vestie
3480 et afublee d'un paile de Pavie ;
blanche char ot comme flors espanie,
face vermelle con rose coulorie –
qi bien l'esgarde, vis est qe toz jors rie :
plus bele fame ne fu onqes en vie.
3485 El mostier entre comme feme esmarie ;
isnelement a haute voix escrie :
« Sire R[aous], con dure departie !   [59b]
Biax dous amis, car baisiés vostre amie !
La vostre mors doit estre trop haïe.
3490 Qant vos seiés el destrier d'Orqanie,
rois resambliés qi grant barnaige guie ;
qant aviés çaint l'espee forbie,
l'elme lacié sor la coife sarcie,
n'avoit si bel desq'en Esclavonie,
3495 ne tel vasal dusqes en Hongerie.
Las, or depart la nostre drüerie !
Mors felenese, trop par fustes hardie
qi a tel prince osas faire envaïe !
Por seul itant qe je sui vostre amie,

taille, lacer le heaume, et tenir l'épée au poing, ce pays ne verra pas la paix : ta mort sera cher payée ! »

À ces mots, Guerri releva la tête et proféra des paroles fort sages : « Au nom de Dieu, mon neveu, c'est moi qui vous ceindrai de l'épée. »

Aalais, la dame valeureuse et avisée, dit : « Cher enfant, vous hériterez de ma terre. »

Le fief fut bientôt soumis au nouvel héritier.

180.

Grande fut la douleur des chevaliers. Personne ne pourrait vous dire en vérité – même s'il voyageait jusqu'en Pouille ou en Hongrie – avoir vu de toute sa vie une telle douleur pour un comte aussi noble. Là-dessus arriva Héloïse, l'amie de Raoul, qui avait hérité d'Abbeville. Elle était somptueusement vêtue et enveloppée d'une étoffe de soie de Pavie. Elle avait la peau blanche comme une fleur éclose et les joues vermeilles comme la rose – à la voir, il semblait qu'elle riait toujours, car il n'y avait plus belle femme au monde. Épouvantée, elle entra dans l'église et cria aussitôt à haute voix :

« Seigneur Raoul, quel déchirement ! Mon cher ami, embrassez votre tendre amie ! Qu'il faut déplorer votre mort, car quand vous étiez assis sur votre destrier d'Orcanie, vous aviez l'air d'un roi à la tête d'une troupe nombreuse, et quand vous aviez ceint votre épée polie et lacé votre heaume au-dessus de la coiffe résistante, il n'y avait pas d'homme plus beau jusqu'en la terre des Slaves, ni de chevalier plus vaillant jusqu'en Hongrie. Hélas, c'est la fin de notre amour ! Ah, Mort cruelle, vous fûtes bien trop hardie d'oser vous attaquer à un tel prince ! Puisque j'ai été votre amie, Raoul, je ne prendrai mari de toute ma vie ! »

3500 n'avrai signor en trestoute ma vie. »
Lors chiet pasmee, tant par est esbahie ;
tos la redrese la riche baronie.

CLXXXI

« Sire R[aous], dist la france pucele,
vos me jurastes dedens une chapele ;
3505 puis me reqist Harduïns de Nivele
qi tint Braibant, cele contree bele,
mais nel presise por l'onnor de Tudele.
Sainte Marie, glorieuse pucele,
por qoi ne part mes quers soz ma mamele
3510 qant celui per cui devoie estre ancele ?
Or porrira cele tenre maissele,
et cil vair oel dont clere est la prunele.
La vostre alaine estoit tos jors novele ! »
Lors chiet pasmee la cortoise pucele ;
3515 cil la redresce qi la tint par l'aissele.

CLXXXII

« Dame A[alais], por Dieu le raemant,
dist la pucele au gent cors avenant,   [60a]
cest vostre duel, je le parvoi si grant.
Des ier matin en aveiz vos fait tant
3520 dont pis vos iert a trestout vo vivant.
Laissiés le moi, car je ving maintenant ;
si le doi faire par le mien esciant :
il me presist ançois un mois passant.
Sire G[ueris], por Dieu le raemant,
3525 gentix hom, sire, je te pri et comant
qe li ostez son hauber jazerant,
et en apres son vert hiaume luisant,
les riches armes et l'autre garnement :
nos amistiés iront puis departant ! »
3530 G[ueris] le fait trestout a son commant
et la pucele le va souvent baisant,
puis ci l'esgarde et deriere et devant.

Puis elle s'évanouit, accablée par son deuil, et les nobles barons se précipitèrent pour la relever.

181.

« Seigneur Raoul, dit la noble demoiselle, vous vous êtes engagé envers moi dans une chapelle. Depuis lors Hardouin de Nivelles qui possède la belle contrée de Brabant a demandé ma main, mais je ne l'aurais pas accepté pour toutes les richesses de Tudèle. Sainte Marie, Vierge glorieuse, pourquoi mon cœur ne se brise-t-il pas dans ma poitrine quand je perds celui que j'étais destinée à servir ? Maintenant cette tendre joue se gâtera, ainsi que ces yeux étincelants à la claire prunelle. Comme votre haleine était toujours douce ! »

Alors la noble demoiselle se pâma et on vint la relever en la prenant sous les aisselles.

182.

« Dame Aalais, dit la demoiselle au corps gracieux, par Dieu le Rédempteur, je vois l'étendue de votre douleur ! Vous avez dit l'autre matin[1] des choses que vous regretterez toute votre vie. Laissez-moi m'en occuper, car je viens d'arriver : cette tâche m'appartient, à ce que je sais, car il m'aurait épousée dans moins d'un mois. Seigneur Guerri, par Dieu le Rédempteur, noble sire, veuillez ôter son haubert oriental et ensuite son heaume vert et brillant, ses belles armes et le reste de l'équipement : ce sera la fin de nos amours ! »

Guerri fit tout ce qu'elle avait demandé tandis que la demoiselle embrassait constammant son ami. Puis elle le contempla et dit en pleurant :

---

1. Littéralement : « hier matin », mais au moins deux jours, sinon plus, se sont écoulés depuis que Raoul a quitté Cambrai.

« Biax dox amis, dist la bele en plorant,
n'avrai signor en trestout mon vivant.
3535 Nos amistiés vont a duel departant ! »
R[aoul] atorne[n]t comme prince vaillant ;
por lui our[e]r donnere[n]t maint besant.
L'evesqes chante la mese hautement,
offrande i ot et bele et avenant,
3540 puis enfoïrent le vasal combatant :
sa sepouture seve[n]t bien li auqant.

CLXXXIII

Qant R[aoul] orent enterré au mostier,
dont se departent li vaillant chevalier.
Dame A[alais] retint o soi Gautier.
3545 Li sors G[ueris] est retornez arier
droit a Aras q'il avoit a baillier
por reposer et por lui aasier –   [60b]
travaillés est, si en a grant mestier.
En Pontiu va Heluïs au vis fier.
3550 Molt la reqierent et haut home et princier,
mais n'en vost nul ne prendre ne baillier.
Une grant piece covint puis detrïer
ceste grant guerre dont m'oés ci plaidier,
mais Gautelés la refist commencier :
3555 tantost con pot monter sor son destrier,
porter les armes, son escu manoier,
molt se pena de son oncle vengier.
Des or croist guere Loeys et Bernier,
W[edon] de Roie et Y[bert] le guerier ;
3560 tout le plus cointe en convint essillier.

CLXXXIV

Une grant piece a ensi demoré
iceste guere dont vos ai ci conté,
jusq'al termine qe je vos ai noumé.
A un haut jor de la Nativité,
3565 dame A[alais] qi le cuer ot iré

« Mon cher ami, je ne prendrai mari de toute ma vie. C'est la triste fin de nos amours ! »

Ensuite on para le corps de Raoul comme celui d'un prince valeureux et on donna maints besants pour faire dire des prières pour lui. L'archevêque chanta pour lui une messe solennelle au cours de laquelle on fit de généreuses offrandes. Par la suite on ensevelit le vaillant combattant : bien des gens connaissent le lieu de sa sépulture.

183.

Après avoir enterré Raoul dans l'église, les valeureux chevaliers s'en allèrent. Dame Aalais garda Gautier auprès d'elle, mais Guerri le Roux rentra directement à Arras pour se détendre et prendre du repos, car il était épuisé et en avait grand besoin. Héloïse au fier visage retourna à Ponthieu. Maint homme noble et maint prince demandèrent sa main avec insistance, mais elle refusa de se donner à qui que ce fût.

Cette guerre terrible dont je vous parle ici fut suspendue pendant longtemps, mais le jeune Gautier la fit reprendre. Dès qu'il put monter sur son destrier, porter les armes et manier son écu, il s'efforça de venger son oncle. Désormais la guerre engloutit Louis et Bernier, Eudes de Roie et Ybert le valeureux : même le plus enjoué d'entre eux était voué à la mort.

184.

Cette guerre dont je vous parle ici cessa pendant très longtemps, jusqu'au moment que je viens de mentionner.

Un jour de Noël, Dame Aalais, le cœur toujours plein de

del mostier ist si con on ot chanté :
le Dieu servise a la dame escouté.
Gautelet a en la place trové ;
as effans joe, qi forment l'ont amé.
3570 La dame l'a a son gant asené
et il i vint de bone volenté.
« Biax niés, dist ele, or sai de verité,
R[aoul] vostre oncle aveiz tout oublïé,
son vaselaige et sa nobilité. »
3575 Gautiers l'oï, si a le chief cliné.
« Dame, dist il, ci a grant cruauté.   [61a]
Por ce se j'ai o les effans joé,
s'ai je le cuer dolant et trespensé.
Mi garnement me soient apresté :
3580 a Pentecoste qe ci vient en esté
volra[i] penre armes se Diex l'a destiné.
Trop ara ore B[erneçons] sejorné ;
par tans sera li bastars revisdé !
Nostre anemi sont en mal an entré. »
3585 La dame l'ot ; Dieu en a mercïé ;
doucement l'a baisié et acolé.
Ei vos le tans et le terme passé.
A Pentecoste qe naist la flors el pré
il ont d'Arras le sor G[ueri] mandé,
3590 et il i vint a molt riche barné :
cent chevalier a armes conreé
vinre[n]t o lui tout le chemin ferré.
Desq'a Cambrai n'i ot resne tiré
ci se herberge[n]t par la bone cité.
3595 Li sors G[ueris] descendi au degré ;
dame A[alais] qi l'ot en grant chierté
ala encontre, s'a le conte acolé.
« Sire, dist ele, por sainte charité,
ne vos vi mais molt a lonc tans pasé.
3600 — Dame, dist il, por sainte loiauté,
en la bataille oi si mon cors pené
mi flanc en furent en .xv. lius navré.
La merci Dieu, or sont bien respasé. »

tristesse, sortit de l'église une fois la messe chantée – elle venait d'assister au service divin. Sur la place elle trouva le jeune Gautier en train de jouer avec des enfants qui l'aimaient bien. La dame lui fit signe de son gant et il vint vers elle de bon cœur.

« Mon enfant, dit elle, je suis à présent convaincue que vous avez oublié votre oncle Raoul, sa bravoure et sa noblesse. »

À ces mots, Gautier baissa la tête.

« Dame, dit-il, vos propos me blessent. Bien que je joue avec ces enfants, mon cœur reste accablé et douloureux. Que l'on prépare mon équipement ! Je suis prêt à prendre les armes à la Pentecôte, cet été, si Dieu le veut. Le jeune Bernier s'est reposé trop longtemps : bientôt on attaquera le bâtard ! Une mauvaise année s'annonce pour nos ennemis ! »

La dame entendit ces propos ; elle rendit grâce à Dieu et embrassa son petit-fils.

Le temps passa et le terme fixé arriva. À la Pentecôte, quand les fleurs apparaissent dans les prés, on fit venir d'Arras Guerri le Roux, qui arriva avec de nombreux guerriers vaillants – cent chevaliers armés de toutes leurs armes l'accompagnèrent jusqu'au bout sur la grand-route. Ils ne tirèrent pas sur les rênes avant de gagner Cambrai, où ils se logèrent dans la bonne cité. Guerri le Roux descendit de cheval devant l'escalier d'honneur, et Dame Aalais, qui lui était très dévouée, s'approcha du comte et le prit dans ses bras.

« Seigneur, dit-elle, au nom de la sainte charité, voilà bien longtemps que je ne vous ai vu.

– Dame, dit-il, au nom de la sainte loyauté, j'ai si rudement combattu dans la bataille que j'ai été blessé au côté en plus de quinze endroits – mais, Dieu soit loué, je me suis entièrement remis. »

CLXXXV

Dist G[ueris] : « Dame, a celer nel vos qier,
3605 bien a .v. ans ne montai sor destrier.   [61b]
En la bataille m'estut tant sanc laissier
qe de sejor avoie grant mestier.
Bien a .vii. ans, par le cors saint Richier,
ne me senti si fort ne si legier
3610 con je fas ore por mes armes baillier.
– Diex, dist la dame, toi en doi mercïer ! »
G[ueris] esgarde par le palais plaignier,
voit sen neveu cel prent a araisnier.
« Biax niés, dist il, mervelles vos ai chier.
3615 Comment vos est ? Gardés nel me noier. »
Gautiers respont, ou il n'ot q'ensaignier :
« En non Dieu, oncles, grant me voi et plaignier,
fort et forni por mes armes baillier.
Donnez les moi, por Dieu le droiturier,
3620 car trop laissons B[erneçon] sommillier.
Or le rirons, se Dieu plaist, esvellier !
– Diex ! dist G[ueris], j'en ai tel desirier,
plus le covoit qe boivre ne mengier. »
Dame A[alais] corut aparillier
3625 chemise et braies et esperons d'or mier,
et riche ermine de paile de qartier.
Les riches armes porterent au mostier ;
la mese escoute[nt] del evesqe Renier,
puis aparellent Gautelet le legier.
3630 G[ueris] li sainst le branc forbi d'acier
qi fu R[aoul], le nobile guerrier.
« Biaus niés, dist il, Dex te puist avancier !
Par tel couvent te fas hui chevalier
tes anemis te laist Dieus essillier
3635 et tes amis monter et esaucier !   [62a]
– Diex vos en oie, sire » – se dist Gautier.
On li amaine un auferrant destrier ;
Gautiers i saut q'estrier n'i vost baillier.
Lors li baillierent son escu de qartier –
3640 bien fu ovrés a deus lions d'or mier.

185.

« Dame, dit Guerri, je vous le dis en toute sincérité : cela fait plus de cinq ans que je ne suis pas monté sur un destrier. J'avais perdu tant de sang dans la bataille que j'avais grand besoin de repos. Mais, sur les reliques de saint Riquier, il y a bien sept ans que je ne me suis pas senti aussi fort et ardent qu'aujourd'hui pour porter les armes. »

Et la dame de répondre : « Je n'ai qu'à remercier Dieu ! »

Guerri parcourut du regard la magnifique grande salle, vit son neveu et lui adressa la parole :

« Cher neveu, dit-il, je vous aime de tout mon cœur. Comment allez-vous ? Dites-le-moi franchement ! »

Gautier, qui connaissait bien les usages, répondit : « Au nom de Dieu, oncle, je me trouve grand et en possession de tous mes moyens, et assez fort et robuste pour porter les armes. Par Dieu le Juge souverain, adoubez-moi, car nous avons laissé dormir le jeune Bernier trop longtemps ! S'il plaît à Dieu, nous irons maintenant l'éveiller !

– Dieu, dit Guerri, j'en ai bien plus envie que de boire ou de manger ! »

Dame Aalais courut préparer chemise et braies, éperons d'or pur et un manteau de soie écartelé fourré d'hermine. On apporta les belles armes à l'église et on entendit la messe que chantait l'évêque Renier ; puis on adouba Gautier, le jeune homme ardent. Guerri le ceignit de l'épée d'acier poli qui avait appartenu à Raoul, le guerrier valeureux.

« Cher neveu, lui dit-il, que Dieu veille sur toi. Je te fais aujourd'hui chevalier dans l'espoir que Dieu t'aidera à anéantir tes ennemis et à soutenir et favoriser tes amis.

– Dieu vous entende, seigneur », répondit Gautier.

On lui apporta un destrier fougueux sur lequel Gautier bondit sans mettre le pied à l'étrier. On lui donna ensuite son écu écartelé, qui était richement orné de deux lions en or pur ; la

Han[s]te ot mout roide planee de poumier –
ensaigne i a et fer por tout trenchier.
Fait un eslais si s'en retorne arier :
dist l'uns a l'autre : « Si a bel chevalier ! »
3645 Dame A[alais] commence a larmoier
tout por son fil qe ele avoit tant chier :
en liu de lui ont restoré Gautier.

CLXXXVI

Gautier c'escrie par mervillos pooir :
« Oncles G[ueris], por amor Dieu le voir,
3650 secor moi, sire, qe molt me pues valoir.
Vers Saint Quentin vuel ore[n]droit movoir.
Mil chevalier arons bien ains le soir.
Qant nos verrons demain le jor paroir,
en un bruellet ferons l'agait tenoir ;
3655 a cent des nos ferons la terre ardoir.
Li fel B[erniers] porra mais bien savoir
se je ver lui porrai guere movoir ;
je nel lairoie por or ne por avoir
qe je nes aille acointier de veoir.
3660 – Voir, dist G[ueris], bien vos taing a mon oir.
Je vos volrai maintenir et valoir.
B[erneçons] qide bien en pais remanoir :
celui m'ocist dont je ai le cuer noir !
Montés, baron, por amor Dieu le voir !
3665 Mes niés le vieut, si ne doit remanoir. »   [62b]

CLXXXVII

Monte Gautiers et li vasaus G[ueris].
Tant ont mandé et parens et amis
des chevalier environ le païs,
q'il furent mil as blans haubers vestis.
3670 Isnelement issent de Cambrisis ;
de l'autre part en Vermendois sont mis,
en un bruellet ont lor agait tremis.
Cent chevalier en ont les escus pris ;

hampe de sa lance en bois de pommier était solide, très lisse –
une enseigne était fixée au bout, près du fer tranchant. Il
s'élança et puis revint ; tous disaient :

« Quel beau chevalier ! »

Dame Aalais se mit à pleurer en songeant à son fils tant
chéri : c'est par Gautier qu'ils l'avaient remplacé.

186.

Gautier s'écria d'une voix puissante : « Oncle Guerri, pour
l'amour du Dieu de vérité, aidez-moi, car votre force me sera
d'un grand secours. Je veux partir tout de suite pour Saint-
Quentin ; avant ce soir nous aurons au moins mille chevaliers.
Quand nous verrons l'aube demain, nous préparerons l'embus-
cade dans un bois épais et cent de nos hommes mettront le feu
à la terre. Le cruel Bernier saura bien dès lors si je suis capable
de lui tenir tête. Je ne manquerai, ni pour or ni pour richesses,
d'aller les voir de près.

– Certes, dit Guerri, vous êtes bien digne d'être mon héri-
tier ! Je vous soutiendrai et vous accompagnerai dans cette
guerre. Le jeune Bernier croit vivre le restant de ses jours en
paix, mais il a tué celui dont la mort m'a assombri le cœur ! À
cheval, barons, pour l'amour du Dieu de vérité ! C'est la volonté
de mon neveu et on ne doit plus tarder. »

187.

Gautier et le vaillant Guerri se mirent en selle. Ils convoquè-
rent de nombreux parents, amis, et chevaliers du pays, et ils
furent bientôt mille hommes, tous revêtus de haubers brillants.
Ils sortirent rapidement du Cambrésis et parvinrent en Ver-
mandois, où ils tendirent leur embuscade dans un petit bois.
Cent chevaliers prirent leurs écus et pillèrent le pays – ils ruinè-

la proie acoille[n]t – mains hom en fu chaitis –
3675 et bues et vaiches et chevaus et roncis.
A Saint Quentin en est levez li cris ;
devant la porte ont un borgois ocis.
B[erniers] s'adoube, mornes fu et pensis ;
dejoste lui ces oncles Loeys,
3680 W[edes] de Roie et Y[bers] li floris.
L'uns monte el vair et li autres el gris,
Y[bers] el noir q'en l'estor fu conqis,
en la bataille ou R[aous] fu ocis –
desor lui fu abatus et malmis.
3685 Et dist B[erniers] : « Par le cors saint Denis,
ainc puis cele eure qe R[aous] fu ocis
ne vi par guere nes un bordel malmis.
Ce est Gautiers, ice m'est bien avis ;
repairiés est de la cort de Paris :
3690 pris a ces armes, chascuns en soit toz fis.
Cil nos consout qi pardon fist Longis,
q'il volra estre nos mortex anemis !
De poindre avant nus ne soit trop hatis :
qi la chara, ja n'i sera requis ;
3695 de raençon ja n'en iert denier pris   [63a]
fors qe la teste – ce n'iert ne giu ne ris. »

CLXXXVIII

Qant B[erniers] est fors de la porte issus,
et ci dui oncle et Y[bers] li chenus,
bien sont .d. des blans haubers vestus.
3700 Li cenbiaus fu richement porseüs ;
l'agait paserent sor les chevals crenus –
.xiiii. arpent nes ont mie veüs.
Li sors G[ueris] et Gautiers li menbrus
par grant vertu lor est seure corus.
3705 « Cambrai ! escrie. Or sera dieus meüs !
Par Dieu, bastars, or est vos jors venus !
Por mon neveu vos rendrai tel salus,
se m'estordés, ne me pris deus festus. »
B[erniers] l'oï, molt en fu esperdus.

rent maint homme en s'emparant de bœufs, vaches, chevaux et
bêtes de somme. On cria haro à Saint-Quentin où ils tuèrent un
bourgeois devant la porte. Bernier, triste et sombre, s'arma ;
avec lui vinrent son oncle Louis, Eudes de Roie et Ybert le
chenu. Le premier monta un cheval pommelé et le second un
destrier gris ; Ybert prit le coursier noir qu'il avait conquis dans
la bataille où Raoul avait trouvé la mort – c'était sur lui qu'il
avait été blessé et abattu.

« Sur les reliques de saint Denis, dit Bernier, depuis la mort
de Raoul je n'ai pas vu détruire une seule cabane. C'est l'œuvre
de Gautier, j'en suis convaincu : il est revenu de la cour de Paris
où il a été adoubé chevalier – ça ne fait aucun doute. Que Celui
qui pardonna à Longin nous aide, car Gautier a décidé d'être
notre ennemi mortel ! Qu'on ne soit pas trop pressé de charger :
celui qui tombera ne pourra jamais être secouru et sa seule
rançon sera au prix de sa tête – ce ne sera pas un jeu d'enfant ! »

188.

Quand Bernier franchit la porte en compagnie de ses deux
oncles et d'Ybert le chenu, ils étaient bien cinq cents chevaliers,
tous revêtus de hauberts brillants. Les Vermandois poursuivi-
rent avec acharnement l'avant-garde ennemie et, sur leurs che-
vaux aux longs crins, ils passèrent devant l'embuscade sur une
distance de quatorze lieues sans l'apercevoir. Guerri le Roux et
Gautier le robuste se précipitèrent sur eux avec ardeur, criant :
« Cambrai ! L'heure de la douleur approche ! Par Dieu,
bâtard, votre jour est venu ! De la part de mon neveu je vous
saluerai d'une façon telle que, si vous m'échappez, je ne vaudrai
pas deux fétus de paille. »
À ces mots, Bernier fut éperdu. Un combat acharné éclata :

3710 Ilueqes fu li chaples maintenus,
　　　tante anste fraite et perciés tans escus,
　　　tant bons haubers desmailliés et ronpus,
　　　li chans jonchiés des mors et des cheüs.
　　　Li sor G[ueris] et Gautelés ces drus
3715 apres les lances traie[n]t les brans toz nus.
　　　Qi la chaï, bien est del tans issus ;
　　　ja por froidure n'escera mais vestus !
　　　Bien en ont trente qe mors qe confondus,
　　　et bien .l. qe pris qe retenus.
3720 Cui [i]l ataigne[n]t bien se tient por ferus.
　　　B[erniers] s'en fuit et Y[bers] est perdus,
　　　et Loeys, parmi un pui agus ;
　　　W[edes] de Roie n'i est pas remasus.
　　　« Dex ! dist B[erniers], verais peres Jhesus,
3725 iert ja G[ueris] li viellars recreüs ?　　　　　　　[63b]
　　　Au bien ferir est toz jors revischus. »
　　　Eis les borgois de Saint Quentin issus :
　　　.d. archiers qi ont les ars tendus –
　　　des arbalestes n'iert ja conte tenus.
3730 « Diex ! dist B[erniers], li cuers m'est revenus ;
　　　par ceste gent serai je secorus. »

CLXXXIX

　　　« Signors barons, dist B[erniers] li vaillans,
　　　li cris nos vient de totes pars de gent.
　　　Si[l] vaslés est hardis et combatans,
3735 molt par doit estre redoutés li siens brans.
　　　Cui [i]l ataint tos [est] mus et taisans.
　　　Li sors G[ueris] est fel et sousduians –
　　　n'a home el mont tant soit fors combatans ;
　　　les nos enmaine dont mes cuers est dolans
3740 et tant en voi par le pré mort gisans
　　　dont je sui molt et tristes et dolant.
　　　Tant con je vive ne morrai recreans :
　　　poignons avant, plus sommes nos troi tans !
　　　Li sors G[ueris] est fel et souduians ;
3745 s'en ceste terre puet mais estre ataingnans

maintes lances se brisèrent, maints écus furent percés, maints bons hauberts rompus et démaillés, et le champ de bataille fut jonché de morts et de blessés. Après le combat à la lance, Guerri le Roux et son fidèle ami Gautier tirèrent leurs épées. Celui qui tombera en aura fini avec le temps et dans le froid il n'aura plus besoin de vêtements ! Plus de trente étaient morts et abattus, et plus de cinquante captifs et en prison. Tous ceux qu'ils atteignaient se sentaient bien touchés. Bernier s'enfuit et Ybert ne sut que faire ; Louis gagna une haute colline et Eudes de Roie ne pouvait plus tenir tête.

« Dieu, vrai Père de Jésus, dit Bernier, ce vieux Guerri ne sera-t-il jamais las ? Toujours il reprend vie lorsqu'il frappe de bons coups ! »

Voilà que les bourgeois sortirent de Saint-Quentin : cinq cents archers aux arcs bandés et des arbalètes sans nombre.

« Dieu, dit Bernier, je reprends confiance – ces gens vont me sauver ! »

189.

« Nobles barons, dit le vaillant Bernier, j'entends de tous côtés la clameur de nos gens. Ce jeune Gautier est hardi et valeureux et son épée est très à redouter : celui qu'il atteint perd aussitôt la parole. Guerri le Roux est traître et fourbe – dans tout le monde il n'y a pas de guerrier plus redoutable. Je suis au désespoir de le voir emmener nos gens et j'en vois tant des nôtres étendus morts à travers le pré, que j'en ai le cœur triste et marri. Mais tant que je vivrai, je ne mourrai pas comme un lâche : éperonnons nos destriers, car nous sommes trois fois plus nombreux qu'eux ! Guerri le Roux est traître et fourbe, mais si jamais nous pouvons le prendre ici sur nos terres, lui et

il et Gautiers, qe si est conqerans,
ja raençons n'en soit pris nus bezans,
car del destruire sui je molt desirans.
Ja Loeys ne lor sera aidans,
3750 ne emperere ne rois ne amirans !
Ne [lor] faut guere a trestout no vivant ! »
Dont laissent corre les destriers auferans.
G[ueris] esgarde par delez uns pendans
et voit venir unes gens isi grans,
3755 a beles armes, a escus reluisans,   [64a]
et voit venir l'esfors des païsans.
Dist a Gautier deus mos molt avenans :
« Fox est li hom qi croit concel d'enffans.
Se Dex n'en pense, li peres raeemans,
3760 ains q'il soit vespres ne li solaus couchans
i avra molt des mors et des sanglans.
– Voir, dist Gautiers, molt estes esmaians.
Mes anemis voi ici aproichans :
or vengerai les miens apartenans. »

CXC

3765 Es vos poignant a itant Berneçon ;
bien fu armés sor un destrier gascon.
Ou voit G[ueri], ci l'a mis a raison :
« Sire viellars, por le cors saint Simon,
ja vi tel jor qe nos nos amions.
3770 Rendés les pris qe nos vos reqerons,
qe ceste guere ne vaut pas un bouton.
Ja en sont mort tant chevalier baron,
d'anbedeus pars le nonbre n'en seit on.
Devant mon pere vos en proi et semon ! »
3775 G[ueris] l'oï, si baisse le menton ;
et Gautelés mist le sor a raison :
« Qi est cis hom qe si samble baron ?
Vieut il ja prendre des pris la rae[n]son ? »
Et dist G[ueris] : « Sire niés, nennil non !
3780 Si m'aït Dex, B[erneçon] l'apele on ;
en toute France nen a un si felon !

Gautier l'indomptable, qu'on n'en accepte pas un besant de rançon, car je ne désire que leur mort ! Ni Louis, ni aucun empereur ou roi ou émir ne pourra jamais leur venir en aide. Ils auront la guerre tant que nous vivrons ! »

À ces mots, ils laissèrent leurs fougueux destriers galoper à bride abattue. Guerri regarda et vit approcher au détour d'un côteau une nombreuse troupe : c'étaient les gens du pays qu'il voyait avancer avec de belles armures et des écus brillants. À Gautier il adressa des paroles sages :

« Fou qui se fie au conseil d'un enfant. Si Dieu le Père rédempteur n'y pourvoit, nombreux seront les morts et les corps ensanglantés ce soir avant le coucher du soleil.

– Certes, dit Gautier, vous vous inquiétez trop vite. Je vois approcher mes ennemis et je vais venger mes parents sous peu. »

190.

Voilà que le jeune Bernier s'avança au galop, solidement armé sur son destrier de Gascogne. Dès qu'il vit Guerri, il s'adressa à lui :

« Seigneur vieillard, sur les reliques de saint Simon, je me souviens du jour où nous étions amis. Rendez les prisonniers que nous vous réclamons, car cette guerre n'a pas de sens. Déjà des deux côtés il y a tant de nobles chevaliers morts qu'on n'en saurait dire le nombre. Je vous en prie et vous en implore au nom de mon père ! »

À ces mots, Guerri le Roux baissa la tête, et le jeune Gautier lui dit :

« Qui est cet homme qui a l'air si digne ? Veut-il accepter déjà la rançon des prisonniers ?

– Pas du tout, mon neveu, répondit Guerri. Par Dieu, on l'appelle le jeune Bernier – dans toute la France il n'y a pas de

Tornons nos ent, si laissons le gloton ;
veés lor force qi lor croist a bandon.
– Dex ! dist Gautiers, con sui en grant friçon !
3785 Par cel apostre c'on qiert en pré Noiron,   [64b]
n'en partiroie por la cit d'Avalon
tant qe li aie mostré mon confanon ! »
Le destrier broiche qe li cort de randon,
brandist la hanste, destort le confanon,
3790 et fiert B[ernier] sor l'escu au lion.
Deso[z] la boucle li perce le blazon ;
fauce la maille de l'auberc fremillon ;
dedens le flanc le fiert de tel randon
li sans en chiet contreval le sablon –
3795 plaine sa lance l'abati de l'arson
loing une toise del destrier aragon.
Gautiers li dist par grant contralïon :
« Cuivers bastars, par le cors saint Simon
li vif diable vos ont fait garison.
3800 De par mon oncle te muet ceste tençon
qe oceïs, et c'estoies ces hom.
S'or n'avoit ci de ta gent tel fuison,
a ceste espee qi me pent au geron
t'aprenderoie ici pesme leçon
3805 c'onqes n'oïs si dolereus sermon ;
ja par provoire n'ariés confessïon.
– Voir, dist B[erniers], or oi parler bricon.
Del manecier te taign je por garçon. »

CXCI

Mout fut dolans B[erniers] et corrociés,
3810 qant a veü ces escus est perciés
et ces haubers desrous et desmailliés
et ens el flanc est durement plaiés.
« Dex ! dist B[erniers], ja serai esragiés
qant par garçon sui en champ trebuchiés ! »
3815 Vers Gautelet c'est mout humeliés –   [65a]
courtoisement fu par lui araisniés.

chevalier aussi félon ! Allons-nous-en et laissons ce scélérat.
Voyez comme leurs forces se multiplient sans cesse !

– Dieu, dit Gautier, comme je suis désireux de le combattre !
Par l'apôtre qu'on prie au Jardin de Néron[1], je ne quitterai pas
ce champ pour toutes les richesses de la ville d'Avalon sans lui
montrer mon gonfanon ! »

Il éperonna son destrier qui s'élança au grand galop, brandit
sa lance, déploya le gonfanon et frappa Bernier sur l'écu orné
d'un lion. Il transperça le blason sous la boucle et déchira les
mailles du haubert étincelant ; il le frappa d'un tel coup au flanc
que le sang coula sur le sable – de toute la longueur de sa lance
il lui fit vider les arçons et le projeta à une toise[2] de son destrier
d'Aragon. Gautier lui dit avec grande haine :

« Bâtard, gredin, sur les reliques de saint Simon, les diables
t'ont sauvé la vie ! C'est de la part de mon oncle que te vient
cette guerre : tu l'as tué alors que tu étais son homme lige ! S'il
n'y avait pas ici autant de tes gens, avec cette épée que je porte
au côté, je te donnerais une cruelle leçon, plus amère que
n'importe quel sermon. Aucun prêtre n'aurait le temps
d'entendre ta confession !

– Certes, dit Bernier, voilà les paroles d'un sot ! Par de telles
menaces je vois que tu n'es qu'un enfant. »

191.

Bernier devint furieux quand il vit son écu percé, son haubert
rompu et démaillé et la cruelle blessure qu'il avait au flanc.

« Dieu, dit Bernier, j'enrage de me voir désarçonné par un
enfant ! »

Il s'inclina devant le jeune Gautier et lui adressa courtoise-
ment la parole.

---

1. Le Jardin de Néron est le site traditionnel de la basilique Saint-Pierre de
Rome (voir la note au v. 1139). **2.** La *toise* est une ancienne mesure de longueur
équivalant à un peu moins de deux mètres.

CXCII

« Sire Gautier, molt estes resoigniés,
cortois et saiges et preus et afaitiés,
mais d'une chose dois estre blastengiés :
3820 ne faites preu qant vos me maneciés.
R[aous] vos oncles fu molt outrequidiés.
Je fui ces hom, ja ne sera noiés ;
il art ma mere, tant fu il erragiés,
et moi feri, tant fu outrequidiés.
3825 Gel deffiai, a tort m'en blastengiés.
Qant ces niés estes, a moi vos apaiés ;
prenés l'amende se faire le dengniés.
Vostre hom serai, de vos tenrai mes fiés ;
cent chevalier molt bien aparilliés
3830 vos serviront de gré et volontiers,
et je meïsme en langes et nus piés
desq'a Cambrai m'en irai a vos fiés.
Por amor Dieu qi en crois fu dreciés,
prenés l'amende, si vos en conseilliés. »
3835 Gautiers l'oï, si l'en est aïriés.
« Bastars, dist il, vos me contraloiés.
Par le sepucre ou Jhesu fu couchiés,
ja vostre drois nen essera bailiés,
ains vos sera li cuers del piz saichiés,
3840 en cent parties fendus et peçoiés ! »
Et dist B[erniers] : « Ci faut nos amistiés.
Cis hateriax vos iert ains reoigniés ! »
Les chevaus broiche[n]t des esperons des piés,
et Gautelés revint tos eslaissiés.
3845 Li uns a l'autre refust ja acointiés,   [65b]
mais tant i ot entr'ox des haubergiés
qi les secourent, les hiaumes enbuschiés.

192[1].

« Seigneur Gautier, vous êtes un guerrier redoutable, courtois, avisé, preux et distingué, mais vous avez un défaut : il ne sort rien de bon de vos menaces. Raoul votre oncle était plein d'outrecuidance. J'étais son homme lige, il est vrai, mais dans sa colère Raoul a brûlé vive ma mère et dans son outrecuidance il m'a frappé. Je l'ai défié et vous avez donc tort de me le reprocher. Puisque vous êtes son neveu, faites la paix avec moi et acceptez la réparation si vous le daignez : je deviendrai votre homme lige, de vous je tiendrai mon fief ; cent chevaliers très bien équipés vous serviront de plein gré ; et j'irai moi-même en vêtements de laine et pieds nus jusqu'à Cambrai dans vos fiefs. Pour l'amour de Dieu qui fut crucifié, prenez bon conseil et acceptez cette réparation. »

À ces mots, Gautier se mit en colère.

« Bâtard, dit-il, vous vous moquez de moi ! Par le saint sépulcre où Jésus reposa, avant qu'on vous fasse droit, le cœur vous sera arraché de la poitrine et découpé en cent morceaux ! »

Et Bernier de répondre : « Voici la fin de toute amitié entre nous. Gare à vous, car je vais vous raccourcir la nuque ! »

Ils éperonnèrent leurs chevaux et Gautier vint à l'attaque au grand galop. Ils se seraient déjà rencontrés, mais il y avait entre eux, pour leur porter secours, beaucoup de chevaliers revêtus de hauberts, les visières baissées.

---

1. Cette laisse continue la rime de la laisse précédente. Le changement de laisse est indiqué néanmoins par une lettrine rouge. S. Kay, respectant la lettrine, signale une nouvelle laisse par un nouveau numéro ; Meyer et Longnon, choisissant de respecter la rime, n'indiquent pas de changement, et ne notent pas non plus la présence de la lettrine. Leur numérotation diffère donc de la nôtre d'un numéro jusqu'à la laisse 228.

CXCIII

Guerris parole hautement en oiant :
« Niés Gautelés, par le cors saint Amant,
3850 de ceste chose te taing je por effant.
Chevalerie ne pris je pas un gant
ne vaselaige, se il n'i a sens grant.
Gaaing avons et bel et avenant,
s'or en poons departir a itant.
3855 – Voir, dist Gautier, je l'otroi et creant. »
A tant s'en torne[nt] par delez un pendant ;
cil les enchauce[n]t a esperon broichant –
droit a une aigue les viene[n]t ataingnant.
La veïssiés fier estor et pesant,
3860 tant escu fendre, tante lance froissant
et desrompu tant hauberc jazerant,
tan pié, tam poing, tante teste perdant ;
et par le gué en furent tant gisant,
mort et navré en i par gist itant,
3865 qe l'aige clere en va tout rougoiant.
Et G[ueris] broiche et tint tout nu le brant ;
parmi son elme ala ferir Droant,
parent B[ernier] le preu et le vaillant,
qe flors et pieres en va jus craventant.
3870 Trenche la coife de l'auberc jazerant,
dusqes es dens le va tot porfendant :
mort le trebuche del bon destrier corant.
« Cambrai ! » escrie hautement en oiant.
« Voir, dist B[erniers], molt me faites dolant
3875 qi mes parens m'alez ci ociant.   [66a]
Molt ai en vos a tos jors mon(t) nuisant.
Mais par l'apostre qe qiere[n]t pena[a]nt,
qant ci vos voi, se je vos qier avant,
ja mais franc homme ne metrai a garant. »
3880 Desoz lui broiche le bon destrier corant,
brandist la hanste del roit espié trenchant,
et fiert G[ueri] sor son escu devant –
desoz la boucle le va tot porfendant.
Bons fu l'auberc, ne l'enpira noiant ;

193.

Guerri dit d'une voix forte devant l'assemblée des barons :

« Sur les reliques de saint Amand, neveu, vous vous comportez comme un enfant. La vaillance chevaleresque et la bravoure ne valent pas un gant, à mon avis, si le bon sens manque. Nous aurons gagné un butin riche et important, si seulement nous arrivons maintenant à nous échapper !

– Certes, dit Gautier, je suis tout à fait d'accord. »

Ils rebroussèrent chemin au détour d'une pente, mais leurs ennemis les poursuivirent au grand galop et les rejoignirent tout près d'une rivière. Si seulement vous aviez vu le rude combat : maints écus furent fendus, maintes lances mises en morceaux, maints hauberts orientaux déchirés, maints pieds, maints poings, et maintes têtes tranchés. Tant de morts et de blessés gisaient dans le gué que l'eau limpide en devint toute rouge. Guerri piqua des deux et brandit son épée nue ; il alla frapper Druant, un parent du noble et vaillant Bernier, sur son heaume, dont il fit sauter les fleurs ornementales et les pierres précieuses. Il déchira la coiffe du haubert oriental et lui fendit la tête jusqu'aux dents : il le culbuta, mort, de son rapide destrier.

« Cambrai ! » s'écria-t-il d'une voix forte devant les barons.

« Certes, dit Bernier, vous me causez beaucoup de chagrin en tuant ainsi mes proches. Toujours vous me faites de la peine. Mais par l'apôtre que vont prier les pénitents, puisque je vous vois devant moi, je serais indigne désormais de demander l'aide d'un noble chevalier si je ne vous attaquais pas ici. »

Il éperonna son bon et rapide destrier, brandit la hampe du robuste épieu tranchant et frappa Guerri sur le devant de l'écu, le transperçant sous la boucle. Son haubert tint bon et ne fut

3885 si bien l'enpainst B[erniers] par maltalant,
    qe de Gueri sont li arçon vuidant.
    De toutes pars l'on[t] saisi .x. sergeant ;
    B[ernier] le rende[n]t qi molt en fu goiant.
    De raenson n'en iert ja pris besant,
3890 ains le manace de la teste perdant !

CXCIV

    Qant Gautiers voit son oncle enprisonné
    tel duel en a, le sens qide derver.
    Le destrier broiche, le frainc abandoné,
    et fier[t] B[ernier] sor son escu listé.
3895 Desoz la boucle li a frait et troé,
    le blanc hauberc ronpu et despané ;
    parmi les flans l'a durement navré.
    Del destre pié l'a tout desestrivé,
    et sor la crupe del destrier acliné –
3900 ce fu mervelle qant il ne l'a tué.
    B[erniers] se tint par sa nobilité ;
    par grant vertu a l'estrier recouvré.
    Isnelement trait le branc aceré
    et fiert Gautier sor son elme gemé ;
3905 del cercle d'or li a mout recolpé,   [66b]
    et del nazel qan q'en a encontré,
    et el visaige l'a un petit navré.
    Ne fust la coife del bon hauberc safré,
    de par Gautier fust li chans afiné.
3910 A icest colp fu l'enfes estouné ;
    s'or li eüst un autre colp donné
    mien esciant, tout l'eüst craventé.
    Cil le secorent, ne l'ont pas oublïé,
    qi de lui sont de lor terre chasé.
3915 La veïsiés tant vasal mort geté !
    G[ueri] rescousent par vive poesté ;
    l'enfes Gautier i a maint colp donné.
    B[erniers] s'en vait ; par tant s'en sont torné,
    qe de Cambrai voie[n]t la fermeté :
3920 il prent un cor, s'a son retrait sonné ;

pas abîmé, mais Bernier, plein de rage, appuya si bien son coup
que Guerri en vida les arçons. Dix hommes d'armes se précipi-
tèrent pour le saisir et rendirent le prisonnier à Bernier, qui en
éprouva une très grande joie. Il n'accepterait jamais un besant
de rançon, mais menaça plutôt de lui trancher la tête.

194.

Lorsque Gautier vit son oncle prisonnier, il en éprouva une
telle douleur qu'il pensa perdre la tête. Il éperonna son destrier,
lui laissant la bride sur le cou, et alla frapper Bernier sur son
bouclier orné d'une bordure. Le choc fendit et troua l'écu sous
la boucle, déchira et rompit les mailles du haubert brillant et
blessa grièvement Bernier au côté. Son pied droit glissa de
l'étrier et il fut jeté rudement sur la croupe du destrier – ce fut
un miracle si Gautier ne le tua pas. Grâce à sa grande force,
Bernier récupéra son étrier et ne fut pas désarçonné. Il tira
aussitôt son épée d'acier et alla frapper Gautier sur son heaume
paré de pierreries. Il ôta un grand morceau du cercle d'or,
retrancha tout ce qu'il put atteindre du nasal et toucha légère-
ment son adversaire au visage. Sans la coiffe de son haubert
doré, le combat de Gautier aurait pris fin ici. Le jeune homme
resta étourdi par ce coup – si Bernier lui en avait assené un
autre, à mon avis il l'aurait tué. Mais les gens qui de lui tenaient
leurs fiefs ne l'abandonnèrent pas et vinrent lui porter secours.

Quel massacre de fidèles guerriers ! De vive force ils délivrè-
rent Guerri : le jeune Gautier porta maint coup vigoureux. Ber-
nier s'en alla et, de leur côté, les Cambrésiens s'en retournèrent
vers leur forteresse[1]; Gautier prit un cor, sonna la retraite,

---

1. La syntaxe du passage n'est pas claire. Aux vers 3918-20, il est très difficile
de décider qui s'enfuit en voyant la forteresse de Cambrai : les hommes de
Bernier, épouvantés et comprenant que ceux qu'ils poursuivaient leur ont
échappé, ou bien ceux de Guerri, qui se précipitent vers la cité pour être en sûreté.
Le sujet du dernier verbe pluriel, *rescousent* (v. 3916) est bien les Cambrésiens.
De même, le référent du pronom *il* du v. 3920 peut être Bernier ou Gautier, mais
il me semble plus probable que ce soit Gautier qui sonne la retraite avant de
regagner Cambrai.

et Gautiers vint a Canbrai la cité.
Dex, qel escheq en ont o aus mené !
Dame A[alais] au gent cors honoré
ala encontre s'a G[ueri] acolé.
3925 « Sire, dist ele, por sainte [charité],
qe vos resamble del novel adoubé ?
A il mon fil de noient restoré ?
– Oïl, ma dame, por sainte loiauté,
n'a tel vasal en la crestienté.
3930 Tex .xxx. fois a il jehui josté –
ne feri colp n'ait baron craventé,
ocis ou mort ou vif enprisoné.
Qant on le voit en l'estor eschaufé
contre son colp n'a arme poesté :   [67a]
3935 par deus foiz a le bastart souviné
et ens el flanc l'a durement navré.
– Dex, dist la dame, qi le mont a sauvé,
or ne plaign pas ce qe li ai donné :
ma terre ara en lige qiteé. »
3940 En icel jor l'en a aseüré.

CXCV

Or ot Gautiers et la terre et l'onnor.
Sodoiers mande, n'i a fait lonc sejor ;
la ou il sorent forteresce ne tour
bien se garnissent, q'il en orent loissor.
3945 B[erniers] repaire a force et a vigor,
il et ci oncle ; maint destrier milsoldor
[en] amenerent c'ont conqis en l'estor.
A Saint Quentin [vont en lor maistre tor].
Y[bers] apele B[erneçon] par amor,
3950 et en apres le fil de sa serour,
Et ces deus freres qi sont bon poigneor,
W[edon] de Roie, Loeys le menor.
« Baron, dist il, por Dieu le creator,
de ceste guere sui en molt grant freor.
3955 Il nos metront, c'il pueent, a dolour !
Ne sont en France dui tel combateor

et se retira dans sa citadelle de Cambrai. Dieu, quel butin ils ramenèrent avec eux ! Dame Aalais au noble corps gracieux alla à la rencontre de Guerri et l'embrassa.

« Seigneur, dit-elle, au nom de la sainte charité, que pensez-vous du chevalier nouvellement adoubé ? Fait-il oublier la perte de mon fils ?

– Oui, ma dame, au nom de la sainte loyauté, il n'y a pas de meilleur chevalier en terre chrétienne. Il a fourni au moins trente joutes aujourd'hui, et à chaque coup qu'il a porté, il a abattu, tué, assommé, ou fait prisonnier un adversaire. Quand on le voit dans le feu du combat, aucune armure ne peut résister à ses coups : deux fois il a étendu le bâtard sur le dos et l'a gravement atteint au côté.

– Dieu, Sauveur du monde, dit la dame, je ne regrette pas ce que je lui ai donné : il aura ma terre en libre propriété. »

Ce jour même, elle lui en fit le don formel.

195.

Maintenant Gautier possédait la terre et le fief. Sans délai, il engagea des mercenaires, et là où il y avait des forteresses ou des tours, il les fit bien munir de défenses, puisqu'ils en avaient l'occasion. Bernier et ses oncles rentrèrent en grand nombre et en grand équipage, ramenant avec eux maints destriers de prix qu'ils avaient gagnés au combat. Ils descendirent devant leur donjon à Saint-Quentin.

Ybert convoqua tendrement le jeune Bernier, et ensuite le fils de sa sœur et ses deux frères, Eudes de Roie et Louis le cadet, qui étaient bons guerriers.

« Barons, leur dit Ybert, par Dieu le Créateur, cette guerre m'épouvante. Si nos ennemis en trouvent l'occasion, ils nous feront souffrir ! Il n'y a pas en France deux combattants compa-

com est G[ueris] a la fiere vigour
et Gautelés a la fiere valour. »
Dist B[erniers] : « Sire, molt aveiz grant poour.
3960 Soiés preudoume et bon combateour !
Chascun remenbre de son bon ancesor :
ja nel volroie por une grant valour
povre chançon en fust par gogleour ! »

CXCVI

Ibers parla par molt grant sapïence.   [67b]
3965 « Biax fix, dist il, molt ies de grant vaillanc[e].
Je n'ai ami de la toie puisance
et de ma vie n'ai je nule fiance.
Toute ma terre te doing en aqitance :
ja apres moi n'en perdras plaine lance. »
3970 B[erniers] en jure Jhesu et sa puissanse
q'il nel feroit por tout l'or d'Aqilance.
« Sire, dist il, trop distes grant enfance.
Je sui vaslés, si n'ai autre esperance
fors de ma vie ; de mort sui en doutance :
3975 trop est G[ueris] de grant desmesurance
et Gautelés de grant [outrequidanse].
Ains qe de moi facent la lor vuellance,
en escera percie mainte pance ! »

CXCVII

Berniers parole, s'apela les barons,
3980 Y[bert] son pere et toz ces compaignons.
« Signors, por Dieu et ces saintismes nons,
mandons tos sox qe nos avoir poons. »
Et il si font, n'i ot arestisons ;
par Vermendois envoient lors garsons.
3985 Ains le mardi qe solaus fust escons
furent troi mil, fermés les confanons.
A tant chevalchent, ces conduist Berneçons.
Li chaus fu grans, si vola li sablons.
B[erniers] en jure celui qi fist poissons :

rables à Guerri au courage féroce ou au jeune Gautier à la force redoutable.

– Seigneur, dit Bernier, vous êtes trop peureux ! Soyez homme de valeur et combattant vigoureux ! Que chacun se souvienne de son noble ancêtre : je ne voudrais à aucun prix qu'un jongleur fasse à notre sujet une chanson minable. »

196.

Ybert parla avec grande sagesse.

« Cher fils, dit-il, tu es très valeureux. Je n'ai aucun proche aussi vaillant que toi et je ne crois pas que je vivrai plus longtemps. Je te donne toute ma terre de plein droit : après ma mort tu n'en perdras pas même la longueur d'une lance. »

Mais Bernier jura par la puissance de Jésus qu'il n'accepterait pas cette offre, même pour tout l'or d'Aquilance.

« Seigneur, dit-il, vous tenez des propos d'enfant ! Je suis encore jeune et je n'ai d'autre espoir que la vie ; pourtant, j'ai bien peur de mourir, car Guerri est d'une violence démesurée et le jeune Gautier est trop outrecuidant. Mais avant qu'ils règlent mon sort selon leur volonté, maint chevalier aura le ventre ouvert ! »

197.

Bernier s'adressa aux barons, à son père Ybert et à tous ses compagnons :

« Seigneurs, par Dieu et ses saints Noms, convoquons tous ceux que nous pouvons trouver. »

Sans délai ils le firent, envoyant leurs jeunes messagers à travers le Vermandois. Le mardi, avant le coucher du soleil, ils furent trois mille, leurs gonfanons repliés. Le jeune Bernier à leur tête, ils partirent ; la chaleur était grande et la poussière volait. Bernier jura par Celui qui créa les poissons :

3990 « Se je sax truis qe nos reqerre alons,
        G[ueri] le viel saicherai les grenons ;
        ja de Gautier ne prendrai raençons
        tant qe li mete le fer par les roignons,
        qant ne plaist Dieu qe nos nos acordons !   [68a]
3995 Qant nos vers aus plus nos umelions,
        plus les trovons orguillous et felons,
        et [qant] ostaiges volentiers lor ofrons
        et li lor homes volentiers devenons,
        plus nos manace[n]t par Dieu et par ces nons.
4000 Il ne nos prisent vaillant deus esperons.
        Or n'i a plus : de bien faire pensons ! »

CXCVIII

        Or ot B[erniers] sa grant gent asamblee :
        troi mile furent de gent molt bien armee.
        A Cambrai vinrent a une matinee.
4005 B[erniers] apele Joifroi de Pierelee :
        « Sonnez un cor a mout grant alenee
        qe li renons en voist par la contree :
        je ne vuel pas asaillir a celee. »
        Dist Joifrois : « Sire, ceste raisons m'agree » :
4010 le cor sonna – la noise en est levee.
        Li escuier ont la barre colpee ;
        defors les murs ont la vile alumee.
        Dame A[alais] fu par matin levee
        et vit la vile par defors alumee.
4015 tel duel en a, cheüe en est pasmee,
        et Gautelés l'en a sus relevee.
        « Dame, dist il, por q'estes adolee ?
        Ceste folie sera chier comparee ! »
        Il sonne un cor a mout grant alenee ;
4020 desq'a la porte n'i ot resne tiree.
        La veïssiés une dure meslee,   [68b]
        tant pié, tant poing, tante teste colpee –
        plus de deus cens en sont mort en la pree.

« Si je trouve les hommes que nous cherchons, j'arracherai la barbe au vieillard Guerri et ne prendrai aucune rançon de Gautier sans lui mettre le fer dans les reins, puisqu'il ne plaît pas à Dieu que nous nous accordions. Plus nous nous humilions devant eux, plus nous les trouvons orgueilleux et cruels ; et quand nous leur offrons des otages et acceptons de bon cœur de devenir leurs vassaux, ils nous menacent par Dieu et ses saints Noms. À leurs yeux, nous ne valons pas deux éperons ! Il n'y a plus rien d'autre à faire : le temps est venu de nous battre de notre mieux ! »

198.

À présent Bernier avait rassemblé ses hommes – ils étaient trois mille, tous solidement armés. Ils arrivèrent à Cambrai un matin et Bernier dit à Geoffroi de Pierrelée :

« Sonnez longuement de votre cor, qu'il résonne par toute la contrée : je ne veux pas attaquer sans prévenir.

– Seigneur, dit Geoffroi, je suis entièrement d'accord. »

Il sonna du cor, dont l'appel s'éleva. Les écuyers démolirent les barrières et mirent le feu aux faubourgs. Dame Aalais se leva de bonne heure et vit les environs de la ville en flammes. Elle en éprouva une douleur telle qu'elle se pâma. Le jeune Gautier la releva et demanda :

« Dame, pourquoi vous attrister ? Ils vont payer cher cette folie ! »

Il sonna longuement du cor et ne tira pas sur les rênes avant d'avoir passé la porte. Si seulement vous aviez vu le rude combat : tant de pieds, de poings, de têtes coupés ! Plus de deux cents tombèrent morts dans le pré.

CXCIX

Grans fu la noise, li cris est esforciés.
4025 Gautiers lait corre, li preus et li legiers ;
brandist la hanste con hom encoraigié,
et fiert Antiaume qant il fu approichiés –
parent B[ernier], molt estoit bons guerriers.
L'escus li perce, l'aubers est desmailliés ;
4030 parmi le cors li est l'espiex baigniés –
mort le trebuche. (Li cris est esforciés.)
G[ueris] i vint poignant toz eslaissiés ;
bien lor mostra qe il ert correciés :
cui il ataint a la mort est jugiés !
4035 Bien plus de .vii. en a mors trebuchiés.
« Dex ! dist B[erniers], ja serai erragiés !
Cil fel viellars n'iert il ja essilliés ?
Ja n'avrai goie si esserai vengiés.
– Voir, dist G[ueris], fel cuivers renoiés,
4040 dont ne serez a molt grant piece liés !
Trop estes loin – en ença vos traiés,
vostre proesce envers moi assaiés. »
Dist B[erneçons] : « J'en sui apariliés. »
Les destriers broiche[n]t des esperons des piés ;
4045 de[s] groces lances ont brandis(t) les espiés ;
grans cox se donnent es escus verniciés.
Desoz les boucles les ont fraiz et perciés,
mais les haubers n'ont il pas desmailliés.
De si grant force c'est chascuns enbroiés
4050 brisent les [hanstes] de lor tranchans espiés.
Outre s'em pase[n]t – n'en est nus trebuchiés ;   [69a]
au tor françois est chascuns repairiés.
Ja fust des deus l'estors recommenciés,
mais entor aus ot tant de haubergiés,
4055 qe les desoivre[n]t, les helmes embuschiés.

199.

Grand fut le tumulte et les cris étourdissants ! Gautier, le preux et l'ardent, rendit les rênes, brandit la hampe de sa lance en homme de cœur et frappa Antiaume dès qu'il s'approcha de lui – c'était un parent de Bernier et un guerrier redoutable. Il troua l'écu, brisa les mailles du haubert, passa l'épieu au travers du corps et le culbuta, mort, de son cheval. Les cris étaient étourdissants ! Guerri vint piquant des deux et fit sentir à ses ennemis le poids de sa colère : tous ceux qu'il atteignait étaient voués à la mort. Il en renversa bien plus de sept !

« Dieu, dit Bernier, j'enrage ! Est-ce qu'on ne tuera jamais ce cruel vieillard ? Je ne retrouverai jamais la joie avant de me venger de lui !

– Certes, traître scélérat, dit Guerri, dans ce cas il vous faudra attendre longtemps avant de connaître le bonheur ! Vous vous tenez à distance – approchez-vous et mesurez votre vaillance à la mienne.

– Me voici prêt », répondit le jeune Bernier.

Ils éperonnèrent leurs destriers, brandissant les fers de leurs grosses lances ; ils se portèrent des coups vigoureux sur leurs écus vernis. Ils les fendirent et trouèrent sous les boucles, mais les mailles des hauberts ne cédèrent pas. Ils s'affrontèrent dans un si grand choc que les hampes de leurs épieux tranchants éclatèrent. Quand ils se furent croisés, ni l'un ni l'autre n'était tombé de cheval. Par une volte à la française[1], chacun revint à l'attaque. Le combat se serait engagé de nouveau, mais il y avait entre eux, pour les séparer, une multitude de chevaliers revêtus de hauberts, les visières baissées.

---

1. L. F. Flutre (*Romania* 77 [1956], 376), explique ainsi *le tor françois* : « c'est une manœuvre d'équitation ou d'escrime qui consiste à faire semblant de s'éloigner, puis à faire demi-tour et revenir attaquer » (cité par S. Kay, p. 255).

CC

Grans fu la noise et esforciés li cris ;
et Gautelés c'est cele part guenchis –
armes ot beles, paintes a flor de lis.
B[erniers] lait coure, qi mot fu de grant pris ;
4060 sor son escu fiert Jehan de Paris –
si bien l'enpainst, del destrier l'a jus mis.
De celui prendre B[erniers] fu molt hastis ;
dist a son pere qi avoit le poil gris :
« Par cel signor qi pardon fist Longis,
4065 se par cestui ne rai trestot le[s] pris
qe Gautiers ot et ces oncles G[ueris],
pendus sera ains qe past miedis ! »
Molt par en fu dolans li sors G[ueris] ;
et Gautelés ne li fu mie eschis,
4070 ains l'apela par delez un laris.
B[erniers] i va – durement fu eschis.
« Sire B[erniers], dist Gautiers au fier vis,
auqes me poise qe n'ies [pas] mes amis.
Nel di por ce qe pas ne te traïs ;
4075 tres bien te garde de tos tes anemis !
Forment me poise de R[aoul] le marchis.
Por qoi en iert tant gentils hom ocis ?
Prenons bataille a un jor ademis,
qe n'i ait home qe de mere soit vis
4080 ne mais qe deus qi diront el païs
li qeus de nous en escera ocis.
– Et je l'otroi, dist B[erniers] li gentis ;
mais molt me poise qe tu m'en aatis. »

[69b]

CCI

Se dist B[erniers] : « Gautelet, or m'enten.
4085 Tu m'aatis par ton fier hardement ;
j'en ai le cuer correcié et dolent.
Don ça ta main : je t'afi loialment
qe avec nos n'avera plus de gent
ne mais qe deus qi diront seulement

200.

Grand fut le tumulte et les cris étourdissants ! Le jeune Gautier, aux belles armes décorées de fleurs de lis, dirigea sa course de ce côté. Le très valeureux Bernier fila à bride abattue et vint frapper Jehan de Paris – si grand fut le choc qu'il le culbuta de son destrier. Bernier le fit aussitôt prisonnier et dit à son père aux cheveux gris :

« Par le Seigneur qui pardonna à Longin, si je ne puis échanger ce chevalier contre tous les prisonniers qu'ont faits Gautier et son oncle Guerri, je le ferai pendre avant midi ! »

Guerri le Roux était au désespoir ; le jeune Gautier ne chercha pas à éviter Bernier, mais l'appela par-delà une lande. Bernier s'approcha, animé de sentiments hostiles.

« Seigneur Bernier, dit Gautier au visage valeureux, cela me peine beaucoup que tu ne sois pas mon ami. Je ne le dis pas par bienveillance : méfie-toi de tous tes ennemis ! Je regrette de tout mon cœur la perte du marquis Raoul, mais pourquoi entraîner à la mort tant d'autres nobles barons à cause de lui ? Fixons un jour pour combattre : qu'il n'y ait personne d'autre si ce n'est deux hommes qui annonceront dans le pays lequel de nous deux y aura trouvé la mort.

– J'accepte, dit le noble Bernier, mais je regrette beaucoup que tu me provoques. »

201.

« Gautier, dit Bernier, écoute-moi : c'est ta cruelle vaillance qui t'a poussé à me provoquer, ce dont j'ai le cœur triste et marri. Donne-moi la main ; je t'affirme en toute loyauté qu'il n'y aura avec nous que deux hommes pour annoncer à nos amis la triste nouvelle.

4090 a nos amis le pesant marement.
— Voir, dist Gautiers, je l'otroi bonnement. »
A ces paroles s'en vont communement.
B[erniers] s'en va sans nul arestement
a Saint Quentin, a son droit chasement ;
4095 Gautiers repaire a Cambrai droitement —
il et G[ueris] au grant perron descent.
Dame A[alais] qi le cors avoit gent
ala encontre tos et isnelement.
« Biax niés, dist ele, con vos est covenant
4100 de ceste guere qi par est si pesans ?
Vos en morrés, jel sai a esciant.
— Non ferai, dame, se Dex le me consent.
Or me verrés mais chevalchier avant ;
ja de ma guerre n'i ara finement
4105 desq'a cele eure qe je ferai dolent
celui qi fist le fort commencement :
ou mort l'avrai, ou encroé au vent. »

CCII

Gautiers s'en entre dedens une abeïe.
Cele parole n'a a nelui jehie.
4110 Por la bataille ver Dieu molt s'umelie :
il ne pert messe ne vespres ne matines ;   [70a]
toute guerpi sa grande legerie —
n'i a un seul a cui il jout ne rie.
Li sor G[ueris] fu molt de grant voisdie.
4115 Gautier apele, durement le chastie :
« Q'avés vos, niés ? se Diex vos beneïe.
Dites le moi, nel me celez vos mie.
— No[n] ferai, oncles, ne vos en poist il mie.
Se gel disoie, par Dieu le fil Marie,
4120 plus q'a un home, ma foi seroit mentie.
Vers B[erneçon] ai bataille aatie.
Vos remanrés en ma sale garnie ;
se je i muir, s'arez ma signorie,
toute ma terre en la vostre baillie.
4125 — Voir, dist G[ueris], or oi grant estoutie.

– Certes, dit Gautier, j'accepte de tout mon cœur. »

À ces mots, l'assemblée se dispersa. Bernier s'en alla sans tarder à Saint-Quentin, son fief légitime, et Gautier rentra directement à Cambrai, où lui et Guerri descendirent au grand perron. Aalais, la dame au corps noble, se précipita à leur rencontre :

« Cher enfant, dit-elle, comment vous accommodez-vous de cette horrible guerre ? Je suis convaincue que vous en mourrez.

– Non, ma dame, si Dieu y pourvoit. Dès lors, vous aurez encore l'occasion de me voir chevaucher, à l'avenir, et cette guerre ne prendra jamais fin avant l'heure où je punirai celui qui l'a fait si cruellement commencer. Je le tuerai, ou le ferai pendre et exposer au vent. »

202.

Gautier entra dans une abbaye sans révéler à personne ses intentions. Pour se préparer au combat, il se prosterna devant Dieu et ne manqua ni messe ni vêpres ni matines. Il répudia les folies de sa jeunesse et ne joua ni ne rit plus avec qui que ce fût.

Guerri le Roux, qui était très perspicace, appela Gautier et lui fit des remontrances sévères :

« Qu'avez-vous, neveu ? Dites-le-moi, par Dieu, et ne m'en cachez rien !

– Cela est impossible, mon oncle, ne vous en déplaise. Par Dieu le Fils de Marie, si je le disais à plus d'un homme, je manquerais à ma parole. J'ai provoqué Bernier au combat. Vous resterez ici dans ma salle bien approvisionnée, et si je meurs, vous hériterez de mon fief et posséderez toute ma terre.

– Certes, dit Guerri, j'entends des propos insensés. Je ne

Je nel lairoie por tout l'or de Pavie
qe je n'i port la grant lance burnie :
je vuel veïr vo grant chevalerie
et vos grans cols de l'espee forbie. »

CCIII

4130 Or fu li jors et li termes noumés
de la bataille qe vos oï avés.
Au matin c'est Gautelés bien armés ;
ne fu reqis sergans ne demandés.
Il vest l'auberc, tos fu l'elme fermés,
4135 et çainst l'espee au senestre costé ;
chauces ot riches et esperons dorez.
De plain eslais est el destrier montez
et prent l'escu qi bien fu enarmés.
Li bon espiés ne fu pas oublïés :
4140 grans fu li fers, si est bien acerés –
en son(c) estoit uns penonciaus fermez.
Sifaitement s'en est Gautiers tornez.
Soventes foiz c'est l'enfes regardez :
lons fu et grailes, parcreüs et moulez –
4145 ne se changast por home qi soit nez.
Son oste apele qi ot non Ysorez :
« Des ore vuel qe vos le m'afïez,
nel direz home qi de mere soit nez
qel part je sui ne venus ne alez,
4150 desc'a cele eure qe vos me reverrez.
Vostre sera cis dest[r]iers sejornez
et cis haubers et ci[s] elmes jemez,
la bonne espee, li bons escus listez,
et trois cenz livres de deniers moneez. »
4155 Sa main li tent et ci(l) li dist : « Tenez ! »
Il li afie ; Gautiers s'en est tornez.
Desq'a la porte ne s'i est arestez ;
G[ueri] trova qi ja fu aprestez,
de riches armes belement adoubez.
4160 E vos andeus les amis ajostez :
en nule terre n'avoit plus biax armez.

[70b]

manquerais pour tout l'or de Pavie d'y porter ma grande lance brunie : je veux témoigner de votre vaillance chevalerèsque et des coups vigoureux de votre épée polie. »

203.

Voici venus le jour et le terme fixés pour le combat dont vous avez entendu parler. Au petit matin le jeune Gautier s'arma solidement sans demander l'aide d'un serviteur. Il revêtit le haubert, attacha le heaume sans délai et ceignit l'épée au côté gauche ; ses chausses coûtaient cher et il portait des éperons d'or. D'un bond il enfourcha son destrier et saisit l'écu aux énarmes bien ajustées. Il n'oublia pas son excellent épieu, dont le fer était grand et bien aiguisé – au sommet était fixé un pennon. Voilà comment Gautier se prépara ; puis il s'examina bien et se trouva grand, mince, de belle taille et d'excellentes proportions – il ne se serait échangé contre personne au monde.

Il dit à son hôte, Ysoré : « Je veux que vous me juriez de ne dire à qui que ce soit d'où je viens ni où je vais avant que vous me revoyiez. En échange, je vous donnerai ce destrier impétueux, ce haubert et ce heaume paré de pierreries, cette bonne épée, ce bon écu orné d'une bordure et trois cents livres en deniers monnayés. »

Gautier lui offrit la main et dit : « Tenu ! » L'hôte engagea sa foi et Gautier partit d'un trait jusqu'à la porte. Là il trouva Guerri déjà prêt, richement revêtu de belles armes. Voilà les deux amis réunis ; il n'y avait de plus beaux chevaliers

Viene[n]t au liu qe vos oï avez,
a pié descende[n]t des destriers sejornez,
si ont les celes et les poitrax ostez.
4165 Troi foiz se viutre[n]t qant les ont pormenez ;
les celes mete[n]t – fort les ont recenglés,
qe au besoing les truissent aprestez.
Or gart B[erniers] qe il soit atornez,
car Gautelés est richement armez,
4170 li sors G[ueris] richement adoubez.
Par matinet est B[erneçons] levez.   [71a]
Armes ot bones – ja mar le mes[cr]erez ;
plus tost qe pot s'en est bien adoubez.
Manda son pere par molt grant amistez
4175 q'a Saint Quentin ert por sejor alez.
« Sire, dist il, ci endroit m'atendez ;
a Damerdieu soiés vos commandez
qe je ne sai se vos me reverrez. »
A tant s'en torne les galos par les prez.
4180 Avueqes lui est uns vasals montez,
de toutes armes fu richement armez,
bons chevalier cremus et redoutez –
non ot Aliames et fu de Namur nez :
plus de cent homes a par son cors matez,
4185 de coardise ne fu onqes proveiz.
Deci au liu n'en est uns arestez.
E vos toz qatre les guerie[r]s asamblez.
G[ueris] les voit, ci s'est haut escrïez :
« Biax niés G[autiers], de bien faire pensez !
4190 Ves ci celui q'a bataille atendez :
vostre oncle a mort, chierement li vendez ;
ja de cest autre mar vos esmaierez. »

CCIV

Li baron sont tot qatre el champ venu ;
richement furent armé et fervestu.
4195 Es vos B[ernier] apoignant par vertu –
desous lui broche le bon destrier qernu.
Et Gautelés a saisi son escu ;

en aucune terre. Ils s'accompagnèrent jusqu'à l'endroit dont vous avez entendu parler, où ils descendirent de leurs destriers impétueux, ôtant selles et poitrails. Les chevaux, qu'ils firent promener, se vautrèrent par trois fois, puis ils remirent les selles, rattachant bien les sangles, car ils voulaient qu'elles tiennent sous le choc.

Que Bernier s'apprête bien, car le jeune Gautier est somptueusement équipé et Guerri le Roux somptueusement armé ! Le jeune Bernier se leva de bonne heure. Croyez-moi, il avait de bonnes armes et les revêtit le plus vite possible. Ensuite il dit tendrement à son père, qui était venu se reposer à Saint-Quentin :

« Seigneur, attendez-moi ici. Je vous recommande à Dieu, car je ne sais si vous me reverrez. »

Puis il s'en alla, galopant à travers les prés en compagnie d'un ami fidèle, somptueusement équipé de toutes ses armes. Cet excellent chevalier redoutable s'appelait Aliaume de Namur – il avait vaincu plus de cent hommes à lui seul et nul ne l'avait jamais traité de lâche. Personne ne s'arrêta avant l'endroit fixé. Voilà les quatre guerriers rassemblés. En les voyant, Guerri s'écria d'une voix forte :

« Gautier, cher neveu, le temps est venu de combattre ! Voici celui que vous attendez pour l'affronter : il a tué votre oncle – qu'il le paie cher ! Mais ne vous préoccupez pas de cet autre chevalier. »

204.

Les quatre barons, chacun somptueusement équipé et armé, vinrent au champ de combat. Voilà que Bernier se lança vigoureusement à l'attaque, piquant des éperons son bon destrier aux longs crins. Gautier saisit son écu et dès qu'il vit Bernier, il lui adressa un salut menaçant :

ou voit B[ernier], c[i] li rent lait salu.
« Bastars, dist il, trop vos ai consentu.
4200 R[aoul] as mort, certes, qe mar i fu ;
mais par celui c'on apele Jhesu   [71b]
se ne te toil le chief desor le bu,
je ne me pris valissant un festu !
– Voir, dist B[erniers], fol plait avez meü.
4205 Je me fi tant en Dieu et sa vertu,
ains q'il soit vespres t'avrai je confondu. »

CCV

Gautiers parole a l'aduré coraige :
« B[erneçons], frere, por Dieu qi fist s'imaje
venir a Luqe par haute mer a naje,
4210 fai une chose qi me vient a coraige,
qe nos dui jovene provons nostre barnaje ;
cil dui viel home qi sont pres d'un aaige
nos garderont qe il n'i ait outraige.
Li qes qe muire de nos deus el praaige,
4215 cist autre dui le diront le paraige. »
Et dist B[erniers] : « Or oi grant copulaige.
Maldehait ait el col et el visage
qi ce fera ; [poi] vos taing ore a saige –
mes niés Aliaumes est de trop grant barnage.
4220 – Voir, dist Gautiers, tu as e[l] cors la raige.
A molt grant tort i aroies hontaige ;
G[ueris] mes oncles est de grant vaselaige. »

CCVI

Gautiers parole a loi d'omme saichant :
« B[erneçons], frere, por amor Dieu le grant,
4225 ne te reqier fors seulement itant :

« Bâtard, dit-il, je t'ai trop longtemps supporté ! Tu as tué Raoul, et c'est un grand malheur – mais par Celui qu'on appelle Jésus, je ne vaudrai pas à mes yeux un fétu de paille si je ne te sépare la tête du tronc !

– Certes, dit Bernier, tu as provoqué une mauvaise querelle. J'ai si grande confiance en Dieu et sa puissance, qu'avant le soir je t'aurai anéanti ! »

205.

Gautier au cœur acharné parla : « Bernier, cher ami, par Dieu qui fit voguer son image à travers la haute mer jusqu'à Lucques[1], accorde-moi ce que j'ai en tête : que nous, les jeunes, mettions à l'épreuve notre vaillance, tandis que ces deux vieillards, qui ont tous deux presque le même âge, veilleront à ce qu'il n'y ait pas de déloyauté de notre part. Ces deux hommes annonceront aux nobles barons lequel de nous deux aura trouvé la mort dans cette prairie. »

Et Bernier de répondre : « C'est un piège grossier ! Maudits soient le cou et la tête de celui qui agirait de la sorte ! Quel rusé vous êtes, car mon neveu Aliaume[2] est de si grande valeur !

– Certes, dit Gautier, tu as la rage au corps ! Tu as très grand tort d'y voir une insulte, car mon oncle Guerri est d'une grande bravoure. »

206.

Gautier parla en homme plein de sagesse :

« Bernier, cher ami, pour l'amour de Dieu, je ne te demande qu'une seule chose : que nous deux, les jeunes, nous

---

1. D. Sox, *Relics and Shrines* (Londres, 1985), 97-98, décrit l'adoration accordée de nos jours à Lucques (en Toscane) au *Volto Santo*, un crucifix fabriqué, selon la légende, par Nicodème. Sans intervention humaine, il fut transporté miraculeusement à travers la Méditerranée à Luni, et de là à Lucques par des veaux (note de S. Kay). 2. Il est curieux qu'Aliaume, ici et ailleurs le neveu de Bernier, soit traité en vieillard quelques vers plus haut (4212).

  qe nos dui jovene nos combatons a [t]ant.
  Cist autre dui le nonceront avant ;
  garderont nos par itel convenant,
  li qes qe muire, q'il le diront avant. »
4230 Et dist B[erniers] : « Je l'otroi et creant. »
  Donc s'entreviene[n]t par si grant maltalant :   [72a]
  grans cols se done[n]t sor les escuz devant,
  desoz les boucles vont trestot porfendant,
  li espieu brisent, molt en furent dolant ;
4235 n'i a destrier qi ne voist archoiant.
  « Diex ! dist G[ueris], n'est pas joste d'enfant ;
  garis Gautier, mon neveu le vailant ! »

CCVII

  Gautiers lait corre le destrier abrivé.
  A icel tans estoit acostumé
4240 qant dui baron orent en champ josté,
  chascuns avoit deus bons espieus porté ;
  et B[erniers] ot le sien fichié el pré.
  L'autre avoit ja rompu et tronçonné ;
  le destrier broiche, s'a l'autre recovré
4245 et Gautelés le sien par poesté.
  Li dui branc furent el fuere reboté ;
  il s'entreviene[n]t par si ruiste fierté
  Gautiers failli. B[erniers] l'a encontré ;
  s'i la feru par tel nobilité,
4250 qe son escu li a frait et troé,
  et le hauberc rompu et despané,
  mais en la char ne l'a mie adesé :
  son bon espié li serra au costé.
  « Diex ! dist G[ueris], or ai trop ci esté.
4255 Mes niés est mors, trop ai ci demoré
  q'a cest bastar(s)t n'en ai le chief copé.
  – Voir, dist Aliaumes, vos avés fol pensé.
  Vos n'en avez pas ci la poesté –
  gel vos aroie molt tost gueredoné.
4260 Encor ai ge mon bon elme fermé,
  l'escu au col et le branc au costé :   [72b]

combattions sans tarder. Ces deux autres pourront observer notre combat à la condition qu'ils annonceront ensuite aux autres lequel y aura trouvé la mort.

– Je suis entièrement d'accord », dit Bernier.

Alors ils se précipitèrent l'un contre l'autre avec une grande furie : ils se portèrent des coups vigoureux sur leurs écus dorés, qu'ils transpercèrent sous les boucles. Les épieux se brisèrent – quelle douleur ! – et les destriers ployèrent sous le choc.

« Dieu, dit Guerri, ce n'est pas un combat pour rire ! Protège Gautier, mon vaillant neveu ! »

207.

Gautier laissa filer son destrier rapide. À cette époque, la coutume voulait que, lorsque deux chevaliers s'affrontaient à la joute, chacun apportât deux bons épieux ; or, Bernier en avait planté un dans le pré. Puisqu'il venait de rompre et briser en tronçons le premier, il éperonna son destrier et vint saisir le second ; le jeune Gautier, dans un grand effort, fit de même avec le sien. Après avoir remis leurs épées au fourreau, ils s'attaquèrent si furieusement que Gautier manqua son coup. Mais Bernier à cette rencontre frappa son adversaire avec une telle violence qu'il lui fendit et troua l'écu ; il lui rompit et déchira le haubert, mais ne put le toucher au corps : son bon épieu ne fit que raser le côté de Gautier.

« Dieu ! dit Guerri. J'ai trop hésité : mon neveu est mort et j'ai trop tardé à couper la tête à ce bâtard !

– Certes, dit Aliaume, voilà une idée insensée ! Vous n'en avez pas le pouvoir, et j'aurais vite fait de vous punir. J'ai toujours mon heaume solide sur la tête, l'écu au cou et l'épée au côté – je n'hésiterais pas à vous jeter à bas du destrier ! »

tos vos aroie del destrier abrievé ! »
Et Gautelés li a tos escrïé,
« Oncles G[ueris], trop vos voi esgaré,
4265 qe li bastars ne m'a de rien grevé. »
Le dest[r]ier broiche, le frainc abandonné.
Il et B[erniers] resont si encontré
qe li escu sont frait et estroé,
mais li hauberc ne sont mie fausé.
4270 Si bien se hurtent li vasal aduré
qe li espieu sont en tronson volé.
Outre s'en pasent par grant hum[i]lité ;
au tor françois sont andui retorné ;
tos furent trait li bon branc aceré.

CCVIII

4275 Eiz les barons au chaple revenus :
en lor poins portent les brans d'acier molus.
Cil Gau[telés] fu fiers et irascus,
et fiert B[ernier] par molt ruistes vertus
parmi son elme – bien fu aconseüs !
4280 Pieres et flors en a craventé jus,
li cercles est et trenchiés et fendus :
ne fust la coife dont li chiés est vestus
desq'es espaules fust B[erniers] porfendus ;
devers senestre est li brans descendus.
4285 Del colp fu ci B[erneçons] esperdus,
parmi la bouche li est li sans corus –
por un petit ne cheï estendus.
Lors dist Gautiers : « Claime toi recreüs.
Par Dieu, bastars, hui est vos jors venus !
4290 Se m'estordés, ne me pris deus festus.
Tout por mon oncle vos rendrai tel salus   [73a]
qe se je puis vos serez confondus. »
B[erniers] l'oï, si en fu esperdus.
Par maltalant li est sore corus,
4295 mais Gautelés li est tos revenus,
de B[erneçon] a les cols atendus,
et s'embraciere[n]t par desoz les escus,

Le jeune Gautier cria aussitôt à son oncle : « Guerri, je vois que vous vous inquiétez, mais c'est à tort, car le bâtard ne m'a nullement blessé. »

Il éperonna son destrier, lui laissant la bride sur le cou. De nouveau Bernier et lui s'affrontèrent ; leurs écus étaient fendus et troués, mais leurs hauberts n'étaient pas abîmés. Les deux combattants se heurtèrent avec une telle violence que les épieux éclatèrent en tronçons. Ils s'étaient croisés par grande noblesse[1], firent une volte à la française et revinrent, après avoir vite tiré leurs bonnes épées d'acier.

208.

Voilà les barons de nouveau aux prises, brandissant dans leur poing l'épée tranchante d'acier. Le jeune Gautier, féroce et débordant de colère, vint frapper Bernier de toutes ses forces au milieu du heaume – le coup fut si bien placé qu'il fendit et démolit le cercle, faisant sauter les pierres précieuses et les fleurs ornementales. Sans la coiffe qui protégeait la tête, Bernier aurait été pourfendu jusqu'aux épaules. Bien que la lame eût dévié à gauche, le jeune Bernier était si étourdi par ce coup que le sang lui coulait de la bouche et qu'il faillit tomber.

Alors Gautier lui dit : « Reconnais-toi vaincu. Par Dieu, bâtard, ton jour est venu ! Si tu m'échappes, je ne vaux pas deux fétus de paille. De la part de mon oncle je te réserve un tel accueil que, si je puis, je te tuerai ! »

À ces mots, Bernier était tout éperdu. Plein de rage, il se précipita sur le jeune Gautier, mais celui-ci revint aussitôt à l'attaque, prêt à recevoir les coups de son jeune adversaire. Ils se prirent à bras le corps par-dessous les écus, puis se heurtèrent

---

1. *Hum[i]lité* n'a aucun sens ici. J'accepte la correction en *nobilité* proposée en note par S. Kay.

puis s[e] trestorne[n]t par si ruistes vertus
c'ambedui sont des destriers abatus.
4300 En piés resaillent, les blans haubers vestus ;
es les au chaple ambedeus revenus.
« Dex ! dist Aliaumes, ja les arons perdus ;
car les depart, G[ueris] li viex chenus. »
Et dist G[ueris] : « Ja ne soit asolus
4305 de Damerdiex ne de ces grans vertus
qes severa s'en iert li uns venchus.
Par lor orguel est tos ci[s] plais meüs ;
ce poise moi qe l'uns n'est recreüs. »

CCIX

Es deus barons nen ot qe corecier.
4310 Bien se reqierent li hardi chevalier :
de lor espee font esgrener l'acier,
et les vers elmes enbarer et trenchier,
et lor escuz fisent si depecier
q'en tout le mieudre n'en avoit tant d'entier
4315 c'on i couchast un gasté de denier.
E[s] blans haubers se corent acointier.
« Glous, dist Gautiers, pres ies de trebuchier !
N'en partirés sans la teste trenchier !
– Voir, dist B[erniers] qi le coraige ot fier,
4320 Dame A[alais] qi tant vos avoit chier
doinst a autrui sa terre a justicier,   [73b]
qe ja de vos ne fera iretier. »
Gautiers l'oï, le sens qida changier.
Par maltalent ala ferir B[ernier]
4325 par tel vertu un grant colp si plaignier,
qe li bruns elmes ne li ot nul mestier :
pieres et flors en f[ai]t jus trebuchier,
la coiffe bonne li a fait desmaillier
et des chevox li fist asez trenchier.
4330 Deci a l'os li fist le branc glacier –
s'or ne tornast sor le flanc senestrier,
fendu l'eüst enfreci q'el braier.
Aval le cors del gentil chevalier

avec une telle violence que chacun fut abattu du destrier. Ils se relevèrent, protégés toujours par les hauberts brillants – les voilà de nouveau aux prises.

«Dieu, s'écria Aliaume, nous les perdrons bientôt ! Séparez-les, donc, Guerri à la tête chenue ! »

Et le vieux Guerri de répondre : «Que celui qui les séparera, avant que l'un des deux soit vaincu, ne trouve jamais de pardon auprès de Dieu ! Leur orgueil est à l'origine de cette guerre ; je regrette qu'aucun des deux ne se soit déjà retiré du combat. »

209.

La rage s'était emparée des deux barons, les braves chevaliers s'affrontaient sans relâche : ils ébréchèrent l'acier de leurs épées, tranchèrent et écrasèrent les heaumes verts, et mirent les écus en pièces. Sur celui qui était en meilleur état, il n'y avait pas de quoi poser un gâteau d'un denier. Ils se précipitèrent pour porter atteinte aux hauberts brillants.

«Gredin, dit Gautier, tu es sur le point de tomber ! Tu ne partiras pas d'ici sans avoir la tête coupée !

– Certes, dit Bernier au cœur farouche, Dame Aalais qui vous aimait tant devra confier sa terre à quelqu'un d'autre pour la gouverner, car elle ne fera jamais de vous son héritier ! »

À ces mots, Gautier pensa devenir fou. Plein de rage, il alla porter à Bernier un coup si violent que son heaume bruni ne le protégea en rien : il fit sauter les pierres précieuses et les fleurs ornementales, faussa les mailles de la coiffe solide et lui coupa une bonne partie de la chevelure. L'épée trancha jusqu'au crâne et, si la lame n'avait pas glissé vers le flanc gauche, elle l'aurait pourfendu jusqu'à la ceinture. Le coup descendit le long du

descent li cols sor le hauberc doublier,
4335 qe deus cenz mailles en f[ai]t jus trebuchier ;
la char li tranche par desor le braier –
cun grant charnal en fist jus trebuchier !
A cel colp fu molt pres de mehaignier :
parmi la bouche li fist le sanc rahier,
4340 li oel li troble[n]t, si l'estuet trebuchier ;
s'or li alast un autre colp paier,
ocis l'eüst sans autre recovrier.
Aliaumes vit B[erneçon] damagier ;
dist a G[ueri] : « Car li alons aidier.
4345 Li qes qe muire, n'i arons recovrier. »
Et dist G[ueris] : « Or oi bricon plaidier.
Mieus aim cest colp qe boivre ne mengier.
Diex, laisse m'ent mon grant duel essaucier ! »
Berniers l'oï, si commence a huchier :
4350 « Par Dieu, G[ueris], ci a lonc desirier !   [74a]
C'il m'a feru, ci ravra son louier.
De ceste part me sent je plus legier ;
de povre char se puet en trop charchier –
je n'en ai cure, ja porter ne la qier.
4355 Malvaise chars n'est preus a chevalier
qi vieut s'onnor acroistre et essaucier. »

CCX

Berneçons ot le cuer tristre et dolant
por la bataille qi avoit duré tant,
et por les plaies qe ci le font pesant.
4360 Il tient l'espee dont bien trenche li brant,
et fiert Gautier sor son elme luisant,
qe flors et pieres en va jus craventant.
Ne fust la coife del bon hauberc tenant,
fendu l'eüst jusq'el nasel devant.
4365 Par tel vertu va li cols descendant,
parmi la boche li va li sans raians,
et li bel oel li vont el chief tornant.
Un grant arpent alast uns hom corant
ains q(e)'eüst mot de la bouche parlant.

buste du noble chevalier, faisant sauter deux cents mailles du haubert à double épaisseur et lui entama le corps au-dessus de la ceinture – un gros morceau de chair tomba à terre ! Après ce coup, Bernier faillit rester estropié : le sang lui coulait par la bouche, ses yeux se troublèrent et il ne put s'empêcher de tomber. Si Gautier lui avait asséné un autre coup, il l'aurait tué sans espoir.

Aliaume vit la déconfiture du jeune Bernier et dit à Guerri :

« Allons à son secours, car si l'un des deux meurt, il n'y aura plus rien à faire.

– Propos d'imbécile ! Ce coup me fait plus grand plaisir que de boire ou de manger ; Dieu, que je puisse enfin oublier ma grande douleur ! »

À ces mots, Bernier se mit à l'interpeller :

« Par Dieu, Guerri, tu auras longtemps à attendre ! S'il m'a frappé, il en recevra son salaire. Je me sens allégé de ce côté-ci – on peut être trop alourdi de chair inutile ; je n'y tiens plus et ne veux plus en être chargé ! La chair superflue ne vaut rien à un chevalier qui veut accroître et faire valoir sa gloire. »

210.

Le jeune Bernier eut le cœur triste et marri en voyant le combat tant durer, et à cause des blessures qui le tourmentaient tellement. Il saisit l'épée à la lame tranchante et frappa Gautier sur son heaume brillant, faisant sauter fleurs ornementales et pierres précieuses. Sans la coiffe du bon haubert solide, Bernier l'aurait pourfendu jusqu'au nasal. Son coup s'abattit avec une telle force que le sang coula de la bouche de Gautier, et que ses beaux yeux se retournèrent dans leurs orbites. On aurait pu franchir un grand arpent à la course avant qu'il fût en état de proférer un seul mot. Bernier dit alors :

4370 Lor dist B[erniers] : « Claime toi rec[re]ant.
Je t'ociroie, mais trop te voi effant. »
Gautiers l'oï, si respont hautement.
« Par Dieu, dist il, bastars, n'irés avant(t).
Ton quer tenrai ains le solell couchant. »
4375 Lors li qeurt seure Gautelés fierement,
mais nus des deus n'en alast ja gabant
qant vint Aliaume et G[ueris] apoignant,
si les desoivre[n]t tos et isnelement.

CCXI

Grans fu li dues iluec au departir.
4380 Gautiers ont fait ens el pré aseïr
pres de B[ernier], qe bien le pot veïr ;   [74b]
li bers Aliaumes se paine de se[r]vir.
« B[erniers], dist il, ne vos en qier mentir,
a grant mervelle vos voi le vis palir.
4385 Por amor Dieu, porrés en vos garir ?
– Voir, dist B[erniers], molt sui pres de morir ;
en Gautelet n'a gaire qe fenir. »
Gautiers l'oï, le sens quida marir.
« Bastart, dist il, Dex te puist maleïr !
4390 N'en partiroie por les menbres tolir
tant qe te face cele teste jalir ! »
Et dist B[erniers] : « La bataille desir ! »
En piés resaillent por les haubers vestir ;
ja fusent prest as grans cols revenir
4395 mais li baron ne le volsent sofrir,
ains l[or] ont fait fiancier et plevir
lues qe poront les garne[me]ns tenir
a la bataille porront molt tos venir.
Envis l'otroient, mais nel pore[n]t guenchir.
4400 « Niés, dist G[ueris], fins cuers ne puet mentir.
Ançois laroie ma grant terre honnir
qe te laissasse vergonder ne honnir. »

«Reconnais ta défaite. Je te tuerais bien, mais je vois que tu es trop jeune.»

À ces mots, Gautier répondit fièrement : «Par Dieu, bâtard, dit-il, tu n'iras pas plus loin! Je tiendrai ton cœur dans mes mains avant le coucher du soleil!»

Alors le jeune Gautier se précipita sur lui avec férocité, mais aucun des deux n'aurait plus le temps de se vanter, car voici qu'Aliaume et Guerri arrivaient en toute hâte pour les séparer le plus vite possible.

211.

Grande fut la douleur lorsqu'on les sépara. Ils firent s'asseoir Gautier par terre près de Bernier, où il pouvait bien le voir. Le noble Aliaume s'affaira pour lui porter ses soins.

«Bernier, dit-il, je vous le dis sans ambages : votre visage devient extrêmement pâle. Pour l'amour de Dieu, pourrez-vous guérir?

– Certes, dit Bernier, je suis à la mort et le jeune Gautier est proche de sa fin.»

À ces mots, Gautier devint furieux.

«Bâtard, dit-il, que Dieu te maudisse! Dût-on me couper les membres, je ne partirai jamais d'ici avant de te trancher la tête!»

Et Bernier de répondre : «Je ne désire que le combat!»

Tous deux se mirent aussitôt debout afin d'endosser le haubert. Ils étaient déjà prêts à se porter des coups vigoureux, mais les deux barons les en empêchèrent et leur firent promettre et jurer de ne reprendre le combat que lorsqu'ils seraient de nouveau en état de porter les armes. Ils s'y accordèrent à contre-cœur, car ils ne pouvaient pas faire autrement.

«Mon neveu, dit Guerri, un cœur fidèle ne ment jamais : je préférerais le délabrement de toute ma terre plutôt que de te laisser subir la honte.»

CCXII

B[erniers] parole au coraige hardi :
« Biax niés Aliaume, por le cors saint Geri,
4405 qe diront ore et parent et ami,
se vostre escu en reportés ensi
et sain et sauf, par le cors saint Geri ?
Nos en serons gabé et escharni.
Car vos alez asaier a G[ueri] ! »
4410 Et dist Aliaumes : « Par mon chiés je l'otri,
par tel couvent con ja porrez oïr :   [75a]
del qel q[e] soit li arçon deguerpi
son cheval perde, et ci remegne ensi. »
Et dist G[ueris] qi(l) le poil ot flori :
4415 « De grant folie m'avez ore aati,
qe moi et toi ne sommes anemi,
ne mes lignaiges par toi sanc ne perdi.
Laissons ester, et si remaigne ensi. »

CCXIII

Se dist Aliaumes : « Par le cors saint Richier,
4420 endroit de moi fesist bien a laissier,
mais vos oés le contraire B[ernier],
ne je n'en vuel avoir nul reprovier.
Par tel covent le vuel je commencier :
cil qi chara, si perde son destrier.
4425 – Voir, dist G[ueris], or me taing por lanier
se jel refus – ne me pris un denier. »
Chascuns monta sor son corant destrier,
et molt se paine(t) de soi aparillier ;
parmi la place prene[n]t a esloingier.
4430 Qi lors veïst les bons chevals broichier !
Ja se volront fierement essaier.
Grans cols se donent es escus de qartier –
G[ueris] failli, n'i ot qe corecier.
Li frans Aliaumes ne le vost espargnier :
4435 grant colp li done(t) sor l'escu a or mier,
desoz la boucle li fist fendre et percier,

212.

Bernier au cœur valeureux lui dit : « Aliaume, cher neveu, sur le corps de saint Géri, que diront nos parents et amis si vous rentrez avec un écu entier et intact ? Par saint Géri, on se moquera de nous ! Allez donc vous mesurer à Guerri ! »

Et Aliaume de répondre : « Par ma tête, j'accepte, à la condition que vous allez entendre : celui de nous deux qui sera désarçonné, perdra son cheval, et les choses en resteront là. »

Guerri à la chevelure grisonnante répondit : « Ce défi est une grande folie, car toi et moi ne sommes pas ennemis, et tu n'as jamais versé le sang de mon lignage. Laissons tomber cette querelle, que les choses en restent là. »

213.

Aliaume répondit : « J'en prends saint Riquier à témoin : si ce n'était que de moi, on ferait bien d'abandonner cette querelle, mais vous entendez le sarcasme de Bernier, et je ne veux encourir aucun reproche. J'entreprendrai ce combat à la condition que celui qui tombera perdra son destrier.

– Certes, dit Guerri, je me tiendrais pour un lâche si je refusais – je ne vaudrais pas un denier ! »

Chacun enfourcha son destrier rapide et s'affaira pour s'équiper ; ils prirent du champ, puis piquèrent des éperons les chevaux fougueux afin de faire l'épreuve de leur vaillance. Ils se portèrent des coups vigoureux sur les écus écartelés. Guerri manqua son coup et en était au désespoir. Le noble Aliaume ne voulait pas l'épargner : il lui assena un coup vigoureux sur l'écu orné d'or pur, le fendant et perçant sous la boucle ; il rompit et

et le hauberc desrompre et desmaillier.
El flanc senestre li fist passer l'acier
mais ainc G[ueris] ne guerpi son estrier :
4440 « Voir, dist li sors, tu me viex empirier.
Cius gius n'est preus por nous esbanoier –   [75b]
se g'en ai aise, tu le comparras chier. »

CCXIV

Li sors G[ueris] ot le cuer irascu ;
sor son escu vit son sanc espandu.
4445 Le destrier broiche qi li cort de vertu,
brandist la hanste del roit espieu molu,
et fiert Aliaume devant sor son escu.
Desoz la boucle li a frait et fendu,
et le hauberc desmaillié et rompu,
4450 qe del cheval l'a a terre abatu.
Voit le Aliaumes, pres n'a le cens perdu.
Il saut en piés, si a trait le branc nu.
Au cheval vint qi bien l'a atendu ;
Aliaumes monte a force et a vertu,
4455 puis en apele dan G[ueri] le chenu :
« Sire G[ueris], por le cors de Jhesu,
abatu m'as, si qe bien l'ont veü.
Je vos donroie de mon branc esmolu
mais qe l'estor fust a tant remasu ;
4460 n'en partiroie por plain val d'or molu
qe ne te toille le chief desor le bu.
– Voir, dist G[ueris], fol plait avés meü.
Ainc ne me tign un jor por recreü. »

CCXV

G[ueri]s lait corre le bon cheval isnel,
4465 brandist la hanste, destort le penoncel,
et fiert Aliaume en l'escu de chantel.
Fust et verniz li trancha, et la pel,
et de l'auberc desrompi le clavel ;
parmi le cors li mist le penoncel :

démailla le haubert et plongea la pointe de sa lance dans le flanc gauche de Guerri, mais celui-ci ne vida pas les étriers.

« Certes, dit le Roux, tu cherches à me nuire ! Ce n'est pas une partie pour rire : si j'en trouve l'occasion, tu me le paieras cher ! »

214.

Guerri le Roux se mit en colère en voyant le sang couler sur son écu. Il éperonna son cheval, qui galopait puissamment sous lui, brandit la hampe de son solide épieu tranchant et vint frapper Aliaume sur le devant de l'écu. Il le fendit et perça sous la boucle, rompit et faussa les mailles du haubert et abattit son adversaire du cheval.

Voyant cela, Aliaume devint presque fou. Il bondit sur ses pieds et tira son épée brillante du fourreau. Il revint à son cheval qui l'attendait, remonta en selle vigoureusement et en force, puis s'adressa à Guerri le chenu :

« Seigneur Guerri, par Jésus-Christ, vous m'avez désarçonné devant ces barons. Je vous porterais volontiers un coup de mon épée affilée, si le combat ne devait pas en rester là – je n'abandonnerais pas le champ sans vous séparer la tête du tronc, même pour une vallée pleine d'or en poudre.

– Certes, dit Guerri, tu as provoqué une mauvaise querelle. Je n'ai jamais déclaré forfait. »

215.

Guerri laissa filer son coursier rapide, brandit sa lance, déploya son pennon et frappa Aliaume sur le bord de l'écu. Il rogna bois, vernis et cuir, rompit l'attache du haubert et lui passa le pennon au travers du corps. Si grand fut le choc – ce

4470 si bien l'enpainst – ne sambla pas tozel –
qe contremont en torne[n]t li mustel.   [76a]
Au resaichier li fist vilain apel,
puis li a dit un contraire molt bel :
« Biau sire Aliaumes, a ces giu vos rapel :
4475 ne me tenrés huimais por pastorel,
qe par la plaie vos salie[n]t li boel.
Il fait malvais joer a viel chael ! »
Aliaumes jure le cors saint Daniel,
« Se de ta char ne fas vilain maisel,
4480 je ne me pris vaillant un arondel ! »

CCXVI

Li frans Aliaumes, qant il se sent plaiés,
lor a tel duel, a poi n'est erraigiés.
Par maltalent est tos saillis em piés ;
et G[ueris] vint vers lui tos eslaissiés,
4485 espee traite, soz l'escu enbuschiés.
Aliaumes c'est contre lui bien gaitiés,
et fiert G[ueri] qant il fu aproichiés.
Desor l'auberc est li brans adreciés
qe l'uns des pans maintenant fu trenchiés ;
4490 se li brans nus fust bien droit avoiés
d'une des gambes fust G[ueris] meheniés.
Au bon destrier est li cols adreciés,
qe del gros col li a fait deus moitiés.
Li chevals chiet ; G[ueris] fu esmaiés.
4495 A voiz escrie : « Sainte Marie, aidiés !
Cis chevals n'iert huimais sans mehaignier.
Qe por le mien [m]e soit li tiens laissiés ! »
Li frans Aliaumes fu molt afoibloiés ;
de maltalent fu G[ueris] erraigiés –
4500 c'il ne se venge, ja sera forvoiés.

CCXVII

Li sors G[ueris] tint la targe novele,   [76b]
et trait l'espee qi fu et clere et bele –

n'était pas le coup d'un gamin ! – qu'Aliaume se retrouva les mollets en l'air. En retirant sa lance, Guerri l'insulta rondement et lui décocha un sarcasme piquant :

« Seigneur Aliaume, revenez au jeu ! Plus jamais vous ne me confondrez avec un jeune niais, car vos viscères jaillissent de la blessure que je vous ai faite : il ne fait pas bon jouer avec un vieux singe ! »

Aliaume jura sur les reliques de saint Daniel :

« Si ta peau ne ressemble pas bientôt à celle d'un vilain lépreux, je n'ai pas même le courage d'une hirondelle ! »

216.

Quand le noble Aliaume se sentit blessé, il en éprouva une telle douleur qu'il faillit enrager. Plein de colère, il bondit sur ses pieds ; et Guerri, l'épée au poing, revint vers lui au grand galop, bien abrité derrière son écu. Aliaume se tenait sur ses gardes et frappa Guerri dès qu'il s'approcha. Sa lame entama le haubert de Guerri, dont elle trancha un pan ; si la lame nue avait poursuivi sa voie tout droit, elle lui aurait estropié une jambe. Mais le coup tomba sur le bon destrier et en sépara la forte encolure en deux moitiés. Le cheval tomba et Guerri fut épouvanté. À haute voix il implora l'aide de sainte Marie, puis dit à Aliaume :

« Mon cheval est à jamais estropié : que le tien le remplace ! »

Le noble Aliaume était très affaibli et Guerri plein de colère – s'il ne se venge pas, il perdra la raison.

217.

Guerri le Roux saisit un bouclier neuf, tira sa belle épée étincelante (on ne trouverait pas sa pareille d'ici jusqu'à la ville

il n'ot si bone jusq'au borc de Neele –
et fiert Aliaume qi contre lui revele
4505 desor son elme qi luist et estencele.
Ausi le fent con un p[an] de gonnele,
la bone coife ne valt une cinele,
le branc li fait sentir en la cervele.
Jus le trebuche, par contraire l'apele :
4510 « Par Dieu, Aliaumes, ci a dure novele.
Or me lairez le cheval et la cele ! »
Et cil s'en vait, cui paroit la boele ;
forment li bat li cuers soz la mamele.
« Sainte Marie, glorieuse pucele,
4515 ce dist Aliaumes qi por la mort chancele,
mais ne verrai Saint Quentin ne Neele. »
A tant s'aissist, sa main a sa maissele ;
B[erniers] le voit – son duel en renouvele.

CCXVIII

Berneçons fu dolans et cor(er)eciés.
4520 Il et Gautiers sont tos sailli en piés ;
desq'a Aliaume sont andui adreci[é]s.
Dist B[erniers] : « Sire, molt sui de vos iriés.
Vivrés en vos ? Gardez nel me noiés. »
Et dist Aliaumes : « De folie plaidiés.
4525 E[n] mon vivant ne(s) serai mais haitiés,
ne ne verrai mes terres [ne] mes fiés,
ne mes effans : pregne vos en pitiés,
par vostre orguel sui mors et detranchiés.
B[erniers], biau sire, por amor Dieu m'aidi[é]s, »
4530 B[erniers] respont qi molt fu damagiés :
« Je ne puis, sire, molt en sui esmaiés. »   [77a]
Dist Gautelés : « J'en sui aparilliés. »
Il li aïde comme vasals proisiés :
contre Oriant li fu li chiés dreciés ;
4535 confés se fist li bers de ces pechiés
as deus baron qi l'unt aparilliés,
qe d'autre prest[re] n'estoit il aasiés.
Et G[ueris] est a Gautier repairiés

de Nesle) et frappa son adversaire sur son heaume luisant. Il le
pourfendit comme un pan de chemise ; la coiffe solide ne put
empêcher la lame de pénétrer jusqu'au cerveau. Quand il le
désarçonna, Guerri lui décocha ce sarcasme :

« Par Dieu, Aliaume, quelle triste nouvelle ! Tu me laisseras
maintenant le cheval et la selle ! »

Aliaume, les tripes à l'air, s'en alla, le cœur lui battant folle-
ment dans la poitrine.

« Sainte Marie, Vierge glorieuse, dit Aliaume qui chancela à
l'approche de la mort, je ne reverrai jamais Saint-Quentin ni
Nesle. »

Il s'assit et prit son menton dans sa main ; lorsque Bernier
l'aperçut, sa douleur redoubla.

218.

Le jeune Bernier était en proie au chagrin. Lui et Gautier
bondirent sur leurs pieds et vinrent aussitôt jusqu'à Aliaume.

« Seigneur, lui dit Bernier, j'ai beaucoup de peine à cause de
vous. Est-ce que vous allez vivre ? Dites-le-moi franchement !

– Quelle folie ! Jamais je ne recouvrerai la santé ; jamais je
ne reverrai mes terres ni mes fiefs ni mes enfants. Prenez soin
d'eux, car c'est votre orgueil qui m'a valu de mourir et d'être
massacré. Bernier, noble seigneur, aidez-moi pour l'amour de
Dieu ! »

Bernier, lui-même gravement blessé, répondit : « Je ne le
puis, seigneur, et je le regrette beaucoup.

– Je suis prêt à le faire », dit le jeune Gautier, et il l'aida
comme un guerrier fidèle à la foi jurée : il lui souleva la tête, la
tournant vers l'orient, et Aliaume confessa ses péchés aux deux
chevaliers qui l'assistaient, car il n'y avait pas d'autre prêtre à
sa disposition.

sor le destrier qi la fu gaaigniés ;
4540 il descendi, ne s'i est atargiés.
B[erniers] le voit, molt en fu esmaiés.

CCXIX

« Sire G[ueris], dist B[erniers] li gentis,
en traïson avés Aliaume ocis. »
G[ueris] l'entent, a poi n'enraige vis.
4545 « Vos mentés, gloz, dist il, par saint Denis !
Toz sains estoie qant par lui fui reqis ;
tel me donna desor mon escu bis,
el flanc senestre fui perciés et malmis.
Bien vossissiés, par le cors saint Denis,
4550 qe par Aliaume fuse mors et ocis !
La merci Dieu, n'est pas cheüs mes pris –
mais par celui qi en la crois fu mis,
vos en morrés, tres bien le vos devis ! »
Le destrier broiche des esperons burnis ;
4555 vers B[erneçon] en vient tos aatiz.
B[erniers] le voit, s'en fu toz esbahis –
tel poour ot, li sancs li est fuïs.
« Merci, dist il, frans chevalier gentis !
Males noveles en iront el païs
4560 qe dedens trives serai par vos mordris –
cheüs en iert a toz jors vostre pris. »   [77b]

CCXX

En B[erneçon] n'en ot qe esmaier.
A vois c'escrie : « Qe faites vos, Gautier ?
S'ensi me laisse[s] ocire et detranchier,
4565 tuit ti ami en aront reprovier :
de ta main nue te vi je fiancier
n'avroie garde fors qe d'un chevalier.
– Vos dites voir, dist Gautelés, B[erniers] ;
je ne volroie por les menbres tranchier
4570 qe dedens trives eüsiés encombrier ;
mais qant mes oncles se prent a correcier,

Guerri, monté sur le destrier qu'il venait de gagner, revint entre-temps auprès de Gautier et descendit aussitôt de sa monture. Quand il vit cela, Bernier en fut épouvanté.

219.

« Seigneur Guerri, dit le noble Bernier, tu as tué Aliaume en trahison. »

Lorsqu'il entendit ces paroles, Guerri enragea.

« Vous mentez, gredin, par saint Denis ! J'étais indemne lorsqu'il m'a attaqué : il m'a asséné un tel coup sur mon écu brun qu'il m'a transpercé et m'a blessé le flanc gauche. Vous auriez préféré, sur le corps de saint Denis, qu'Aliaume me tuât, mais, grâce à Dieu, ma gloire est indemne. Mais, j'en prends à témoin Celui qui fut mis en croix : vous allez mourir, je vous le promets ! »

Il piqua son destrier des éperons brunis et galopa tout droit vers le jeune Bernier. À le voir, Bernier en fut tout affolé – il éprouva une telle peur que tout son sang reflua.

« De grâce, noble chevalier ! dit-il. Sinon, des nouvelles déshonorantes parcourront le pays, qui diront que vous m'avez tué en temps de trêve : votre gloire sera à jamais ternie. »

220.

Bernier s'épouvanta et s'écria à haute voix : « Que fais-tu, Gautier ? Si tu me laisses ainsi tuer et massacrer, tous tes amis partageront ta honte : je t'ai vu jurer, la main nue, que je n'avais à craindre qu'un seul chevalier.

– Vous avez parfaitement raison, Bernier, répondit le jeune Gautier. Dût-on me couper les membres, je ne voudrais aucunement qu'il vous arrivât malheur pendant les trêves. Mais quand

il nen est mie legiers a apaier.
Or montés tos, pensez del esploitier,
et je meïsme vos i volrai aidier. »
4575 B[erniers] monta, Gautiers li tint l'estrier ;
demie liue le prist a convoier.
« B[erniers], dist il, de mire avés mestier,
et je meïsme n'ai pas le cors entier ;
et neporcant je ne t'ai gaires chier. »
4580 A tant departent, si laissent le plaidier.
A Saint Quentin est retornés B[erniers] –
Aliaume enfuent a l'entrant d'un mostier,
por le vasal fisent un duel plaignier ;
au sor G[ueri] est retornez Gautier,
4585 dusq'a Cambrai ne volrent atargier.
Dame A[alais] o le viaire fier
ala encontre, ces prist a araisnier.
« Signor, dist ele, a celer nel vos qier,
de ceste gu[e]rre vos faites trop legier.
4590 Vos en morés, je qit par Dieu del ciel –
a vos andeus voi les costés sainier. »   [78a]
Dont respondire[n]t li nobile guerrier :
« Non ferons, dame – Diex nos puet bien aidier.
Mandés les mires qi nos saichent noncier,
4595 dire le terme qe porrons chavauchier.
Nos anemis irons toz essilier ! »

CCXXI

Isnelement font les mire venir ;
cil se penerent des deus barons garir.
Tant demorere[n]t con vos porrés oïr.
4600 A Pentecoste, qe on doit bien goïr,
nostre empereres qi France a a tenir
ces homes mande – a lui les fait venir.
Tant en asamble n'en sai conte tenir ;
G[ueri] manda qi dut Aras tenir.

mon oncle se met en colère, il n'est pas facile de l'apaiser. Montez donc à cheval, le temps est venu d'agir ; moi-même, je suis prêt à vous aider. »

Bernier se mit en selle et Gautier lui tint l'étrier, puis l'accompagna pendant une demi-lieue.

« Bernier, lui dit-il, vous avez besoin d'un médecin et je suis moi-même blessé – pourtant, je ne vous porte aucune amitié. »

Les deux se séparèrent et ne se parlèrent plus. Bernier retourna à Saint-Quentin – on enterra le bon guerrier Aliaume en grandes pompes à l'entrée d'une église.

Gautier revint auprès de Guerri le Roux et ils regagnèrent en hâte Cambrai. Aalais, la dame au fier visage, vint à leur rencontre et se mit à leur parler :

« Seigneurs, dit-elle, je vous le dis en toute sincérité : vous poursuivez cette guerre avec une trop grande insouciance. Vous y trouverez la mort tous deux, je le crois par le Dieu du ciel, car je vois le sang couler de vos flancs. »

Les nobles guerriers répondirent alors : « Nous ne mourrons pas, ma dame, car Dieu nous viendra en aide. Faites venir les médecins, qu'ils nous disent le moment où nous pourrons de nouveau chevaucher contre nos ennemis pour les anéantir. »

221.

On fit venir aussitôt les médecins, qui se mirent en peine de guérir les deux barons, qui restèrent au repos comme vous pouvez l'entendre. À la Pentecôte, cette fête joyeuse, notre empereur qui gouverne la France manda ses hommes et les réunit autour de lui. Il en rassembla tant que je ne saurais les compter ; il manda Guerri, qui gouvernait Arras.

CCXXII

4605 Nostre empereres a ces barons mandés.
G[ueri] manda et Gautier l'alozés,
et Loeys et W[edon] le senés ;
E[rnaus] i vint, qui li poins fu colpés
en la bataille soz Origni es prés.
4610 Estes vos toz les guerie[r]s asamblés.
El maistre borc c'es[t] G[ueris] ostelez,
et Gautelés li preus et l'adurez.

CCXXIII

Nostre empereres a sa gent asamblee ;
a trente mil fu le jor aesmee.
4615 Par matinet ont la messe escoutee ;
apres monterent en la sale pavee.
Li seneschaus a la table pasee,
en sa main destre une verge pelee,
si s'escria a molt grant alenee :
4620 « Oiés, signor, franche gent honoree,
qe(e)le parole vos a li rois mandee :   [78b]
n'i a celui, c'il fait çaiens meslee,
qe ains le vespre n'ait la teste colpee ! »
G[ueris] l'entent, s'a la coulor muee ;
4625 ou voit B[ernier], met la main a l'espee,
mais Gautelés li a ens reboutee.
« Oncles, dist il, c'est folie provee,
qi chose emprent par sa fort destinee
dont il ait honte et sa gent soit blasmee.
4630 Gardez la chose soit si amesuree
honte n'en vaigne a ciax de no contree,
tant qe la chose puist estre amendee. »

CCXXIV

Grans fu la cors sus el palais plagnier.
A hautes tables sient li chevalier.
4635 El seneschal ot mout qe ensaignier :

222.

Notre empereur fit rassembler ses barons. Il convoqua Guerri et l'illustre Gautier, Louis et Eudes le sage ; Ernaut, qui eut le poing coupé au cours du combat dans les prés d'Origny, y vint. Voilà tous les guerriers rassemblés. Guerri et Gautier, le combattant acharné, logèrent dans la ville même.

223.

Notre empereur rassembla ses barons ; on estima le nombre de ses hommes à trente mille. Au petit matin ils assistèrent à la messe, puis montèrent jusqu'à la grande salle dallée. Le séné-chal, un bâton écorcé en sa main droite[1], vint devant la table et proclama à pleins poumons :

« Écoutez, nobles seigneurs distingués, ce que le roi vous mande : celui qui déclencherait une rixe en ces lieux aurait la tête tranchée avant le soir ! »

En écoutant cette déclaration, Guerri changea de couleur ; quand il vit Bernier, il mit la main à son épée, mais le jeune Gautier la repoussa dans le fourreau.

« Oncle, dit-il, c'est de la pure folie que d'être poussé par un lourd destin à entreprendre un acte pour lequel vous et vos hommes serez blâmés et déshonorés. Gardez un comportement mesuré, que les gens de notre pays ne soient pas déshonorés avant que l'affaire ne soit résolue. »

224.

Nombreuse fut l'assemblée des barons là-haut dans la salle d'apparat ; les chevaliers étaient assis à table sur les estrades. Le

---

1. La *verge pelee* est le symbole de sa fonction.

    ensamble mist B[erneçon] et Gautier,
    le sor G[ueri] et Y[bert] le guerrier,
    W[edon] de Roie, Loeys au vis fier,
    le manc E[rnaut] ou n'ot qe courecier.
4640 Or sont ensamble li nobile guerier !
    G[ueris] le vit, le sens quida changier.
    En sa main tint un grant coutel d'acier –
    vers B[erneçon] le vost le jor lancier,
    mais Gautelés ne li laissa touchier.
4645 « Oncles, dist il, on vos doit chastoier.
    Ja ne vos coste la viande un denier,
    et tex hom qide sa grant honte vengier
    qi tos esmuet un mortel encombrier. »
    G[ueri] aporte[nt] un mes de cerf plenier –
4650 le plus maistre os de la cuisse derier.
    G[ueris] le vit, ne vost plus atargier :   [79a]
    ens en la temple en feri ci [Bernier],
    deci a l'os li fist la char percier,
    tout le viaire li fist de sanc raier.
4655 Voit le B[erniers], le sens cuida changier,
    car veü l'orent li vaillant chevalier,
    et por ice q'il sisent au mengier.
    Saut de la table, un colp li va paier
    el haterel, ne le vost espargnier,
4660 qe sor la table le fist tout enbronchier.
    Gautiers saut sus qi vost son oncle aidier –
    par les chevox ala saisir B[ernier] ;
    li quens Y[bers] se commence a drecier ;
    Loeys tint un baston de pommier ;
4665 W[edes] de Roie cort a son branc d'acier ;
    li sor G[ueris] saisi un grant levier,
    et Gautelés un grant coutel d'acier :
    de deus pars saillent li baron chevalier.
    Ceste meslee fust ja vendue chier,
4670 qant la acorent sergant et despencier ;
    des tab[l]es prene[n]t les barons a saichier,
    au roi les maine[n]t qi France a a baillier.
    Et dist li rois : « Qi commença premier ?

sénéchal en avait encore long à apprendre, car il plaça côte à côte Gautier et le jeune Bernier, Guerri le Roux et le redoutable Ybert, Eudes de Roie, Louis au visage farouche, Ernaut, manchot pour son plus grand courroux. Voilà tous les nobles guerriers côte à côte !

Dès qu'il vit cela, Guerri pensa devenir fou. Il prit dans sa main un grand couteau d'acier qu'il voulait lancer sur-le-champ vers le jeune Bernier, mais le jeune Gautier l'en empêcha.

« Oncle, dit-il, on doit vous donner une leçon : cette nourriture ne vous coûte pas un denier, et il y a des gens qui ne pensent qu'à venger leur grande honte, mais qui préparent plutôt un piège mortel contre eux-mêmes. »

On apporta à Guerri un plat de venaison – le plus grand os de la cuisse arrière d'un cerf splendide. Dès qu'il le vit, il prit le parti de ne plus hésiter : il saisit le cuissot et en frappa Bernier à la tempe, le blessant jusqu'à l'os. Quand Bernier vit le sang couler le long de son visage, il pensa devenir fou, car tous les vaillants chevaliers assis autour de la table étaient témoins de cet affront. Bernier bondit de la table et alla porter à Guerri un coup vigoureux sur la nuque, qui le fit tomber de tout son long sur la table sans l'épargner. Gautier bondit sur ses pieds pour venir à l'aide de son oncle et saisit les cheveux de Bernier ; le comte Ybert se dressa aussitôt ; Louis tenait un bâton en bois de pommier ; Eudes de Roie courut à son épée d'acier ; Guerri le Roux empoigna une lourde perche ; et le jeune Gautier brandit un grand couteau d'acier. Des deux côtés les nobles chevaliers en vinrent aux prises. Cette rixe aurait fait beaucoup de victimes si les serviteurs et les maîtres d'hôtel n'avaient accouru en hâte. Ils arrachèrent les barons des tables et les menèrent devant le roi qui gouverne la France.

« Qui a commencé ? » demanda le roi.

– Li sors G[ueris], dïent maint chevalier,
4675 la commença premerains a B[ernier]. »

CCXXV

Se dist li rois : « Frans chevalier baron,
qi commença premerains la tençon ?
– Li sor G[ueris], par le cors saint Simon,
la commença premiers a B[erneçon]. »
4680 Li rois en jure saint Jaqe le baron :
« G'en prendrai droit a ma devisïon. »   [79b]
G[ueris] parole a la fiere façon :
« Drois empereres, ci a grant mesprison.
Se Dex m'aït, ne valez un bouton !
4685 Comment poroie esgarde[r] cel glouton
qe mon neveu ocist en traïson ?
Fix ert vo suer, qe de fit le seit on.
– Voir, dist B[erniers], vos dites mesproison.
Gel defiai dedens son p[a]vilon,
4690 mais par l'apostre c'on qiert en pre Noiron,
ja por bataille mar qerrés compaignon :
tant en arés, certes, o l'esperon
qe ains le vespre vos tenrez por bricon. »
G[ueris] l'oï, ainc tel goie n'ot om –
4695 plus le covoite q'aloe esmerillon.

CCXXVI

G[ueris] parole qi fu de grant aïr :
« Drois empereres, ne vos en qier mentir,
trestos li mons vos en devroit haïr,
qant le poés esgarder ne veïr.
4700 De vo neveu fist l'arme departir –
je me me[r]vel comment le pues soufrir
qe ne li fais toz les menbres tolir,
ou pendre as forches ou a honte morir. »
Et dist li rois : « Nel doit on consentir.
4705 S'uns gentils hom mande autre por se[r]vir,
ne le doit pas vergonder ne honnir,

« Guerri le Roux, répondirent maints chevaliers. C'est lui qui, le premier, a attaqué Bernier. »

225.

« Nobles chevaliers, dit le roi, qui a commencé cette rixe ?

– Guerri le Roux, sur les reliques de saint Simon. C'est lui qui, le premier, a attaqué le jeune Bernier. »

Le roi jura alors par le vaillant saint Jacques :

« Je le punirai comme bon me semblera. »

Guerri au visage déterminé prit la parole :

« Mon juste empereur, quel grand outrage ! Par Dieu, vous ne valez plus rien ! Comment pourrais-je supporter la vue de ce gredin qui a tué mon neveu en trahison ? Raoul était le fils de votre sœur, tout le monde le sait bien.

– Certes, dit le jeune Bernier, vos propos sont outrageux : j'ai défié Raoul dans son pavillon même ! J'en prends à témoin l'apôtre qu'on prie au Jardin de Néron : si vous voulez vous battre, vous n'aurez pas de peine à trouver un adversaire : vous en aurez tant, c'est certain, chaussés d'éperons, qu'avant ce soir vous serez obligé de reconnaître votre lâcheté. »

À ces mots, Guerri devint plus joyeux que personne au monde : il désirait le combat plus que l'émerillon ne désire l'alouette.

226.

Débordant de rage, Guerri prit la parole :

« Mon juste empereur, je vous dis sans ambages que si vous pouvez supporter la vue de cette personne, vous méritez la haine du monde entier. C'est lui qui a séparé l'âme du corps de votre neveu – je m'étonne que vous puissiez souffrir sa présence sans le faire mettre en pièces ou pendre à une potence ou le condamner à une mort honteuse ! »

Et le roi de répondre : « On ne devrait pas consentir à un tel acte. Si un noble en mande un autre pour venir le servir, il ne doit pas le déshonorer et lui faire honte. Néanmoins, par saint

et neporcant, par saint Pol le ma[r]tir
c'il ne se puet deffendre [ne] garantir,
a lui destruier ne puet il pas faillir. »

4710 B[erniers] l'oï, si commence a rougir.
« Signor, fait il, penseiz de moi nuisir :　　　　　　[80a]
a la bataille poés molt tos venir. »

CCXXVII

L'enfes Gautiers est saillis en estan[t],
ci a parlé hautement en oiant :

4715 « Drois empereres, entendés mon samblant.
Je combatrai a l'espee tranchant
vers B[erneçon] le bastart sousduiant,
si l'en ferai tout mat et recreant,
et par la geule, oiant tout, jehissant

4720 q'ocist R[aoul] mon oncle le vaillant
en felonnie – se sevent li auqant. »
Et dist G[ueris] : « Lechieres, laisse a tant.
Trop par ies jovenes, encor as cens d'effant.
Qi te ferroit sor le nes d'un seul gant

4725 por q'en volast une goute de sanc,
si plou[re]roies, par le mien esciant.
Mais mi nerf sont fort et dur et tenant,
et s'ai le cuer hardi et combatant ;
qant on me fiert d'un roit espieu tranchant,

4730 j'en pregn vengance molt tost au riche branc.
Vers le bastart vuell acomplir cest champ :
se ains le vespre nel rent por recreant,
fel soit li rois, se de pendre ai garant ! »
Et dist Gautiers au coraige vaillant :

4735 « Drois empereres (au coraige vaillant),
je ne volroie por l'onor de Melant
q'autres qe je en çainssist ja le brant.
– Voir, dist B[erniers], je l'otroi et creant.
Ançois le vespre ne le solell couchant

4740 de la bataille te quit je donner tant,
ja por nul home mar en iras avant ! »　　　　　　[80b]

Paul le martyr, s'il ne peut pas se justifier lui-même ou fournir des otages, il mourra sans aucun doute. »

À ces mots, Bernier rougit de colère.

« Seigneurs, dit-il, faites donc votre possible pour me nuire : vous pouvez vous mesurer à moi dès que vous le voulez ! »

227.

Le jeune Gautier bondit sur ses pieds et parla à voix forte devant l'assemblée :

« Mon juste empereur, écoutez ce que j'ai à dire. Je me battrai avec l'épée tranchante contre le jeune Bernier, ce traître bâtard, et je l'obligerai à s'avouer vaincu, et de sa propre bouche il confessera devant l'assemblée des barons qu'il a tué traîtreusement mon oncle Raoul le vaillant – tout le monde le sait ! »

Et Guerri de dire : « Arrête, fripon ! Tu es bien trop jeune et tu raisonnes comme un enfant. Qu'on te donne un coup de gant sur le nez, et qu'une seule goutte de sang en jaillisse, tu te mettras alors à pleurer, j'en suis sûr. Mais mes muscles sont forts, solides et résistants, et mon cœur est hardi et prêt à combattre. Lorsqu'on me frappe d'un solide épieu tranchant, je me venge aussitôt avec mon épée redoutable. Je veux entreprendre ce duel contre le bâtard : s'il ne s'avoue pas vaincu avant le soir, le roi sera un lâche s'il ne me fait pas pendre ! »

Alors Gautier au cœur vaillant dit : « Mon juste empereur, je vous le dis sans ambages[1] : même pour tout le fief de Milan, je ne voudrais pas qu'un autre que moi ceigne l'épée pour ce combat.

– Certes, dit Bernier, je l'accepte volontiers. Avant le soir et le coucher du soleil, j'ai l'intention de me battre si bien que jamais plus tu ne te mettras sur les rangs pour qui que ce soit ! »

---

1. Le scribe recopia ici la fin du vers précédent. Je m'inspire de la correction proposée en note par S. Kay.

CCXXVIII

« Drois empereres, dist B[erniers] li senez,
ceste bataille referai ge aseiz,
par tel covent con ja dire m'orrez :
4745 s'il n'est ensi con ja dire m'orez,
ja Diex ne place qi en crois fu penez
qe je en soie sains ne saus retornez.
– Voir, dist li rois, bien t'en iere avoez
et neqedent, ostaiges m'on donnrez. »
4750 Et dist B[erniers] : « Si con vos commandez. »
Son pere i met, et il i est entrez.
Et Gautelés ne c'est aseürez ;
a son ostel s'en est tantos alez,
il vest l'auberc, tos fu l'elmes fermez,
4755 et sainst l'espee au senestre costé.
De plaine terre est el destrier montez,
puis pent l'escu a son senestre lez ;
li bons espieus ne fu pas oublïez,
a trois clox d'or le confanon fermés.
4760 Et B[erneçons] se rest bien adoubez,
de riches armes noblement acesmés.
Nostre empereres le fist comme senez :
en deus batiaus les fist Saine passer.
Gautiers est outre, li gentils et li ber,
4765 il et Berniers, qi tant fait a loer.
Saintes reliqes i fait li rois porter,
en un vert paile desor l'erbe poser.
Qi dont veïst le paille venteler,
et les reliqes fremir et sauteler,
4770 de grant mervelle li poïst ramenbrer.

CCXXIX

L'enfes B[erniers] se leva sor les piés.　　　　　　　[81a]
« Baron, dist il, faites pais, si m'oiés.

228.

« Mon juste empereur, dit Bernier le sage, j'entreprendrai
volontiers ce duel, à la condition que vous allez entendre : si les
faits ne sont pas conformes à ce que je dirai, qu'il ne plaise à
Dieu qui a souffert sur la croix que j'en sorte sain et sauf.

– Certes, dit le roi, je me porterai volontiers garant de ton
serment, mais il faut que tu me fournisses des otages. »

Et Bernier de répondre : « Je me conformerai à vos ordres. »

Il nomma son père, qui resta là. Mais Gautier ne fournit pas
de garants : il rentra au plus vite à son logement, revêtit le
haubert, laça le heaume sans tarder et ceignit l'épée à son flanc
gauche. Il enfourcha son destrier d'un seul bond, puis attacha
l'écu à son côté gauche. Il n'oublia pas le solide épieu auquel
son gonfanon était fixé par trois clous d'or.

De son côté, Bernier s'équipa comme il convenait et se para
de belles armes magnifiques. Notre empereur agit selon les
usages : il leur fit passer la Seine sur deux bateaux différents[1].
Voici Gautier, le noble baron, de l'autre côté, ainsi que Bernier,
ce chevalier digne de louanges. Le roi fit apporter les saintes
reliques, que l'on posa à terre sur une étoffe de soie verte. Si
vous aviez vu l'étoffe se soulever, agitée par le vent et les
reliques frémir et tressauter, vous auriez conservé le souvenir
d'un grand miracle.

229.

Le jeune Bernier se leva.

« Barons, dit-il, taisez-vous et écoutez-moi ! Par les saintes

---

1. À cause du changement de rime (*-ez* en *-er*), Meyer et Longnon font
commencer ici une nouvelle laisse et leur numérotation rejoint celle de S. Kay
jusqu'à la laisse 241.

Par tos les sains qe je voi si couchiés
et par les autres dont Dex est essausiés
4775 et par celui qi en crois fu dreciés
q'a droit me sui del cors R[aoul] vengiés,
si m'aït Dex et ces saintes pitiés,
et q'a tort c'est Gautiers vers moi dreciés !
– Voir, dist Gautiers, vos mentés, renoiés.
4780 Ensois le vespre en serez detrenchiés ! »
B[erniers] respont qi c'est humeliés :
« Diex soit au droit ! A tort me laidengiés. »

CCXXX

De [Gautier] fu li sairemens jurez.
« Baron, dist il, envers moi entendez.
4785 Par toz les sainz qe vos ici veez,
et par les autres dont Diex est aourez,
qe B[erneçons] est ici parjurez ;
ancui en ert recreans et matez. »
Et dist B[erniers] : « Se Diex plaist, vos mentez. »
4790 Et Gautiers est sor son destrier montez,
B[erniers] el sien qi fu la amenez.
Gautiers fu jovenes, de novel adoubez ;
B[erneçon] a reqis comme senés.
Sor son escu li fu tex cols donnez
4795 desoz la boucle li est frais et troez,
et li haubers rompus et despanés ;
parmi les costes li est li fers passés.
Si fort le hurte Gautelés l'alosez,
plaine sa lance l'abat en mi le pré,
4800 et Gautelés s'en est outre passez.
A vois c'escrie : « Bastars, n'i garirez !   [81b]
– Voir, dist B[erniers], plus terre ne tenrez ;
hom abatus n'est mie toz matez. »

CCXXXI

Berneçons ot le cuer grain et irié
4805 qant il se vit jus del cheval a pié.

reliques que je vois placées ici devant moi, par tous les saints qui glorifient Dieu, et par Celui qui fut mis sur la croix, je jure que j'ai agi selon mon droit en me vengeant de Raoul – que Dieu et sa sainte miséricorde m'en soient témoins ! – et que Gautier s'est dressé à tort contre moi.

– Certes, dit Gautier, vous mentez, scélérat ! Avant ce soir je vous aurai mis en pièces ! »

D'une voix tranquille, Bernier lui répondit : « Que Dieu fasse la preuve du droit ! Vous m'insultez à tort. »

230.

Gautier prêta son serment.

« Barons, dit-il, écoutez-moi. Par les saintes reliques que vous voyez ici et par tous les saints qui adorent notre Dieu, je jure que le jeune Bernier vient de faire un faux serment. Aujourd'hui même il sera vaincu et déclarera forfait. »

Et Bernier de répondre : « Je prends Dieu à témoin que vous mentez. »

Alors Gautier enfourcha son destrier et Bernier le sien, dès qu'on le lui amena. Gautier était jeune et adoubé depuis peu, mais il affronta Bernier comme un chevalier expérimenté. Il lui porta tant de coups sur l'écu qu'il le fendit et le troua sous la boucle ; il rompit et faussa les mailles du haubert, lui passant la pointe de sa lance au travers des côtes. Le jeune Gautier heurta son ennemi avec une telle force qu'il l'abattit de toute la longueur de sa lance au milieu du pré et continua sur sa lancée en s'écriant :

« Bâtard, rien ne te protégera !

– Certes, dit Bernier, c'est vous qui n'aurez jamais plus de terre à gouverner. Un homme désarçonné n'est pas du tout un homme vaincu ! »

231.

En se voyant à bas de son cheval, le jeune Bernier avait le cœur plein de tristesse et de colère. Il tira son épée, empoigna

Il traist l'espee s'a l'escu embracié ;
au cheval vint q'il vit aparillié.
B[erniers] monta par le doré estrie[r],
dedens le fuere a le branc estoié,
4810 le destrier broiche, si a brandi l'espié,
et fiert Gautier sor l'escu de quartier.
Desoz la boucle li a frait et percié
et le hauberc rompu et desmaillié,
el flanc senestre li a l'espié bagnié ;
4815 outre s'en pase, le fer i a laissié.
Ou voit G[ueri], si l'a contraloié :
« Cuivers viellars, molt te voi enbronchié.
Ja ne verras ains le solel couchié
de ton neveu partira l'amistié. »
4820 Gautiers l'oï, si a haut escrïé :
« Cuivers bastars, con as le cens changié !
Ains q'il soit vespres t'arai ci justicié,
ja mais de terre ne tenras demi pié ! »
Le destrier hurte, si a le branc sachié
4825 et fiert B[ernier], ne l'a pas espargnié,
mervillos col[p] sor son elme vergié ;
desor le cercle li a frait et trenchié,
la bone coife li a petit a[i]dié,
qe de la char li trancha demi pié –
4830 l'orelle emporte, dont trop l'a empirié.
« Voir, dist B[erniers], malement m'a[s] saignié. »   [82a]

CCXXXII

« Dex, dist B[erniers], vrais peres, qe ferai
qant sor mon droit l'orelle perdu ai ?
Se ne me venge, ja mais liés ne serai ! »
4835 L'espieu requevre si con je bien le sa[i],
[et] fiert Gautier – mervelles li fist lai –
del sanc del cors li fist saillir un rai.
« Voir, dist B[erniers], aconseü vos ai.
Mais ne verrés les honors de Cambrai.
4840 – Voir, dist Gautier, ja mai ne mengerai
desq'a cele eure qe vostre quer tenrai.

son écu et revint à son cheval qui l'attendait. Bernier, mettant le pied à l'étrier doré, se hissa sur son cheval et remit son épée au fourreau. Il éperonna son destrier, brandit son épieu et assena un coup à Gautier sur l'écu écartelé. Il le fendit et le perça sous la boucle, rompit et démailla le haubert et plongea son épieu dans le flanc gauche de Gautier. Bernier continua sur sa lancée, laissant le fer dans la blessure ; puis il regarda Guerri et l'insulta :

« Vieux gredin, je vois que tu as baissé la tête ! Tu ne verras pas le coucher du soleil que déjà tu auras perdu le soutien de ton neveu ! »

À ces mots, Gautier s'écria : « Gredin de bâtard, tu as perdu la raison ! Avant la tombée du jour je t'aurai infligé une telle punition que jamais plus tu ne posséderas un demi-pied de terre ! »

Il éperonna son destrier, tira son épée et, sans épargner Bernier, lui assena un coup formidable sur son heaume à vergettes, qu'il fendit et démolit au-dessus du cercle. La solide coiffe ne pouvait empêcher qu'il lui tranchât un demi-pied de chair – ce fut une horrible mutilation, car il lui enleva l'oreille.

« Certes, dit Bernier, tu m'as cruellement blessé ! »

232.

« Dieu, notre Père, dit Bernier, que vais-je faire maintenant que j'ai perdu mon oreille, alors que j'avais le droit pour moi ? Si je ne me venge pas, jamais plus je ne connaîtrai le bonheur ! »

Il reprit son épieu, je le sais bien, et porta un coup formidable à Gautier, qui fit jaillir le sang à gros bouillons.

« Certes, dit Bernier, je vous ai touché ! Vous ne reverrez jamais les terres de Cambrai.

– Certes, répondit Gautier, je ne prendrai aucune nourriture avant de vous avoir arraché le cœur. Je sais bien que je vous

Je sai de fit q'ains la nuit t'ocirai –
de vostre orelle estes en grant esmai ;
de vostre sanc voi tout covrir le tai. »
4845 Et dist B[erniers] : « Molt bien m'en vengerai.
– Mes niés ventra », dist E[rnaus] de Doai.
« Fix a putain ! dist G[ueris] de Cimai ;
se je vois la, je vos chastoierai.
De[l] poing senestre me resamblez le gai
4850 qi siet sor l'arbre ou je volentiers trai :
le pié en port et la cuisse li lai !
Se je vois la, je vos afolerai. »
Et dist Y[bers] : « Ne le penserés ja,
tant con je vive n'en ma vertu serai.
4855 Au branc d'acier vos noterai tel lai
don[t] ja n'arez a nul jor le cuer gai –
mais ne verrés le borc Saint Nicolai !
– Voir, dist G[ueris], ausi t'atornerai
con fis ton [fr]ere Herbert q'esboelai
4860 soz Origni, ou a lui asamblai,
ou par la goule as forches te pendrai. »   [82b]

CCXXXIII

La bataille est mervillouse et plaigniere –
ainc par deus homes ne fu faite si fiere ;
cascuns tenoit son bon branc de Baviere,
4865 n'i a celui qi son per ne reqiere.
Escus n'i vaut une viés estriviere –
neïs la boucle n'i remaint pas entiere ;
li hauberc rompe[n]t et devant et deriere,
n'i a celui en vive char ne fiere,
4870 n'i a celui n'ait sanglante la chiere –
li sancs l[or] cort contreval l'estriviere.
Ne qit qe longues li uns l'autre reqiere –
ce est mervelle s'andui ne vont en biere.
A tant eis vos Joifroi de Roiche Angliere ;
4875 sus el palais en est venus ariere.
« Drois empereres, dist li bers, par saint Piere,
la vostre gent n'est mie trop laniere !

tuerai avant la tombée de la nuit. La perte de votre oreille vous
épouvante : je vois la boue couverte de votre sang. »

Et Bernier de répondre : « Je saurai bien me venger !

– Mon neveu l'emportera », affirma Ernaut de Douai.

« Fils de pute ! lui dit Guerri de Chimay, si je m'en mêle, je
te donnerai une leçon. Sans le poing gauche, tu me rappelles le
geai qui perche sur l'arbre et sur lequel je tire à l'arc pour
m'amuser[1] : je lui prends la patte sans toucher à la cuisse. Si je
m'en mêle, je t'assommerai ! »

Et Ybert de répondre : « N'y songez même pas, tant que je
vis et suis en forme ! Sinon, mon épée d'acier jouera sur vous
un air qui ne vous égaiera jamais le cœur – jamais vous ne
reverrez la ville de Saint-Nicolas.

– Certes, dit Guerri, je te traiterai comme ton frère Herbert,
que j'ai éventré à Origny quand je l'ai affronté, ou bien je te
pendrai par le cou à une potence ! »

233.

Le combat fut terrible et acharné – jamais deux barons ne
luttèrent si furieusement : chacun tenait sa bonne épée de
Bavière et n'hésitait aucunement à poursuivre son adversaire.
Les écus ne valurent pas plus qu'une vieille étrivière – même
les boucles étaient en morceaux ; les hauberts se rompirent de
partout. Chacun toucha l'autre dans sa chair vive et tous deux
eurent le visage sanglant – leur sang coulait le long de l'étri-
vière. À mon avis, ils n'allaient pas pouvoir s'affronter
longtemps de cette façon – c'était un miracle qu'ils ne fussent
pas déjà morts et mis en bière. Voilà que Geoffroi de Roche
Anglière regagna la grande salle.

« Mon juste empereur, dit le baron, par saint Pierre, vos

---

1. Les auteurs du haut Moyen Âge, comme Raban Maure et le pseudo-Hugues
de Saint-Victor, estimaient que le geai était un oiseau de peu de valeur. Il était
considéré comme une proie facile pour le renard, qui le trompait aisément.

Des champïons chascuns a brace fiere –
bien s'entrefierent et devant et deriere. »

CCXXXIV

4880 Grans fu la noise sus el palais plaignier.
Li dui el pré n'ont cure d'espargnier.
En Gautelet ot molt bon chevalier,
grans fu et fors, bien resambla guerier ;
vers B[erneçon] se vorra acointier.

4885 Grans cols li donne sor l'escu de qartier,
mais a se colp ne le [vost] espargnier ;
devers senestre cola li brans d'acier,
desor l'espaule li fist la char trenchier,
desi a l'os li fist le branc fichier,

4890 bien demi pié en abat sor l'erbier.
S'or ne tornast li riches brans d'acier,   [83a]
fendu l'eüst desq'outre le braier.
Parmi la bouche li fist le sanc raier,
tout estordi l'abati en l'erbier.

4895 « Voir, dist B[erniers], tu me vieus enpirier. »
[Et] dist Gautier : « Jel fas por chastoier :
ensi doit on traïtor justicier
q'ocist a tort son signor droiturier ! »
Dist B[erneçons] : « Vos i mentés, Gautier.

4900 Vos aveiz tort, si le comparrés chier.
De duel morai, se ne me puis vengier. »
Qi li veïst son escu embracier,
sa bone espee tenir et paumoier,
son hardement doubler et engraigner !

4905 Qant Gautelés le vit venir si fier
a grant mervelle le prist a resoingnier ;
et B[erneçons] ne le vost espargnier :
grant colp li done parmi l'elme a or mier
q'il li trencha pres de demi qartier.

4910 S'or ne tornast vers le flanc senestrier,
dusq'es espaules feïst le branc glacier.
Gautiers lo vit, n'i ot qe corecier :
seure li cort a guise d'ome fier.

hommes ne manquent pas de courage ! Chaque combattant a les
bras solides : ils s'assaillent de tout côté. »

234.

Grand fut le tumulte là-haut dans la salle d'apparat ; sur le
champ de combat, les deux adversaires ne ménagèrent pas les
coups. Le jeune Gautier était un excellent chevalier, grand et
fort, qui avait bien l'allure d'un guerrier. De nouveau il se lança
contre Bernier et, sans chercher à l'épargner, lui porta un coup
vigoureux sur l'écu écartelé ; la lame d'acier frappa du côté
gauche et trancha la chair de l'épaule jusqu'à l'os – il en abattit
sur l'herbe un demi-pied. Si la redoutable épée d'acier n'avait
pas dévié, Gautier l'aurait pourfendu jusqu'à la ceinture. Le
sang giclait de la bouche de Bernier, qui s'abattit tout étourdi
sur l'herbe.

« Certes, dit Bernier, tu cherches à me nuire ! »

Et Gautier de répondre : « C'est pour te donner une leçon :
c'est ainsi qu'on doit punir le traître qui a tué injustement son
seigneur légitime !

– Tu mens, Gautier, dit le jeune Bernier. Tu n'as pas le droit
pour toi, et tu le paieras cher : je mourrai de douleur si je ne puis
me venger ! »

Vous auriez dû voir Bernier attraper son écu, saisir et brandir
sa bonne épée, et sa hardiesse redoubler et se renforcer ! Quand
le jeune Gautier le vit s'approcher avec une telle férocité, il en
éprouva une angoisse horrible. Le jeune Bernier refusa de
l'épargner : il lui porta un coup vigoureux sur le heaume d'or
pur qui en enleva près d'un demi-quartier. Si le coup n'avait pas
glissé vers le côté gauche, la lame se serait enfoncée jusqu'aux
épaules. Quand il vit cela, Gautier, hors de lui, se lança contre

Ja fuse[n]t mort andui li bon guerrier –
4915 n'i a celui qi bien se puist aidier.
G[ueris] le vit, le sens qida changier ;
il a sonné un graile menuier,
si home viene[n]t q'il ne l'osent laissier.
Il s'agenoille vers la tor del mostier ;
4920 sor sainz jura, voiant maint chevalier,
c'il voit Gautier jusq'a mort justicier,   [83b]
B[ernier] fera toz les menbres trenchier.
Y[bers] l'oï, le sens qida changier ;
ses homes mande, si les [a] fait rangier.
4925 Le signor jure qi tout a a baillier,
se B[ernier] voit morir ne trebuchier,
Gautier fera laidement aïrier –
ne le gara tos l'or de Monpeslier,
ne Loeys qi France a a baillier,
4930 puis qe venra a estor commencier :
« Se on l'encontre as fors lances baissier,
seürs puet estre de la teste trenchier ! »
A tant es vos Joifrois et Manecier –
cele parole en vont au roi nuncier.
4935 Et dist li rois, « Par le cors saint Richier,
desevrés les, nes la[i]ssiés plus touchier ! »
Plus de .l. avalent le planchier,
sor Saine viene[n]t corant sor le gravier –
sax dessevrerent sans plus de l'atargier.
4940 Mout lor em poise, si con j'oï noncier :
encor volssise[n]t la bataille essaier.
Qi longement les laissast chaploier,
et qe[l] qe soit n'eüst nul recovrier :
plaies ont grans, ne fine[n]t de saignie[r].
4945 Li mire viene[n]t, si les font estanchier,
et les esvente[n]t por lor cors refroidier ;
puis les menere[n]t ens el palais cochier –
deus riches lis fisent aparillier.
Mais l'empereres en fist a blastengier,
4950 qe si pres giure[n]t ambedui li guerrier
qe l'uns vit l'autre remuer et couchier.   [84a]

Bernier avec férocité. Déjà ces deux valeureux guerriers étaient à l'article de la mort – nul n'aurait besoin d'un quelconque secours.

Voyant cela, Guerri pensa devenir fou. Il sonna une trompe au timbre aigu et ses hommes accoururent, car ils n'osaient pas l'abandonner. Il s'agenouilla en direction de la tour de l'église et jura sur les saintes reliques en la présence de maints chevaliers, que s'il voyait Gautier mis à mort, il mettrait en pièces Bernier.

À ces mots, Ybert pensa devenir fou. Il rassembla ses hommes et les fit disposer en rangs. Il jura par Dieu, maître de toute chose, que s'il voyait chanceler ou mourir Bernier, il réserverait à Gautier une fin honteuse – s'ils en venaient aux prises, tout l'or de Montpellier ni même Louis qui gouvernait la France ne pourraient le sauver.

« Si on le rencontre avec de solides lances baissées, il est sûr d'avoir la tête tranchée ! »

Voilà que Geoffroi et Manessier allèrent rapporter ces menaces au roi.

« Sur les reliques de saint Riquier, dit le roi, séparez-les, ne les laissez plus en venir aux mains ! »

Plus de cinquante barons descendirent l'escalier en bois et se hâtèrent vers la rive de la Seine où ils les séparèrent sans plus attendre. Les deux adversaires obéirent à regret, à ce qu'on m'a dit, car ils auraient voulu poursuivre le combat, mais si on les avait laissés se battre plus longtemps, aucun des deux n'aurait survécu : ils avaient de profondes plaies qui ne cessaient de saigner. Les médecins arrivèrent, arrêtant l'écoulement du sang et éventant les champions pour leur donner un peu de fraîcheur. Ensuite ils les conduisirent dans la grande salle où ils les couchèrent dans deux lits somptueux qu'ils firent préparer. Mais l'empereur agit de façon blâmable en plaçant les deux combattants si près l'un de l'autre que chacun pouvait voir

A Gautelet vint li rois tout premiers ;
cortoisement le prist a araisnier :
« Vivrés en vos ? Nel me devés noier.
4955 – Oïl, voir, sire, a celer nel vos qier.
– Dex, dist le rois, vos en doi gracïer.
A vos qidai B[erneçon] apaier. »
Gautiers l'oï, le sens qida changier.
A haute vois commença a huchier :
4960 « Drois empereres, Dex te doinst encombrier
car ceste guere feïs tu commencier,
R[aoul] mon oncle ocire et detranchier.
Par celui Dieu qi tout a a jugier,
ne m'i verrés a nul jor apaier,
4965 ains li ferai toz les menbres tranchier ! »
Et dist B[erniers] : « Or oi bricon plaidier.
S'or ne devoie ne boivre ne mengier,
ja ne veroies mais le mois de fevrier ! »

CCXXXV

Nostre empereres est de Gautier tornez,
4970 a B[erneçon] en est tantost alez ;
courtoiseme[n]t fu par lui aparlez :
« Sire B[erniers], frans chevaliers menbrez,
vivreiz en vos ? Gardez nel me celez.
– Oïl, voir, sire, mais molt sui agreveiz.
4975 – Dex, dist li rois, t'en soies aourez !
Tant qidai vivre, ja mar le mes[cre]rez,
qe vos fuissiés a Gautier acordez ;
mais tant par est fiers et desmesurez
qe nel feroit por l'or de .x. citez. »
4980 Dist B[erniers] : « Sire, ja autre n'en verrez :
Gautiers est jovenes, de novel adoubez,   [84b]
se qide bien faire ces volentez ;
mais par celui qi en crois fu penez,
se n'iert ja mais a trestoz mes aez
4985 qe je ja soie recreans ne matez. »
Gautiers l'oï, qi molt fu aïrez :
« Cuivers bastars, con ies desmesurés !

l'autre remuer dans son lit. Le roi vint d'abord au jeune Gautier et lui demanda courtoisement :

« Est-ce que vous allez vivre ? Dites-le-moi sans détours !

– Oui, certes, sire, pour vous parler franchement.

– Dieu en soit remercié, dit le roi, car j'espère vous réconcilier avec le jeune Bernier. »

À ces mots, Gautier pensa devenir fou et se mit à crier à haute voix :

« Mon juste empereur, que Dieu vous confonde, car vous êtes à l'origine de cette guerre, et c'est vous qui avez fait tuer et massacrer Raoul, mon oncle. Par Dieu le Juge souverain, vous ne me verrez jamais réconcilié avec lui – je le mettrai plutôt en pièces ! »

Et Bernier de répondre : « Propos d'imbécile ! Tu ne reverras jamais le mois de février, dussé-je ne plus manger ni boire ! »

235.

Notre empereur quitta Gautier et se dirigea aussitôt vers le jeune Bernier, à qui il s'adressa courtoisement :

« Seigneur Bernier, noble chevalier robuste, est-ce que vous allez vivre ? Dites-le-moi franchement !

– Oui, certes, sire, mais je suis grièvement blessé.

– Dieu soit loué ! dit le roi. J'espérais vivre assez longtemps – n'en doutez pas ! – pour vous réconcilier avec Gautier, mais il est si cruel et forcené qu'il refusera, même pour l'or de dix citadelles.

– Sire, dit Bernier, il ne répondra jamais autrement : Gautier est jeune et adoubé depuis peu : il croit que rien ne peut lui résister. Mais par Celui qui a souffert sur la croix, jamais jusqu'à la fin de mes jours je ne serai vaincu ni ne déclarerai forfait. »

À ces mots, Gautier enragea : « Bâtard, gredin, quelle déme-

Mon oncle as mort qi fu preus et senez,
ton droit signor, con traïtres provez.
4990 Ce est mervelle comment vos le soufrez :
de vostre orelle estes mal atornez,
qi desor Sainne remeist gisant es prez ! »
Dist B[erneçons] : « Molt grant tort en avez.
Tel vos donnai, si qe bien le savez,
4995 el flanc senestre fustes parfont navrez.
Ce poise moi, dolans en fui aseiz ;
grant pechié faites qant ne vos acordez. »
Gautelés l'oit, ci l'en est pris pitez.

CCXXXVI

« Sire Gautiers, dist B[erniers] li gentiz,
5000 por amor Dieu qi en la crois fu mis,
iceste guere dur[r]a ele toudis ?
Ja pardonna Diex sa mort a Longis ;
car pren l'amende, frans chevalier eslis.
Droit t'en ferai trestout a ton devis :
5005 qite te claim ma terre et mon païs,
si m'en irai o toi en Cambrisis,
servirai toi, ce te di et plevis.
Ne qier avoir qe deus povres roncis ;
mar vestirai ne de vair ne de gris ;
5010 as esquiers serai comme mendiz			[85a]
por aigue boivre ne por mengier pain bis.
Tant con volras cerai ensi chaitis,
desq'a cele eure qe pitiés t'en iert pris –
ou pren t'espee, orendroit ci m'ocis ! »
5015 Donc c'escrïerent et Gautiers et G[ueris] :
« Cuivers bastars, con or estes aqis !
Ja par cel Dieu qi en la crois fu mis
li vostres drois nen sera requellis ;
ains en morez, par le cors saint Denis !
5020 – Tot est en Dieu, dist B[erniers] li gentis,
ne puis morir deci a mon juïs. »
Ez en la vile la seror Loeys ;
qant ele entra es rues de Paris

sure ! Tu as tué traîtreusement mon oncle, le chevalier preux et
avisé qui était aussi ton seigneur légitime. Je m'étonne que tu
puisses le supporter[1] : tu as souffert la perte de ton oreille, que
tu as laissée à terre sur les bords de la Seine ! »

Et Bernier de répondre : « Vous vous trompez grandement !
Je vous ai porté un coup, vous le savez bien, qui vous a griève-
ment blessé au côté gauche. Maintenant je regrette profondé-
ment que vous refusiez de vous réconcilier – c'est un grand
péché. »

À ces mots, le jeune Gautier se laissa attendrir.

236.

« Seigneur Gautier, dit le noble Bernier, pour l'amour de
Dieu qui fut mis en croix, cette guerre doit-elle toujours durer ?
Jésus a pardonné sa mort à Longin ; et toi, noble et digne che-
valier, tu dois accepter mon amende honorable – je te ferai
réparation à ton gré : je remettrai entre tes mains ma terre et
mon pays ; je t'accompagnerai en Cambrésis où je te servirai –
tout ceci je te le jure solennellement. Je ne demande que deux
pauvres chevaux de somme et ne porterai plus jamais ni vair ni
petit-gris ; je mendierai auprès des écuyers de l'eau à boire et du
pain bis pour manger. Je vivrai de la sorte jusqu'au moment où
tu prendras pitié de moi. Sinon, prends ton épée et tue moi
sur-le-champ ! »

Gautier et Guerri se mirent alors à crier : « Bâtard, gredin,
comme te voilà abattu ! Par Dieu qui fut mis sur la croix, on
n'acceptera jamais ta réparation – tu mourras plutôt, sur les
reliques de saint Denis !

– Tout appartient à Dieu, dit le noble Bernier, je ne puis
mourir avant le jour fixé. »

Voilà que la sœur du roi Louis arriva en ville ; quand Aalais
entra par les rues de Paris, elle entendit crier de toutes parts que

---

1. Le référent du pronom *le* est ambigu : s'agit-il par anticipation de « la perte
de son oreille » du vers suivant, comme le veut S. Kay et notre traduction ? ou
bien, renvoie-t-il au meurtre de Raoul que vient d'évoquer Gautier, comme le
suppose la traduction de Berger et Suard : « – comment, ô roi, avez-vous pu
accepter cela ? – » Impossible de trancher.

de totes pars a entendu les cris
5025 des deus vasaus, qe chascuns est malmis.
Oit le la dame, ces cuers en est maris ;
qi li donnast tot l'avoir Saint Denis,
ne poïst ele faire ne giu ne ris
tant q'ele saiche qe fait li siens amis.
5030 Ele descent del mulet Arabis
puis est montee sus el palais voltis ;
vint en la sale devant roi Loeys,
apres li vint main chevalier de pris.

CCXXXVII

Dame A[alais] qi tant fist a proisier
5035 del bon mulet descendi sans targier.
Sus el palais commença a puier –
avuec li ot maint vaillant chevalier.
Encontre saille[n]t si ami li plus chier –
li sors G[ueris] et maint autre princier.   [85b]
5040 Et l'empereres qi France a bailllier,
il la salue belement, sans targier ;
apres la vost acoler et baissier –
la gentix dame l'en a bouté arier :
« Fui de ci, rois, tu aies encombrier !
5045 Tu ne deüses pas regne justicier !
Se je fuse hom, ains le sollelg couchier
te mosteroie a l'espee d'acier
q'a tort ies rois, bien le pues afichier,
qant celui laises a ta table mengier
5050 qi ton neveu fist les menbres trenchier. »
Devant li garde si vit gesir Gautier ;
de duel se pasme sans plus de l'atargier –
tos le redresce[nt] li vaillant chevalier.
Et Gautelés commença a huchier :
5055 « Franche maisnie, faites vos baut et fier.
Dites ma taie qe j'ai fait de B[ernier] :
mais en sa vie n'avra homme mestier –
g'en pris l'orelle a l'espee d'acier. »
La dame l'ot, ces mains tent vers le ciel :

les deux combattants étaient blessés. À cette nouvelle, la dame eut le cœur marri – même si on lui donnait toutes les richesses de Saint-Denis, elle ne saurait rire ni sourire avant de connaître le sort de son parent. Elle descendit du mulet arabe et puis monta jusqu'à la grande salle voûtée ; suivie de maints chevaliers de grand renom, elle vint auprès du roi Louis.

237.

Dame Aalais, qui méritait tant d'éloges, descendit du mulet sans tarder et commença à monter vers la grande salle en compagnie de maints chevaliers valeureux. Ses amis les plus proches vinrent à sa rencontre – Guerri le Roux et bien d'autres princes. Et l'empereur qui gouvernait la France la salua courtoisement et sans hésiter ; mais lorsqu'il voulut la prendre dans ses bras et l'embrasser, elle le repoussa.

« Va-t'en d'ici, mauvais roi – que Dieu te confonde ! Tu n'es pas digne de régner. Si j'étais un homme, je te montrerais avec l'épée d'acier, avant le coucher du soleil, que tu t'es approprié sans droit la royauté dont tu te vantes, puisque tu permets à celui qui a mis en pièces ton neveu de manger à ta table. »

Elle regarda devant elle et vit Gautier alité – elle se pâma aussitôt de douleur, mais les vaillants chevaliers s'empressèrent de la relever. Alors le jeune Gautier s'écria :

« Nobles compagnons, réjouissez-vous et soyez fiers ! Racontez à mon aïeule ce que j'ai fait à Bernier : jamais plus on ne se souciera de lui, car je lui ai coupé l'oreille avec mon épée d'acier. »

À ces mots, la dame tendit ses mains vers le ciel :

5060 « Biaus sire Dex, vos en doi mercïer ! »
D'autre part garde, si voit gesir B[ernier] ;
seure li cort si saisi un levier –
ja l'eüst mort sans autre recovrier,
mais li baron ne li laissent touchier.

5065 Et B[erniers] prent fors del lit a glacier ;
tot belement, sans plus de l'atargier,
dame A[alais] cort la ganbe enbracier,
et le souler doucement a baisier.
« Gentix contesce, plus ne vuel delaier !   [86a]

5070 Vos me nouristes, se ne puis je noier,
et me donnastes a boivre et a mengier.
E Gautelés, por Dieu le droiturier,
s'or ne te viex por Jhesu apaier,
vois ci m'espee : de moi te pues vengier,

5075 car plus ne vel envers toi gueroier ! »
Dame A[alais] commence a larmoier –
ne s'en tenist por les menbres trenchier,
qant B[ernier] voit si fort humelier.

CCXXXVIII

Grans fu la cors en la sale garnie.
5080 L'enfes B[erniers] a la chiere hardie
son chief benda d'une bende de sie ;
toz fu en braies, n'ot chemise vestie.
En crois adens tint l'espee forbie,
devant le roi Gautele[t] merci prie :

5085 « Merci, Gautier, por Dieu le fil Marie
qi sucita le mort en Betanie,
et reciut mort por nos rendre la vie.
Je te proi, sire, lai ester la folie ;
ne doit durer tos jors ceste folie –

5090 ou tu m'ocis, ou tu me laisse en vie ! »
G[ueris] l'oï s'a la coulor noircie ;
si haut parole la sale est estourmie :
« Par Dieu, bastars, ensi n'ira il mie !
Tu en pendras, ou moras a hachie,

« Seigneur Dieu, je vous en rends grâce ! »

Puis elle regarda de l'autre côté et vit Bernier alité ; elle saisit une perche et se précipita sur lui, et l'aurait tué sans rémission si les barons ne l'avaient empêchée de le toucher. Bernier se souleva péniblement du lit ; humblement et sans hésiter il s'agrippa à la jambe de dame Aalais et se mit à lui baiser tendrement le soulier.

« Noble comtesse, il n'y a plus de délai possible : vous m'avez élevé, cela je ne puis le nier, et vous m'avez donné à boire et à manger. Ah, Gautier, par Dieu notre Juge, si tu ne veux te réconcilier avec moi au nom de Jésus, voici mon épée : tu peux te venger de moi, car je n'ai plus envie de faire la guerre contre toi. »

Dame Aalais se mit à verser des larmes – dût-on lui couper les membres, elle ne put s'empêcher de pleurer en voyant Bernier s'humilier ainsi.

238.

Nombreuse fut l'assemblée des barons dans la salle bien aménagée. Le jeune Bernier au visage hardi se banda la tête avec une étoffe de soie. Sans chemise et ne portant que des braies[1], il se prosterna les bras en croix, tendit son épée bien polie et demanda grâce au jeune Gautier en présence du roi :

« Pitié, Gautier, au nom de Jésus le Fils de Marie, qui ressuscita le mort en Béthanie[2] et subit lui-même la mort pour nous rendre la vie ! Je vous prie, seigneur, de renoncer à cette folie ; cette guerre insensée ne doit pas durer à jamais : il faut me tuer dès maintenant ou bien me laisser vivre en paix ! »

À ces mots, Guerri s'assombrit et parla d'une voix si forte que toute la salle en trembla :

« Par Dieu, bâtard, il n'en ira pas ainsi ! Tu seras pendu, ou

---

1. Se dépouiller de ses armes et ne porter que des braies est un signe d'humilité de la part d'un chevalier. De même, se prosterner indique qu'on réclame une grâce ou une faveur. 2. Allusion à la résurrection de Lazare par Jésus (Jean 11).

5095 se ne t'en fuis en Puille ou en Hongrie ! »
    Desor B[ernier] est la cors revertie ;
    se li escrient, la sale est estourmie :
    « Par Dieu, [Berniers], ensi n'ira il mie !
    Sire G[ueris], plains estes d'estoïe   [86b]
5100 qant vos ce dites force li est faillie :
    encor a il mil homes en s'aïe,
    ne li fauront por a perdre la vie. »
    B[erniers] respont, q'il n'a soing de folie :
    « Merci, signor, por Dieu le fil Marie !
5105 Se Dex se done qi tout a em baillie
    qe ma proiere fust en gré recoillie,
    anqui seroit ceste guere fenie. »

CCXXXIX

    Berniers se gist ens el palais listé ;
    en crois adens tint le branc aceré.
5110 De Saint Germain i est venus l'abé ;
    chieres reliqes aporta a plenté,
    de saint Denis et de saint Honnoré.
    En haut parole, q[e] bien l'ont escouté.
    « Baron, dist il, oiés ma volenté.
5115 Vos savez bien, par sainte charité,
    qe Damerdiex qi tant a de bonté
    ot le sien cors travillié et pené
    en sainte crois au venredi nommé ;
    Longis i fu, au cors boneüré,
5120 si le feri el senestre costé.
    N'avoit veü lonc tans avoit passé ;
    tert a ces ex, si choisi la clarté,
    merci cria par bone volenté,
    et nostres sire li ot lues pardonné.
5125 Sire G[ueris], por Dieu de maïsté,
    iceste guere a ele trop duré.
    B[erniers] vos ofre par bone volenté ;
    se vos nel faites, vos en serez blasmé. »
    Li gentix abes fu de grant loiauté.   [87a]
5130 Y[bert] le conte a par non apelé,

mourras misérablement, si tu ne t'enfuis pas d'abord en Pouille
ou en Hongrie ! »

L'assemblée se retourna vers Bernier et cria si fort que la
salle en trembla :

« Par Dieu, Bernier, il n'en ira pas ainsi ! Seigneur Guerri, tu
es bien imprudent de prétendre qu'il manque ici de force :
Bernier a encore mille hommes pour l'aider, qui ne l'abandon-
neront jamais, dussent-ils en mourir ! »

Bernier, qui s'opposait à toute folie, répondit : « Tout doux !
seigneurs, par Dieu le Fils de Marie ! Si Dieu qui gouverne le
monde accueille favorablement ma prière, cette guerre sera ter-
minée aujourd'hui même. »

239.

Bernier se prosterna dans la grande salle décorée de bordures
peintes ; face contre terre, les bras en croix, il tendit l'épée
d'acier. L'abbé de Saint-Germain arriva avec une grande quan-
tité de reliques précieuses de saint Denis et de saint Honoré[1]. Il
parla à voix haute afin que tous puissent l'entendre :

« Barons, dit-il, écoutez ce que je veux dire. Vous savez tous,
par la sainte charité, que Dieu dans sa bonté a souffert le sup-
plice de la croix le Vendredi saint. Longin, le bienheureux, était
là et le frappa au côté gauche. Lui, qui était aveugle depuis
longtemps, s'essuya les yeux avec le sang du Christ et vit la
clarté du jour ; il demanda miséricorde de tout son cœur et
Notre-Seigneur lui pardonna. Seigneur Guerri, au nom du Dieu
de majesté, cette guerre a trop duré. Bernier vous offre la paix
de bonne volonté ; si vous refusez, vous en encourrez le
blâme. »

Le noble abbé était d'une grande loyauté. Par leurs noms, il
appela le comte Ybert, Eudes de Roie, Louis au cœur acharné

---

1. De la famille des comtes de Ponthieu, Honoré fut l'évêque d'Amiens à la
fin du VIᵉ siècle. Son culte était très répandu après l'élévation de son corps en
1060.

W[edon] de Roie, Loeis l'aduré
et de Doai dant E[rnaut] le sené –
le poing senestre ot en l'estor colpé
en la bataille soz Origni el pré.
5135 « Baron, dist il, or oiés mon pensé.
Chascuns aport son bon branc aceré ;
vos anemis soient si presenté
qe se Diex plaist ja serez acordé
par tel covent con ja dire m'orez :
5140 tout li pechié te soient pardonné
qe au juïse lor soient pardonné.
– Voir, dist Y[bers], ja n'en ier(t) trestorné. »
Il s'agenoillent voiant tot le barné,
merci crïerent par bonne volenté ;
5145 onqes G[ueris] n'en a un esgardé.
L'abes le vit, pres n'a le sens dervé.

CCXL

L'abes s'escrie qi molt fu bien apris :
« Qe faites vos, d'Aras li sors G[ueris] ?
Levez les ent, franc chevalier gentil ! »
5150 Et Gautelés c'escria a haut cris :
« Levez les ent, dame, par vos mercis,
por Damerdieu qi onqes ne mentis ;
nel di por ce qe ja soit mes amis,
tant qe il soit detranchiés et ocis. »
5155 G[ueris] l'oï, s'en a jeté un ris.
« Biax niés, dist il, molt par ies de haut pris –
bien hez de cuer trestoz tes anemis.
N'i garira B[erneçons] li chaitis ! »
L'abes l'entent, a poi n'enraige vis :   [87b]
5160 « Sire G[ueris], tout avez le poil gris,
ne ne savez le jor de vo juïs.
Se pais ne faites, si m'aït saint Denis,
ja la vostre arme n'avera paradis ! »

et Ernaut, le sage seigneur de Douai (celui qui eut le poing gauche coupé lors du combat des prés d'Origny).

«Barons, leur dit-il, écoutez donc mon désir : que chacun apporte sa bonne épée d'acier, que vous présenterez à vos ennemis afin que vous soyez réconciliés, s'il plaît à Dieu. Je vous certifie que celui qui pardonnera à son ennemi sera lavé de tous ses péchés le jour du Jugement[1].

– Certes, dit Ybert, rien ne m'en détournera.»

Ils s'agenouillèrent devant toute l'assemblée des barons et demandèrent sincèrement pardon, mais Guerri refusa de les regarder. Devant cette attitude, l'abbé crut presque devenir fou.

240.

L'abbé, qui était un homme sage, s'écria :

«Qu'attendez-vous, Guerri le Roux d'Arras ? Dites-leur de se relever, noble chevalier !»

Et le jeune Gautier s'écria à pleine voix : «Dites-leur de se relever, ma dame, je vous en prie, pour l'amour du Seigneur Dieu qui ne mentit jamais. Je ne le dis pas parce que Bernier sera jamais mon ami – je le tuerai plutôt !»

À ces mots, Guerri sourit de plaisir.

«Cher neveu, dit-il, tu es vraiment un homme de grande valeur, qui hait ses ennemis de tout son cœur. Ce misérable Bernier n'aura pas de répit !»

À ces mots, l'abbé faillit enrager : «Seigneur Guerri, vous avez les cheveux gris et ne connaissez pas le jour de votre mort. Si vous refusez de faire la paix, saint Denis m'en soit témoin, votre âme n'ira jamais en paradis !»

---

1. Encore une fois, le scribe recopia la fin du vers précédent.

CCXLI

Sus el palais a grant noise de gent.
5165 Devant Gautier gist B[erniers] simplement,
    devant G[ueri] Y[bers] par bon talent,
    et Loeys ces freres ensement ;
    W[edes] de Roie en prie doucement,
    il et E[rnaus] de Doai au cors gent ;
5170 et B[erneçons] c'escria hautement :
    « E Gautier, sire, por Dieu omnipotent,
    nos .v. espees te sont or en present :
    nos n'i arons mais nul recovrement.
    Or nos pardone, por Dieu, ton maltalent,
5175 ou pren t'espee, si t'en venge erramment. »
    Par le palais s'en escrie[nt] .vii. cent :
    « E, Gautelet, por Dieu ou tout apent,
    por amor Dieu, frans hom, levez les hent !
    – Dex ! dist G[autiers], con je le fas dolent ! »
5180 Il les en lieve tos et isnelement,
    puis s'entrebaisent con ami et parent.
    Li rois s'en torne, plans fu de maltalent
    car dolans est de cel acordement.

CCXLII

Li sors G[ueris] se dreça en estant ;
5185 a la fenestre en est venus avant ;
    il c'escria a sa voiz hautement :
    « B[erneçons], frere, par Dieu, venez avant !
    Cis rois est fel – gel taing a sousduiant !
    Iceste guere, par le cors saint Amant,   [88a]
5190 commença il – se sevent li auqant.
    Faisons li guere, franc chevalier vaillant.
    – Voir, dist B[erniers], je l'otroi et creant ;
    ne vos fauroie por nule rien vivant. »
    Y[bers] parole o le grenon ferrant :
5195 « Tout Vermendois, le païs fort et grant,
    vos abandoins a faire vo talant.
    Ja contre vos n'en re[tenrai] plain gant,

241.

Là-haut, dans la grande salle, le tumulte s'éleva. Bernier était humblement prosterné devant Gautier ; et Ybert et son frère Louis s'inclinèrent devant Guerri de bonne volonté : Eudes de Roie l'implora doucement, lui et Ernaut de Douai au corps gracieux. Le jeune Bernier s'écria à haute voix :

« Ah, seigneur Gautier, par Dieu le Tout-Puissant, nous te présentons ici nos cinq épées – nous ne nous en servirons plus. Pardonne-nous d'avoir causé ta colère, au nom de Dieu, ou prends ton épée et venge-toi sans plus tarder. »

Sept cents voix s'élevèrent à travers la grande salle :

« Ah, Gautier, notre seigneur, pour l'amour de Dieu à qui toute chose appartient, dites-leur de se relever !

– Dieu, dit Gautier, qu'il m'est pénible de le faire ! »

Mais il les fit se relever à l'instant et tous s'embrassèrent en amis et parents. Le roi, plein de colère, s'en alla, car cet accord lui déplaisait.

242[1].

Guerri le Roux se dressa sur ses pieds et s'approcha de la fenêtre, d'où il s'écria d'une voix imposante :

« Mon jeune ami Bernier, par Dieu, approchez ! Ce roi est cruel – il est traître, à mon avis ! C'est lui, sur les reliques de saint Amand, qui est à l'origine de cette guerre – tout le monde le sait. Déclarons-lui la guerre, nobles chevaliers vaillants !

– Certes, dit Bernier, j'en suis tout à fait d'accord ; je ne vous ferais défaut pour rien au monde. »

Ybert à la moustache grisonnante parla : « Je remets à votre gré tout le Vermandois, ce grand et puissant pays ; je n'en récla-

---

1. S. Kay fait commencer ici une nouvelle laisse à cause du changement de rime, bien que ce changement ne soit pas signalé dans le manuscrit par une lettrine. La numérotation des laisses dans l'édition Meyer-Longnon diffère donc d'un numéro jusqu'à la fin du poème.

ne de ma terre un denie[r] vaillisant.
De ce me poise, par le cors saint Amant,
5200 qe ceste guere avera duré tant. »
Et dist G[ueris] : « Ne puet estre autremant ;
des or serons comme prochain parent. »

CCXLIII

Grans fu la cors sus el palais plaingnier.
Entre A[alais] et Y[bert] au vis fier,
5205 le sor G[ueri] et le cortois Gautier,
E[rnaut] le conte de Doai le guerier
et Loeys et W[edon] et Bernier,
trestout li conte vont ensanble mengier.
El roi de France n'en ot qe courecier.
5210 Les barons mande(t) q'a lui vegne[n]t plaidier,
et il si font q'il ne l'osent laissier –
dusq'el palais ne vorent atargier.
Li rois s'en va a un dois apuier,
et apela Y[bert] le fort guerier.
5215 « Y[bers], fait il, molt vos ai eü chier.
Apres vo mort, par Dieu le droiturier,
vuel Vermendois donner a un princier. »
Dist Y[bers] : « Sire, bien fait a otroier ;
a B[erneçon] la donnai des l'autrier.   [88b]
5220 – Comment diables ! dist li rois au vis fier.
Doit donc bastars nule honnor chalengier ? »
Y[bers] respont ou n'ot qe corecier :
« Drois empereres, par Dieu le droiturier,
a grant tort faites vostre home laidengier.
5225 Vostre hom estoie hui main a l'esclarier –
le vostre hommaige avant porter ne qier
se droit n'en faites et le gaige ploier.
– Voir, dist li rois, trop te sai losengier.
Ja de la terre n'averas un denier –
5230 je l'ai donnee Gilemer le Pohier. »
Dist B[erniers] : « Sire, asez poez plaidier,
qe par celui qi tot a a baillier,
ja vos secors ne li ara mestier

merai pas la moindre parcelle, ni n'en recevrai un denier vail-
lant. Sur les reliques de saint Amand, je regrette que cette
guerre ait tant duré. »

Et Guerri de dire : « Oublions le passé ; désormais nous
serons liés comme de proches parents. »

243.

Nombreuse fut l'assemblée des barons, là-haut, dans la salle
d'apparat. Aalais et Ybert au fier visage, Guerri le Roux et le
courtois Gautier, Ernaut, le vaillant comte de Douai, Louis,
Eudes et Bernier – tous les comtes – allèrent se mettre ensemble
à table. Le roi de France, débordant de colère, ordonna aux
barons de venir lui parler, ce qu'ils firent, car ils n'osaient le
contrarier – ils gagnèrent en hâte la grande salle. Le roi alla
s'appuyer à une table et s'adressa à Ybert, le puissant guerrier.

« Ybert, dit-il, je suis lié d'amitié avec vous depuis
longtemps. Après votre mort, par Dieu notre Juge, je veux
donner le Vermandois à un prince.

– Sire, dit Ybert, je suis entièrement d'accord[1] ; je l'ai donné
l'autre jour au jeune Bernier.

– Comment diable ! dit le roi au fier visage. Est-ce qu'un
bâtard peut prétendre à un fief ? »

Ybert, débordant de colère, répondit : « Mon juste empereur,
par Dieu notre Juge, c'est à tort que vous offensez votre homme
lige. Car ce matin même, j'étais votre homme lige, mais je ne
vous prêterai plus hommage si vous ne m'en faites droit et que
vous n'en pliez le gage.

– Certes, dit le roi, je sais bien que tu es un fieffé menteur.
Tu ne recevras pas un denier vaillant de cette terre – je l'ai
donnée à Gilemer de Poix. »

Et Bernier de dire : « Sire, vous pouvez dire ce que vous
voudrez, mais par Dieu, maître de toute chose, votre secours ne
servira en rien à Gilemer, car je le mettrai en pièces !

---

1. Il est bien d'accord, car il considère le jeune Bernier comme un prince.

qe ne li face toz les menbres trenchier ! »
5235 Et dist li rois : « Tais toi, glous pautounier !
Cuivers bastars, viex tu a moi tencier ?
Tos te feroie en un vil liu lancier. »
B[erniers] l'oï, le sens qida changier.
Par maltalent traist l'espee d'acier.
5240 a vois escrie : « Qe faistes vos, Gautier ?
Desor toz homes me devez vos aidier ! »
Et dist G[ueris] : « Ne te doi faunoier –
ne te fauroie por l'or de Monpeslier !
Cest coart roi doit on bien essillier,
5245 car ceste guere nos fist il commencier,
et mon neveu ocire et detranchier. »
Qi dont veïst ces espees saichier,
le sor G[ueri] la soie paumoier,
et les roiax fremir et goupillier !

[89a]

5250 Bien plus de .vii. en fisent baaillier ;
nes l'empereres n'ot pas le cors entier
car B[erneçons] s'i ala acointier –
parmi la cuisse li fist le branc glacier
si q'il le fist a terre trebuchier.

CCXLIV

5255 Mout fu li rois dolans et abosmez ;
et Gautelés en est em piés levez.
« Drois empereres, dist il, grant tort aveis.
Je sui vos niés, faillir ne me deveiz. »
Et dist li rois : « Fel gloz, lai moi ester ;
5260 qe par celui qi en crois fu penez,
chascuns en iert en fin deseritez ! »
Dist Gautelés : « Qant vos me desfïez,
d'or en avant de mon cors vos gardez ! »
As ostex est tantost uns mes alez ;
5265 a vois escrie : « Franc chevalier, montez !
Nos signor sont ens el palais meslez. »
Qant cil l'oïrent, es les vos tos montez :
en petit d'eure furent mil adoubez.
Estes les vos vers le palais tornez.

– Tais-toi, gredin, va-nu-pieds ! dit le roi. Vil bâtard, oses-tu
m'affronter ? J'aurais vite fait de te jeter dans un trou infect ! »

À ces mots, Bernier pensa devenir fou. Plein de colère, il tira
son épée d'acier et se mit à hurler :

« Qu'attendez-vous, Gautier ? Vous devez m'aider contre tout
autre ! »

Et Guerri dit : « Je ne dois pas te trahir – je ne te ferai défaut
pour tout l'or de Montpellier. Il faut détruire ce couard de roi
qui est à l'origine de cette guerre, et qui a fait tuer et massacrer
mon neveu ! »

Vous auriez dû voir les épées tirées, et Guerri le Roux brandir
la sienne, et les gens du roi frémir et se sauver comme des
renards ! Plus de sept furent abattus à terre, la bouche grande
ouverte – même le roi n'échappa pas sans blessure, car le jeune
Bernier vint l'affronter et de son épée lui transperça la cuisse, le
faisant s'écrouler à terre.

244.

Le roi fut plongé dans la douleur. Le jeune Gautier se dressa
sur ses pieds et dit :

« Mon juste empereur, vous avez totalement tort. Je suis votre
neveu et vous ne devez pas me faire défaut. »

Et le roi de répondre : « Vilain traître, laisse-moi en paix ! Car
par Celui qui fut supplicié sur la croix, à la fin vous serez tous
déshérités !

– Puisque vous me défiez, dit le jeune Gautier, gardez-vous
désormais de moi ! »

Un messager se rendit aussitôt à leurs logements et s'écria :
« À cheval, nobles barons ! Nos seigneurs en sont venus aux
prises dans la grande salle ! »

À ces mots, les voilà tous en selle : en peu de temps mille
hommes furent équipés et vinrent en toute hâte à la grande salle.

CCXLV

5270 Grans fu la cors en la sale voltie.
G[ueris] parole a la chiere hardie :
« Drois empereres, drois est c'on le vos die :
iceste guere mut par vostre folie.
R[aoul] donnastes autrui terre em baillie ;
5275 vos li jurastes devant la baronie
ne li fauriez tant con fussiés en vie.
Asez set on qex fut la garantie –
soz Origni fu mors leiz l'abeïe !
Mais par celui q[u]i tout li mondes prie,   [89b]
5280 encor n'en est vostre grans os banie. »
Et dist li rois : « Fel viex, Dex te maldie !
Comment q'il praigne, d'Aras n'arez vos mie –
dedens un mois en iert l'onnors saisie ;
se vos i truis, par Dieu le fil Marie,
5285 a la grant porte – tex en est l'establie –
la vos pendrai, voiant ma baronnie. »
Oit le G[ueris] ; maintenant le desfie :
« Or vos gardés de m'espee forbie !
B[erneçons], frere, or ai mestier d'aïe. »
5290 Et dist B[erniers] a la chiere hardie :
« Ne vos faurai ja jor de compaignie. »
E vous la cort a grant mal departie.

CCXLVI

Li sors G[ueris] avala les degrez ;
au perron trueve mil chevalier armez.
5295 Et B[erneçons] c'est en haut escrïez,
« Franc chevalier, de bien faire pensez !
Nos escuier tout maintenant armez,
isnelement ceste vile roubez –
trestout soit vostre ce qe vos conqerrez. »
5300 Et cil respondent : « Si con vos commandez. »
Crïent le fu ci fu lues alumez,
et en Paris par les rues boutez.
Des le palais dont vos oï avez

245.

Nombreuse fut l'assemblée des barons dans la salle voûtée. Guerri au visage hardi parla :

« Mon juste empereur, il faut qu'on vous le dise : cette guerre a commencé par votre folie. Vous avez investi Raoul de la terre d'un autre et lui avez juré devant vos barons de ne pas lui faire défaut de toute votre vie. On sait bien ce que valut cette promesse : il a été tué devant Origny, près de l'abbaye. Mais par Celui que nous prions tous, vous n'aurez pas de sitôt rassemblé votre grande armée. »

Et le roi de répondre : « Vieillard cruel, Dieu te maudisse ! Quoi qu'il en soit, tu ne garderas jamais Arras : d'ici un mois j'aurai saisi le fief ; et si je t'y trouve, par Jésus le Fils de Marie, je te pendrai devant la porte principale en présence de tous mes hommes – c'est ainsi que j'ai résolu de faire ! »

À ces mots, Guerri défia le roi : « Gardez-vous désormais de mon épée brunie ! Bernier, mon jeune frère, j'ai besoin de votre aide à présent. »

Et Bernier au visage hardi répondit : « Ma compagnie ne vous fera jamais défaut ! »

Voilà que la cour se dispersa dans de funestes circonstances.

246.

Guerri le Roux dévala les marches et trouva au perron mille chevaliers en armes. Le jeune Bernier s'écria à voix haute :

« Nobles chevaliers, pensez à frapper fort ! Faites prendre les armes à nos écuyers sans perdre un instant et pillez cette ville au plus tôt – que tout ce que vous prendrez soit vôtre ! »

Ils répondirent : « À vos ordres ! »

Ils donnèrent l'ordre de mettre le feu et bientôt les flammes gagnèrent les rues de Paris. Depuis le Palais dont vous avez

deci au pont ou arivent les nez
5305 n'i a le jor de toz avoirs remez
dont uns vilains poïst estre encombrez.

CCXLVII

La cité arde[n]t par molt grant desmesure.
Vait s'en G[ueris] et B[erniers] a droiture,
et Gautelés tout soef l'ambleüre :   [90a]
5310 de sejorner en la vile n'ont cure.
A Pierefons sont venu a droiture,
et chevalchiere[n]t toute la nuit oscure ;
a Saint Quentin s'en vont grant aleüre.
Toute la gens del païs s'aseüre
5315 por la grant gu[e]re dont il sont en ardure ;
et li rois tient a grant desconfiture
q'en la cité li ont fait tel laidure.
Par maltalant le cors saint P[iere] en jure
ja nes gara chastiax ne fermeüre,
5320 ne parentez, ne nule noureture,
qe toz nes mete a grant desconfiture.

CCXLVIII

A Saint Quentin vinre[n]t, en Vermendois.
« Sire G[autiers], dist Be[r]niers li cortois,
G[ueris] mes sires e'n ira en Artois
5325 et vos irez a Cambrai demanois.
Je sui encor de mes plaies destrois,
et vos meïsmes ne serez sains des mois.
Je sai molt bien qe molt nos heit li rois ;
fera nos guere, c'il puet, en Vermendois –
5330 sor nos venra a mervillous effrois.
Et vos mandez toz sox qe vos porrois,
G[ueris] les siens, li preus et li cortois ;
et je sui ci molt pres de Loenois :
assez souvent les metrai en effrois –
5335 ja nes garra ne bare ne defois
sovent n'en çaingne mon bon branc vienois. »

entendu parler jusqu'au pont où les navires se mettent à quai, il ne restait ce jour-là assez de biens pour charger un paysan.

247.

Dans leur violence démesurée, ils mirent le feu dans toute la cité. Alors Guerri et Bernier s'en furent et le jeune Gautier alla tranquillement l'amble ; ils n'avaient plus envie de rester en ville. Ils arrivèrent directement à Pierrefonds et continuèrent leur chevauchée pendant toute cette nuit ténébreuse, ne s'arrêtant pas avant de gagner Saint-Quentin ; tous les gens du pays se prémunirent contre la grande guerre pour laquelle ils brûlaient d'un désir ardent. Le roi ressentit comme une grande humiliation, le sévère dommage qu'on lui avait fait dans la cité. Plein de colère, il jura sur les reliques de saint Pierre que ni châteaux ni forteresses, ni parents ni familiers, ne l'empêcheraient de les anéantir.

248.

Ils parvinrent à Saint-Quentin en Vermandois.

« Seigneur Gautier, dit le courtois Bernier, mon seigneur Guerri s'en ira en Artois et vous irez de suite à Cambrai. Mes blessures me font toujours mal et vous-même ne serez pas guéri avant des mois. Je sais bien que le roi nous hait. Il nous fera la guerre, s'il le peut, ici en Vermandois – il s'avancera contre nous avec une force épouvantable. Il vous faut rassembler tous les amis que vous pourrez, et que le preux et courtois Guerri fasse de même. Je suis ici tout près du pays de Laon – ni barrière ni défense ne m'empêchera de les assaillir souvent, lorsque je ceindrai ma bonne épée de Vienne. »

A ces paroles sont departi manois.
Li sors G[ueris] s'en ala en Artois,
dame A[alais] en Cambrizis ses drois.   [90b]

CCXLIX

5340 Droit a Aras s'en va li sors G[ueris],
et Gautelés repaire en Cambrezis,
et A[alais] s'aiole o le cler vis.
Mande[n]t lors homes et lor millor amis ;
tout autresi a fait li sors G[ueris]
5345 car de la guere est B[erneçons] touz fis.
Li rois en jure Dieu qi en la crois fu mis
q'il nel lairoit por tout l'or de Senlis
qe del bastart ne soit vengement pris,
qi son bon borc li [a] ars et espris,
5350 et a roubee la cité de Paris ;
et si grant honte li fisent el païs
B[erniers], Gautiers, d'Aras li sors G[ueris],
s'il n'a la terre dedens les .xv. dis
et Vermendois n'a a force conquis,
5355 il ne prise vaillant deus parizis.
Ces escrivains en a a raison mis :
« Faites mes chartres teles con je devis.
Mander volrai trestoz les miens amis,
et mes barons et sox qe j'ai norris,
5360 qe de ma honte soit tos vengement pris.
Nes garira chastiax ne roulleïs
qe nes en traie – forment en sui hatis ! »
Et cil responde[n]t : « Tout a vostre devis. »

CCL

Gautiers, G[ueris], B[erniers] li cortois
5365 a Saint Quentin vinre[n]t en Vermendois.
La segornerent grant partie del mois
car de lor plaies eurent encor destrois ;
avec oux ont deus bons mires cortois.
Qant gari sont, si s'en torne[n]t manois :   [91a]

Sur ces mots, ils se séparèrent ; Guerri le Roux s'en alla en Artois et dame Aalais regagna son fief du Cambrésis.

249.

Guerri le Roux s'en alla directement à Arras et le jeune Gautier retourna en Cambrésis avec son aïeule Aalais au clair visage. Ils convoquèrent leurs gens et leurs meilleurs amis ; Guerri le Roux fit de même, car Bernier était convaincu de l'imminence de la guerre. Le roi jura par Dieu qui fut mis sur la croix que tout l'or de Senlis ne l'empêcherait pas de se venger du bâtard qui avait incendié et brûlé sa ville et pillé sa cité de Paris. Puisque Bernier, Gautier et Guerri le Roux d'Arras l'avaient couvert de honte dans tout le pays, s'il n'a pas pris leur terre dans quinze jours et conquis par les armes le Vermandois, à son avis il ne vaudra pas deux deniers de Paris. Il s'adressa à ses scribes :

« Rédigez-moi des lettres comme suit. Je veux convoquer tous mes amis et mes parents, ainsi que ceux que j'ai élevés à ma cour, afin de me venger de cet outrage. J'arracherai mes ennemis de tous leurs châteaux, de toutes leurs fortifications – je veux le faire tout de suite ! »

Et ils répondirent : « Vos ordres seront suivis en tout point. »

250.

Gautier, Guerri et le courtois Bernier vinrent à Saint-Quentin en Vermandois. Ils y séjournèrent une grande partie du mois, car ils souffraient encore de leurs blessures. En leur compagnie ils avaient deux médecins. Dès qu'ils furent guéris, ils partirent :

5370 li sors G[ueris] s'en ala en Artois,
     o lui enmainne B[erneçon] le cortois ;
     dame A[alais] en Cambrisis ces drois
     la est alee – Gautier enmaine o soi.

CCLI

     Va s'en Gautier droit a Cambrai la riche,
5375 li sors G[ueris] a Aras la garnie,
     B[ernier] enmaine ; n'en i vieut laissier mi[e],
     car de R[aoul] est li acorde prise
     par un saint abe qi la pais i a mise.
     Li sors G[ueris] a une bele fille –
5380 il n'ot si bele desq'as pors de Lutice.
     Qant ot novele de la chevalerie,
     et de B[ernier] q'ele ne haoit mie
     qi venus est, Damerdieu en mercie.
     Lors a vesti un peliçon d'ermine
5385 et par des[oz] un ver bliaut de siie ;
     vairs ot les ex – ce samble toz jors rie ;
     par ces espaules ot jetee sa crine
     qe ele avoit bele et blonde et trecie(e).
     De sa chanbre ist tot ensi la meschine ;
5390 la est venue ou fu la baronnie
     et vit B[ernier] en un bliaut de sie.
     Vint a son pere ; ce li a pris a dire :
     « Bien vegniés, sire, vos et vo compangnie !
     Ma bele fille, et Dex vos beneïe ! »
5395 Lors l'acola, si l'a trois foiz baisie.
     Dist la pucele : « Qi est cis valsax, sire,
     qe je voi la – nel me seler vos mie.
     – C'est B[erniers], bele – onqes mais nel veïstes –
     qi avra faites tantes chevaleries.   [91b]
5400 A maint des nos a tolues les vies. »
     Dist la pucele : « Or me dites, biax sire,
     par cui conduit est donc en ceste vile ?
     – Fille, fait il, ne le vos celerai mie[...]
     car de R[aoul] est li acorde prise
5405 par un saint abe qi la pais i a mise.

Guerri le Roux s'en alla en Artois, emmenant avec lui le courtois Bernier ; Dame Aalais regagna son fief du Cambrésis, emmenant Gautier avec elle.

251[1].

Gautier s'en alla directement à la puissante ville de Cambrai ; Guerri le Roux regagna Arras, cette ville bien approvisionnée, emmenant avec lui Bernier, qu'il ne voulait pas laisser derrière lui, car un pieux abbé les avait réconciliés et avait établi un accord au sujet de Raoul.

Guerri le Roux avait une jolie fille – on n'aurait pu en trouver de plus jolie d'ici jusqu'aux défilés de Lutice[2]. Lorsqu'elle entendit la nouvelle de l'arrivée des chevaliers, et surtout de celle de Bernier, qu'elle ne détestait guère, elle rendit grâce à Dieu. Elle revêtit un manteau fourré d'hermine et, en dessous, un bliaut de soie verte. Elle avait les yeux étincelants, qui lui donnaient l'air de sourire sans cesse. Sur ses épaules elle avait jeté les tresses de sa belle chevelure blonde. La jeune fille sortit de sa chambre ainsi parée ; elle vint vers l'endroit où se trouvaient les chevaliers et vit Bernier vêtu d'un bliaut de soie. Elle vint auprès de son père et dit :

« Bienvenue, seigneur, à vous et à vos compagnons.

– Que Dieu vous bénisse, ma belle enfant ! »

Puis Guerri la prit dans ses bras et l'embrassa trois fois.

Elle lui demanda : « Qui est ce valeureux chevalier, seigneur, que je vois là-bas – ne me cachez pas son nom !

– Belle, c'est Bernier, qui a accompli de beaux exploits chevaleresques – il a tué beaucoup de nos gens. Vous ne l'avez pas encore vu.

– Dites-le-moi, mon père, qui lui permet d'entrer en sécurité dans cette ville ?

– Ma fille, dit-il, je vous parlerai franchement : [c'est moi qui lui ai donné ce sauf-conduit], car un pieux abbé nous a réconciliés et a établi un accord au sujet de Raoul.

---

1. Avec cette laisse commence la partie assonancée. 2. Pays lointain difficile à identifier. S'agit-il de la Lycie en Asie Mineure, ou bien du pays des Luticii/ Leutis (Wilzes) de la *Chanson de Roland* ?

– Dex, fait la bele, glorious peres, sire,
vos en ren je et graces et merite. »
Puis dist en bas c'on ne l'entendi mie :
« Lie la dame qe isil aroit prise,
5410 car molt a los de grant chevalerie ;
qi le tenroit tot nu soz sa cortine,
miex li valroit qe nule rien qi vive. »

CCLII

La damoise[le] a regardé B[ernier]
qi plus est joins qe faus ne esprevier ;
5415 et ot vestu un bon ermine chier,
chauces de paile qi molt font a proisier ;
camosez fu del bon hauberc doublier
q'il ot porté en maint estour plegnier.
El l'aime tant, ne s'en set conseillier.
5420 « Dex, fait la dame, qi tout as a jugier,
buer seroit nee qi a tel chevalier
seroit amie et espouse a mollier.
Q[u]i le poroit acoler et baisier,
miex li v[a]lroit qe boivre ne mengier. »
5425 Puis dist en bas, c'ele puet esploitier,
qe le tenra encor ains l'anuitier.
Tant l'argua l'amor del chevalier
qe en la place ne pot plus atargier,
mais a son pere a demandé congié.   [92a]
5430 Plus tos qe pot en ces chambres s'en vient ;
lors les fist bien conreer et joinchier
et bien portendre de bons pailes deliés.
Son chanbrelenc apela, Manecier :
« Amis, biax frere, Dex garise ton chief !
5435 Un poi de chose te volroie acointier
qi te poroit encore avoir mestier,
mais coiement te covient esploitier
se tu a moi viex avoir recovrier.
Qant tu veras qe tans et lius en iert,
5440 sus el palais m'en iras a B[ernier] ;
di li par moi salus et amistié,

– Dieu, Père glorieux, dit la belle, je vous en rends grâce et louange ! »

Puis elle dit tout bas, afin que nul ne l'entende :

« Heureuse la dame que celui-ci choisira, car la gloire que lui ont valu ses exploits chevaleresques est grande ! Celle qui le serrerait tout nu derrière les tentures de son lit s'en trouverait mieux que de quoi que ce soit d'autre ! »

252.

La demoiselle regarda Bernier, qui était plus vif que faucon ou épervier. Il portait un manteau fourré d'hermine et des chausses de soie de grande valeur ; il avait la peau meurtrie du fait d'avoir porté le solide haubert à double épaisseur en mainte rude bataille. Elle l'aima tant qu'elle en perdit la tête.

« Dieu, notre Juge souverain, quel bonheur pour celle qui deviendrait l'amie et l'épouse d'un tel chevalier ! Le prendre dans ses bras et l'embrasser, ce serait mieux que boire et manger. »

Puis elle dit tout bas que, si possible, elle l'aurait dans ses bras avant la nuit. L'amour qu'elle éprouvait pour le chevalier la décontenançait tant qu'elle ne pouvait plus rester dans la salle. Elle demanda congé à son père et regagna au plut tôt ses appartements, qu'elle aménagea en faisant répandre une jonchée sur le sol et en tendant les murs de belles étoffes de soie. Elle convoqua Manessier, son chambellan :

« Ami, que Dieu te protège ! Je voudrais t'apprendre quelque chose qui pourra te profiter. Si tu agis discrètement, tu seras bien récompensé. Quand tu jugeras le temps et le lieu propices, tu iras là-haut dans la grande salle auprès de Bernier, que tu salueras de ma part et assureras de mon amitié. Ensuite, tu

et q'en mes chambres ce vaigne esbanoier,
et as eschés et as tables joier.
Je te donrai .xx. livres de deniers. »
5445 Dist li mesaiges : « Je irai volontiers. »
De la pucele se depart Maneciers ;
de son afaire ne se vost atargier,
ançois volra, ce il puet, esploitier
sans demorer et sans point delaier
5450 comment sa dame parlera a B[ernier].
Plus tost qe pot vint el palais plaingnier,
la ou estoient li vaillant chevalier ;
ne targa gaires qant il prisent congié.
Et li mesajes est venus a B[ernier] ;
5455 cortoisement – n'ot en lui q'ensaignier –
par devant lui se prist a genollier,
ens en l'orelle li prist a conseillier :
« Damoisiax, sire, molt te doiz avoir chier
qant or te mande la fille au sor guerier –   [92b]
5460 n'a plus gentil de si a Monpeslier –
qe en ces chambres veneiz esbanoier,
et as eschés et as tables joier.
Ma damoisele vos volra acointier,
fille G[ueri], au millor chevalier
5465 c'on saiche mie en France ne sou[s] ciel.
Par moi vos mande saluz et amistié.
Or tos, biaux sire, por Dieu ne vos targiés ! »
Et dist B[erniers] : « Par mon chief, volentiers.
De nul mesaige ne fuse je si liés.
5470 Preu i aras, qant l'amor i porqiers :
je te donrai un bon corant destrier,
et beles armes et escu de qartier ;
por cest mesaige te ferai chevalier
ançois qe past uns tot seul mois entier. »
5475 Dist li mesaiges : « Bien vos doi mercïer. »
Ensi parolent entre lui et B[ernier] ;
vont en la chanbre sans point de delaier ;
la sist la bele qi tant fist a proisier.
Qant ele vit venir le chevalier,

l'inviteras à venir se détendre dans mes chambres : il pourra jouer aux échecs et au trictrac. Quant à toi, tu recevras vingt livres de deniers.

– J'irai très volontiers », dit le messager.

Manessier quitta la demoiselle : il ne voulait pas différer sa mission, préférant régler cette affaire, s'il le pouvait, au plus vite, et trouver un moyen par lequel sa dame pût s'entretenir avec Bernier. Il courut donc à la grande salle, là où se trouvaient les vaillants chevaliers. Dès qu'ils se séparèrent, le messager s'approcha de Bernier, s'agenouilla courtoisement devant lui – il connaissait bien les usages – et lui chuchota à l'oreille :

« Mon jeune seigneur, vous devez être content de vous, car la fille du plus noble guerrier d'ici jusqu'à Montpellier vous invite à vous détendre dans ses appartements : vous pourrez jouer aux échecs et au trictrac. Ma maîtresse souhaite faire votre connaissance ; c'est la fille de Guerri, le meilleur chevalier qui soit en France ou dans le monde entier. Par moi elle vous salue et vous assure de son amitié. Seigneur, au nom de Dieu, ne la faites pas attendre.

– Par ma tête, dit Bernier, j'irai très volontiers, car aucun message ne pourrait me faire plus grand plaisir. Tu seras récompensé d'avoir favorisé la cause de l'amour : je te donnerai un bon destrier rapide, de belles armes et un écu écartelé ; pour avoir porté ce message, je ferai de toi un chevalier avant même qu'un seul mois ne soit écoulé. »

Le messager dit : « Je vous en remercie en toute sincérité. »

Tout en parlant ainsi, Bernier et le messager vinrent sans tarder à la chambre où était assise la belle demoiselle qui méritait tant d'éloges. Lorsqu'elle vit venir le chevalier, elle ne

5480 lors ne plaint pas ne l'argent ne l'or mier
q'ele ot donné au cortois mesaigier.
Contre ox se lieve – n'ot en li q'ensaignier ;
si con il viene[n]t, cort l'un l'autre baisier.
C'i[l] s'entracolent nus n'en doit mervillier,
5485 car ele est bele et il bons chevalier ;
por sa bonté l'avoit ele si chier,
car, qant ces peres repairoit del mostier
et se venoit le soir apres mengier
trestout parolent de la bonté B[ernier].   [93a]
5490 La l'enama la pucele au vis fier ;
qant or le tient, molt en a le cuer lié.
Sor un brun paile li uns lez l'autre siet
et li mesaiges se traist un poi arier ;
et cil commence[n]t belement a plaidier
5495 de riches diz de toutes amistiés –
il n'ont or cure d'autres blés gaaignier !
La damoisele a parlé tout premier.

CCLIII

« Sire B[erniers], dist la fille G[ueri],
mandé vos ai – n'en doi estre plus vis –
5500 ens en ma chanbre, frans chevalier eslis.
Vos m'avez mort un mien germain cousin –
R[aoul] ot non, molt par fu de franc lin ;
Renier mon frere oceïstes o [l]i.
Pais en est faite, la Damerdieu merci :
5505 iceste acorde otroi je endroit mi,
se vos a moi la faites autresi.
– Oïl, ma dame, B[erniers] respondi,
car je devai[n]g vostre hom et vos amis,
et vostre cers achatés et conqis.
5510 Cent chevalier feront ce autreci :
vos et vo pere vos serviront toz diz,
a beles armes, a bons destriers de pris.
– En non Dieu, sire, ains estes mes amis ;
pren moi a feme, frans chevalier eslis,
5515 si demorra nostre guere a toz dis.

regretta ni l'argent ni l'or pur qu'elle avait donnés au messager courtois. Elle se leva et les accueillit, car elle connaissait bien les usages. Dès qu'ils s'approchèrent, Bernier et la belle coururent pour se donner un baiser. Faut-il s'étonner s'ils s'embrassèrent ? Elle est belle et lui est un chevalier vaillant. Elle l'avait aimé pour sa vaillance car, lorsque son père revenait de l'église ou se promenait le soir après dîner, ils ne parlaient que de la vaillance de Bernier. C'est alors que la jeune fille au fier visage s'était éprise du chevalier, et maintenant qu'elle le tenait dans ses bras, son cœur était au comble de la joie.

Ils s'assirent l'un à côté de l'autre sur une étoffe de soie brune, et le messager se retira un peu en arrière. Ils se mirent à parler agréablement et prononcèrent de douces paroles amoureuses – ils n'avaient aucune envie de faire autre chose[1]. C'est la demoiselle qui parla d'abord.

253.

« Seigneur Bernier, noble et excellent chevalier, dit la fille de Guerri, je vous ai fait venir en ma chambre et on ne doit pas m'en blâmer. Vous avez tué mon cousin germain – il s'appelait Raoul et était de très noble lignage ; avec lui, vous avez fait mourir mon frère Renier. La paix est rétablie, Dieu merci : quant à moi, j'accepte cet accord, si vous faites la paix avec moi aussi.

– Oui, ma dame, répondit Bernier, je suis maintenant votre vassal et votre ami, votre serf que vous avez acheté et conquis. Cent chevaliers feront de même : ils serviront votre père et vous-même pour toujours, revêtus de belles armes et montés sur des destriers de prix.

– Au nom de Dieu, seigneur, je préfère que vous soyez mon ami : prenez-moi pour femme, noble et excellent chevalier, et la guerre entre nos familles ne renaîtra jamais. Aucun homme au

---

1. Littéralement : « ils n'ont aucun désir de ramasser d'autres blés ». Image que nous avons remplacée par une formulation plus générale.

Soz ciel n'a home miex de vos soit servis :
veés mon cors con est amanevis –
mamele dure, blanc le col, cler le vis ;
et car me baise, frans chevaliers gentis,   [93b]
5520 si fai de moi trestot a ton devis. »
Dist B[erniers] : « Bele, por amor Dieu, merci.
Vos savez bien qe je sui de bas lin,
et sui bastars – le cuer en ai mari –
car ne plot Dieu qi onqes ne menti
5525 qe quens Y[bers] mes peres d'Origni
fust espousez a ma mere gentill.
Puis q'ensi est, si m'en estuet soufrir :
de vos a prendre n'est pas drois enver mi ;
trop est haus hom li riches sors G[ueris],
5530 d'avoir sa fille n'iert ja par moi reqis.
Mais de la pais ren je a Dieu merci,
car ne volroie por tot l'or qe Dex fist,
si m'aït Dex, qe ja mais me haïst. »

CCLIV

« Sire B[erniers], dist la gentils pucele,
5535 or voi je bien qe vilains provez estes.
Se me refuzes tos t'en venroit grans perte,
car mort m'avez un mien cousin oneste –
R[aoul] ot non, tu li trenchas la teste ;
un de mes freres oceïs a l'espee.
5540 Si m'aït Dex, tos revenroit la guere,
car d'ome mort molt sovent renovele.
Se m'as a feme, frans chevalier oneste,
en tel maniere i puet bien la pais estre
et remanra a tos jors mais la guere.
5545 Sous ciel n'a dame qi miex de moi vos serve. »
Et dist B[erniers] : « Mal dites, damoisele. »

monde ne sera plus favorisé – regardez comme mon corps est prêt à vous servir : j'ai les seins fermes, le cou blanc et le visage clair. Donnez-moi un baiser, noble et excellent chevalier, et faites de moi ce qu'il vous plaît.

– Belle, dit Bernier, pour l'amour de Dieu, excusez-moi. Vous savez bien que je suis de basse extraction et – à ma grande douleur – que je suis bâtard, car il n'a pas plu à Dieu qui jamais ne mentit que mon père, le comte Ybert d'Origny, épousât ma noble mère. Puisque c'est ainsi, je dois y renoncer : il ne convient pas que je vous prenne pour femme – le puissant Guerri le Roux est un très haut seigneur et je ne saurais jamais demander la main de sa fille. Mais je rends grâce à Dieu pour la paix entre nous, et je prends Dieu à témoin que pour tout l'or qu'Il a créé, je ne voudrais pas que Guerri me détestât[1]. »

254.

« Seigneur Bernier, dit la noble jeune fille, je vois bien que vous êtes vraiment un homme de peu. Si vous me repoussez, le malheur fondra aussitôt sur vous, car vous avez tué mon puissant cousin – il s'appelait Raoul et vous lui avez tranché la tête ; qui plus est, vous avez tué un de mes frères avec votre épée. Je prends Dieu à témoin que la guerre reprendra sous peu, car elle se renouvelle souvent à cause d'un mort. Si vous me prenez pour femme, noble et puissant chevalier, la paix pourra durer et la guerre ne reprendra jamais. Aucune dame au monde ne saura mieux vous servir. »

Et Bernier de répondre : « Vous parlez à tort. »

---

1. S. Kay propose Béatrice comme le sujet du verbe *haïst*, mais Bernier semble redouter plutôt la haine de Guerri, qu'il léserait si lui, un bâtard, osait prétendre à la main de sa fille.

CCLV

Dist B[erniers] : « Dame, n'estes mie senee.
Ne sui pas fix de mollier espousee,
ains sui bastars, n'i a mestier celee ; [94a]
5550 mais gentils feme neporcant fu ma mere,
et gentils hom est quens Y[bers] mes pere.
Il prist la dame en la soie contree(e)
mais ne plot Dieu q'i[l] l'eüst espousee ;
toute sa terre neqedent m'a donnee,
5555 de Ribemont iert ma feme doee.
Mais ja por ce nen iert tex ma pensee
qe vos por moi soiés jor demandee.
S'on vos i donne ne serez refusee,
ains en serez a grant goie menee
5560 et vos prendrai a mollier espousee. »
Dist la pucele : « Vostre merci, biau frere.
D'or en avant sui je vostre donee,
car je me doing a vos sans demoree.
Riens qe je saiche ne vos iert mais celee. »
5565 A icest mot l'a B[erniers] acolee
et ele lui, grant goie ont demenee.
L'un baise l'autre par bone destinee,
car par aus fu la grant guere finee,
desc'a un jor qe fu renouvelee,
5570 qe Gautelés la reprist a l'espee.
« Sire B[erniers], dist la dame senee,
se je vos aim, n'en doi estre blasmee,
car de vos ert si grans la renoumee,
qant mes pere ert en sa sale pavee
5575 trestuit disoie[n]t a maisnie privee
cui vos feriés de la lance plenee
ne remanoit e[n] la cele doree.
De vos avoir estoie entalentee ;
miex vossisse estre ou arce ou desmenbree [94b]
5580 d'autre de vos fuse ja marïee. »
B[erniers] l'oï, si l'en a mercïee,
et a cest mot baisie et acolee.

255.

« Dame, dit Bernier, vos propos ne sont pas raisonnables. Je ne suis pas le fils d'une épouse légitime, mais un bâtard – inutile de le cacher. Pourtant, ma mère était de noble naissance, ainsi que mon père, le comte Ybert. Il a emmené la dame dans son propre pays, mais il n'a pas plu à Dieu qu'il l'épousât ; néanmoins, il m'a cédé toute sa terre, et ma femme aura Ribemont pour douaire. En dépit de tout cela, il ne me viendrait jamais à l'idée de vous demander en mariage. Mais si l'on vous donne à moi, je ne vous repousserai pas – au contraire, je vous emmenerai avec moi à ma grande joie et vous prendrai pour épouse.

– Je vous remercie, cher ami, dit la jeune fille. Dorénavant, je vous appartiens, car je me donne à vous dès cet instant ; désormais je n'aurai plus pour vous aucun secret. »

À ces mots, Bernier la prit dans ses bras et elle le prit dans les siens, dans des transports de joie. Ils se donnèrent des baisers de bon augure, car grâce à eux l'horrible guerre prit fin, jusqu'au jour où le jeune Gautier la ralluma par son épée.

« Seigneur Bernier, dit la prudente dame, on ne doit pas me blâmer si je vous aime, car votre gloire était si grande que lorsque mon père était dans sa grande salle dallée, tous ses compagnons disaient en privé que celui que vous frappiez de votre lance polie ne pouvait se maintenir sur sa selle dorée. Ainsi je vous désirais : j'aurais préféré être brûlée vive ou mise en pièces plutôt que d'être mariée à quelqu'un d'autre. »

En guise de remerciement pour ces propos, Bernier la prit dans ses bras et lui donna un baiser. Puis il la quitta en la

Puis c'en depart – a Dieu l'a commandee ;
maint soupir font a cele desevree.

CCLVI

5585 « Je m'en vois, bele, dist B[erniers] li cortois.
Por Dieu vos proi qi fu mis en la crois
se cis plais est, faites le [m'en] savoir. »
A son ostel el borc s'en vi[n]t tot droit ;
la bele mo[n]te el palais maginois,
5590 devant son pere est venue tot droit.
Li sors la baise, si l'asiet joste soi.
« Molt vos aim, bele », dist G[ueris] li cortois.
« En non Dieu, sire, ce me lairés veoir.
Il est costume a maint riche borgois
5595 son effant aime endementiers qu'il croit ;
en petitece li aplene le poil –
et qant est gran, nel regarde en un mois.
Mari vos qier don je eüse un oir ;
apres vo mort vo terre mai[n]tendroit.
5600 – Dex, dist G[ueris], glorieus peres, rois,
con par est fox li hom qi feme croit,
car des auqans le puet on bien veoir :
encore n'a gaires q'en refusa tex trois –
li pire avoit .v. chastiax a tenoir ! »

CCLVII

5605 « Biax sire peres, tout ce laissiés ester,
car nus de çox ne me venoit a gré.
Mari vos qier por mon cors deporter.
Or est li termes et venus et passés,
ne m'en puis mais soufrir ne endurer.   [95a]
5610 Ne dites pas ne l'aie demandé,
car je ne sai qu'il m'est a encontrer.
– Diex, dist G[ueris], qi en crois fu penés,
qi oï mais pucele ensi parler !
Ja n'est ce chose qe on puise trover,
5615 ne a marchié ne a foire achater.

recommandant à Dieu ; cette séparation entraîna bien des soupirs.

256.

« Je m'en vais, ma belle, dit le courtois Bernier. Je vous prie par Dieu qui fut mis sur la croix de me faire savoir si cet accord est accepté. »

Il regagna aussitôt son logis dans la ville. La belle monta jusqu'à la magnifique grande salle et vint directement devant son père. Guerri le Roux l'embrassa et la fit s'asseoir à côté de lui.

« J'ai pour vous une grande tendresse, ma belle », dit le courtois Guerri.

« Au nom de Dieu, seigneur, montrez-le-moi donc. C'est la coutume de maint riche bourgeois d'aimer son enfant tant qu'il grandit encore – quand il est petit, il lui caresse les cheveux, mais quand il est adulte, il ne le regarde pas une seule fois en un mois. Je vous demande un mari dont je puisse avoir un héritier qui défendra votre terre après votre mort.

– Dieu, Roi et Père de gloire, dit Guerri, un homme qui croit une femme est assurément fou, et les exemples en sont manifestes : elle vient de refuser trois prétendants, dont le plus pauvre avait cinq châteaux à gouverner. »

257.

« Mon cher père, laissez tomber tout cela, car aucun des trois ne me plaisait. Je vous demande un mari qui me rendra heureuse. Il en est temps et même grand temps, je ne peux plus m'en passer. Ne dites pas que je ne l'aurai pas demandé, car je ne garantis plus rien en ce qui me concerne.

– Dieu qui a souffert sur la croix, dit Guerri, a-t-on jamais entendu cela dans la bouche d'une jeune fille ? On ne trouve pas un mari comme cela : on ne l'achète pas à la foire ou au marché.

Soit qi vos pregne, je sui pres de donner ;
qe par celui qi se laissa pener,
s'or vos rovoit uns chaitis d'outremer,
si l'ariés vos, puis qe vos le volés !
5620 — En non Dieu, sire, or avez vos parlé.
C'il vos plaist, sire, B[erneçon] me donez,
q'en cest païs n'a millor baicheler,
ne plus hardi por ces armes porter.
Se je en ment, par Dieu, bien le savés,
5625 q'en maint estor l'aveiz veü prover.
— Dex, dist G[ueris], t'en soies aourez,
c'or remanra la grant guere mortez
dont tant franc homme orent les chiés colpé.
Or revenront li preudomme as ostés,
5630 q'en autre terre en sont chaitif clamé.
— En non Dieu, sire, tot ce ai ge pensé.
Mandez B[ernier] el borc a son ostel.
Par un mesaige ont B[erneçon] mandé
et il i vint atos cent baichelers —
5635 tos li plus povres ot ermin engoulé ;
tout ensi vint en[s] el palais listé.
G[ueris] le vit, li preus et li osez ;
a une table sont andui acosté.
Li quens G[ueris] l'a premiers aparlé.   [95b]
5640 « B[erniers], fait il, je vos ai ci mandé.
— Sire, fait il, si vos plaist, si direz.
— Ves ci ma fille, dist G[ueris] li menbrez ;
pren la a feme, je la te vuel donner.
— Cent merci, sire, ce dist B[erniers] li berz,
5645 qe par l'apostre c'on qiert en Noiron pré,
ce ele estoit une feme jael
si la prendroie, puis qe vos le volez.
Mais c'il vos plaist, un respit me donnez
tant qe j'en aie a ma dame parlé ;
5650 c'ele l'otroie, dont puet li plais ester.
— Sire, fait ele, por noient en parlez.
Je vos aim plus qe nul home charnel ! »
G[ueris] l'entent, s'en a un ris jeté ;

Mais s'il y a quelqu'un qui veuille de vous, je suis prêt à lui donner votre main quel qu'il soit ; car par Celui qui a souffert pour nous, si un prisonnier d'outre-mer vous demandait en mariage, vous l'auriez, puisque vous le voulez tant !

– Au nom de Dieu, mon père, voilà qui est bien dit ! Donnez-moi donc le jeune Bernier, car il n'y a pas de meilleur chevalier dans ce pays ni de plus hardi pour porter les armes. Vous savez bien, par Dieu, que je ne mens pas, car vous l'avez vu faire ses preuves dans maint combat.

– Dieu soit loué, dit Guerri, car voici la fin de l'horrible guerre tragique dans laquelle tant de nobles hommes ont eu la tête coupée. Maintenant les hommes valeureux, qui sont à présent prisonniers en d'autres terres, pourront revenir chez eux.

– Au nom de Dieu, seigneur, j'ai pensé à tout cela. Faites chercher Bernier dans son logis en ville. »

Ils envoyèrent un messager à Bernier, et celui-ci arriva au palais avec cent jeunes chevaliers, dont le plus pauvre portait des vêtements fourrés d'hermine. Bernier monta ainsi jusqu'à la grande salle décorée de bordures peintes. Guerri, ce chevalier preux et téméraire, l'aperçut et le fit s'asseoir à côté de lui à une table.

C'est Guerri qui parla d'abord.

« Bernier, dit-il, c'est moi qui t'ai fait venir ici.

– Seigneur, s'il vous plaît, continuez.

– Voici ma fille, dit le prudent Guerri, prends-la pour femme, car je veux t'accorder sa main.

– Mille mercis, seigneur, dit le noble Bernier, car par l'apôtre qu'on prie au Jardin de Néron, même si c'était une fille publique je la prendrais, puisque c'est votre désir. Mais, s'il vous plaît, accordez-moi un délai, afin que je puisse en parler à ma dame ; si elle accepte, l'accord pourra être conclu.

– Inutile d'en parler, seigneur, dit-elle, car je vous aime plus que tout autre ! »

Quand Guerri l'entendit, il sourit de plaisir et dit devant toute l'assemblée des barons :

apres a dit, oiant tot le barné :
5655 « De par cesti n'i ert mais refusé ! »
Sor une table font les sains aporter ;
ilueqes font les sairemens jurer,
B[erniers] del prendre et G[ueris] del donner.

CCLVIII

Vait s'en B[erniers] qant s'amie a juree.
5660 Troi fois la baise, a Dieu l'a commandee,
a Saint Quentin a fait la retornee ;
vint a son pere, l'uevre li a mostree
de l'aventure qe Dex li a donnee,
sifaitement con s'amie a juree.
5665 « Diex ! dist Y[bers], roïne coronnee,
or est la guere, s'il vos plaist, amendee
dont mains frans hom ot la teste colpee. »
Vint a son fil, dist li sans demoree :   [96a]
« Toute ma terre te soit abandonnee ;
5670 de Ribemont iert ta feme doee. »
Et dist B[erniers] : « Vostre merci, biau pere ;
ja la chalenge Loeys l'emperere
qi dist et jure ja n'en avrai denree,
por tant ne sui de mollier esposee.
5675 Mais par la foi qe doit l'arme [ma mere]
a itel gent est ma force doublee –
ja par nul home n'en qit perdre denree,
dedens le mois ne me soit restoree. »

CCLIX

« Biax fix B[erniers], ce dist li viex Y[bers],
5680 hardi soiés et chevalier engrés.
Tant con je fui meschins et jovencel
soi je molt bien maintenir mon cenbel
et de ma lance adroit porter le fer ;
mais par la main dont je taing le coutel,
5685 se Loeis ne vos lait mon recet,
en petit d'eure li movrai tel cenbel

« De sa part, il ne risquera jamais d'essuyer un refus ! »

Ils firent placer les saintes reliques sur une table et les serments furent échangés : Bernier jura de prendre la jeune fille, et Guerri de la lui donner.

258.

Bernier s'en alla après avoir engagé sa foi à son amie. Il lui donna trois baisers, la recommanda à Dieu et s'en retourna à Saint-Quentin. Il vint à son père et lui fit part de la bonne fortune que Dieu lui avait accordée et comment il avait juré d'épouser son amie.

« Dieu, dit Ybert, sainte Reine couronnée, si telle est votre volonté, la guerre dans laquelle tant de nobles seigneurs ont eu la tête coupée va maintenant s'arrêter ! »

Il s'approcha de son fils et lui dit sans hésiter : « Je te donne toute ma terre à gouverner ; ta femme aura Ribemont pour douaire.

– Je vous en remercie, cher père, dit Bernier, mais déjà l'empereur Louis revendique cette terre. Il a affirmé et juré que je ne recevrai pas un denier vaillant de la terre, car je ne suis pas né d'épouse légitime. Mais par la foi que je dois à l'âme de ma mère, de tels parents font redoubler ma force – si je perds la moindre parcelle de ces biens, je les reprendrai avant qu'un mois ne se soit écoulé. »

259.

« Bernier, mon fils, dit le vieux Ybert, soyez un chevalier hardi et acharné. Du temps où j'étais jeune et nouveau chevalier, je savais tenir ma place dans la bagarre et diriger adroitement le fer de ma lance ; mais par cette main qui tient le couteau, si Louis ne t'abandonne pas ma place maîtresse, sous peu je déclencherai chez lui une bagarre qui fera de nombreux nou-

  dont je ferai maint orfenin nouvel,
  et ce l'ataing a pui ne a vaucel
  tel li donrai sor l'escu lionnel
5690 qe contremont torneront li mustel ! »
  E vos a tant venu un damoisel ;
  espie fu, afublé d'un mantel.

CCLX

  Ez une espie qi vint de France douce,
  qe envoia dans Y[bers] de Perone.
5695 Qant il le voit, maintenant l'araisone.
  « Ou est li rois ? nel me celer tu onqes.
  – Sire, a Soissons le laissai ier a nonne.   [96b]
  Sor vos venra – richement s'en atorne. »
  Y[bers] l'entent ; onqes plus ne sejorne,
5700 ains a mandé por sa gent sans essoine,
  por ciax de Ham, de Roie et de Perone :
  troi mile furent as haubers et as broignes.
  Et dist B[erniers] : « Por Gautier car mandomes,
  q'il a nos vaigne et ci amaint ces homes,
5705 sox de Cambrai – molt i a de preudommes.
  S'avons mestier, si nos en aideromes. »
  Et dist Y[bers] : « Par mon chief, [non] ferommes.
  Par nos cors seul ferons ceste besoingne –
  G[autiers] i voist qant nos en revenrommes ! »

CCLXI

5710 Ibers entent li rois est a Soissons.
  Ces homes mande tant qe troi mile sunt,
  a roides lances, a vermaus confanons.
  Lors chevalchierent droitement a Soisons ;
  lor agait mete[n]t dedens un val parfunt,
5715 la proie acollent et aval et amont.
  Aval el borc en lieve la tençons ;
  fors c'en issirent chevalier et jeldon :
  troi mile furent a vermax confanons.

veaux orphelins ; et si je l'atteins, sur une hauteur ou dans une vallée, je lui assènerai un tel coup sur son écu orné d'un lion, qu'il se retrouvera les mollets en l'air ! »

Voilà qu'un jeune homme arriva – c'était un espion, enveloppé d'un manteau.

260.

Voilà un espion revenu de la douce France, où Ybert de Péronne l'envoya. Dès qu'il l'aperçut, il lui demanda :

« Où est le roi ? Dites-le-moi franchement !

– Seigneur, je l'ai laissé hier, en plein après-midi[1], à Soissons. Il marchera contre vous – il s'équipe splendidement. »

À ces mots, Ybert n'hésita plus : il convoqua ses gens – qu'ils viennent sans tergiverser de Ham, de Roie et de Péronne : il y en eut trois mille, revêtus de hauberts et de cuirasses.

« Faisons appel à Gautier, dit Bernier, qu'il vienne nous aider avec ses compagnons, les hommes de Cambrai, parmi lesquels il y a tant de combattants valeureux. Si nous sommes en difficulté, leur aide nous sera précieuse.

– Sur ma tête, dit Ybert, il n'en est pas question ! Nous nous chargerons nous-mêmes de cette besogne – que Gautier y aille à notre retour ! »

261.

Ybert apprit que le roi était à Soissons. Il convoqua jusqu'à trois mille de ses hommes, qui portaient des lances solides aux gonfanons vermeils. Ils chevauchèrent droit sur Soissons, où ils tendirent leur embuscade dans une profonde vallée. D'autres chevaliers firent une razzia par monts et par vaux pour s'emparer du bétail. On cria haro dans la ville, tout en bas, et chevaliers et gens de pied firent une sortie. Les trois mille

---

1. *None*, à l'origine la neuvième heure de la journée, en plein après-midi, s'est rapprochée de midi au cours du Moyen Âge, mais l'identification ne paraît pas être généralisée avant le xv[e] siècle. Voir la note au v. 1085.

[C]i les enmaine[n]t le chemin contremont ;
5720 ainc ne finere[n]t tant qe a l'agait sont :
fors d'une lande lor sailli B[erneçons],
en son sa lance ot fermé un penon.
« Saint Quentin ! crie. Ferés avant, baron ! »
La gent le roi a mis en tel randon
5725 n'i ont fait joste ne cenbel a bandon ;
desq'a la porte les maine(t) a bandon.
Li abatu furent tuit Berneçon,   [97a]
cent chevalier qi molt furent baron.
Uns mes s'en torne broichant a esperon
5730 qi l'a conté au roi de Monloon.

CCLXII

Qant li rois ot qe tuit sont desconfit
au mes demande : « Est i li sors G[ueris] ?
ne Gautelés, ces niés de Cambrisis ?
– Nennil, voir, sire, mais Y[bers] li floris
5735 et B[erneçons], cil nos ont desconfit. »
Li rois l'entent, por poi n'enraige vis.
« Poigniés apres, por Dieu ! » dist Loeys ;
et il si font, les escus as col mis,
devant les autres li Manciax Giboins
5740 qi tient la tere R[aoul] de Cambrisis
et de la guere la commensaille fist.
Es vos B[ernier] poignant tout un laris ;
le Mancel voit – ne li fu pas eschis,
ançois li donne grant colp sor l'escu bis.
5745 Desoz la boucle li a frait et malmis ;
parmi le cors son roit espieu li mist,
tant con tint l'anste l'abati mort sovin.
A vois c'escrie : « Cis est alez a fin –
vengiés en est R[aous] de Canbrisis ! »

CCLXIII

5750 A la bataille vint Loeys li rois ;
bien fu armés sor un destrier norois.
A sa vois clere c'est escriés troi mos :

hommes aux gonfanons vermeils les attirèrent en haut jusqu'à l'embuscade. Alors le jeune Bernier, un pennon fixé à sa lance, déboucha d'une lande en criant :

« Saint-Quentin ! En avant, chevaliers ! »

Les troupes du roi furent saisies d'une telle panique qu'elles ne purent ni résister ni combattre. Bernier les repoussa jusqu'à la porte de Soissons ; à lui seul, le jeune Bernier abattit cent chevaliers parmi les plus puissants. Un messager piqua des deux et vint porter la nouvelle au roi de Mont-Laon.

262.

Quand le roi apprit que la défaite était totale, il demanda au messager :

« Est-ce que Guerri le Roux est là ? Ou le jeune Gautier, son neveu du Cambrésis ?

— Non, sire, je vous l'assure : ce sont Ybert le chenu et le jeune Bernier qui nous ont défaits. »

Lorsqu'il entendit cette nouvelle, le roi enragea.

« Poursuivez-les, pour l'amour de Dieu ! » dit Louis. Et tous d'obéir, les écus au cou et à leur tête Giboin du Mans, qui détenait la terre de Raoul de Cambrai et qui avait fait commencer cette guerre.

Voilà que Bernier galopait à travers une lande ; dès qu'il vit Giboin, loin de l'éviter, il lui assena un vigoureux coup sur son écu de couleur sombre. Il le fendit et le transperça sous la boucle, passa son solide épieu au travers du corps du chevalier et de toute la longueur de la hampe l'étendit mort à la renverse. Puis il s'écria :

« Celui-ci est mort — Raoul de Cambrai est vengé ! »

263.

Solidement armé sur un destrier de Norvège, le roi Louis entra dans le combat. De sa voix retentissante il s'écria :

« Ou ies, fel viex, Y[bers] de putes lois ?
Cuivers traïtres, parjurés ies ver moi. »
5755 Es vos Y[bert] apoignant le chamois ;
cele part vint ou a veü le roi.
I[l] li escrie : « Sire, vos mentés voir.   [97b]
De traïson bien desdis en serois ;
mais tu feïz certes qe malvais rois
5760 en ton palais ou ere alez por toi,
comme li hom qi sa terre en tenoit.
La me faucis – je faurai ci a toi !
B[erniers] mes fix fu la, preus et cortois ;
sa bone espee ot le jor avuec soi –
5765 .vii. des millors vos i laissames frois,
fors en issimes par le nostre pooir,
mais par celui qi haut siet et loins voit
n'i arés mais ne homaige ne lois !
Gardés vos bien, qa[r] ja le comperrois ! »
5770 L'uns fu vers l'autre angoisseus et destrois,
d'aus empirier et ocire tous frois,
mais au joster failli del tout li rois
car il ot tort – sieus n'en fu pas li drois.
Y[bers] le fiert del espié vïenois –
5775 onqes nel tint ne estriers ne conrois,
jus a la terre l'abati el chamois,
mais au rescoure sont venu li François.
La gent Y[bert] reviene[n]t demanois :
la ot estor fort et dure et espois.
5780 Le roi remonte[n]t si home et ci François.

CCLXIV

Grans fu la noise et li estor pesans.
Fiere[n]t de lances et d'espees trenchans ;
chieent li mort et versent li sanglant.
N'alisiés mie plaine lance de grant
5785 ne trovissiés chevalier mort gisant.
E vos B[ernier] par la bataille errant ;
ou voit son pere, ce li dist gentement :   [98a]
« En non Dieu, sire, nos alons folement.

« Où es-tu, cruel vieillard, ignoble Ybert ? Sale traître, tu as manqué à la parole que tu m'avais donnée ! »

Voilà Ybert galopant à travers la lande ; il se dirigea vers l'endroit où il vit le roi et lui cria :

« Sire, vous mentez ! Je me justifierais sans peine de votre accusation de trahison, mais vous, vous avez certainement manqué à votre devoir de roi quand je suis venu vous servir dans votre grande salle, selon mon devoir de vassal tenant sa terre de vous. Là-bas vous m'avez fait faute, et je vous ferai faute ici même ! Mon fils Bernier, le preux et le courtois, était là et tenait sa bonne épée – nous avons laissé sept de nos meilleurs hommes raides morts et sommes sortis de vive force, mais par Celui qui règne là haut et voit tout, vous n'aurez plus notre hommage ni notre allégeance ! Gardez-vous bien, car vous allez payer votre faute à l'instant ! »

Ils étaient tous deux ivres de rage et de fureur, prêts à malmener et à tuer l'adversaire ; mais à l'attaque le roi manqua son coup, car il était dans son tort, le droit n'étant pas de son côté. Ybert lui porta un coup de son épieu de Vienne – ni étrier ni harnais ne put retenir le roi, qui tomba à terre sur la lande. Mais voilà que les Français vinrent à sa rescousse, tandis que les hommes d'Ybert se rallièrent aussitôt autour de lui. La mêlée fut violente, acharnée et générale. Les Français et ses vassaux remirent le roi en selle.

264.

Grand fut le tumulte et dur le combat. Ils donnèrent des coups de lance et frappèrent de leurs épées tranchantes – les morts tombèrent et les blessés s'écroulèrent dans leur sang. Impossible de franchir la longueur d'une lance sans trouver un chevalier étendu mort. Voilà que Bernier chevauchait sur le champ de bataille ; dès qu'il trouva son père, il tint de nobles propos :

« Au nom de Dieu, seigneur, nous nous comportons folle-

D[on] [n]'est no sire li rois ou France apent,
5790 qe je voi ci en ci mortel torment ?
En aucun tans raruns acordement,
se il li plaist et Jhesu le consent.
Se m'en creés, ja iert laissiés a tant.
C'il nos asaillent, bien soions deffendant.
5795 – Fix, dist li peres, preus estes et vaillans –
li vostre sens va le mien sormontant. »
La proie acoillent et deriere et devant –
vers Saint Quentin retorneront a tant ;
li empereres ne vost pas sivre tant,
5800 car sa gent voit lassee et recreant,
mais a Soisons retorna mai[n]tenant.

CCLXV

Berniers retorne qi grant escheq a fait :
.vii.xx. enmaine de chevaliers menbrés,
ne la proie ne seit ne clers ne lais.
5805 Droit a Aras en est venus uns mes ;
au sor G[ueri] a conté demanois
trestout ausi comme B[erniers] l'a fait.
Grans fu la goie qe s'amie en a fait.
« Amis, dist ele, verrai vos je ja mais ?
5810 Diex, c'or ne sui esmerillons ou gais !
Ja ne feïsse desq'a vos c'un eslais ! »

CCLXVI

La damoisele apele un mesaigier –
cortoisement le prist a araisnier.
« Amis, biaux frere, or del aparillier ;
5815 a Saint Quentin m'en irés a B[ernier]
et s[i] li dites molt me doi mervillier
qant de ces noces a si longes targié.   [98b]
Li sor G[ueris] a molt le talent fier –
tos me donroit un autre chevalier.
5820 Se je le per n'arai mais le cuer lié. »
Dist li mesaiges : « Je irai volentiers. »

ment ! N'est-il pas vrai que le roi de France, que je vois ici dans un si grand péril, est notre seigneur ? Nous serons de nouveau réconciliés avec lui un jour, s'il accepte et si Jésus le veut bien. Si vous m'en croyez, cessons dès maintenant ce combat – mais s'ils nous attaquent, il faudra bien nous défendre.

– Mon fils, dit le père, vous êtes preux et vaillant, et votre jugement passe le mien. »

Ils rassemblèrent de tous côtés les prises dont ils s'étaient emparé et s'en retournèrent vers Saint-Quentin. L'empereur, voyant ses gens épuisés et abattus, décida de ne pas poursuivre et s'en retourna sans tarder à Soissons.

265.

Bernier rentra avec un butin immense : il ramenait cent quarante chevaliers puissants, mais ni clerc ni laïc n'aurait pu estimer le montant de leur prise. Un messager regagna directement Arras et raconta aussitôt à Guerri le Roux les exploits de Bernier. Grande fut la joie de son amie.

« Mon ami, dit-elle, est-ce que je vous reverrai jamais ? Dieu, si j'étais émerillon ou geai, d'un coup d'aile je serais auprès de vous ! »

266.

La damoiselle manda un messager et se mit à lui parler courtoisement :

« Mon cher ami, préparez-vous, car vous irez à Saint-Quentin trouver Bernier et vous lui direz combien je m'étonne qu'il ait tant tardé à m'épouser. Guerri le Roux est d'une humeur farouche – il aurait tôt fait de me donner à un autre chevalier. Si je perds Bernier, jamais mon cœur ne connaîtra le bonheur. »

Le messager répondit : « J'irai très volontiers. »

Adonc monta sor un corant destrier ;
a Saint Quentin est venus a B[ernier] –
il le trova avec les chevalier.
5825 B[erniers] le voit – onqes ne fu ci liés.
Cortoisement le prist a araisnier.
« Qe fait ma mie ? Gardez nel me noier.
– Sire, el vos mande par Dieu le droiturier
qe de vos noces poez mout atargier.
5830 Li sors G[ueris] a molt le talant fier –
tos li donroit un autre chevalier.
C'ele vos pert, n'ara mais son cuer lié. »
Et dist B[erniers] : « Je ne poi, par mon chief,
car sor le roi qi France a a baillier
5835 avons esté a Soissons ostoier ;
mais ce Dieu plaist qi tot a a jugier,
je la prendrai diemanche au mostier. »
Et dist li mes ou il n'ot q'ensaignier,
« Dont l'irai je a ma dame noncier. »
5840 Et dist B[erniers] : « Je vos en vuel proier. »
Li mes s'en torne, ou il n'ot q'ensaignier ;
a Aras vint tout le chemin plaignier,
trova sa dame, conta li de B[ernier]
qe diemanche la prendra au moustier.
5845 La dame l'oit, le mes cort enbracier,
ci l'enmena sus el palais plegnier :
le sor G[ueri] i truevent au vis fier,   [99a]
iceste chose li prene[n]t a nuncier.
Oit le G[ueris] – n'i ot q'esleecier.
5850 Lors a mandé maint vaillant chevalier
qi de lui tienent tuit viegne[n]t sans targier ;
apres manderent cel de Cambrai, Gautier ;
et B[erniers] fait son oire aparillier
car il volra movoir a l'esclarier.
5855 Ains q'il retort ara tel encombrier –
molt sera pres de la teste tranchier,
car Loeys qi France a a baillier
par un mesaige les a fait espïer.
La ou li rois se seoit au mengier

Il monta aussitôt sur son destrier rapide et se dirigea vers Saint-Quentin, où il trouva Bernier parmi ses chevaliers. En le voyant, Bernier éprouva la plus grande joie et se mit à lui parler courtoisement :

« Que fait mon amie ? Dites-le-moi franchement !

– Seigneur, elle vous fait savoir par Dieu notre Juge que vous avez trop fait tarder le jour de vos noces. Guerri le Roux est d'une humeur farouche – il aurait tôt fait de la donner à un autre chevalier. Si elle vous perd, jamais son cœur ne connaîtra le bonheur.

– Je ne pouvais pas l'épouser auparavant, sur ma tête, répondit Bernier, car nous étions à Soissons, à combattre contre le roi qui gouverne la France. Mais s'il plaît à Dieu le Juge souverain, je l'épouserai dimanche à l'église. »

Le messager, qui connaissait bien les usages, dit : « Je porterai donc cette nouvelle à ma dame.

– Je vous prie de le faire », dit Bernier.

Le messager s'en alla, car il connaissait bien les usages ; il regagna Arras par la grand-route, trouva sa dame et lui dit que Bernier l'épouserait dimanche à l'église. Dès qu'elle entendit cette nouvelle, elle courut embrasser le messager et le conduisit jusqu'à la salle d'apparat, où ils trouvèrent Guerri le Roux au visage fier et lui firent part de cette nouvelle.

À ces mots, Guerri fut au comble de la joie. Il convoqua aussitôt de nombreux chevaliers vaillants qui tenaient de lui leurs fiefs : qu'ils viennent le rejoindre sans tarder ! Ensuite on manda Gautier, le seigneur de Cambrai. Entre-temps, Bernier fit ses préparatifs de départ, car il voulait se mettre en route dès l'aube. (Avant de pouvoir retourner chez lui, il se trouvera dans un tel péril qu'il manquera de peu d'avoir la tête tranchée, car Louis qui gouvernait la France les avait fait espionner par un

5860 a tant eis vos venu le pautonnier;
       ou voit le roi, ce li prent a huchier :
       « Drois empereres, trop poez atargier –
       B[erniers] prendra diemanche mollier. »
       Li rois l'entent, cel prent a araisnier :
5865 « Amis, biax frere, su tu m'en pues aidier
       qe je de lui me peüsse vengier,
       je te donra[i] cent livres de deniers. »
       Et dist li mes : « Bien vos en quit aidier;
       mais faites tos sans plus de l'atargier
5870 des chevalier troi mile aparillier,
       et ges menrai sans plus de l'atargier
       et vos meïsme ne demorés arier. »
       Et dist li rois : « Bien le doi otroier,
       car molt m'a fait li glous grant encombrier. »
5875 Li rois c'escrie : « Or del aparillier ! »
       Les napes traie[n]t sergant et despencier,
       es chevals monte[n]t li nobile guerier   [99b]
       et cil les maine q[u]i Dex doinst encombrier.
       Or vos redoi aconter de B[ernier].
5880 Le samedi au point de l'esclarier
       a fait sa gent errer et chevauchier;
       tant ont erré li vailant chevalier
       q'a Aras vinre[n]t un poi ains l'anuitier.
       Grans fu la goie sus el palais plegnier :
5885 assés i ot a boivre et a mengier –
       as mes conter ne me vuel travillier;
       mais l'andemain sont venu au mostier,
       la espousa B[erneçons] sa moullier.
       Apres la mese sont venu del mostier;
5890 tuit sont monté et devant et derier;
       a Saint Quentin s'en volront repairier
       car la qidoient faire lor grant mengier,
       mais or porra par loisir refroidier !
       Ce cil n'en pense qi se laisa drecier
5895 en sainte crois por son peule avoier
       par tans aront un mortel encombrier
       et Gautelés et Y[bers] et B[erniers];

messager.) Voilà que le scélérat vint devant le roi, là où il était en train de manger ; dès qu'il vit le roi, il se mit à crier :

« Mon juste empereur, il n'y a pas un instant à perdre ! Bernier prendra femme dimanche. »

À cette nouvelle, le roi lui dit : « Mon ami, si tu peux m'aider à me venger de lui, je te donnerai cent livres de deniers. »

Et le messager de répondre : « Je crois bien pouvoir vous aider. Faites équiper à l'instant trois mille chevaliers et je me mettrai à leur tête ; vous-même ne devez pas rester en arrière.

— J'accepte ce conseil, dit le roi, car ce va-nu-pieds m'a fait beaucoup de mal ! »

Et le roi de s'écrier alors : « Aux préparatifs ! »

Les serviteurs et maîtres d'hôtel enlevèrent les nappes ; les nobles chevaliers montèrent à cheval, et à leur tête était ce misérable, que Dieu le confonde !

Mais je dois revenir à Bernier. Samedi matin au point du jour il se mit en route avec ses gens ; les vaillants chevaliers chevauchèrent tant qu'ils parvinrent à Arras un peu avant la tombée de la nuit. Grande fut la joie là-haut dans la salle d'apparat ! On avait de quoi boire et manger à volonté – je me fatiguerais à vous énumérer tous les plats.

Le lendemain ils vinrent à l'église et Bernier fit de la dame son épouse. La messe finie, ils sortirent de l'église et tous se mirent en selle, pensant rentrer à Saint-Quentin où devait avoir lieu le repas de noces – mais les plats auront le temps de refroidir ! Si Celui qui se laissa dresser sur la sainte croix pour racheter son peuple n'y prend garde, le jeune Gautier, Ybert et Bernier seront bientôt en grand péril, car Louis qui gouverne la

car Loeys qi France a a baillier
ens en un bruel dedens un val plaingnier
5900 a fait ces homes coiement enbuschier –
troi mile furent li vaillant chevalier,
tuit sont armé, chascuns sor son destrier.

CCLXVII

Berniers chevalche et la fille G[ueri],
et Gautelés et Y[bers] li floris ;
5905 un jougler chante, onqes millor ne vi.
Dist Gautelés : « Bon chanteour a ci.
– Voir, dist B[erniers], onqes millor ne vi   [100a]
[d]es icele eure qe de mere nasqi –
[j]e li donrai mon destrier arrabi
5910 [et] mon mantel et qan qe j'ai vesti.
– [Et] je mon mul », dist Y[bers] li floris.
« [C]hantés, biax frere ! » et cil c'est esbaudis,
[d]e la chançon a bien le chant forni.
[T]uit li baron l'ont volentier oï ;
5915 [m]ais d'une chose furent mal escharni,
[q]e de lor armes estoient desgarni.
[E]ndementiers qe cil lor chantoit ci
[l]i agais saut qe plus n'i atendi,
[ç]ox desconfire[n]t, tuit fure[n]t malbailli :
5920 [p]ris fu Y[bers], Gautiers autresi
[et] mains des autres et la fille G[ueri].
[Berniers] le voit – a poi del sens n'isi.
[Un] esquier a devant lui choisi :
[par] les enarmes a un escu saisi,
5925 [d]es poins li tout un roit espieu forbi,
[p]uis s'en torna broichant s'ataint celi
[qi] cel agait et cel plait li basti.
[De]soz la boucle en l'escu le feri
[si] durement q'a la terre chaï –
5930 [le] quer li a dedens le cors parti.
[A]tant s'en torne B[erneçons] li hardi ;
[en] haut c'escrie si qe bien l'ont oï :
« [.....la bailla]stes m'amie, Loeys

France fit tendre en secret une embuscade au milieu d'un bois au fond d'une vallée – trois mille vaillants chevaliers étaient là, chacun en armes et sur son destrier.

267.

Bernier chevaucha en compagnie de la fille de Guerri, du jeune Gautier et d'Ybert le chenu ; un jongleur chantait – je n'en ai jamais vu de meilleur ! Le jeune Gautier remarqua :

« Voilà un bon chanteur !

– Certes, dit Bernier, je n'en ai jamais vu de meilleur depuis que je suis né – je lui donnerai mon destrier arabe, mon manteau et tout ce que je porte !

– Et moi mon mulet, ajouta Ybert le chenu. Chantez, cher ami ! »

Et le jongleur chanta joyeusement sa chanson. Tous les barons l'écoutaient avec plaisir ; mais ils méritaient d'être cruellement raillés pour une inconséquence : ils n'avaient pas leurs armes avec eux. Tandis que le jongleur chantait, l'armée en embuscade apparut brusquement, se referma sur eux et les détruisit. Ybert fut pris, avec Gautier et de nombreux chevaliers, ainsi que la fille de Guerri.

À ce spectacle, Bernier enragea. Apercevant devant lui un écuyer, il saisit un écu par les énarmes, lui arracha un fort épieu poli, puis se retourna et vint au galop jusqu'au chef de l'embuscade. Il le frappa avec une telle violence sous la boucle de l'écu qu'il le culbuta, mort, à terre – son cœur se brisa dans son corps. Alors Bernier le hardi s'écarta et cria d'une voix retentissante, pour que tout le monde l'entende :

« [...] vous avez ravi mon amie, Louis, [mais] par Dieu qui

[........ par D]ieu qi ne menti
5935 [...] ami. »
Loeys l'ot ; sa gent crie a haut cri :   [100b]
« Or tos apres, por Dieu qi ne menti !
C'il nos eschape, trop sommes mal bailli ! »
Deus mile en poigne[n]t qi le roi ont oï,
5940 as blans haubers, as bons espiex forbis ;
mais B[erniers] ot bon destrier arabi –
en poi de terme les a esloig[n]iés si
c'onqes ne sorent de qel part il verti.
A Aras vint, iluec trova G[ueri] ;
5945 ne desist mot por l'onnor qe Dex fist.

CCLXVIII

Gueris c'escrie, qant a veü B[ernier] :
« Q'avés vos, frere ? Nel me devez noier.
– En non Dieu, sire, perdue ai ma mollier,
Y[bert] mon pere et le conte Gautier :
5950 li rois l'enmainne, qi France a a baillier ! »
G[ueris] l'entent, le sens quide changier.
« Ha, bele fille ! – ce dist G[ueris] li fier –
li rois me heit, si ne m'aime pas bien. »
Lors a tel duel le sens qida changier ;
5955 pleurent i dames, sergant et chevalier.

CCLXIX

« A, fait B[erniers], bele suer, douce amie !
Li rois me heit, por voir ne m'aime mie –
por moie amor vos fera estoutie ;
mais par la foi qe doi sainte Marie,
5960 se il por moi vos faisoit estoutie
France en seroit molt malement baillie,
maint chastiax ars, mainte riche abeïe
por vostre amor ne reman[ra en vie]
hom qe il ait, se l'at[aing ....] »
5965 G[ueris] li dist : « Laiss[iés ceste folie].

jamais ne mentit, [vous le paierez cher – ni parent ni ami ne pourront vous sauver][1]. »

À ces mots, Louis cria à haute voix à ses gens :

« Poursuivez-le vite, par Dieu qui jamais ne mentit ! S'il nous échappe, nous serons fort à plaindre ! »

Deux mille chevaliers, revêtus de hauberts et portant de solides épieux polis, éperonnèrent leurs destriers lorsqu'ils entendirent le cri du roi. Mais Bernier avait un rapide destrier arabe et en peu de temps les distança tellement qu'ils ne surent ce qu'il était devenu. Il regagna Arras où il trouva Guerri ; mais même l'offre de toutes les terres du monde ne lui aurait pas fait dire un seul mot.

268.

Dès qu'il vit Bernier, Guerri s'écria :

« Qu'avez-vous donc, mon cher ami ? Dites-le-moi franchement !

– Au nom de Dieu, seigneur, j'ai perdu ma femme, mon père Ybert et le comte Gautier : le roi qui gouverne la France les emmène prisonniers ! »

À cette nouvelle, Guerri pensa devenir fou.

« Hélas, chère fille ! dit le fier Guerri, le roi me déteste et n'est plus mon ami ! »

Il éprouva une telle angoisse qu'il pensa devenir fou. Tous pleuraient – dames, hommes d'armes et chevaliers.

269.

« Hélas, dit Bernier, belle sœur et douce amie ! Le roi me déteste et il est sûr qu'il n'est plus mon ami ! Puisque vous m'aimez, il vous traitera avec brutalité. Mais par la foi que je porte à la Vierge Marie, s'il vous traite avec brutalité à cause de moi, la France sera réduite au malheur – maints châteaux et maintes abbayes somptueuses seront livrés aux flammes. Pour l'amour de vous, aucun des hommes du roi ne restera en vie, si je puis l'atteindre.

---

1. Traduction conjecturale d'après le contexte.

Li sorparlers ne vos aïde mie. [101a]
Mandons no gent et nostre baronnie,
s'alons en France a bataille rengie. »
Et dist B[erniers] : « Ce ne refus je mie. »

CCLXX

5970 Or le lairons de B[ernier] le cortois
et de G[ueri], le preudome d'Artois,
si vos dirai comment en va li rois.
Droit a Paris s'en vint, [o] ces harnois ;
l'escheq depart a ces barons cortois
5975 et les prisons met en chartre manois.
La damoisele a fait mander li rois
et ele vint, vestue d'un orfrois ;
la bele pleure – molt est ces quers destrois.
« Ne plorés, bele – ce li a dit li rois –
5980 je vos donrai anqui mari courtois.
Venez avant, Erchenbaut de Pontois :
de ceste dame recevés les otrois. »
Dist la pucele : « Merci, biax sire rois ;
n'a encor gaires qe B[erniers] li cortois
5985 m'a espousee – les aniax ai es dois. »

CCLXXI

« Gentix pucele, dist li rois Loeys,
vos estes fille au riche sor G[ueri]
et estes feme B[erneçon] le hardi
qe je plus has qe home qi soit vis,
5990 qe par lui sont mi home desconfit,
s'a de mes homes ne sai cent ou .vii. xx.,
se Dex m'aït, dedens sa chartre mis.
Agaitié l'ai tant qe l'ai desconfit ;
se je peüse, certes, qe il fust pris,
5995 nel garesissent tuit cil de ces païs
ne fust pendus ou detrais a roncis ! » [101b]
Dist la pucele : « Icil li soi[t] aidis
qi por nos fu en la sainte crois mis ! »

– Renoncez à cette folie, dit Guerri. Ces propos insensés ne servent à rien. Convoquons nos gens et nos compagnons d'armes et entrons en France, en ligne pour le combat. »

Et Bernier dit : « Je ne peux refuser cela ! »

270.

Mais laissons maintenant le courtois Bernier et Guerri, le valeureux comte d'Artois, car je veux vous parler du roi. Il regagna directement Paris avec son équipage ; il partagea le butin entre ses nobles barons et jeta les captifs en prison sans délai. Le roi fit appeler la demoiselle et elle vint devant lui, vêtue d'une étoffe de soie brodée. La belle pleurait, car son cœur était serré par l'angoisse.

« Ne pleurez pas, ma belle, dit le roi, je vous donnerai aujourd'hui même un mari de la cour. Approchez, Herchambaut de Ponthieu, et recevez la main de cette dame.

– De grâce, mon seigneur et mon roi, répondit la jeune fille, le courtois Bernier vient de m'épouser – je porte son anneau au doigt. »

271.

« Noble pucelle, dit le roi Louis, vous êtes fille du puissant Guerri le Roux et femme de Bernier le hardi, que je hais plus qu'aucun homme vivant, car c'est lui qui a défait mes hommes et en détient je ne sais combien – cent ou cent quarante, j'en prends Dieu à témoin – dans ses geôles. Je viens de vaincre ses gens dans une embuscade ; si je pouvais le prendre, certes, tous les hommes de ce pays ne sauraient empêcher qu'il soit pendu ou écartelé par des chevaux !

– Que Celui qui fut mis sur la sainte croix l'ait en sa garde ! » dit la jeune femme.

Apres parla li fors rois Loeys :
6000 « Venés avant, Erchenbaut de Ponti :
prenés la dame, car je la vos otri. »
Dist la pucele : « Biax sire rois, merci !
N'a encor gaires qe B[erniers] li hardis
m'a espousee, par verté le vos dis ;
6005 mais une chose voirement i failli,
q'ains ne geümes en un lit moi et li.
Jugiés en droit, li clerq de cest païs
qe la loi Deu aveis a maintenir :
lairés vos dont crestïenté honir ? »
6010 Trestuit se taissent li grant et li petit,
car molt redoute[n]t le fort roi Loeys,
fors un frans hom qi molt fu de franc lin –
cousin germain B[erneçon] le hardi ;
s'out de ses homes en la cort plus de .xx.,
6015 hom fu le roi et ces terres en tint.
« Drois empereres, dist Do, par saint Denis,
sos ciel n'a home, s'en concell ne se mist
de ces frans homes, ne remansist honnis. »

CCLXXII

« Drois empereres, dist Do, je sui vostre hom,
6020 si ne volroie vostre confusïon,
Iceste est fille a G[ueri] le baron –
tel chevalier en terre ne seit hom ;
et ci est feme au marchis B[erneçon] –
plus seit de guere qe ne fist Salemon.
6025 Et bien savez confaites gens ce sont :   [102a]
ja ne verrés l'entree de moison
qe ci verrez G[ueri] et B[erneçon] ;
sor vos venront as bons destriers gascons,
s'or revenra nostre confusïons. »

CCLXXIII

6030 Qant li rois l'ot sifaitement parler
il entent bien de rien ne vieut fauser ;

Ensuite le puissant roi Louis répéta : « Approchez, Herchambaut de Ponthieu : prenez cette dame, car je vous la donne. »

Mais la jeune fille protesta : « De grâce, mon seigneur et mon roi ! Bernier le hardi vient de m'épouser, je vous le dis en toute sincérité. Mais en vérité une chose manque à notre union : nous n'avons jamais couché ensemble dans un même lit. Vous, les clercs de ce pays, qui devez sauvegarder les ordonnances divines, jugez selon le droit en cette matière – allez-vous vous moquer de la sainte chrétienté ? »

Tous gardaient le silence, quel que soit leur rang, car ils redoutaient le puissant roi Louis, à l'exception d'un noble baron de très haut lignage – c'était le cousin germain de Bernier le hardi ; il avait à la cour royale plus de vingt hommes, car il était un vassal du roi et tenait de lui ses terres.

« Mon juste empereur, dit Doon, je prends à témoin saint Denis : tout prince qui n'écoute pas les conseils de ses hommes se condamne au déshonneur. »

272.

« Mon juste empereur, dit Doon, je suis votre vassal et ne cherche aucunement votre ruine. Cette demoiselle est fille du brave Guerri, un chevalier qui n'a pas son pareil au monde ; et elle est femme du marquis Bernier, qui est plus habile à la guerre que ne fut Salomon. Vous savez bien quelle sorte de gens ils sont : avant le début de la moisson, vous verrez Guerri et le jeune Bernier marcher contre vous sur leurs bons destriers de Gascogne – ce sera de nouveau notre ruine. »

273.

Quand le roi entendit ces paroles, il comprit bien que Doon ne cherchait pas à l'abuser et il confia la jeune fille à la reine.

a la roïne fait la dame garder.
La damoisele qi tant fait a loer
par un matin c'estoit prise a lever ;
6035 a la fenestre est venue au jor cler :
voit sor ces haubres ces oisellons chanter
et parmi Saine ces poissonssiaus noer
et par ces prés ces flors renoveler,
ces pastoriax oit lor flajox sonner
6040 qi par matin vont lors bestes garder,
et oit d'amors en tant mains lius parler –
lors commencha grant duel a demener,
ront et dessire son fres ermine cler,
qe a la tere le fait jus avaler :
6045 « Goules de martre, ne vos vuel plus porter,
qant j'ai perdu le millor baicheler
c'on poïst mie en cest ciecle trover.
E ! B[erniers], sire, con faisiés a loer –
cortois et saiges et large por donner !
6050 Poi ont ensamble nos amistié duré !
Dex le me rende, qi se laissa pener
en sainte crois por son peule sau[v]er ! »

CCLXXIV

La damoisele fait grant duel por B[ernier].
« Ahi ! fait ele, nobiles chevalier,   [102b]
6055 poi ont ensamble duré nos amistiés !
Or deüsiens acoler et baisier,
li uns por l'autre deci au jor vellier ! »
Pasmee chiet voiant maint chevalier ;
plus de .xiiii. la corent redrecier
6060 qi tout ce vont a Loeis noncïer :
« Drois empereres, par le cors saint Richier,
ceste pucele ci s'ocist por B[ernier]. »
Et dist li rois : « Par Dieu le droiturier,
ja sa losenge ne li ara mestier
6065 qe ne la face livrer mes esquiers :
par les fosez l'enmenront tout a pié
et si en facent tout can qe bon lor iert. »

La demoiselle, qui était si digne de louanges, se leva un matin et vint auprès de la fenêtre à la claire lumière du jour. Elle vit les petits oiseaux qui chantaient dans les arbres, et les petits poissons qui nageaient dans les eaux de la Seine, et les fleurs nouvelles qui apparaissaient dans les prés, et les bergers qui jouaient de leurs flûtes en menant au petit matin leurs bêtes aux champs, et sentit l'air qui s'emplissait de paroles amoureuses – mais tout cela lui causa un tel chagrin qu'elle rompit et déchira son beau manteau d'hermine et le jeta à terre.

« Fourrures de martres, je ne veux plus jamais vous porter, puisque j'ai perdu le meilleur jeune chevalier qu'on puisse trouver dans ce monde. Ah ! Bernier, seigneur, que vous méritiez des louanges – comme vous étiez courtois et avisé et généreux ! Nos amours ont si peu duré ! Que Dieu, qui se laissa supplicier sur la sainte croix pour racheter son peuple, me le ramène ! »

274.

La demoiselle était accablée de douleur à cause de Bernier.

« Hélas ! fit elle, noble chevalier, nos amours ont si peu duré ! Nous devrions nous enlacer, nous couvrir de baisers, et passer ensemble des nuits sans dormir ! »

Elle tomba évanouie devant de nombreux chevaliers ; plus de quatorze se précipitèrent pour la relever, puis allèrent annoncer la nouvelle à Louis.

« Mon juste empereur, sur les reliques de saint Riquier, cette jeune fille se meurt à cause de Bernier. »

Et le roi de répondre : « Par Dieu notre Juge, ses simagrées ne m'empêcheront jamais de la livrer à mes écuyers, qui l'emmèneront à pied dans les fossés et feront d'elle ce que bon leur plaira ! »

En haut escrie : « Ou sont mi escuier ? »
Plus de .xl. en sont saillis en piés,
6070 des licheors qui en furent molt liés.
　Voit le la dame, si cuida marvoier –
pasmee chiet par desor le plainchier ;
a une table se huerta de son chief
si que le sanc en convint jus glacier ;
6075 sainglant enn ot son hermine delgiet
et son mentel a fin or entailliet.
　Et la roïne fors d'unne chanbre vie[n]t ;
a haute vois conmença a huchier :
« Por quoi le fais, malvais rois losaingier ?
6080 Ne place a Dieu qui tot a a baillier
que cest an past ne soiés marvoiés,
et si te vaingne issi grant destorbier   [103a]
tuit ti ami i aient a vaingier. »
　Li rois s'en rit entre ces chevalliers
6085 et la roïne ne s'i vaut atargier ;
dedens sa chanbre mainne la dame arier,
si resgarda la plaie de son chié(r).
　Tant(e) i(l) fait mestre a un maistre Garnier
qu'i[l] la garit, que n'i ot enconbrier.
6090 Or vos vuel ci de la dame laissier,
si vos dirai del bon vassal Bernier
qui de s'amie ne se set concillier.

CCLXXV

A Saint Quentin fu li prex Berneçon,
triste[s] et mornes et tint le chief enbronc,
6095 tout por s'amie a la clere façon
que Loeys tenoit en sa proison.
　Devant lui garde, s'a choisit un garçon
qui fu noris chiés Guerri le baron.
　Bernier le voit, si l'a mis a raison.
6100 « Amis, dist il, oiés que vos diron.
Droit a Paris m'en irois au perron,
si coiement que nel saiche nus hon ;
en tapignaige monteras el donjon ;

Et il cria à voix sonore : « Où sont mes écuyers ? »

Plus de quarante bondirent sur leurs pieds, des vicieux à qui ce jeu plaisait. Voyant cela, la dame chancela et tomba à terre, évanouie. Sa tête heurta une table et le sang en jaillit ; son délicat vêtement d'hermine et son manteau broché d'or pur étaient couverts de son sang.

À ce moment, la reine sortit d'une chambre et se mit à hurler à pleins poumons :

« Que fais-tu, mauvais roi sans honneur ? Je prie Dieu, maître de toute chose, que cette année ne passe sans que tu entres en mauvaise voie, et qu'un si grand malheur t'arrive qu'il faudra tous tes amis pour te venger. »

Le roi, entouré de ses chevaliers, se moqua d'elle ; et la reine, sans perdre un instant, fit entrer la dame dans sa chambre et examina la plaie qu'elle avait à la tête. Garnier, un homme de l'art, la pansa et la guérit, sans laisser de trace. Mais laissons à présent la dame ; je veux vous parler du bon vassal Bernier, qui ne savait plus quoi faire depuis la perte de son amie.

275.

Le preux Bernier était à Saint-Quentin ; il était triste et morne, et gardait la tête baissée, à cause de son amie au clair visage que Louis gardait en captivité. Devant lui il aperçut un jeune homme qui avait été élevé chez le noble Guerri. Dès qu'il le vit, il lui adressa la parole :

« Ami, dit-il, écoute ce que je vais te dire : tu iras droit au perron à Paris, en faisant attention que nul ne le sache. Tu

ce vois m'amie, conte li ta raison –
6105 parole a li coiement, a larron,
et si li dis que nos [la] saluon.
– Sire, dist il, a Dieu beneïçon. »
A tant depart sans nulle arestison.

CCLXXVI

Li mes s'an torne, ne s'i vaut atargier ;
6110 de Saint Quentin se part sens delaier,
puis est entrés en son chemin plaingnier.
De ces jornees ne vous sai plus plaidier –   [103b]
tant a tenut le chemin droiturier
qu'a Paris vint un soir a l'anuitier.
6115 En la cité c'est alés herbigier
dusq'au matin, que il fu esclairié,
que li vallés ce rest apparilliés,
si est montés el grant palais plaingnier.
A la fenestre voit la dame apuier ;
6120 elle le voit, cel recognut molt bien.
« Dont viens, amis, por le cors saint Richiel ?
– Dame, dist il, de Sain Quentin le sié ;
salut vos mande li vos amis Bernier. »

CCLXXVII

Dist la pucelle : « Dont venés vos, amis ?
6125 – Dame, dist il, je vains de Sain Quentin.
Salus vous mande B[erneçons] li hardis,
qui por vos est et dolens et marris.
– Diex, dist la dame, par la toie mercit,
le porrai ja antre mes bras tenir ?
6130 – Oïl, ma dame », li vallés repondi ;
et dist la dame : « Amis, bien avés dit ;
mais or me dis – garde n'i ait mentit –
ce me porrai de rien fier an ti.
– Por autre chose ne sui je venus ci,
6135 fors por oïr vo bon et vo plaisir. »
Et dist la dame : « Se soit par bon destin.

monteras en secret au donjon et si tu vois mon amie, tu lui
parleras en secret, à la dérobée, et lui diras que nous la saluons.

– Seigneur, dit-il, que Dieu vous entende. »

Et il partit sans perdre un instant.

276.

Le messager s'en alla, ne voulant pas tarder. Il quitta aussitôt
Saint-Quentin et s'engagea sur la grand-route. Je ne saurais
vous conter le détail de ses étapes, mais il a pris au plus court
si bien qu'il arriva à Paris un soir vers la tombée de la nuit. Il
se logea dans la cité jusqu'au matin. Quand le jour se leva, il se
rhabilla et monta jusque dans la magnifique grande salle du
palais. Il vit la dame appuyée à une fenêtre ; elle le reconnut dès
qu'elle l'aperçut.

« Sur les reliques de saint Riquier, mon ami, d'où viens-tu ?

– Ma dame, dit-il, de Saint-Quentin, la ville puissante. Votre
ami Bernier vous salue. »

277.

La jeune fille demanda : « D'où viens-tu, mon ami ?

– Ma dame, dit-il, je viens de Saint-Quentin. Bernier le hardi
vous salue – il est triste et marri à cause de vous.

– Dieu, dit la dame, prends pitié ! Pourrai-je jamais le tenir
dans mes bras ?

– Oui, ma dame », répondit le jeune homme.

Et la dame dit : « Mon ami, tu as bien parlé, mais dis-moi
sans mensonge si je peux me fier entièrement à toi.

– Je ne suis venu ici que pour écouter ce que vous avez à me
confier.

– Que le destin nous favorise ! dit la dame. Retourne donc à

Or m'en irois ariere a Sain Quentin,
si me dirois B[erneçon] le hardi
que li rois a et juret et plevit
6140 qu'il me donra malgret moi a maris –   [104a]
doner me welt Herchanbaut de Pontif.
Li parlemens en sera mescredi,
sor Sain Cloot en un bel pret florit
les un bruellet qui est biax et follis.
6145 Se tant poit faire B[erneçons] et G[uerris]
que il se fussent ens el bruellet quatis
et avuec iax de chevalliers trois mil,
i[l] me ravroient, par verté lle vos di. »
Li vallés l'oit, de joie tresailli.
6150 « Dame, dist il, par Dieu qui ne menti,
iceste afaire li sera bien jehit. »
Dist la pucele : « Alés dont tost, amis ;
je vos conment au roi de paradis. »
« Et je vos, dame », li vallés respondi.
6155 A icel mot s'an est d'illuec partis.
De Paris ist par un jeudi matin,
ains ne figna desci qu'a Sain Quentin ;
B[ernier] trova corresous et marrit.

CCLXXVIII

A Saint Quentin en vint li messaigier ;
6160 el palais monte, si a trovet B[ernier].
Il voit le mes, cel prent a araisnier.
« Amis, dist il, con avés esplotiet ?
Veïstes vos m'amie au cors ligier ?
– Oïl, biax sire, celer ne le vos quier,
6165 elle vos mande salus et amistiés ;
ensorquetot, je nel vos quier noier,
li rois li vuelt doner un chevallier –
c'est H[erchanbaus], et dist qu'ill est Pohier ;
et mescredi, si con j'oi tesmoingnier,   [104b]
6170 sor Sainn Cloot la la doit fiancier
et la li doit Loeys ostroier.
Un bois i a, qui c'i seroit muciés

Saint-Quentin et dis de ma part à Bernier le hardi que le roi a juré et promis qu'il me donnera un mari contre mon gré – il veut me donner à Herchambaut de Ponthieu. L'assemblée se tiendra mercredi, près de Saint-Cloud dans un beau pré fleuri à côté d'un beau petit bois touffu. Si le jeune Bernier et Guerri parviennent à se cacher dans ce bois avec trois mille chevaliers, je t'assure qu'ils pourront me libérer. »

À ces mots, le jeune homme tressaillit de joie.

« Ma dame, dit-il, par Dieu qui jamais ne mentit, je rapporterai fidèlement tout cela à Bernier.

– Va vite, mon ami. Je te recommande au Roi du paradis. »

– Et moi aussi, je vous recommande à Lui », répondit le jeune homme.

Sur ces mots il la quitta. Il partit de Paris un jeudi matin et chevaucha sans s'arrêter jusqu'à Saint-Quentin, où il trouva Bernier accablé de chagrin.

278.

Le messager arriva à Saint-Quentin, monta jusqu'à la grande salle et trouva Bernier. Dès qu'il vit le messager, Bernier lui demanda :

« Mon ami, dit-il, comment les choses se sont-elles passées ? As-tu vu mon amie au corps gracieux ?

– Oui, seigneur, en vérité ; elle vous salue et vous assure de son amitié. Mais avant tout, il ne faut pas vous cacher le fait que le roi veut la marier à un chevalier – il s'agit d'Herchambaut, qui est du comté de Poix, paraît-il. Et j'ai entendu dire que l'échange des serments aura lieu mercredi près de Saint-Cloud, et c'est là que Louis lui accordera sa main. Il y a là-bas un bois ;

et avuec lui troi mille chevallier,
il la ravroit, ja trestornet n'an iert. »
6175 B[erniers] l'entent, onques ne fu si liés.
« Amis, dist il, molt te dois avoir chier.
Se je vis longues, vos avrois m'amistié. »
Puis escria : « Armés vos, chevallier !
– Sire, dist il, trop poés atargier.
6180 Mandés G[uerri] qu'il vous vaingne aidier ;
si m'aïst Diex, ill en est bon mestier ! »
Et dist B[erniers] : « Bien fait a ostroier. »
Il le manda, et il vint sens targier,
si amena o lui mil chevallier.

CCLXXIX

6185 Berneçons a la sor G[uerri] mandet,
et ill [i] vint atot mil d'adobés ;
sor Sain Quentin descendirent es prés.
B[erniers] le voit, si est encontre alés ;
de ces biax iex conmença a plorer.
6190 « B[erniers], dist il, por le cors saint Omer
este vos feme por grant duel demener ?
Ja nus frans hons ne se doit demanter
tant con il puisse ces garnemens porter.
– Par ma foit, sire, ce dist B[ernier] li ber,
6195 je ai tel duel j'an cuide forcener,
por vostre fille o le viaire cler.
Li rois li vuelt un chevallier doner –
c'est Herchanbaus, si l'ai oït conter ;   [105a]
sor Saint Cloot li parlemens en iert –
6200 illuec li doit Loeys creanter.
Or m'a m'amie, vostre fille, mandet
sor Saint Cloot, a un brullet ramet ;
s'i estïens a trois mil d'adobés,
je la ravroie sans plus de l'arester. »
6205 Et dist G[uerris] : « Jhesus de majesté,
pere prospice, qui a ce esgardet ?
Se estïens .vii. milliers d'adobés
si seriens nos par .vii. fois desrobés. »

si quelqu'un s'y embusquait avec trois mille chevaliers, il pourrait la ravoir sans difficulté. »

À ces mots, Bernier éprouva une immense joie.

« Mon ami, dit-il, je te suis très reconnaissant. Tant que je vivrai, je t'assure de mon amitié. »

Puis il s'écria : « Aux armes, mes chevaliers !

– Seigneur, dit le messager, il n'y a pas un instant à perdre ! Faites venir Guerri, par Dieu, car vous aurez grand besoin de son aide !

– J'accepte ce conseil », dit Bernier.

Et il fit appel à Guerri, qui arriva sans tarder à la tête de mille chevaliers.

279.

Le jeune Bernier fit venir Guerri le Roux, qui arriva en compagnie de mille chevaliers en armes. Ils descendirent de cheval dans les prés au pied des remparts de Saint-Quentin. Lorsqu'il les vit, Bernier alla à la rencontre du baron ; les larmes coulaient de ses beaux yeux.

« Bernier, dit Guerri, sur les reliques de saint Omer[1], êtes-vous une femme pour vous abandonner à une telle douleur ? Un homme de valeur ne doit jamais se plaindre tant qu'il peut porter les armes !

– Par ma foi, seigneur, dit le noble Bernier, j'ai tant de chagrin que je pense devenir fou, et c'est à cause de votre fille au clair visage : le roi veut lui donner pour époux un chevalier nommé Herchambaut, m'a-t-on dit ; l'assemblée se tiendra près de Saint-Cloud – c'est là que Louis doit lui accorder sa main. Or mon amie, votre fille, m'a demandé de m'embusquer près de Saint-Cloud dans un petit bois touffu. Si nous y étions avec trois mille chevaliers en armes, je pourrais facilement la libérer.

– Dieu le Tout-Puissant et Père de providence ! dit Guerri, qui a imaginé un tel plan ? Même si nous étions sept mille chevaliers en armes, nous serions sept fois dépouillés. »

---

1. Saint Omer (vers 595-670), moine à Luxeuil et puis évêque de Thérouanne, fut un des fondateurs de l'abbaye de Sithiu, autour de laquelle s'est créée la ville de Saint-Omer (Pas-de-Calais).

Et dist B[erniers] : « Par sainte trinité,
6210 sire G[uerris], molt me desconfortés.
Vo coardise ne poés plus celer,
et je irai atot [mes] adobés. »
Et dist G[uerris] : « Tant en avés parlet
s'or en devoie estre tos decopés
6215 si ferai je la vostre volenté.
Or verra l'en qui sera alosés,
qui miex ferra de l'espee del lés. »
Et dist B[erniers] : « Or avés bien parlet. »
Paisa avant, as piés l'en est alés.
6220 A tant monterent, n'i sont plus demorés –
trois milliers furent as vers hiaumes genmés ;
envers Paris prennent a cheminer
et jor et nuit pencent d'esperonner
tant que il vinrent ens el brullet ramet
6225 sor Saint Cloot, dont vos oït avés ;
illuec se sont celle nuit ostelés.

CCLXXX

Li barun sont enbuchiés en Rovrois ;
belle est li herbe et molt biax li gravois.   [105b]
Au matinet c'est levés nostre rois,
6230 vait oïr messe au mostier Sainte Crois ;
quant or fu dite, si monte el palefroi
et la pucele fait monter devant soi.
Sor Saint Cloot s'en est li rois tot droit.

CCLXXXI

Sor Saint Cloot s'en est li rois venus.
6235 Dieu, tant i ott de contes et de dus,
mais n'i avoient ne lance ne escus ;
et B[erniers] est fors del bruellet issus –

Et Bernier de répondre : « Par la sainte Trinité, seigneur Guerri, vous me décevez. Vous ne pouvez plus cacher votre couardise – j'irai moi-même, avec mes chevaliers armés.

– Vous avez tant plaidé, dit Guerri, que j'agirai selon votre volonté, même si je devais y être mis en pièces. On verra bientôt à qui reviendra l'honneur et qui se servira le mieux de l'épée à son côté.

– Voilà qui est bien dit », approuva Bernier, qui tomba aussitôt aux pieds de Guerri.

Ils se mirent en selle sans perdre un instant – ils furent trois mille chevaliers, tous portant des heaumes incrustés de pierres précieuses. Les guerriers se mirent en chemin en direction de Paris et éperonnèrent nuit et jour leurs destriers jusqu'à ce qu'ils arrivent au petit bois touffu près de Saint-Cloud, où ils s'installèrent pour la nuit.

280.

Les barons étaient embusqués en Rouvray[1] ; l'herbe y était belle, ainsi que le sable des chemins. Notre roi se leva de bonne heure et alla écouter la messe à l'église Sainte-Croix. À la fin de l'office, il monta son palefroi et fit monter la demoiselle devant lui. Le roi fila droit sur Saint-Cloud.

281.

Le roi s'en vint à Saint-Cloud. Dieu ! la belle assemblée de comtes et de ducs, mais aucun n'avait ni lance ni écu ! C'est alors que Bernier sortit du petit bois – il avait placé une branche

---

1. Rouvray : le *Rovrois* fut au moins jusqu'à la fin du Moyen Âge le nom d'une vaste étendue forestière à l'ouest de Paris, dont le bois de Boulogne est l'un des vestiges. Il est mentionné pour la première fois en 717 dans une charte du roi Chilpéric II.

un rainsel mist par devant son escut
que ne reluise li ors et [li] asurs –
6240 et voit s'amie qui enmi le pret fu.
Ou voit G[uerri], si li a amentu :
« Je vois m'amie qui vostre fille fu. »
A tant desregne son auferrant crenut ;
li sor G[uerris] si l'avoit detenut.

CCLXXXII

6245 « Frans chevalliers, ce dist li sor G[uerris],
ne vos chaut mie fors del bruellet issir.
Or les laissons issir fors de la cit ;
adont prendrons des borjois de la cit
qui vos don[ron]t et le vair et le gris,
6250 les belles armes et les chevax de pris,
l'or et l'argent dont il sont asasis
dont louerons les saudoiers de pris. »
Estroitement font les chevax tenir
que il ne puissent regiber ne hennir.
6255 Et li rois fu enmi le pret florit ;
sor la vert herbe fait geter un tapis –
sus c'est assis nostre rois Loeys,   [106a]
dejouste lui la fille au sor G[uerri].
Li chevallier et li clerc del païs
6260 de l'autre part ont le sierge porpris
por la parole escouter et oïr.
En piés ce dresse li rois de Saint Denis.
« Singnor, dist il, entendés anvers mi –
je vos dirai conme Ybers m'a baillit.
6265 Il tint l'onor de moi de Sain Quentin ;
sans mon congiet l'a donee a son fil.
Doit dont bastars nulle honor maintenir ?
Je ne dis mie, et si n'en quier mentir
que il ne soit et vaillans et hardis.
6270 Et ceste dame est fille au sor G[uerri] ;
doner la vue[l] a un de mes norris.
Par celle foit que je dois saint Denis,
n'a arcevesque an trestot mon païs

de feuillage devant son écu, afin que l'or et l'azur ne luisent pas
– et il aperçut son amie au milieu du pré. Il regarda Guerri et
observa :

« Voilà mon amie, votre fille. »

Aussitôt il rendit les rênes à son coursier aux longs crins,
mais Guerri le Roux le retint.

282.

« Noble chevalier, dit Guerri le Roux, inutile de quitter ce
petit bois. Il vaut mieux les laisser sortir de la ville, et nous
pourrons alors saisir quelques bourgeois, qui vous donneront
des fourrures de vair et de petit-gris, de belles armes et des
chevaux de prix, de l'or et de l'argent qu'ils possèdent en abon-
dance, avec quoi nous pourrons engager des mercenaires. »

Ils maîtrisèrent donc leurs chevaux, les empêchant de ruer et
de hennir. Entre-temps, le roi descendit au milieu du pré fleuri
et fit dérouler un tapis sur l'herbe verte. Notre roi Louis s'ins-
talla dessus et plaça la fille de Guerri le Roux à son côté. Les
chevaliers et les clercs du pays prirent place de l'autre côté afin
d'entendre la cérémonie. Le roi de Saint-Denis se leva et dit :

« Seigneurs, écoutez-moi bien – je vous dirai comment Ybert
s'est comporté envers moi. Il tenait de moi son fief de Saint-
Quentin et l'a cédé sans ma permission à son fils. Est-ce qu'un
bâtard peut prétendre à un fief ? (Je ne nie aucunement qu'il soit
valeureux et hardi.) Mais cette dame est la fille de Guerri le
Roux et je veux la marier à l'un de mes fidèles. Par la foi que
je dois à saint Denis, s'il y a dans tout mon pays archevêque,

    ne nul evesque ne abbet beneït
6275 se il me vuelt desfendre et contredir
    que ne li face tos les menbres tolir. »
    Adont se taissent li grans et li petis.
    Li rois parole con ja porrés oïr :
    « Venés avant, H[erchanbaus] de Pontis ;
6280 prenés la dame, que la vos ostri. »
    Et sil respont : « Sire, vostre mercit » :
    Passa avant, par la main la saisit :
    il fit que fox quant il s'en entremist.
    Voit le la dame si a get[et] un crit,
6285 de la foret le puet on bien oïr ;
    Bernier l'entent, si a dit a G[uerri] :   [106b]
    « Sire, on la done, par le cors saint Denis.
    Se plus i(l) sui, Diex me puist maleïr !
    – Alés a Dieu », G[uerris] li respondi.
6290 « Je vois dont, sire, par Dieu qui ne menti. »
    Adont c'eslaissent sens plus de contredit,
    B[erniers] devant, qui volontiers le fit.
    A haute vois a escrïer c'es[t] pris :
    « Biax sire rois, par Dieu qui ne menti,
6295 si m'aïst Diex, vees ci le sor G[uerri]
    qui vient as noces H[erchanbaut] de Pontif,
    et je meïsmes vos i(l) vaurai servir
    d'un tel servise le cuer avrés marrit.
    – Alés avant – ce dist li sor G[uerris] ;
6300 si m'aïst Diex, mar en ira uns vis,
    ne clerc ne prestre ne abbet beneïs,
    que il ne soient detrainchiés et ocis. »
    Des trous des lances vont les moingnes ferir.
    La veïssiés un fier abateïs ;
6305 il n'a el monde paien ne Sarrasin,
    c'il les veïst, cui peitié n'en presist.
    En fuie torne li fors rois Loeys,
    en sa conpaingne Herchanbaut de Pontif –
    en un batel se sont en Sainne mis,
6310 ain n'aresterent desci dusqu'a Paris ;
    et la pucele, fille le sor G[uerri],

évêque, ou abbé consacré qui cherche à me résister ou à me contredire, je le ferai mettre en pièces. »

Tous gardaient le silence, quel que soit leur rang, et le roi continua comme vous l'entendrez :

« Approchez, Herchambaut de Ponthieu, et prenez cette dame, car je vous la donne.

– Je vous en remercie, sire », dit l'autre.

Il s'avança alors et prit la main de la demoiselle – quelle folie il fit en agissant de la sorte ! Dès que la dame le vit s'avancer, elle poussa un cri qui retentit jusqu'au fond du bois. Bernier l'entendit et dit à Guerri :

« Seigneur, sur les reliques de saint Denis, on la donne à un autre. Que Dieu me maudisse si je tarde plus longtemps !

– Que Dieu vous accompagne », dit Guerri.

« J'y vais donc, seigneur, par Dieu qui jamais ne mentit. »

Alors les chevaliers s'élancèrent sans plus tarder, avec Bernier tout empressé à leur tête. Il se mit à crier d'une voix retentissante :

« Sire le roi, par Dieu qui jamais ne mentit, voici Guerri le Roux – je le jure devant Dieu ! – qui vient aux noces d'Herchambaut de Ponthieu ! Et moi-même, je vous prépare une cérémonie qui vous accablera de chagrin !

– En avant ! dit Guerri le Roux. Je jure devant Dieu que pas un seul n'échappera vivant – ni clerc ni prêtre ni abbé consacré : tous seront massacrés et mis en pièces ! »

Ils allèrent frapper les moines avec des tronçons de lance. Là vous auriez vu un massacre horrible : même les païens et les Sarrasins, à voir un tel carnage, auraient pris pitié d'eux. Le puissant roi Louis s'enfuit, accompagné d'Herchambaut de Ponthieu ; à bord d'un bateau ils remontèrent la Seine sans s'arrêter avant d'être rentrés à Paris. La demoiselle, la fille de Guerri le

si se seoit encor sor l[e] tapis.
Bernie[r] cognust a l'ansaingne qu'il tint ;
elle parla, con ja porrés oïr :
6315 « Baisiés moi sire, por Dieu qui ne menti –　　　　　[107a]
plus le desir que riens que Diex fesist. »
Et dist B[erniers] : « J'ann ai molt grant desir,
mais de baisier n'est il mie or loisir.
Quant je serai arier a Saint Quentin,
6320 la vos vaurai manoier et tenir. »
A ces paroles es vos le sor G[uerri] ;
a haute vois a escrïer c'es[t] pris :
« A cel concel soient li malfés vis !
Tenés l'enchaut, frans chevalliers de pris ! »
6325 Et dist B[erniers] : « Tout a vostre plaisir ! »
Apres iax poingnent les bons destriers de pris,
en lor conpaingne trois mille poingneïs :
au retorner que B[erneçons] lor fit
trois .c. des lors ont retenus et pris,
6330 et la roïne et Loherel son fil.
Et la pucelle, fille le sor G[uerri],
firent monter sor un mulet de pris ;
sonnent lor cors, si sont el retor mis –
ainc n'aresterent desci qu'a Sain Q[uentin].
6335 B[erniers] en jure cel qui le monde fit
n'an isteront tant conme il soit vis
se ne li rent li rois trestous ses pris,
Ybert son pere et Gautier le jantil,
et les .l. qu'an la chartre sont mis.
6340 Li enpereres fu dolens et marris
por la roïne que enmaine G[uerris].
« Drois enpereres, dist Doos de Saint Denis,
Bone pieça quel vos avoie dit
se l'eüst prise H[erchanbaus] de Pontif,
6345 nel deffendit trestous l'or que Diex fit　　　　　[107b]
que il ne fust detrainchiés et ocis.
S'a mon concel vos en voliés tenir,
mandés B[ernier], frans rois poesteïs,
si [li] rendés sa terre et son païs ;

Roux, était toujours assise sur le tapis. Elle reconnut Bernier grâce à son enseigne et lui adressa les propos que vous allez entendre :

« Donnez-moi un baiser, seigneur, par Dieu qui jamais ne mentit – je le désire plus que tout au monde.

– J'en ai grande envie, moi aussi, dit Bernier, mais ce n'est pas le moment de se donner des baisers. Quand je serai de retour à Saint-Quentin, je pourrai vous tenir dans mes bras et vous caresser. »

À ce moment survint Guerri le Roux, qui se mit à crier de sa voix retentissante :

« De telles paroles sont l'œuvre du diable vivant ! À leurs trousses, noble chevalier de valeur !

Et Bernier de répondre : « Comme il vous plaira ! »

Montés sur leurs bons destriers de prix, ils s'élancèrent, suivis de trois mille guerriers. Au cours de cet assaut que mena Bernier, trois cents royaux furent retenus et faits prisonniers, parmi lesquels la reine et son jeune fils Lohier. Et l'on fit monter la demoiselle, la fille de Guerri le Roux, sur un mulet de prix. On sonna du cor et Bernier et ses gens se retirèrent – ils ne s'arrêtèrent pas avant d'avoir atteint Saint-Quentin. Bernier jura par Celui qui créa le monde que les royaux ne seraient pas libérés de sa vie si le roi ne lui rendait d'abord tous ses prisonniers : Ybert, son père, et le noble Gautier, avec les cinquante chevaliers qui étaient dans ses geôles.

L'empereur était malheureux et marri à cause de la reine que Guerri emmena.

« Mon juste empereur, dit Doon de Saint-Denis, je vous avais prévenu il y a longtemps que si Herchambaut de Ponthieu épousait cette dame, tout l'or que Dieu créa ne saurait empêcher qu'il soit tué et massacré. Si vous voulez écouter mon conseil, noble roi puissant, faites venir Bernier et rendez-lui sa terre et

6350 de toutes pars soient rendus li pris,
     acordés vous, si soiés bon ami.
     Tant est preudons, bien en serois servis.
     – Diex ! dist li rois, con gent concel a ci.
     Qui a ces mos nos en fera tenir,
6355 je li donrai un mui de mon or fin.
     – Et je irai », dist Dos de Saint Denis ;
     et dist li rois : « De Dieu, .v.c. merci. »
     Des or s'an vait, que plus n'i atendi.
     Ill est montés el bon destrier de pris ;
6360 ainc ne figna desci qu'a Saint Quentin.
     Il descendi desos l'onbre d'un pin,
     les degrés monte del palais marbrerin –
     B[erniers] le voit, c'est ancontre saillis.
     « Cousins, dist il, bien puissiés vos venir.
6365 Que fait li rois, conment se contient il ?
     – Par ma foit, sire, molt l'ai laissiet marri.
     Li rois vos mande, je sui qui le vos dis,
     acordés vos et soiés bon ami. »
     Et dist B[erniers] : « De Dieu, vostre mercit ;
6370 je an ferai trestout vostre plaisir. »
     G[uerri] apelle en riant, si li dit :
     « Oiés que mande li rois de Saint Denis –
     acordons nos et soiens bon ami. »
     Et dist G[uerris] : « Par ma foit, je l'ostri. »
6375 A ces mos montent li chevallier de pris,   [108a]
     et avuec iax mil chevallier de pris ;
     de Sain Q[uentin] se sont tuit departis –
     a tant s'an vont, a la voie sont mis.
     Tant ont erret les plains et les larris
6380 qu'il sont venus a la cort a Paris ;
     le roi trouverent et morne et pencis.
     Il descendirent desos l'onbre d'un pin,
     puis sont montés el palais singnori.
     Li rois les voit, c'est encontre saillis ;
6385 assés les [a] acolés et joïs,
     B[ernier] baisa et puis le sor G[uerri].
     Faite est la pais, la Damredieu mercit,

son fief. Que les captifs des deux côtés soient échangés ; faites la paix et soyez bons amis. Bernier est un homme de valeur qui vous servira bien.

– Dieu ! dit le roi, c'est là un excellent conseil. Je donnerai sur mon trésor un muid d'or pur à celui qui parviendra à un accord selon ces termes.

– J'irai voir Bernier », dit Doon de Saint-Denis.

Et le roi dit : « Par Dieu, mille mercis. »

Doon s'en alla aussitôt ; sans tarder, il monta son bon destrier de prix et chevaucha sans s'arrêter jusqu'à Saint-Quentin. Il mit pied à terre à l'ombre d'un pin, puis gravit les marches jusqu'à la grande salle de marbre. Dès qu'il l'aperçut, Bernier se précipita à sa rencontre.

« Cousin, dit-il, soyez le bienvenu ! Que fait le roi ? Comment prend-il la chose ?

– Par ma foi, seigneur, je l'ai laissé très affligé. Le roi vous invite par ma bouche à faire la paix et à devenir bons amis.

– Par Dieu, je vous remercie de ce message, dit Bernier, et je ferai tout ce que vous conseillez. »

Tout joyeux, Bernier appela Guerri et dit : « Écoutez le message du roi de Saint-Denis : il nous invite à faire la paix et à devenir bons amis.

– Par ma foi, je suis d'accord, » dit Guerri.

À ces mots, les nobles chevaliers montèrent en selle et partirent en compagnie de mille chevaliers de valeur. Ils quittèrent Saint-Quentin et se mirent en chemin. Ils traversèrent plaines et landes si bien qu'ils parvinrent à la cour à Paris, où ils trouvèrent le roi triste et sombre. Ils mirent pied à terre à l'ombre d'un pin, puis ils montèrent jusqu'à la salle imposante.

Dès qu'il les aperçut, le roi se précipita à leur rencontre. Il les prit dans ses bras et les accueillit chaleureusement ; il embrassa Bernier et puis Guerri le Roux. Grâce à Dieu, la paix fut faite

entre B[ernier] et le roi Loeys ;
li rois li rent sa terre et son païs,
6390 et de[s] deus pars furent rendus li pris,
puis s'en departent baus et joiant et fis.
A Sain Q[uentin] est B[erniers] revertis,
et a Arras ala li sor G[uerris],
o lui Gautiers qui molt fu ces amis ;
6395 et puis d'illuec ala en Canbresis
veoir s'entain, Aalais au cler vis.
A Ribuemont est Ybers revertis
qui a grant joie fu cel jor recoillis.

CCLXXXIII

A Ribuemont fu Ybers li cortois,
6400 et B[erneçons] a Sain Q[uentin] ces(t) drois
avuec sa fenme qui molt l'anma en foi ;
puis fu ainsis un an et .xv. mois.
Un jor apelle Savari le cortois,
Perron le preut et Henri d'Aminiois.
6405 « Baron, dist il, por Dieu, concilliés moi.
Pichiés ai fais dont je grant paor ai,   [108b]
maint home ai mors dont je sui en esfroi.
Raoul ocis, certes, ce poise moi.
Dusqu'a Sant Gile vuel aler demanois ;
6410 proierai li que plaidis soit por moi
vers Damredieu qui sires est et rois. »
Et dist la dame : « Je irai avuec toi »
et dist B[erniers] : « Non ferés, par ma foi »
et dist la dame : « Or oïs grant boffoi –
6415 ja ce Dieu [plaist] n'irés un jor sans moi. »

entre Bernier et le roi Louis ; le roi lui rendit sa terre et son fief, et les captifs des deux côtés furent échangés. Ensuite on se sépara, plein de joie, de bonne humeur et en confiance. Bernier rentra à Saint-Quentin et Guerri le Roux regagna Arras, en compagnie de son proche parent, Gautier, qui s'en alla par la suite en Cambrésis voir Aalais, son aïeule au clair visage. Ybert rentra à Ribemont, accueilli par de grandes manifestations de joie.

283.

Le courtois Ybert séjourna à Ribemont, et le jeune Bernier resta à Saint-Quentin, son fief légitime, auprès de sa femme qui l'aimait sincèrement.

Un an et quinze[1] mois passèrent de la sorte. Un jour Bernier convoqua Savari le courtois, le vaillant Pierre et Henri d'Amiens.

« Barons, dit-il, pour l'amour de Dieu, conseillez-moi. J'ai très peur à cause des péchés que j'ai commis, et les nombreux meurtres dont je suis responsable m'épouvantent : je regrette, certes, d'avoir tué Raoul. Je veux faire le pèlerinage de Saint-Gilles[2] afin de prier le saint d'intercéder pour moi auprès de Dieu, notre Seigneur et notre Roi. »

Sa femme dit : « J'irai avec toi. »

Mais Bernier répondit : « Non, par ma foi !

– J'entends des propos insensés ! dit la dame. S'il plaît à Dieu, tu ne seras pas un seul jour sans moi.

---

1. « Un an et quinze mois » paraît bizarre, mais non impossible. S. Kay évoque la possibilité d'une erreur : *xv.* pour *xi.* Mais notre poète aime bien le chiffre *quinze*, qu'il emploie dix fois ailleurs, notamment (en ce qui nous concerne ici) dans l'expression « un an et quinze jours » (v. 631), à mettre en parallèle avec la présente expression employée dans le cadre d'une rime différente. Il n'emploie le chiffre *onze* que trois fois, toujours dans le premier hémistiche et toujours en combinaison avec *mille* pour estimer le nombre de combattants. **2.** Saint-Gilles (Gard, arr. Nîmes) : centre important de pèlerinage médiéval où l'on priait saint Gilles, ermite du VIIIᵉ siècle. Au Moyen Âge, Saint-Gilles était un port d'embarcation pour les Croisades.

Et dist B[erniers] : « A vostre plaisir soit. »
Ill apresta son oire et son harnois ;
.xx. chevalliers anmena avuec soi
et .x. serjans por faire le conroi ;
6420 puis s'acheminent bellement, sans deloi,
et chevauchierent .xv. jors sans deloi.
Dusqu'a Saint G[ile] en so[n]t venus tot droit
et descendirent un samedi au soir.
La jantil dame ot le for eüt froit ;
6425 prist li ces max ainsis con Dieu plaisoit ;
celle nuit ot un bel enfant cortois
qui puis ot terre et honor a tenoir,
e ll'andemain fu l'anfes beneois.

CCLXXXIV

En l'andemain, que li jors parut cler,
6430 ont fait l'anfant baptisier et lever ;
le non saint Gile li ont fait deviser
por ce qu'il fu dedens la ville nés –
d'or en avant iert Juliie[n]s nonmés.
Endemantiers que vos m'oez conter,
6435 li rois Corsuble a fait paiens mander
et l'amassors de Cordes autretel –   [109a]
chascun avoit .xxx. milliers d'adobés.
Droit vers Saint G[ile] se sont acheminés,
la ville asaillent environ et en lés.
6440 B[erniers] le voit, le sanc cuide desver ;
ill a son hoste maintenant apellet.
« Hoste, dist il, garnemens m'aportés,
car je fuis ja chevallier adobés.
– Voir, dist li hostes, jantix estes et bers –
6445 armes avrés a vostre volenté. »
Armes aportent a molt grande planté
et B[erneçons] s'en est errant armés,
et avuec lui cil chevallier menbrés –
.xx.ii. furent – que B[erniers] ot menés.
6450 Es chevax montent, les escus acolés ;
les lances prennent as confanons fermés ;

– Comme il te plaira, alors », dit Bernier.

Il fit les préparatifs du voyage et s'équipa ; avec lui il emmena vingt chevaliers et dix hommes d'armes pour constituer sa suite. Puis ils chevauchèrent agréablement et sans subir de retards pendant quinze jours en direction de Saint-Gilles, où ils arrivèrent un samedi soir. Ce jour-là la noble dame avait pris froid et ce fut la volonté divine que le mal d'enfant la saisît à ce moment-là. La nuit même elle accoucha d'un bel et noble enfant qui par la suite aurait terre et fief à gouverner ; le lendemain, l'enfant reçut la bénédiction.

284.

Le lendemain, au lever du jour, ils firent baptiser l'enfant sur les fonts et lui donnèrent le nom de saint Gilles, puisqu'il naquit dans la ville du même nom : dorénavant il s'appela Julien[1]. Pendant ce temps, au moment même que j'évoque, le roi Corsuble convoqua une armée païenne, ainsi que l'émir de Cordoue – chacun avait trente mille guerriers en armes. Ils marchèrent droit sur Saint-Gilles et assiégèrent la ville de tous côtés.

Voyant cela, Bernier pensa devenir fou. Il interpella aussitôt son hôte :

« Mon hôte, dit-il, apportez-moi des armes, car je suis chevalier de plein droit.

– Certes, dit son hôte, vous êtes noble et valeureux, et vous aurez toutes les armes que vous voulez. »

On lui apporta toutes sortes d'armes et le jeune Bernier s'arma sans hésiter, ainsi que les prudents chevaliers qu'il avait emmenés avec lui – ils étaient au nombre de vingt-deux. Ils se mirent en selle, les écus au cou ; ils saisirent les lances auxquelles étaient fixés les gonfanons, franchirent la porte et sorti-

---

1. Le poète lie ainsi d'une façon factice son œuvre à la geste de Saint-Gilles. D'ailleurs, nous apprenons plus tard (v. 7944) que c'est le nom de son parrain, le comte de Saint-Gilles, que Julien a reçu en baptême.

parmi la porte s'en issirent es prés.
Li frans B[erniers] ne c'est asseürés :
brandit la hanste au conphanon fermet,
6455 fiert un paien sor son escu listé –
desos la boucle li a frait et troet
et le hauberc desrout et dessaffret.
Parmi le cors li fait l'espiet passer ;
tant con tint [l'hanste] l'abat mort cravanté –
6460 l'arme de lui en porterent malfet.
Et B[erneçons] ne c'est asseürés :
il trait l'espee au poing d'or noïlet
entre paiens c'est ferus et meslés,
a plus de .xxx. en a les chiés copés.
6465 « Saint G[ile] ! escrie. Baron, or i(l) ferés ! »
et il si firent de bone volenté.

La fust l'estor et li chaples mortés,   [109b]
cil de Sain G[ile] se fussent reculés,
ne fust B[erniers] li vassaus adurés
6470 qui les retint au bon brant aceret –
n'ancontre Turs qui a lui puist durer.
Paien le voient, molt sont espoentés.
Dist l'uns a l'autre : « Ce li autre sont tel,
par Mahomet, n'an poons eschaper.
6475 C'il nos eschape, nos sonmes malmenet. »
.XXX. en sont vers lui abandonés
et le ferirent des espiés noïlés ;
son bon escut li ont fait estroer.
Ce ne fust Diex et sa sainte bonté
6480 ja nous eüssent B[ernier] mort ruet ;
ou vuelle ou non, a terre l'ont porté.
Cui chaut de ce ? la force pait le pret.
B[ernier] ont pris li paien desfaés,
au roi Corsuble l'ont tantost presenté.
6485 Quant Savaris l'an a veüt mener
lors a tel duel, le sanc cuide desver.
Il et li siens sont en la ville antrés
et li paiens cui Diex puist mal doner
Sain Gile asallent environ et en lés ;

rent dans les prés. Bernier ne chercha pas à éviter le combat : il brandit la hampe avec son gonfanon et frappa un païen sur son écu orné d'une bordure ; il le fendit et le troua sous la boucle, puis rompit et dépeça le haubert. Il passa l'épieu au travers du corps du Sarrasin et de toute la longueur de la [hampe] l'étendit mort à terre – les diables emportèrent son âme ! Bernier ne chercha toujours pas à éviter le combat : il tira son épée au pommeau d'or incrusté d'émail et plongea au milieu des païens, dont plus de trente eurent la tête coupée.

« Saint-Gilles ! s'écria Bernier. Frappez, chevaliers ! »

Et tous frappèrent de bon cœur. Ce fut un horrible combat et une cruelle mêlée ! Les gens de Saint-Gilles auraient battu en retraite n'eût été la valeur et l'expérience de Bernier, qui les retint grâce aux coups de sa bonne épée d'acier – aucun Turc ne put lui résister.

Lorsqu'ils comprirent cela, les païens s'épouvantèrent.

« Si les autres sont comme lui, dirent-ils entre eux, nous ne pourrons en sortir vivants, par Mahomet ! S'il nous échappe, nous sommes vaincus ! »

Trente des païens se jetèrent sur lui et le frappèrent de leurs épieux incrustés d'émail, perçant son écu solide. Sans la sainte protection de Dieu, ils auraient jeté notre Bernier mort à terre ; en dépit de ses efforts, ils le portèrent à terre. Mais que peut-on faire ? La force tond le pré[1]. Les païens impies firent prisonnier Bernier et le présentèrent aussitôt au roi Corsuble. Quand Savari vit qu'on l'emmenait, il en éprouva une telle douleur qu'il pensa devenir fou. Lui et ses hommes rentrèrent dans la ville de Saint-Gilles que les païens – que Dieu les confonde ! – assiégeaient

---

1. Proverbe médiéval qui souligne le fait qu'une force supérieure (en nombre) balaie devant elle toute résistance : « la force fait table rase devant elle ». Ici, la victoire des 60 000 Sarrasins est inéluctable malgré l'héroïsme de Bernier. (Voir Stone, *Zeitschrift für romanische Philologie*, 1957.) *Force* paraît avoir non seulement son sens littéral de « ciseaux », mais aussi son sens figuré, « force, puissance ».

6490 a force sont dedens la ville entrés,
ardent la ville, si ont le borc raubet.
Savaris prist la dame au cors mollet,
si l'en porta devant le maistre autel
mais Juliien n'i a il pas porté –
6495 paiens le prirent, qui joie enn ont menet ;
sonent lors cors, si se sont retornés.
Li rois Corsubles en a B[ernier] menet,   [110a]
et uns paiens fist Juliien porter –
tout droit a Cordes prirent a retorner.
6500 Diex, quel damaige quant les estuet sevrer !

CCLXXXV

Li rois Corsubles le cuen Bernier en guie,
et l'amassor Juliien le nobile
tout droit vers Corde, la fort cité garnie ;
et Savaris li prex et li nobiles
6505 et la contesse remest dedens Saint Gile.
Tant i(l) demeure qu'elle fit sa gesine ;
lors se demante et tint la teste encline.
« E Diex, dist elle, Dame sainte Marie,
ne mon singnor ne mon fil n'ai je mie.
6510 Que fera ore ceste lasse chaitive ?
Hahi, B[erniers], de ta chevallerie
ne vis je nul en trestoute ma vie.
Or vos ont pris celle gent païnie !
– Taisiés vos, dame, Savaris li escrie ;
6515 cil le vos rende qui vint de mort a vie.
Ralons nos ent vers France la garnie. »
Elle respont : « Je l'ostrois, biax doux sire. »
Monter la fist sor un mul de Surie
et puis monta sa riche baronnie ;
6520 de la ville issent, qu'il se s'atarge[nt] mie.
Tant ont erret et tant lor voie tinrent
qu'a Ribuemont an .xv. jors revinrent.
Encontre vont trestuit cil de la ville ;
a Savarit ont commenciet a dire :
6525 « Biax sire chiers, ou est B[erniers] no sire ?

de tous côtés. Ils entrèrent de vive force dans la ville et livrèrent la cité au pillage et à l'incendie. Savari trouva la dame au corps délicat et la conduisit devant le maître autel, mais il n'y porta pas Julien, dont les païens s'emparèrent dans des transports de joie. On sonna du cor et l'ennemi se retira. Le roi Corsuble emmena Bernier en captivité et un autre païen fit emporter Julien – ils retournèrent directement à Cordoue. Dieu, quel malheur de les séparer ainsi !

285.

Le roi Corsuble emmena le comte Bernier en captivité et l'émir conduisit le noble Julien directement à Cordoue, la puissante ville bien approvisionnée, tandis que le preux et noble Savari et la comtesse restèrent à Saint-Gilles. Elle y demeura jusqu'au temps des relevailles, où elle fit tête basse et se mit à pleurer.

« Ah Dieu ! dit-elle. Sainte Marie, je n'ai plus ni mari ni fils ! Que ferai-je maintenant, misérable et malheureuse que je suis ? Hélas, Bernier, de toute ma vie je n'ai jamais vu de chevalier rivaliser avec tes exploits. Mais voici que ces païens t'ont fait prisonnier !

– Silence, madame, lui cria Savari. Que Celui qui ressuscita vous le ramène ; rentrons à présent en riche France. »

Elle répondit : « Je m'y accorde, cher seigneur. »

Il l'installa sur un mulet de Syrie et puis les nobles fidèles enfourchèrent leur monture ; ils quittèrent la ville sans plus tarder. Ils chevauchèrent tant, sans quitter la grand-route, qu'ils arrivèrent à Ribemont en quinze jours. Tous les habitants de la ville sortirent à leur rencontre et se mirent à demander à Savari :

« Cher seigneur, où est notre maître Bernier ?

– Singnor, fait il, certes, il n'i est mie –
devant Saint Gile l'ont pris gens païnie. » [110b]
Quant cil l'entendent, n'i a cel qui en rie ;
grans fu li duels a Ribuemont la ville.

CCLXXXVI

6530 Grans fu li duels et mervillox li cris
et la novelle en vait par le païs
del franc Bernier, que paien orent pris
devant Saint G[ile] au grant abateïs.
Uns mes an vait au roi de Saint Denis.
6535 que tout l'afaire li ot contet et dit
et plus ancore que il n'avoit oït.
« Sire, fait il, or saichiés vos de fi
mors est B[erniers], li genre au sor G[uerri].
– Est ce dont voirs ? » dist li rois Loeys.
6540 « Oïl, biax sire, li messaiges a dit ;
venus en est uns siens niers, Savaris,
et autres gens qu'il mena avuec li.
Devant Saint G[ile] le prirent Sarrasin. »
Herchanbaus l'oit, molt joians en devint.
6545 Ou voit le roi, si l'a a raison mis :
« Sire enpereres, por l'amor Dieu, mercit.
Vos me donastes la fille au sor G[uerri]
mais B[erneçons], sire, la me toli.
Je sui tes hons fianciés et plevis,
6550 ne te faurai tant con je soie vis.
Je vos donrai .xx. destriers arrabis
et .xx. haubers et .xx. hiaumes brunis
et .xx. espees et .xx. escus votis. »
Et dist li rois : « Vos l'arés, biax amis. »
6555 A ces paroles manda le sor G[uerri],
et ill i vint, .xx. chevallier o li.

CCLXXXVII

Li rois manda G[uerri] le franc baro[n]
et ill [i] vint a coite d'esperon [111a]

– Seigneurs, fit-il, à vrai dire il n'est pas ici – les païens l'ont pris devant Saint-Gilles. »

À ces mots, les gens de Bernier n'eurent pas le cœur à rire, et la douleur fut grande dans la ville de Ribemont.

286.

Grande fut la douleur et terribles les cris ; la nouvelle se répandit dans le pays que les païens avaient pris le noble Bernier dans l'affreux massacre devant Saint-Gilles. Un messager alla au roi de Saint-Denis et lui conta tout ce qu'il en avait entendu, et même davantage.

« Sire, fit-il, sachez en vérité que Bernier, le gendre de Guerri le Roux, est mort.

– Est-ce donc vrai ? » demanda le roi Louis.

« Oui, sire, dit le messager. Un de ses neveux, Savari, en est revenu, avec d'autres gens que Bernier avait emmenés avec lui. Les Sarrasins l'ont pris devant Saint-Gilles. »

À cette nouvelle, Herchambaut éprouva une joie immense. Quand il vit le roi, il lui dit :

« Sire empereur, de grâce, je vous prie au nom de Dieu : vous m'avez donné la main de la fille de Guerri le Roux, mais le jeune Bernier, sire, me l'a volée. Je suis votre vassal, j'ai juré de vous servir ; de toute ma vie, je ne vous ferai jamais défaut. Je vous donnerai vingt destriers arabes, vingt hauberts et vingt heaumes brunis, vingt épées et vingt écus bombés. »

– Vous l'aurez, cher ami », dit le roi.

Ayant fait cette promesse, le roi convoqua Guerri le Roux, qui se présenta à la cour en compagnie de vingt chevaliers.

287.

Le roi convoqua le noble Guerri et il arriva en toute hâte,

et avuec lui .xx. vaillans conpaingnons.
6560 A Paris vinrent sans nulle arestison,
trestuit descendent ensanble li baron,
G[uerris] monta ens el maistre donjon,
li rois le voit, si l'a mis a raison.
« G[uerris], dist il, bien resanblés baron.
6565 Mors est B[erniers] – onques ne fu tex hons,
tel chevallier n'avoit en tot le mont ;
devant Saint Gile fu pris, ce me dit on –
illuec l'ocirrent li encrieme felon.
Venus en sont Savaris et Hugon
6570 et avuec iax maint autre conpaingnon
qui avuec lui murent de cet roion.
Et la contesse a la clere façon,
se il vos plait, et car la [m]arïons ;
a H[erchanbaut] de Pontif la donon –
6575 plus hautement doner ne la poons,
et bien saichois que ill est jantix hons :
il tient Pontif et la terre environ,
.iiii. cités a en conmendison.
De vostre part bon gret vos en savrons. »
6580 G[uerris] l'en[t]ent, si baissa le menton ;
tant fu dolens por la mor B[erneçon],
d'une liuee ne dit ne o ne non.
Tenrement pleure des biax iex de son fronc,
des larmes moille son hermin peliçon ;
6585 puis dist en haut que l'oient maint baron :
« Hahi, B[erniers], tant mar fu ta façon !
De ta proesse ne fu onques nus hon.
Or vous ont mors paien et Esclavon –   [111b]
cist ait vostre arme qui vint a paissïon. »
6590 Puis dist au roi sens point d'arestison :
« Biax sire chiers, vostre plaisir feron. »
Congiet a pris, si descent del donjon,
et avuec lui trestuit ci(l) conpaingnon ;
montent es celles des destriers arragons,
6595 de Paris issent a coite d'esperon.
Tant ont erret li nobile baron

amenant avec lui vingt compagnons valeureux. Ils chevauchè-
rent sans s'arrêter jusqu'à Paris et mirent pied à terre ensemble.
Guerri monta dans le maître donjon et dès que le roi l'aperçut il
lui adressa la parole :

« Guerri, dit-il, tout le monde sait que vous êtes un homme de
valeur. Bernier est mort – on n'a jamais vu son égal ; aucun
chevalier au monde ne pouvait se comparer à lui. On m'a dit
qu'il a été pris devant Saint-Gilles et mis à mort par les cruels
infidèles. Savari et Hugues et maint autre compagnon qui
étaient partis avec lui sont revenus dans ce royaume. Il est
temps maintenant, si vous êtes d'accord, de donner la comtesse
en mariage à Herchambaut de Ponthieu – impossible de la
marier plus noblement : sachez bien que c'est un homme de
haute noblesse, qui tient Ponthieu et les terres alentour ; il gou-
verne quatre citadelles. Nous vous saurons gré de votre
accord. »

À ces mots, Guerri baissa le menton ; il était tellement attristé
par la nouvelle de la perte de Bernier qu'on aurait pu franchir
une lieue avant qu'il lui fût possible de dire oui ou non. Des
larmes de tendresse coulaient de ses beaux yeux et mouillaient
sa fourrure d'hermine. Puis il dit d'une voix forte devant
l'assemblée des barons :

« Hélas, Bernier, quelle triste fin pour un chevalier si beau !
Nul n'égalait ta prouesse, mais voici que les païens et les Slaves
t'ont tué – que Celui qui subit la Passion recueille ton âme. »

Il s'adressa ensuite au roi et dit : « Cher sire, nous ferons
comme il vous plaira. »

Guerri prit congé du roi et descendit du donjon en compagnie
de tous ses chevaliers ; ils se mirent en selle et quittèrent rapi-
dement Paris sur leurs destriers d'Aragon. Les nobles barons

qu'i[l] sont venus tout droit a Ribuemont ;
sos l'olivier descendent au perron,
par les degrés monterent el donjon,
6600 G[uerris] devant o le florit gregnon ;
trueve sa fille et o li maint baron.
Il la salue par molt belle raison
[et] li baisa la bouche et le menton.
« Ma belle fille, dist G[uerris], que feron ?
6605 Mors est B[erniers] – onques ne fu tex hon ;
tel chevallier n'avoit en tot le mont.
Or revendrois en la moie maison
quant de B[ernier] novelles n'atendons,
se ill est mors ou menés en prison. »
6610 Et dist la dame : « Vostre plaisir ferons. »
A tant monter(er)ent sans plus d'arestison,
la dame montent sor un mul arragon,
dont se partirent trestuit de Ribuemont
et chevauchierent bellement, a bandon.

CCLXXXVIII

6615 Guerris [chevauche] con chevalliers adroit,
o lui sa fille sor un mul espaingnois
et avuec lui .xx. chevalliers cortois ;
jusqu'a Paris en sont venus tot droit ;   [112a]
il descendirent – n'i ot plus de deloi.
6620 Le roi demande dans G[uerris] li cortois
et ont li dit : « Sus el palais, au dois. »
Li sor G[uerris] en vint a lui tot droit,
cel salua an amor et en foit :
« Biax sire rois, par la foi que vos dois,
6625 vees ci ma fille qui or vos vient veoir. »
Et dist li rois « Molt grant [gret] i avrois.
Bien vaingniés, dame » – ce li a dit li rois.
« Diex vos saut, sire », dist la dame au chief blois.
Li rois apelle H[erchanbaut] le cortois.
6630 « Venés avant, biax amis, dist li rois.
Prenés la dame, que je la vos ostrois.
– Sire, dist il, grant mercis an aios.

chevauchèrent tant qu'ils arrivèrent directement à Ribemont, où ils descendirent au perron sous l'olivier et gravirent les marches jusqu'au donjon. À leur tête était Guerri à la moustache blanche ; il trouva sa fille entourée de maints barons. Il la salua tendrement et lui donna des baisers sur la bouche et le menton.

« Ma chère fille, dit Guerri, qu'allons nous faire ? Bernier est mort – on n'avait jamais vu son égal ; aucun chevalier au monde ne pouvait se comparer à lui. Vous devez revenir maintenant auprès de moi, car il n'y a plus à se demander s'il est mort ou en prison. »

Et la dame répondit : « Ce sera comme il vous plaira. »

Ils se mirent en selle sans plus tarder ; on plaça la dame sur un mulet d'Aragon et ils partirent tous de Ribemont et chevauchèrent rapidement et sans heurts.

288.

Guerri chevaucha en habile cavalier. Il avait en sa compagnie sa fille, sur un mulet d'Espagne, et vingt chevaliers courtois. Ils vinrent directement à Paris où ils mirent pied à terre sans perdre un instant. Le courtois Guerri demanda où se trouvait le roi, et on lui dit :

« Là-haut dans la grande salle, sur l'estrade. »

Guerri le Roux vint devant lui sans tarder et le salua amicalement :

« Sire le roi, par la fidélité que je vous porte, voici ma fille qui est venue vous voir. »

Et le roi répondit : « Je vous en remercie de tout mon cœur. »

Puis le roi dit à la dame : « Soyez la bienvenue, ma dame.

– Que Dieu vous sauve, sire », dit la dame à la chevelure blonde.

Le roi convoqua le courtois Herchambaut :

« Approchez, mon ami, dit le roi. Prenez la dame, car je vous l'accorde.

Cel mariaige los je bien endrois moi. »
Oit le la dame ; cuidiés qu'i[l] ne l'an poit ?
6635 « Hahi ! dist elle, pere de pute loi,
con m'as traïe et mise en grant beloi !
Quant me donés marit, ce poise moi ;
mais de mon cors ja mais joie n'avroit. »
Adont s'escrie en haut a clere vois :
6640 « E B[erniers], sire, frans chevalliers adrois,
li rois Corsubles vous tient an ces dest[r]ois
mais je ne sai se ja mais revenrrois.
Cis vos ramaint qui fu mis en la crois,
ce mariaige conparroit qui que soit.
6645 – Taisiés vos, dame » – ce li a dit li rois.

CCLXXXIX

Li rois de France fu drois en son estant ;
tint un baston qu'il aloit pasmaiant.
Voit Herchanbaut, si li dit en oiant :   [112b]
« Prenés la dame que je la vos conment.
6650 – Sire, fait il, .v.c. mercis vos rens. »
Passa avant et par la main la prent.
Onques n'i ot plus de delaiement –
a un mostier l'anmainnent erranment,
la l'espousa H[erchanbaus] li vaillans.
6655 La messe chante li esvesques Morans.
Quant or fu dite si s'en torne[nt] a tant ;
es chevax montent arrabis et courans ;
la dame montent sor un mulet anblant.
De Paris issent sens nul delaiement ;
6660 vers Pontif vont bellement chevauchant,
a Aubeville sont venus liement.
Il descendirent el plus haut mandement,
el palais mainnent la dame au cors vaillant –
la fist ces noces molt esforciement.

– Sire, dit Herchambaut, je vous en remercie vivement ; quant à moi, je loue cette alliance. »

Lorsque la dame entendit ces propos, croyez-vous qu'elle n'en eut peine ?

« Hélas, dit-elle, père infâme ! Comme tu m'as trahie et trompée ! Que tu m'aies donné un mari me fait de la peine, mais il ne jouira jamais de moi ! »

Puis elle s'écria d'une voix claire et forte : « Ah, Bernier, mon mari, noble chevalier habile : le roi Corsuble vous garde dans ses geôles et je ne sais si jamais vous en reviendrez. Que Celui qui souffrit sur la croix vous ramène parmi nous afin que celui, quel qu'il soit, qui a arrangé ce mariage, le paie cher !

– Silence, ma dame », lui dit le roi.

289.

Le roi de France se dressa sur ses pieds ; dans sa main il brandissait un bâton. Quand il vit Herchambaut, il lui dit devant l'assemblée des barons :

« Prenez la dame, car je vous la confie.

– Sire, fit-il, mille mercis. »

Il s'avança et prit la dame par la main. Sans le moindre délai, on l'amena à une église où le valeureux Herchambaut l'épousa. L'évêque Morant chanta la messe ; quant elle fut finie, ils sortirent aussitôt et montèrent sur de rapides chevaux arabes. On plaça la dame sur un mulet qui allait l'amble. Sans délai aucun, ils quittèrent Paris et chevauchèrent sans incidents vers le Ponthieu. Ils arrivèrent gaiement à Abbeville et mirent pied à terre devant le palais principal. La dame valeureuse fut menée dans la grande salle, où Herchambaut fêta ses noces avec splendeur[1].

---

1. Dans sa traduction anglaise de *Raoul*, S. Kay interprète *esforciement* comme « de force » « forcibly concluded his marriage », ce qui pourrait porter à imaginer qu'Herchambaut obligea Béatrice à consommer le mariage, mais l'interprétation traditionnelle « avec splendeur » paraît préférable ici, étant donné la potion magique introduite dans la laisse suivante.

CCXC

6665 En Aubeville le bon borc signori
la fit ces noces H[erchanbaus] li floris.
Es vos un mie par la ville qui vint ;
molt hautement a escrïer c'es[t] pris :
« Avroit il ja dame qu[e] Dieu feïst
6670 qui eüst ja goute ne palacin ?
En molt poi d'eure l'an avroie garit. »
La dame l'oit, a li le fait venir ;
d'a lui parler avoit molt grant desir.
Quant or le voit, si a dit son plaisir.
6675 « Dont iers tu, mies ? – garde n'i ait mentit.
– Dame, dist il, de cel autre païs ;
et si po[r]s ci tel racine avuec mi   [113a]
Diex ne fist dame, tant [l]'eüst son marit,
c'elle voloit, que ja mais li fesit. »
6680 La gentil dame molt joians en devi[n]t.
« Amis, biax frere, por Dieu qui ne menti,
vanras la tu ? f[re]re car le me dis.
– Oïl, ma dame, par Dieu qui ne me[n]ti,
mais que trois fois la peserai d'or fin. »
6685 Et dist la dame : « Par ma foit, je l'ostri. »

CCXCI

La vaillans dame achata la racine.
Quant il fu eure, vont couchier a delivre ;
la frainche dame si ne s'oblia mie –
elle prent l'erbe, en sa bouche l'a mise,
6690 et H[erchanbaus] coucha avuec s'amie ;
il l'a assés acolee et baisie,
mais d'autre chose ne li pot faire mie.

CCXCII

Herchanbaus jut et s'amie dalés ;
il la baisa et acola assés
6695 mais d'autre chose ne la pot il grever –
ainc ne se sot en cel point demener.

290.

Dans la noble ville imposante d'Abbeville Herchambaut le chenu fêta ses noces. Mais voici qu'un médecin traversa la ville en s'écriant d'une voix retentissante :

« Y aurait-il ici une dame qui souffre de goutte ou de paralysie ? Je la guérirais en peu de temps. »

Dès qu'elle entendit ces paroles, la dame le fit venir, car elle avait très envie de lui parler. Lorsqu'elle l'aperçut, elle lui expliqua ce qu'elle voulait :

« D'où viens-tu, médecin ? N'aie garde de me mentir !

– Madame, lui dit-il, d'un pays étranger. Je porte avec moi certaine racine qui permet à toute dame, si elle le souhaite, d'éviter de faire l'amour avec son mari, en dépit de tous ses efforts. »

La noble dame éprouva une joie immense.

« Mon cher ami, au nom de Dieu qui jamais ne mentit, est-ce que tu me la vendras ? Dis-le-moi, cher ami.

– Oui, ma dame, par Dieu qui jamais ne mentit, mais il faut payer trois fois son poids d'or fin. »

Et la dame de répondre : « Par ma foi, j'accepte ce prix. »

291.

La vaillante dame acheta la racine. Quand il en fut temps, ils s'en allèrent se coucher avec empressement. La noble dame ne perdit pas la tête – elle prit l'herbe médicinale et la mit dans sa bouche. Herchambaut se coucha auprès de son amie ; il la prit dans ses bras tant qu'il voulut et lui donna des baisers, mais pour le reste, il ne put rien faire.

292.

Herchambaut se coucha à côté de son amie. Il la prit dans ses bras tant qu'il voulut et lui donna des baisers, mais ne put pas l'importuner davantage : impossible de prendre son plaisir avec

que de la dame eüst ces volentés.
Au matinet c'est H[erchanbaus] levés ;
il c'est vestus et chauciés et parés.
6700 Son seneschal a premier ancontré ;
sore li cort ausis con uns desvés –
mervillox cop li a del poing doné
con de celui qui a tort ert irés,
car de sa feme n'ot pas ses volentés ;
6705 et tuit li autre sont en fuie tornés.

CCXCIII

Molt fu dolens H[erchanbaus] li Pohiers   [113b]
et courreciés por sa frainche mollier
por ce qu'a li ne se pot donoier.
Ici alluec vos vaurons d'iax laissier –
6710 quant lex sera, bien savrons repairier –
si chanterons del josteor B[ernier].
Rois Aucibiers manda ces chevallier
tant qu'ill en ot avuec lui .xx. milliers ;
le roi Corsuble en sa cité assiet.
6715 Sus en l'angarde mo[n]ta cis Aucibier ;
tant par estoit orguillox chevalliers,
nus n'i aloit qu'il n'en portast le chief.
Voit le Corsubles, molt en fu aïriés ;
ill an apelle Sarrasins et paiens.
6720 « Singnor, fait il, savés moi concillier ?
En celle engarde vois ester un paien,
si nos a mort trois de nos chevalliers –
n'i a un seul qui en soit repairiés.
– Par Mah[omet], ce dist li chartreriés,
6725 en ta prison avons un crestiien,
devant Saint Gile li vis molt bien aidier –
a .xxx. Turs li vis coper les chiés.
C'il ne t'aïde, je ne sai qu'ill an iert. »
Et dist li rois : « Car le m'amenissiés »
6730 et cil respont : « Biax sire, volentier. »
Fors de la chartre ot amenet B[ernier] ;
li rois le voit, cel prent a araisnier :

la dame. Herchambaut se leva de bonne heure, se vêtit, se chaussa et se prépara. Bientôt il rencontra son sénéchal et se précipita sur lui comme un fou ; de son poing il lui assena un coup terrible, mais ce fut à tort, car sa colère venait du fait qu'il ne pouvait pas jouir de sa femme. Tous les autres prirent la fuite.

293.

Herchambaut de Ponthieu était triste et vexé puisqu'il ne pouvait pas faire l'amour avec sa noble femme. Nous voulons les quitter maintenant, mais nous reviendrons à eux quand il y aura lieu ; nous chanterons ici Bernier le guerrier.

Le roi Aucibier convoqua jusqu'à vingt mille de ses chevaliers et assiégea le roi Corsuble dans sa citadelle. Cet Aucibier était à la tête de ses troupes – c'était un chevalier si orgueilleux qu'il coupait la tête de chacun qu'il rencontrait. Voyant cela, Corsuble enragea ; il convoqua Sarrasins et païens.

« Seigneurs, fit-il, sauriez-vous me conseiller ? Je vois dans l'avant-garde un païen qui a tué trois de nos chevaliers – pas un seul n'est revenu.

– Par Mahomet, dit le geôlier, tu as dans ta prison un chrétien que j'ai vu bien se défendre devant Saint-Gilles – de mes yeux, je l'ai vu couper la tête à trente Turcs. S'il ne peut t'aider, je ne vois pas d'autre solution. »

Et le roi dit : « Amenez-le-moi ! »

Et l'autre répondit : « Très volontiers, sire le roi. »

On conduisit Bernier hors de prison. Dès qu'il l'aperçut, le roi se mit à lui dire :

« Crestiie[n]s, frere, molt iers grans et plaing[iers] ;
molt iers fornis – bien sanbles chevalliers
6735 et je si ai d'aïde grant mestier.   [114a]
An celle engarde vois ester un paien,
il nos a mors trois de nos chevalliers –
il les a tous ocis et detrainchiés.
Mais je vos dis, ce vos i(l) conbatiés
6740 par hardement, et vos si l'ociiés
en vo païs tous cuites en iriés,
a tous jors mais mes amis en seriés,
si te donrai tos chergiés .xx. sosmiers
de dras de soie, de or fin, de deniers. »
6745 B[erniers] l'entent, onques ne fu si liés.
Il li respont : « Je irai volentier,
car miex vuel estre ocis et detrainchié
qu'an vostre chartre ja mais me jetissiés ;
mais tut avant me donés a maingier. »
6750 Li rois respont : « Bien fait a ostroier. »
Tout maintenant l'en fit assés baillier
et cil mainja qui en avoit mestier.
Quant ot maingiet, si se cort haubigier :
il vest l'auberc, lasce l'elme d'acier
6755 et saint l'espee au poing d'or entaillie[t] ;
on li amainne un bon courant destrier
et ill i monte par son doret estrief ;
a son col pent un escut de quartier
et en son poing un roi[t] trainchant espiet,
6760 a .v. clos d'or le conphanon lasciet.
Parmi la porte s'an ist tos eslaissiés –
Diex, con l'esgardent li paien adversier !   [114b]
Dist l'uns a l'autre : « Ci a bel chevallier –
de Mah[omet] soit li siens cors saingniés. »

CCXCIV

6765 Parmi la porte s'an est B[erniers] alés ;
richement fu fervestus et armés.
Pas avant autre est o[u] tertre montés
et Aucibiers s'an est garde donés ;

« Chrétien, mon cher ami, vous êtes grand, puissant et bien bâti – vous avez bien l'air d'un chevalier, et j'ai grand besoin qu'on me vienne en aide. Dans cette avant-garde vous pouvez voir un païen qui a mis à mort trois de nos chevaliers – il les a tués et massacrés. Mais je vous promets, si vous vous battez contre lui courageusement et si vous le tuez, que vous pourrez retourner librement dans votre pays. Vous serez désormais mon ami et je vous donnerai vingt chevaux de bât chargés de draps de soie, d'or fin et de deniers d'argent. »

À ces mots, Bernier se réjouit pleinement et répondit au roi :

« J'accepte volontiers, car je préfère être tué et massacré plutôt que d'être jeté de nouveau dans votre prison. Mais donnez-moi d'abord à manger. »

Et le roi de répondre : « Soit ! » Sans perdre un instant, le roi fit apporter de la nourriture à profusion et Bernier se rassasia, car il en avait grand besoin. Quand il fut rassasié, il courut s'armer. Il endossa le haubert, laça le heaume d'acier et ceignit l'épée au pommeau d'or ciselé. On lui amena un bon destrier rapide et il monta en selle par l'étrier doré. À son cou il pendit un écu écartelé et empoigna un solide épieu tranchant, auquel était fixé le gonfanon par cinq clous d'or. Il franchit la porte au grand galop – Dieu, comme les païens le regardaient ! Ils se disaient entre eux :

« Voici un beau chevalier – que Mahomet le bénisse ! »

294.

Bernier franchit la porte, revêtu splendidement de belles armes. Il monta lentement sur le tertre. Aucibier finit par l'aper-

adont se pence qu'il vient a li jouster,
6770 dont a sa gent hautement apellet :
« Veés vos un qui me vient conreés,
qui si(s) me vient molt richement armés ?
Se il m'ocit, arier vos en alés
en celle [terre] de quoi chascuns est nés ;
6775 en cet païs avriés mal demorer. »
Et cil respondent : « A vostre volenté. »
Lors c'e[s]t li Turs vers B[ernier] galopés ;
quant il vint pres, si c'est haus escrïés :
« Qui iers tu, va ? garde ne me celer.
6780 Iers tu messaiges qui viens a moi parler ? »
Et dist B[erniers] : « Ains vains a vous joster. »
Li paiens l'oit, plus fu fiers d'un malfé ;
ne vaurent plus plaidier ne deviser.
Tant con chevax lor porent randoner
6785 se vont ferir sens plus de demorer –
les escus font et percier et troer
et lors haubers desronpre et faucer
et de lor lances firent les trous voler.
Au tour françois prirent a retorner ;
6790 ja se vauront au chaploier mesler.
Grans fu li Turs et molt fist a douter –
en païnime n'an avoit il son per.
Diex gart Bernier de mort et d'afoler –
c'est grans mervelle s'envers lui puet durer.

[115a]

CCXCV

6795 Li baron vinrent andoi au chaplement.
Li paiens fu de molt fier maltale[n]t –
en toute Espaingne n'an avoit nul si grant.
B[ernier] feri sor son escut devant,
en deus moitiés li esquartele et fent,
6800 desos B[ernier] consivi l'auferrant –
ju qu'an diroie ? mort l'abat maintenant.
B[erniers] trebuche d'autre part mai[n]tenant ;
pasmer l'estut de l'angoisse qu'il sent ;
uns hons alast de terre un grant arpent

cevoir et comprit qu'il venait l'attaquer ; il cria alors à ses gens
d'une voix retentissante :

« Voyez-vous cet homme aux armes splendides qui vient vers
moi tout équipé ? S'il me tue, que chacun retourne dans le pays
où il est né ; rester dans ce pays vous serait fatal. »

Et ils répondirent : « À vos ordres. »

Alors le Turc chevaucha au galop vers Bernier et s'écria dès
qu'il s'approcha de lui : « Qui es-tu donc ? Dis-le-moi franche-
ment ! Es-tu un messager chargé de faire la paix avec moi ?

– Je viens au contraire pour combattre contre toi », dit Ber-
nier.

À ces mots, le païen s'enfla d'orgueil comme un démon. Sans
plus parler, les deux adversaires s'élancèrent aussi vite que leurs
chevaux pouvaient les porter et se frappèrent sans hésiter – les
écus furent percés et troués, les mailles de leurs hauberts furent
rompues et faussées, et leurs lances volèrent en éclats. Par une
volte à la française, chacun revint à l'attaque, prêt à combattre
à l'épée. Le Turc était grand et redoutable, sans égal parmi les
païens. Que Dieu garde Bernier d'être tué ou blessé – ce serait
un miracle s'il pouvait lui résister.

295.

Les deux barons se mirent à combattre à l'épée. Le païen,
dévoré de rage, était d'une taille sans égale dans toute
l'Espagne. Il frappa Bernier sur le devant de son écu ; le coup
fendit le bouclier en deux moitiés et puis atteignit le destrier –
que pourrais-je en dire ? – il l'abattit mort aussitôt. Bernier
tomba du bon destrier rapide[1] et s'évanouit de l'angoisse qu'il
éprouvait. On aurait pu franchir un grand arpent de terre avant

---

1. De nouveau le scribe répète la fin du vers précédent. Pour la traduction,
nous corrigeons en « del bon destrier corant » d'après le v. 3872.

6805 ains qu'il parlast ne latin ne roumens,
et li paiens cuide certainnement
que il l'ait mort et mis a finement.
De pasmisons revint B[erniers] li frans ;
en piés ce dresse, Dieu apelle souvant.
6810 « Glorïex Diex ! dist il en sospira[n]t,
tantes bataille a[i] faite en mon vivant
ains [mais] vers home ne trouvai si pesant.
Verités est – se sevent mainte gent –
tant vait li hons la soie mort querant
6815 que il la trueve quant vient en aucun ta[ns] :
n'est nul si fors qui ne soit ausi grans. »

CCXCVI

« Sire Diex, pere ! dist B[erniers] li jantis,
ains mais par home ne fus je si aquis.
Aucun pichié m'a ici entrepris ;
6820 trop fis que fox quant je Raoul ocis –
nourrit m'avoit et chevallier me fit.
Sainte Marie, que ce est que j'ai dit ?   [115b]
Ill art ma mere el mostier d'Orignis,
mes oncles vaut lor grant terre tolir,
6825 mon pere vaut escillier et honnir –
ju qu'an poi mais ce je R[aoul] ocis ?
Dieu moie corpe, se de riens i(l) mespris. »
Andemantiers qu'il se gaimentoit si(s)
li Sarrasins sor le col li revint.
6830 A l'aprochier que li paiens li fit,
ces bons destriers trebucha et chaï
et li paien enmi le pret jalit.
Plus tost que pot en estant resaillit,
vint vers B[ernier] et Berniers contre li ;
6835 grans cops se donent sor les hiaumes brunis
que il les ont enbarrés e croissis
et chascuns fu dedens le cors blemis –
del sanc del cors furent auques aquis.

qu'il lui fût possible de dire un mot de latin ou de français ; le
païen était convaincu qu'il l'avait mis à mort et mené à sa fin.
Mais Bernier revint à lui, se releva et fit appel à Dieu.

« Dieu de gloire, dit-il en soupirant, j'ai mené de nombreux
combats dans ma vie, mais jamais je n'en ai trouvé d'aussi
pénible. Il est vrai, et chacun le sait, que l'homme qui cherche
sa mort finit par la trouver : personne n'est plus fort que la
mort. »

296.

« Dieu le Père ! dit le noble Bernier, aucun adversaire ne m'a
jamais affaibli à ce point. Quelque péché que j'ai commis m'a
nui : j'ai agi comme un fou quand j'ai tué Raoul, car il m'avait
élevé et adoubé chevalier. Sainte Marie, qu'ai-je dit ? C'est lui
qui brûla vive ma mère dans l'abbaye d'Origny, qui voulait
s'emparer des terres de mes oncles, et qui voulait faire mourir
mon père et le couvrir de honte – comment n'aurais-je pas tué
Raoul ? Je demande grâce à Dieu si je suis aucunement cou-
pable. »

Tandis qu'il se lamentait ainsi, le Sarrasin revint à l'attaque ;
mais au moment où il s'approchait de Bernier, son bon destrier
chancela sous lui et tomba, jetant le païen au milieu du pré. Il
se releva aussitôt et marcha contre Bernier, qui l'attaqua de son
côté. Ils se portèrent des coups vigoureux sur les heaumes
d'acier bruni, qui furent bientôt cabossés et fendus ; chacun était
atteint au corps et la perte de sang les affaiblissait beaucoup.

CCXCVII

Li dui baron furent fors et menbrés ;
6840 molt par se furent a chasploier grevés.
Li cuens B[erniers] a le Turc apresset :
a deus poins l'a parmi l'iaume coubré,
par droite force li a del chief ostet
et en apres a le branc enteset,
6845 a un seul cop li a le chief copés ;
prist le destrier que ill ot amenet
et puis le chief que il li ot copet,
a la grant queue del cheval l'a noet.
Arier retorne en la bone cité ;
6850 mil Sarrasins en sont encontre alés –
Bernier menerent Corsuble l'amiret ;   [116a]
le chief del Tur li a il presentet
et il l'an a bonement merciet :
« Amis, dist il, servit m'avés a gret. »

CCXCVIII

6855 Et dist Corsuble : « Crestiiens, biax amis,
par Mah[omet], a gret m'avés servit.
Se or voloies demorer avuec mi
tout mon roiaume te partirai par mi. »
Et dist B[erniers] : « Ne porroit avenir ;
6860 mais ce me faites que vos m'avés promis. »
Et dist Corsubles : « Je ferai ton plaisir. »
Son seneschal apella, si li dit :
« Va, s[i] li done chergiés .xx. murs d'or fin
et .xx. destrier courans et arrabis,
6865 et fais monter dusqu'a mil Sarrasins. »
Et cil respont : « Tout a vostre plaisir » ;
les paiens fait armer et fervestir.
Li seneschax estoit de bien apris,
B[ernier] anma por ce que preut le vit –
6870 plus li dona que ces sires ne dit.
Del roi Corsuble c'est B[erniers] departis
si le convoie li seneschax jantis,

297.

Les deux barons étaient puissants et bien bâtis, et ils se blessèrent gravement dans le combat à l'épée. Le comte Bernier se rua sur le Turc ; il saisit de ses deux mains son heaume et de vive force l'arracha de la tête du païen. Il empoigna alors son épée et d'un seul coup lui coupa la tête. Il s'empara du cheval que le Sarrasin avait amené et puis attacha la tête qu'il avait coupée à la queue flottante du cheval. Il rentra dans la puissante citadelle, où mille Sarrasins vinrent à sa rencontre et conduisirent Bernier devant l'émir Corsuble. Le chrétien lui présenta la tête du Turc et l'émir l'en remercia chaleureusement.

« Mon ami, dit-il, je suis enchanté de votre service. »

298.

Corsuble dit : « Chrétien, cher ami, par Mahomet, je suis enchanté de votre service. Si vous voulez demeurer avec moi, je vous donnerai la moitié de mon royaume. »

Mais Bernier dit : « C'est impossible ; faites plutôt ce que vous m'avez promis.

– Comme vous voudrez », dit Corsuble.

Il appela son sénéchal et lui dit : « Donne-lui donc vingt mulets chargés d'or fin et vingt rapides destriers arabes ; et fais monter mille Sarrasins. »

Le sénéchal répondit : « À vos ordres », et fit armer les païens de pied en cap. Le sénéchal était un homme de bien et aimait Bernier à cause de sa grande valeur ; il lui donna plus que son seigneur n'avait dit. Bernier quitta le roi Corsuble ; le noble

et avuec lui mil armés Sarrasin.
Jusqu'a Saint Gile n'i ot nul terme mis
6875 tant que il virent la terre et le païs.
« He Diex, aïde ! dist B[erniers] li jantis,
ancui verrai ma mollier et mon fil
que a Saint G[ile] laissai quant je fuis pris. »
Les Sarrasins apella si lor dit :
6880 « Tournés vos ent ariere a vo païs » ;
et li paiens retornerent ainsis.   [116b]
Et B[erniers] droit a Saint G[ile] s'en vint ;
a son hostel maintenant descendi,
et ces bons hostes molt grant joie li fist.
6885 B[erniers] l'apele, con ja porrois oïr :
« Dites, biax hostes, por Dieu de paradis,
ou est ma feme et Juliiens (et) mes fis ? »
Li hostes l'oit, pleure des iex del vis.
« Sire, dist il, vos i avés faillit !
6890 La vostre feme enmena Savaris
a Ribuemont, icel vostre païs ;
et vostre fil menerent Sarrasin,
droit en Espaingne a Cordes la fort cit.
– Sainte Marie, dist B[erniers] li jantis,
6895 n'istrai de painne tant con je soie vis. »
Onques cel jor ne mainja ne dormi ;
au main se lieve, s'ala la messe oïr.

CCXCIX

Si con B[erniers] issi fors del mostier,
tres devant lui trova deus chevalliers –
6900 nus sont et povres, n'on[t] fil de drap antier.
B[erniers] les voit, ces prent a araisnier :
« Dont estes vos, singnor ? nel me noier. »
Et cil respondent : « De Sain Q[uentin] le sié.
Ill a un an aconplit et antier
6905 que a Saint G[ile] venimes Dieu proier,
et (a)avuec nos un nobile princier
qu'an sa contree apelloit on B[ernier] ;
et paiens vinrent ce païs escillier –

sénéchal l'accompagna, ainsi que mille Sarrasins en armes. Ils ne s'arrêtèrent pas avant de voir la terre et la contrée de Saint-Gilles.

« Ah, Dieu, aide-moi ! dit le noble Bernier, car aujourd'hui je reverrai ma femme et mon fils, que j'ai laissés à Saint-Gilles quand on m'a fait prisonnier. »

Il s'adressa aux Sarrasins et dit : « Retournez dans votre pays. »

Et ainsi firent-ils, tandis que Bernier vint directement à Saint-Gilles. Il mit pied à terre devant son logis et son bon hôte l'accueillit chaleureusement. Bernier lui demanda, comme vous allez l'entendre :

« Dites-moi, cher hôte, par le Dieu du paradis, où est ma femme, et mon fils, Julien ? »

À cette question, l'hôte se mit à pleurer et dit : « Seigneur, vous êtes venu trop tard ! Savari a conduit votre femme à Ribemont, votre propre contrée, et des Sarrasins ont enlevé votre fils et l'ont emmené en Espagne, à la puissante citadelle de Cordoue.

– Sainte Marie, dit le noble Bernier, mes souffrances vont durer toute ma vie ! »

De toute la journée il ne mangea ni ne dormit ; le lendemain il se leva tôt et alla entendre la messe.

299.

En sortant de l'église, Bernier trouva juste devant lui deux chevaliers – ils étaient pauvres et nus, et leurs vêtements étaient en lambeaux. Voyant cela, Bernier leur demanda :

« D'où êtes-vous, seigneurs. Dites-le-moi sans ambages. »

Et ils répondirent : « De Saint-Quentin, la ville puissante. Il y a une année entière, nous sommes allés en pèlerinage à Saint-Gilles en compagnie d'un noble prince que l'on appelait Bernier dans sa contrée. Mais des païens vinrent détruire ce pays et,

la fors le prinrent li felon losaingiers,
6910 et nos avuec, par Dieu le droiturier.
Si sonmes povres que n'avonmes denier –   [117a]
en no contree [vol]onmes repairier. »
Et dist B[erniers] : « Ne vos chaut d'esmaier
car Diex est grans, si vos puet bien aidier. »
6915 A sonn hostel les enmena B[erniers],
assés lor done a boire et a maingier ;
tout maintenant lor fait robe taillier,
chemise et braies et chauces por chaucier.
Quant les ot fait molt bien aparillier,
6920 li uns des deus le prist a ravisier
a une plaie qui desos l'uel li siet –
bien recognust c'est son singnor B[ernier].
Tot maintenant li vait le piet baisier ;
son conpaingnon en prist a araisnier :
6925 « Vees ci, conpains, le cortois chevallier,
B[ernier] le conte qui tant nos avoit chier. »
Quant cis l'entent, si le cort enbracier ;
grant joie mainne[nt] sus el palais plaingnier,
mais B[erneçon] ne pot nus leescier
6930 por son enfant que li Turs ont bailliet.
A l'andemain se mist au repairrier,
a son bon hoste ot donet bon loier ;
de ces jornees ne vos sai acointier,
qu'an .xv. jors est revenus arier.

CCC

6935 B[erniers] chevauche con chevallier de pris ;
de ces jornees ne sai conte tenir –
en sa contree revint en .xv. dis.   [117b]
Avant anvoie un messaige qui dit
qu'il revenoit sains et saus et garis.
6940 Encontre vont li grans borjois de pris –
tuit le baisierent, nes li enfans petis ;
encontre vient li siens niers Savaris.
B[erniers] l'apelle con ja porrois oïr :
« Savaris, niers, se Diex et fois t'aïst,

devant la ville, les cruels félons s'emparèrent de lui, et de nous
aussi, par Dieu notre Juge. Nous voici pauvres et sans le sou –
nous voulons retourner dans notre pays.

– N'ayez crainte, dit Bernier, car Dieu est grand et saura bien
vous aider. »

Bernier les conduisit à son logis, où il leur donna à boire et à
manger en abondance. Sans perdre un instant, il leur fit tailler
des vêtements : chemises, braies et chausses. Lorsqu'il les eut
ainsi équipés, un des chevaliers crut le reconnaître à une cica-
trice qu'il portait sous l'œil. Il reconnut bien que c'était son
seigneur Bernier et courut aussitôt lui baiser le pied. Puis il
s'adressa à son compagnon et dit :

« Camarade, ce courtois chevalier que vous voyez là est le
comte Bernier qui nous aimait tant. »

À ces mots, l'autre courut l'embrasser. Là-haut dans la salle
d'apparat on se réjouit, mais Bernier n'éprouva aucune joie, à
cause de son enfant que les Turcs avaient en leur pouvoir.

Le lendemain Bernier se mit en route pour retourner chez lui
après avoir généreusement récompensé son hôte. Je ne saurais
vous conter le détail de ses étapes, mais en quinze jours il fut de
retour.

300.

Bernier chevaucha en chevalier de valeur. Je ne saurais vous
conter le détail de ses étapes, mais en quinze jours il fut de
retour dans sa contrée. Il envoya en avant un messager pour dire
qu'il revenait sain et sauf et en bonne santé. Les plus riches et
les plus puissants des bourgeois sortirent à sa rencontre – tous
l'embrassèrent, même les petits enfants. Son neveu Savari vint
à sa rencontre. Bernier s'adressa à lui ainsi que vous allez
l'entendre :

« Savari, mon neveu, par Dieu et la sainte Foi, où est ma

6945 ou est ma feme, la bele Biautris ?
     Molt [me] mervel quant ne me vient veïr.
     – Oncles, dist il, par Dieu de paradis,
     quant de Saint G[ile] revenimes ici
     an ceste terre nos vint li sor G[uerris] ;
6950 de ces losainges tant a ma dame dit
     qu'il la monta sur un mul arrabis.
     Mener la dust a Arras la fort cit,
     si la mena droitement a Paris
     et la livra au roi de Saint Denis –
6955 et il la done H[erchanbaut] de Pontif,
     et li lichierres l'espousa si la prist ! »
     B[erniers] l'entent, tous li sens li fremist.
     « Diex, dist li cuens, par la toie mercit,
     ne truis mais home ne me vuelle traïr.
6960 Ma[l] m'a baillit li riches sor G[uerris] –
     encor li iert molt richement meri. »

CCCI

     « He Diex, aïde ! dist li vassax B[erniers],
     conment ravrai ma cortoise mollier ?   [118a]
     A li irai en guise de paumier –
6965 n'ira o moi serjant ne escuier,
     ne monterai sor mul ne sor destrier
     tant que savrai se ja mais m'avra chier.
     Je vos en prois, Savaris biax dous niers,
     faites des miens trois mil aparillier
6970 et apres moi en Pontif chevauchier,
     qui m'aideront, se je en ai mestier. »
     Et B[erneçons] ne s'i est atargiés ;
     airement fist broier en un mortier
     et autres herbes qui molt font a prisier,
6975 si en a oins ses janbes et ces piés
     et son viaire et son col par derier.
     West une wite traïnans dusqu'es piés,
     chapel de fautre ot li bers en son chief,
     et Savaris le prist a convoier
6980 dusqu'au matin, que il fu esclairiés.

femme la belle Béatrice. Je m'étonne qu'elle ne soit pas venue me voir.

– Mon oncle, dit Savari, par le Dieu du paradis, quand nous sommes revenus ici de Saint-Gilles, Guerri le Roux est venu nous rencontrer dans ce pays ; par ses propos mensongers il a tant dupé ma dame qu'il a réussi à la mettre sur un mulet arabe et à l'emmener. Il devait la conduire à Arras, cette ville puissante, mais, en fait, il l'a emmenée directement à Paris, où il l'a livrée au roi de Saint-Denis. Celui-ci l'a donnée à Herchambaut de Ponthieu, et le gredin l'a épousée et l'a emmenée avec lui. »

Quand Bernier l'entendit, son sang ne fit qu'un tour.

« Dieu, dit le comte, miséricorde ! Je ne trouve que des gens qui cherchent à me trahir. Guerri le Roux, cet homme puissant, m'a fait du tort, mais il va le payer très cher ! »

301.

« Ah, Dieu, pitié ! dit le fidèle Bernier, comment pourrai-je retrouver ma courtoise épouse ? J'irai la voir déguisé en pèlerin, sans serviteur, sans écuyer. Je ne monterai plus à dos de mulet ou à cheval avant de savoir si elle pourra encore m'aimer. Je vous prie, mon cher neveu Savari, d'ordonner à trois mille de mes gens de s'équiper et de chevaucher après moi en Ponthieu afin de m'apporter leur aide si j'en ai besoin. »

Sans perdre un instant, Bernier fit broyer de la noix de galle dans un mortier avec d'autres herbes précieuses ; puis il s'en enduisit les jambes, les pieds, le visage et la nuque. Il revêtit une houppelande qui lui descendait jusqu'aux pieds et se mit un chapeau de feutre sur la tête. Savari l'accompagna jusqu'au

Au departir vait son oncle baisier :
« Oncle, dist il, ne vos chaut d'esmaier ;
sos ciel n'a home qui vos puist entiercier –
ne sanblés pas le josteor B[ernier],
6985 tro bien sanblés truans et pautonnier. »
A tant departent, si laissent le plaidier ;
a Sain [Q]uentin vint Savaris arier,
et B[erneçons] conmence a esploitier –
droit vers Pontif le grant chemin plaingnier.
6990 Un diemainge s'an vint a Saint Richiel,   [118b]
trova sa feme qui venoit del mostier,
en sa conpaigne .iiii.c. chevallier.
Cortoisement la salua B[erniers] :
« Cil vos saut, dame, qui tot puet justicier. »
6995 Elle respont : « Et Diex te saut, paumier.
De quel part viens ? Nel me devés noier.
– Droit de Saint Gile, dont je sui repairiés. »
La dame l'oit, pleure des iex del chief.
« Pelerin, frere, Diex te gart d'anconbrier. »
7000 Lors li ramenbre de son marit premier ;
« Oïstes onques parler d'un chevallier
qu'an sa contree apelloit [on] B[ernier] ?
– D[e li] meïsmes, a celer ne vos quier –
une fois a avuec moi maingiet
7005 et une fois et levet et couchiet.
Li rois Corsubles l'ot en prison lanciet,
si l'a tenut un an(a) trestot antier
tros qu'a un jor que vos sai devisier,
que lors li vint uns fors rois Aucibier ;
7010 B[erniers] ala contre lui chasploier
si le conquist a l'espee d'acier.
Li rois Corsubles li a donet congiet
mais je ne sai par verté l'aficher
s'a Sain Quentin s'an est venus arier.
7015 – Diex, dist la dame, qui tot as a jugier,
se une nuit tenoie mais B[ernier]   [119a]
n'avroie mais ne mal ne enconbrier.
– Dame, dist il, vos dites grant pichié.

petit matin, quand le jour se leva, puis il embrassa son oncle et, au moment de leur séparation, il lui dit :

« Mon oncle, n'ayez pas peur – personne au monde ne pourra vous reconnaître : vous n'avez point l'aspect du guerrier Bernier, mais ressemblez plutôt à un truand et à un vagabond. »

Ils se séparèrent alors sans un mot de plus.

Savari rentra à Saint-Quentin et Bernier se mit en route vers le Ponthieu, en suivant le grand chemin. Il arriva à Saint-Riquier un dimanche et trouva sa femme qui sortait de l'église accompagnée de quatre cents chevaliers. Bernier la salua courtoisement :

« Que Dieu vous sauve, ma dame, lui qui gouverne toute chose. »

Elle répondit : « Que Dieu te sauve aussi, pèlerin. D'où viens-tu ? Dis-le-moi sans ambages !

– Je reviens directement de Saint-Gilles. »

À ces mots, la dame fondit en larmes.

« Pèlerin, cher frère, que Dieu te garde du malheur. »

Puis elle se souvint de son premier mari :

« As-tu jamais entendu parler d'un chevalier que les gens de son pays appelaient Bernier ?

– Oui, certes, ma dame – et je ne vous cache pas qu'il a mangé une fois avec moi et que nous avons passé la nuit ensemble. Le roi Corsuble l'avait jeté en prison et l'a tenu enfermé une année entière, jusqu'au jour dont je vais vous parler : en ce temps-là, le puissant roi Aucebier vint attaquer Corsuble, et Bernier alla le combattre et le tua de son épée d'acier. Alors le roi Corsuble le libéra, mais je ne saurais vous dire en vérité s'il est revenu à Saint-Quentin.

– Dieu notre Juge, dit la dame, si je pouvais tenir Bernier dans mes bras une seule nuit, je n'aurais plus ni maux ni tourments.

– Dame, ce sont des propos honteux ! Vous avez à présent un

Vos avés ci un molt bon chevallier
7020 qui vas[l]es vaut miex c'onques ne fist B[erniers]. »
Et dist la dame : « Vos dites grant pichié –
ne l'ameroie por les menbres trainchier ! »

CCCII

Dist B[erniers] : « Dame, puis que ne l'amés mie,
molt me mervel quant onques le presiste. »
7025 Et dist la dame : « Certe, je fui traïe.
Quant mes sire ot sa grant guerre fenie
sa voie en prist, s'alames a Saint G[ile].
Le premier jor qu'an la ville venimes
me delivrai d'un bel anfant nobile –
7030 s'est Juliiens, dont le cors Dieu garise.
Se Diex n'an pence, li fix sainte Marie,
nel verrai mais an trestote ma vie –
moi le tolirent cele gent païnie ;
et Savaris a la chiere hardie
7035 m'en amena en France la garnie.
Dont vint mes peres a la barbe florie
si me livra au roi de Saint Denise
qui me dona H[erchanbaut], cel traïte. »

CCCIII

« Le premier jor que je fui mariee,
7040 si vint uns mie an ilceste contree ;
une tele herbe me dona a celee,   [119b]
ne la donroie por l'or d'une contree :
quant je la tains en ma boche angolee
dont n'ai ge garde que soie violee. »

CCCIV

7045 Dist B[erniers] : « Dame, foi que vos me devés,
quelle est li herbe que vos itant amés ? »
Et dist la dame : « Paumiers, ja nel savrés –
morte seroie se H[erchanbaus] le set. »
Et dist B[erniers] : « Ja mar en doterés,

excellent chevalier dont le moindre serviteur vaut mieux que
Bernier.

– C'est vous qui tenez des propos honteux ! dit la dame.
Dût-on me trancher les membres, je ne l'aimerai jamais ! »

302.

Bernier dit : « Ma dame, puisque vous ne l'aimez point, je me
demande pourquoi vous l'avez épousé. »

Et la dame répondit : « C'est parce qu'on m'a trahie. Lorsque
mon mari eut fini sa grande guerre, je l'ai accompagné en pèle-
rinage à Saint-Gilles. Le jour même où nous sommes arrivés
dans la ville, j'ai mis au monde un bel et noble enfant – il
s'appelle Julien, que Dieu le protège ! Mais si Dieu, le Fils de
Marie, ne veille pas sur lui, je ne le reverrai plus de toute ma
vie, car les païens l'ont ravi à mes soins, et Savari au visage
hardi m'a reconduite en France la riche. Alors mon père à la
barbe blanche m'a livrée au roi de Saint-Denis, qui m'a donnée
à ce traître Herchambaut. »

303.

« Mais le premier jour de nos noces, un médecin est arrivé
dans cette contrée ; il m'a remis en secret une herbe que je ne
céderais pas pour l'or d'un pays entier : tant que je la tiens
dissimulée dans ma bouche, je n'ai aucune peur d'être violée. »

304.

« Ma dame, dit Bernier, sur la foi que vous me devez, quelle
est cette herbe à laquelle vous tenez tellement ? »

Et la dame répondit : « Pèlerin, je ne vous le dirai pas, car si
Herchambaut le savait, ma mort serait arrêtée.

– N'ayez pas peur, dit Bernier. Dût-on me trancher les

7050 Ne li diroie por estre desmenbrés,
     mais por ice le vos ai demandet
     que de mecines cui je savoir assés. »
     Et dist la dame : « Paumier, donques l'orrés.
     Quant vient le soir que dois couchier aler,
7055 dedens ma bouche la mes trestot souef ;
     ja H[erchanbaus] n'avra puis volenté
     de celle chose dont vos oït avés.
     Un an tot plain l'ai je ainsis menet. »
     B[erniers] l'entent, s'a de cuer sospiret ;
7060 puis dit en bas, qu'il ne fu escoutés :
     « Pere de gloire, tu soies aourés
     quant de ma feme ne sui pas vergondés. »

CCCV

     Or ot B[erniers] sa feme bien enquis[e].
     A ces paroles dui chevallier i(l) vinrent ;
7065 la dame prennent au chier mantel d'ermin[e],
     sus el palais l'anmenerent et guient.   [120a]
     Il prennent [l'aigue] et au maingier s'asirent.
     Devant B[ernier] aporterent un cine ;
     la jantil dame le semont et atise :
7070 « Maingiés, paumier, li cors Dieu vos garisse. »
     Il li respont : « Ja nel vos convient dire –
     je maingerai, que mes cuers le desire. »
     H[erchanbaus] l'oit, si conmensa a rire ;
     puis l'apella, si li a pris a dire :
7075 « Pelerin, frere, ce Diex te beneïe,
     puis que tu dis que tu viens de Saint Gile,
     a Monpellier, celle ville garnie,
     oïstes ains parler de la mecine
     qui aidast home de ceste fusensicle ? »
7080 Et dist B[erniers] : « Sire, por quoi le dites ? »
     Dist H[erchanbaus] : « Nel te celerai mie.
     Plus a d'un an que ceste dame ai prise ;

membres, je ne le lui dirai jamais. Mais si je vous le demande, c'est parce que je suis expert en médecine. »

Et la dame dit : « Pèlerin, je vous le dirai donc. Quand vient le soir et que je dois aller me coucher, je mets cette herbe discrètement dans ma bouche et Herchambaut n'a plus aucune envie de ce jeu dont vous avez entendu parler. Ça fait une année entière que je le mène de cette façon. »

Lorsqu'il entendit ces propos, Bernier poussa un profond soupir, puis dit tout bas, afin de ne pas être entendu :

« Dieu de gloire, je te rends grâce, puisque ma femme ne m'a pas déshonoré. »

305.

Voilà que Bernier avait interrogé sa femme avec succès. Là-dessus, deux chevaliers survinrent pour s'occuper de la dame. Ils prirent les pans de son manteau d'hermine et la conduisirent jusqu'à la grande salle, où l'on se lava les mains et se mit à table pour le repas. On apporta un cygne devant Bernier et la noble dame l'encouragea et l'invita :

« Mangez, pèlerin, que Dieu vous protège. »

Et il répondit : « Inutile de me presser davantage : je mangerai, car j'en ai grande envie. »

À ces mots, Herchambaut sourit et puis s'adressa à Bernier : « Pèlerin, cher frère, que Dieu te bénisse. Puisque tu dis que tu viens de Saint-Gilles, as-tu jamais entendu parler, en passant par Montpellier[1], cette ville bien approvisionnée, d'une médecine qui puisse aider un homme souffrant d'impuissance[2] ?

– Seigneur, pourquoi cette question ? » demanda Bernier.

Et Herchambaut répondit : « Je te le dirai franchement : j'ai épousé cette dame il y a plus d'un an, mais depuis lors je n'ai

---

1. Au Moyen Âge, Montpellier fut célèbre pour son école de médecine, une des meilleures de l'Occident (avec Palerme), fondée vers l'an mil par des médecins arabes ou juifs et incorporée par statut en 1221. Les richesses de cette ville sont évoquées à plusieurs reprises dans notre poème. 2. Le mot *fusensicle* est inconnu ailleurs ; le sens est proposé d'après le contexte par S. Kay.

　　　ains puis a li n'o[i] charnel conpaignie,
　　　ne sai quel gent nos fi[t enchanter]ie. »
7085 B[erniers] l'entent – Damedieu en mercie,
　　　et respondi par sens et par boidie :
　　　« H[erchanbaus], sire, nel vos celerai mie,
　　　ancor sai ge tel[e] fo[n]tainne vive
　　　qu'il n'en a home en cet terriien [sie]cle,
7090 c'il c'i baingnoit une foit a delivre
　　　et avuec lui sa mollier et s'amie,　　　　　　[120b]
　　　andeus mes iex i(l) mestrai a delivre
　　　qu'an celle nuit feroient fil ou fille. »
　　　Dist H[erchanbaus] : « Pelerins, biax dous sire,
7095 m'i menrés vos, a la fontainne vive ?
　　　– Oïl, biax sire, et la dame meïsme. »
　　　La dame l'oit, par poi n'anraige d'ire ;
　　　tout maintenant a haute vois s'escrie :
　　　« Pelerin, frere, li cors Dieu te maudie !
7100 Mal soit de l'eure que venis en la ville ! »

CCCVI

　　　Dist H[erchanbaus] : « Pelerin, or entens.
　　　De la fontainne conment ses tu dont tant ? »
　　　Dist B[erniers] : « Sire, jel sai a esciant
　　　qu'il n'an a home an cest siecle vivant,
7105 s'an la fontainne se baingnoit tot avant
　　　et avuec lui sa mollier au cors gent,
　　　andeus mes [iex] i(l) mestrai a garant
　　　qu'an celle nui feroient un anfant. »
　　　Dist H[erchanbaus] : « Mainne m'i eranment » ;
7110 et dist B[erniers] : « Tot a vostre conment.
　　　O vos ira vo moillier au cors gent. »
　　　La dame l'oit, par poi n'ist de son sens.

jamais pu faire l'amour avec elle. Je ne sais qui nous a ensorcelés ».

Lorsqu'il entendit ces propos, Bernier rendit grâce à Dieu, puis répondit habilement, car il avait imaginé une ruse :

« Seigneur Herchambaut, je ne vous cacherai rien : je connais une fontaine murmurante, tout homme qui s'y baigne entièrement une fois, en compagnie de la femme qu'il aime, pourra la nuit même engendrer un fils ou une fille – j'en mettrais mes deux yeux en gage !

– Pèlerin, cher seigneur, dit Herchambaut, est-ce que tu me conduiras à cette fontaine murmurante ?

– Oui, certes, seigneur, et la dame aussi. »

À ces mots, la dame faillit enrager et s'écria aussitôt d'une voix forte :

« Pèlerin, cher frère, que Dieu te confonde ! Maudite soit l'heure à laquelle tu es entré dans cette ville. »

306.

Herchambaut dit : « Pèlerin, écoute-moi. Comment se fait-il que tu connaisses si bien la fontaine ?

– Seigneur, dit Bernier, je sais bien que tout homme qui se baignera d'abord dans cette fontaine avec son épouse au corps agréable, engendrera un enfant la nuit même – j'en mettrais mes deux yeux en gage.

– Conduis-moi là-bas tout de suite », dit Herchambaut.

« À vos ordres, répondit Bernier. Mais votre épouse au corps agréable doit vous accompagner. »

À ces mots, la dame pensa devenir folle.

CCCVII

La jantil dame ot molt le cuer irié.
Devant li prist un baston de pomier –
7115 parmi la teste en vaut ferir B[ernier]
quant H[erchanbaus] li vait des poings saichier.   [121a]
« Dame, dist il, vos faites grant pichié.
Ja savés vos nos l'avons herbigiet –
n'i avra mal dont le puisse aidier. »

CCCVIII

7120 La jantil dame fu dolente et mate.
Tot maintenant s'an issi de la sale,
tout maintenant en sa chanbre repaire.
Elle a l'us clos et fermet a la barre ;
dont ce demante conme pucelle gaste.
7125 « He B[erniers] sire, frans chevalliers mirables,
cis H[erchanbaus] est trop fel et trop saige.
C'il gist a moi, que ferai je dont, lasse ?
Il nel lairoit por nulle rien qu'il saige. »
Par la fenestre jus des murs s'an avale,
7130 par le vergier aqueulli son voiaige,
fors de la ville [vint] a un prioraige.

CCCIX

Fors de la ville avoit une maison ;
moingnes i ot de grant religïon.
La vint la dame acourant de randon
7135 si apella le bon abbet Symon :
« Biax sire abbes, entandés ma raison –
cis H[erchanbaus] mes sire est molt felon,
bastue m'a de fust ou de baston ;
or me menace de plus grant mesprison,
7140 si vains a vos por avoir garison. »
Dist l'abbes : « Dame, vos parlés en pardon.   [121b]
H[erchanbaus] est de male estratïon ;
se je faisoie envers lui desraison
ne [me] garroit trestot l'or de cel mont

307.

La noble dame avait le cœur plein de tristesse. Elle s'empara d'un bâton en bois de pommier qu'elle trouva devant elle et s'apprêtait à frapper Bernier à la tête quand Herchambaut la saisit par les poings et dit :

« Dame, ce serait un grand péché ! Vous savez bien que nous lui avons donné l'hospitalité – j'entends bien le préserver de tout mal. »

308.

La noble dame était triste et affligée. Sans perdre un instant elle quitta la grande salle et regagna aussitôt sa chambre. Elle ferma la porte et assujettit la barre, puis commença à pleurer comme une fille qu'on a violée :

« Hélas, seigneur Bernier, chevalier noble et puissant, cet Herchambaut est trop cruel et trop habile. S'il couche avec moi, qu'est-ce que je deviendrai, misérable que je suis ! Rien ne pourra l'empêcher d'accomplir son désir. »

Sortant par la fenêtre, elle descendit jusqu'au pied des murailles, traversa le verger et se rendit dans un prieuré en dehors de la ville.

309.

En dehors de la ville se trouvait un monastère où il y avait des religieux et religieuses[1] d'une grande piété. La dame courut là-bas à toute vitesse et s'adressa au bon abbé Simon :

« Père abbé, écoutez ce que je vais vous dire : mon mari, Herchambaut, est par trop cruel ; il m'a battue avec une perche et un bâton et me menace d'un sort plus dur encore. Je suis donc venue implorer votre protection.

– Dame, dit l'abbé, vous dépensez votre salive pour rien. Herchambaut est de mauvaise souche ; si je lui faisais tort, tout

---

1. *Moignes*, bien que généralement masculin, est ambigu quant au genre. La présence d'une prieure (v. 7146) implique qu'il y a des religieuses aussi bien que des religieux, et qu'il s'agit d'une fondation mixte comme, par exemple, Fontevrault.

7145 ne me copast le chief so[z] le menton. »
     La prioresse entendi la raison,
     dist a ll'abet : « Baissiés vostre raison.
     Mes cousin est li vaillans B[erneçons]
     et c'est sa feme, que de fit le set on ;
7150 et nos avons tel celier en parfont
     estre i(l) porra dusqu'a l'Ascentïon –
     ne l'i savra nulle gent se nos non. »
     Et dist l'abbet : « Vostre voloir ferons ;
     se je savoie B[ernier] el pret Noiron,
7155 je l'i manroie en sa maistre maison. »

CCCX

     Molt par fu saige ceste nonnain de l'ordre.
     Dist a l'abet : « Par Dieu et par nostre orde,
     iceste dame sera molt bien reposte. »
     Et H[erchanbaus] se porquiert et esforce
7160 conme celui qui cuide faire noce.
     Dist au paumier : « Jhesus t'aist en sa gloire !
     Porterons nos avuec nos nulle chose,
     ne pain ne vin ne nulle crost(r)e grosse ? »
     Et dist B[erniers] : « Par saint Pierre l'apostre,
7165 puis que li hons a la dame repose
     molt volentiers mainjue bone chose. »

CCCXI

     Dist B[erniers] : « Sire, faites venir la dame,   [122a]
     si parlerons et moi et li ensanble. »
     Et H[erchanbaus] apella Julianne,
7170 « Va tost, dist il, si apelle ta dame.
     – Sire, fait elle, par tos les sains d'Otrante
     il n'an a point el lit ne an la chanbre
     mais ces mentiax et ces robes i(l) pendent. »

l'or de ce monde ne l'empêcherait pas de me trancher la tête au ras du menton. »

En entendant les paroles de l'abbé, la mère prieure lui dit :

« Ne parlez plus de la sorte ! Le valeureux Bernier est mon cousin et tout le monde sait que cette dame est sa femme. Nous avons un cellier profond où elle pourra demeurer jusqu'à la fête de l'Ascension sans que personne, en dehors de nous, le sache. »

Et l'abbé de répondre : « Nous ferons ce que vous voulez. Si je savais où se trouve Bernier, je conduirais sa femme jusqu'à sa propre maison, dût-il être au Jardin de Néron. »

310.

Cette nonne voilée était d'une grande sagesse. Elle dit à l'abbé :

« Au nom de Dieu et de notre ordre, cette dame sera bien cachée. »

Entre-temps Herchambaut, désireux de consommer son mariage, était tout ardent et empressé ; il dit au pèlerin :

« Que Jésus t'accueille dans son Royaume glorieux ! Faut-il apporter avec nous du pain, du vin, ou un gros pâté[1] ? »

Et Bernier de répondre : « Par saint Pierre l'apôtre, lorsqu'un homme couche avec une femme, il faut bien manger quelque chose de bon ! »

311.

Bernier dit : « Seigneur, faites venir la dame, car je voudrais m'entretenir avec elle. »

Herchambaut demanda alors Julianne et lui dit : « Va vite chercher ta maîtresse.

— Seigneur, fit-elle, par tous les saints d'Otrante[2], elle n'est ni dans son lit ni dans la chambre, mais ses manteaux et ses robes sont toujours là. »

---

1. La correction proposée, de *crostre* (leçon du ms.) en *croste* (« croûte » ?) ne nous aide pas beaucoup. Le mot *crostre* est inconnu ailleurs ; la traduction proposée est celle de Berger et Suard. 2. Ville du sud de l'Italie dans les Pouilles, sur la mer Ionienne, à l'extrémité orientale de la péninsule.

H[erchanbaus] l'oit, par poi qu'il ne forsanne ;
7175 vint a la chambre, l'us brisa, puis i antre
et quiert sa feme el lit et an la chanbre –
quant ne la trueve, par poi qu'il ne forsanne.

CCCXII

Herchanbaus quiert sa feme o le cors gent ;
quant ne la trueve, molt ot le cuer dolent.
7180 Ill an apelle chevalliers et serjans.
« Singnor, fait il, entendés mon sanblant.
Des hui matin vint cis pasmiers saiens.
Tant a parlet et arier et avant,
fuïe en est ma mollier au cors ge[n]t –
7185 mais par celui a cui li mons apent,
c'il ne la fait revenir en presant,
je le pendrai conme laron a vant. »

CCCXIII

En H[erchanbaut] n'an ot que correcier.
Tot maintenant a fait panre B[ernier] ;
7190 a .x. serjans le fait la nuit gaitier
et avuec lui i ot un chevallier –
bien recognust le marchis au vis fier.　　　　　　[122b]
Vers lui se trait, cel prent a araisnier.
« B[erniers], dist il, celer n'i a mestier.
7195 Li vostre peres me fit grant destorbier –
fors de ma terre me fit a t[or]t chacier,
ains puis n'i ose venir ne repairier.
Ce que m'a fait conparrois vos molt chier :
je l'irai ja a H[erchanbaut] noncier
7200 que vos venés son païs espiier,
si en volés mener vostre mollier. »
B[erniers] l'entent, n'i ot que correcier ;
anvers celui prent a humiliier.
« Se li miens peres vos fist nul destorbier,
7205 je sui li fix qui[.l] ferai adrecier.
Je vos creante vos terres a baillier

À ces mots, Herchambaut pensa devenir fou. Il vint à sa chambre, enfonça la porte et entra ; il chercha sa femme dans son lit et partout, et quand il ne la trouva pas, il pensa devenir fou.

312.

Herchambaut chercha sa femme au corps agréable et quand il ne la trouva pas, il se livra à la colère. Il manda chevaliers et hommes d'armes et dit :

« Seigneurs, écoutez ma pensée. Ce pèlerin est arrivé ce matin même ; depuis lors il a parlé à tort et à travers, et ma femme au corps agréable s'est enfuie – par Celui à qui le monde appartient, s'il ne la ramène pas ici, je le ferai pendre et exposer à tous les vents comme un brigand. »

313.

Débordant de colère, Herchambaut fit saisir Bernier sur-le-champ. Il le confia à dix hommes d'armes qui le surveillèrent toute la nuit. Mais avec lui il y avait un chevalier qui reconnut le marquis au visage valeureux. Il s'approcha de lui et se mit à lui parler :

« Bernier, dit-il, inutile de déguiser. Votre père m'a fait un grand dommage : il m'a chassé injustement de ma terre, et je n'ai jamais osé y retourner. C'est vous qui paierez très cher ce tort : je vais tout de suite annoncer à Herchambaut que vous êtes venu l'épier dans son pays afin d'enlever votre femme. »

Lorsqu'il entendit ces propos, Bernier fut au désespoir et chercha humblement à apaiser le chevalier :

« Si mon père vous a fait du tort, voici le fils qui le redressera. Je vous promets que je vous rendrai toutes vos terres et que j'augmenterai vos fiefs et vos terres. »

et vos croistrai vos terres et vos fié[s]. »
Et cil respont : « Vos l'estuet fiancier. »
Il le fiance, qu'il ne l'ose laissier.
7210 « Sire, dist il, ne vos chaut d'esmaier –
n'i avrés mal dont vos puisse aidier. »
A ces paroles laissierent le plaidier.
Au matinet quant vint a l'esclairier,
dont se leva H[erchanbaus] li Pohiers ;
7215 ses baron mande qui de lui tienent fié.
Wint i lli abbes, cui Diex gart d'enconbrier,   [123a]
la prioresse o le coraige fier
qui fist la dame en son dortoir mucier ;
et H[erchanbaus] conmença a plaidier :
7220 « Entendés moi, mi home droiturier.
Des [hier] matin vint saiens cis pasmiers ;
tant m'a parlet et avant et arier
que de saiens s'en fuï ma mollier ;
mais par l'apostre c'on a Rome requier
7225 c'il ne prent garde qu'i[.l] face repairier
jel penderai sens plus de delaier. »
Et dist li abbes : « Se sanbleroit pichiés. »

CCCXIV

« Sire H[erchanbaus], dist li abes jantis,
laissiés m'a lui parler un seul petit. »
7230 Dist H[erchanbaus] : « Tot a vostre plaisir. »
La prioresse et li abbes jantis
traient B[ernier] dalés un mur faitis ;
et dist li abbes : « Pelerin, biax amis,
de la fontainne por qu'[av]és vos ce dit ?
7235 Tot ton afaire nos pues bien rejehir,
n'i avras mal dont te puisse gairir ;
de quan que dies, ja nn'an estera pis. »
Et dist B[erniers] : « Ne vos en quier mentir :   [123b]
de celle dame dont vos parlés ici,
7240 je la cuidoie de la ville partir
si lla randisse a B[ernier] son ami
qui est la fors dedens cel bois foillit,

L'autre répondit : « Il faut le jurer. »

Et Bernier jura, car il n'osa faire autrement.

« Seigneur, dit alors le chevalier, vous n'avez plus rien à craindre, j'entends bien vous préserver de tout mal. »

Après cet échange, ils ne se dirent plus rien. Au petit matin, quand le jour parut, Herchambaut de Ponthieu se leva ; il convoqua les vassaux qui tenaient de lui leurs fiefs. L'abbé y vint – que Dieu le protège ! – ainsi que la courageuse prieure qui avait fait cacher la dame dans son dortoir. Herchambaut se mit à parler :

« Écoutez-moi, mes fidèles. Ce pèlerin est entré ici hier matin ; il a tant parlé à tort et à travers que ma femme s'est enfuie d'ici. Mais par l'apôtre qu'on invoque à Rome, s'il ne me la ramène pas, je le ferai pendre sans le moindre retard. »

L'abbé dit : « Ce serait un grand péché. »

314.

« Seigneur Herchambaut, dit le noble abbé, laissez-moi lui parler un petit instant.

– Comme vous voulez », dit Herchambaut.

La prieure et l'abbé entraînèrent Bernier à part auprès d'un mur hautement décoré.

« Pèlerin, cher ami, dit l'abbé, pourquoi as-tu parlé ainsi de la fontaine ? Tu peux nous exposer toute ton affaire – j'entends bien te préserver de tout mal, et rien que tu dises ne te nuira.

– Je vous dirai tout sans ambages, dit Bernier, au sujet de cette dame dont vous avez parlé. J'avais l'intention de lui faire quitter la ville afin de la rendre à Bernier son ami, qui attend là-bas dans ce bois touffu en compagnie de maints chevaliers audacieux. »

et avuec lui maint chevallier hardi. »
La prioresse la parole entendi ;
7245 grant joie avoit por B[ernier] son ami.
« Amis, dist elle, or avés vos bien dit ;
ja n'avrés mal dont vos puisse garir. »
Dont en apelle H[erchanbaut] le florit :
« Sire, dist elle, laissiés cel pelerin.
7250 Bien vos fera de quan qu'il vos promist –
molt est bons maistres, par foit le vos affi.
Et je ferai la dame revenir,
qu'an no dortoir por voir des hier se mist. »
Dist H[erchanbaus] : « Dame, je vos en pri. »

CCCXV

7255 La prioresse revint a son mostier ;
trova la dame a l'autel saint Michiel
ou elle pleure et fait un duel plaingnier.
« Dame, dist elle, cel duel convient laissier.
Je vos dirai novelle de B[ernier] :
7260 la defors est – ou bois vos fait gaitier,   [124a]
avuec lui sont trois mille chevalliers.
Il vos avoit anvoiet cel paumier
por vo convinne savoir et encerchier,
car il vos vuelt ravoir a son couchier. »
7265 La dame l'oit, Dieu prist a merciier ;
tout maintenant s'en issi del mostier,
s'an est venue a H[erchanbaut] le fier ;
et quant il voit la dame repairier
tot maintenant la prist a araisnier :
7270 « Dont venés, dame, por Dieu le droiturier ?
– En non Dieu, sire, je vains de cel mostier
ou je alai a Damredieu proier
que moi et vos puissiens si esploitier
que angenrer puissiens un heritier. »
7275 H[erchanbaus] l'oit, plus enn ot le cuer fier.
« En moie foit, dist il, sire pasmier,
forment me poisse quant vos fis correcier.
Jel vos ferai richement adrecier

Lorsqu'elle entendit ces propos, la prieure fut ravie pour Bernier, son ami.

« Mon ami, dit-elle, voilà qui est bien parler ! J'entends bien vous garder de tout mal. »

Elle s'adressa alors à Herchambaut le chenu et dit :

« Seigneur, soyez tranquille au sujet de ce pèlerin : il fera tout ce qu'il vous a promis, car c'est un excellent médecin, je vous en donne ma parole. Quant à moi, je vous rendrai la dame qui, pour vous dire la vérité, s'est cachée hier dans notre dortoir. »

Herchambaut dit : « Ma dame, je vous prie de le faire. »

315.

La prieure retourna à son église et trouva la dame devant l'autel de saint Michel, où elle pleurait et poussait une plainte douloureuse.

« Dame, dit la prieure, il ne faut plus vous tourmenter ainsi : j'ai des nouvelles de Bernier, qui se trouve là-bas dans ce bois, d'où il vous guette. Il a en sa compagnie trois mille chevaliers, et c'est lui qui vous a envoyé ce pèlerin afin de connaître votre situation, car il veut vous avoir de nouveau dans son lit. »

À ces mots, la dame se mit à rendre grâce à Dieu. Elle quitta l'église sans perdre un instant et revint auprès d'Herchambaut le farouche. Dès qu'il vit la dame revenir, il se mit à lui demander :

« D'où venez-vous, ma dame, par Dieu notre Juge ?

– Au nom de Dieu, seigneur, je reviens de cette église où je suis allée prier Dieu que nous puissions concevoir ensemble un héritier. »

À ces mots, Herchambaut céda à l'orgueil.

« Par ma foi, dit-il, seigneur pèlerin, je regrette vivement de vous avoir chagriné. Je vous récompenserai richement si

se vos poés mon afaire esploitier.
7280 Mais or me dis, por Dieu le droiturier
manrai o moi serjant ne chevallier ?
– Nanni, biax sire, ce li dist sa mollier,
fors moi et vos et cel cortois paumier. »
Onque H[erchanbaus] nel vaut por ce laissier. [124b]
7285 Dusqu'a deus .c. fait armer chevallier ;
en la foret les a fait anvoier –
por ce le fait qu'il doute le paumier
et ces convinnes malvaisement li siet.
« Sire H[erchanbaus] – ce li dist sa mollier –
7290 a la fontainne alons sans delaier.
– Dame, dist il, trop nos poés coitier ;
si grant talent n'an aviiés pas hier. »
H[erchanbaus] monte sor un corant destrier,
la jantil dame sor un palefroi chier,
7295 au pelerin an a fait un baillier :
vers la foret prenent a chevauchier,
dedens s'an entrent par un petit sentier,
et la maisnie H[erchanbaut] le Pohier
furent alés un autre chemin viés.
7300 La gentil dame a resgardet B[ernier],
tot maintenant le prist a entiercier
par une plaie qui desos l'uel li siet :
bien recognust c'est son marit premier –
petit s'an [f]aut nel courut enbracier,
7305 mais elle n'ose por H[erchanbaut] le fier.

CCCXVI

La gentil dame a B[ernier] cogneüt –
par un petit que baisier nel courut ;
por H[erchanbaut] son coraige a tenut. [125a]
Tant ont alet parmi le gaut foillut
7310 d'une fontainne trova B[erniers] le rus ;
tout contremont a le ruissel seüt,
desos un arbre ont tapis (a)estandus
et une coute qui bien porpointe fu.

vous pouvez réussir dans cette affaire qui me concerne. Mais dites-le-moi donc, par Dieu notre Juge, si je dois emmener des hommes d'armes ou des chevaliers avec moi ?

– Pas du tout, cher mari, répondit son épouse : il n'y aura que vous, moi et ce noble pèlerin. »

Malgré cette réponse, Herchambaut ne laissa pas les choses ainsi ; il fit armer jusqu'à deux cents chevaliers et les envoya dans la forêt, puisqu'il se méfiait du pèlerin dont les manières ne lui plaisaient guère.

« Seigneur Herchambaut, lui dit sa femme, allons à la fontaine sans plus tarder.

– Dame, dit-il, pourquoi cette hâte ? Hier vous n'en aviez pas une telle envie. »

Herchambaut enfourcha son destrier rapide et la dame monta sur un splendide palefroi ; on en donna un aussi au pèlerin. Ils chevauchèrent tous les trois en direction de la forêt où ils pénétrèrent par un sentier étroit, tandis que les gens d'Herchambaut de Ponthieu suivaient d'autre part un ancien chemin. La noble dame observa Bernier et tout d'un coup elle le reconnut à une cicatrice qu'il portait sous l'œil. Elle savait bien que c'était son premier mari et peu s'en fallut qu'elle n'allât l'embrasser – mais la présence d'Herchambaut le farouche l'en empêcha.

316.

La noble dame reconnut Bernier – elle faillit courir le couvrir de baisers, mais la présence d'Herchambaut retint son cœur. À force d'errer parmi le bois touffu, Bernier trouva l'eau d'un ruisseau qui coulait d'une fontaine. Il remonta le cours du ruisseau et, enfin, ils étendirent sous un arbre des tapis et une courtepointe qui était habilement piquée.

CCCXVII

Quant li lis fu atornés richement,
7315 « H[erchanbaus], sire, dist B[erniers] li vaillans,
a ceste dame vuel parler seulement
si enquerrai son cuer et son talent. »
Di[st] H[erchanbaus] : « Faites vostre tale[n]t. »
Antre B[ernier] et la dame vailla[n]s
7320 a une part tornent a parlement.
Dist B[erniers] : « Dame, entendés mon sa[n]blant.
Le premier sire que eüstes avant
eschaspés est des paiens mescreans ;
tant me proia qu'il m'anvoia avant
7325 por la besoingne faire plus sostiment. »
Et dist la dame : « Drois est, par saint Vincent.
Bien vos cognois, saichïés vraiement.
B[erniers], biax sire, celer n'i vaut noiant –
or vos baissasse, saichïés vraiement.
7330 por H[erchanbaut] n'an os faire noiant
qui de nos deus se prent garde sova[n]t.
Bien sai sans vos n'an venisse avan.
Nos avons ci chevax fors et courans –   [125b]
prenés cel noir et je panrai cel blanc,
7335 vers Sain Quentin nos en alons fuiant. »
Et dist B[erniers] : « Vos parlés por noiant ;
en la fontainne se baingnera avant.
Il le convient faire plus sostiment :
en la fontainne tous nus sera a vant
7340 tantdis irons nostre preut porchasant. »
Que q'il parloient issi faitierement,
dist H[erchanbaus] : « Que demorés vos tant ?
Pelerin, frere, ci a lonc parlement. »

317.

Quand le lit fut somptueusement préparé, le valeureux Bernier s'adressa à Herchambaut :

« Seigneur, je dois parler seul à seule avec la dame afin de connaître ses sentiments et ses désirs.

– Faites comme vous voulez », dit Herchambaut.

Bernier et la valeureuse dame allèrent s'entretenir à l'écart.

« Dame, dit Bernier, écoutez ma pensée. Votre premier mari s'est échappé d'entre les mains des païens infidèles ; il m'a tellement imploré que j'ai accepté de venir en éclaireur, afin d'ourdir un dessein plus subtil. »

La dame répondit : « C'est juste, par saint Vincent[1]. Je vous reconnais parfaitement, sachez-le ; Bernier, cher époux, inutile de déguiser – je vous couvrirais bien de baisers, mais à cause d'Herchambaut, qui nous observe constamment, je n'ose rien faire. Je sais bien que je serais perdue sans vous. Nous avons ici de forts chevaux rapides : prenez le noir et je prendrai le blanc – nous nous enfuirons vers Saint-Quentin.

– Ne gaspillez pas votre salive – nous devons agir plus astucieusement : Herchambaut plongera d'abord dans la fontaine. Il sera alors tout nu et exposé au vent, tandis que nous poursuivrons notre bonheur ! »

Alors qu'ils se parlaient de la sorte, Herchambaut demanda :

« Qu'attendez-vous ? Pèlerin, cher frère, c'est un bien long entretien ! »

---

1. Il s'agit peut-être de saint Vincent, évêque de Troyes au VIe siècle, mais le culte de saint Vincent de Saragosse, qui mourut en martyr en 304 lors de la persécution de Dioclétien, était plus répandu au Moyen Âge. Ses restes, ramenés à Paris en l'an 542, furent vénérés à l'église Saint-Vincent, devenue plus tard Saint-Germain-des-Prés.

CCCXVIII

Et H[erchanbaus] en apella B[ernier] :
7345 « Pelerin, frere, trop poés delaier.
– Sire, dist il, ne vos chaut d'esmaier,
car vostre preut vos vuel je porchacier.
Il vos convient premerains despoillier –
en la fontainne antrerés tos premiers. »
7350 Il se despoille, que dras n'i vaut laissier ;
dedens s'en entre, car bien cuide esplotier.
Dist B[erniers] : « Sire, par .ix. fois vos plungiés » ;
et il si fist de grés et volentier.
La gentil dame en apella B[ernier] :
7355 « Prenés, biax sire, ceste espee d'acier –
tout maintenant la teste li trainchiés.
– Non ferai, dame, par les iex de mon chief
quar tos jors mais me seroit reprochiés –   [126a]
hons desnués n'iert ja par moi touchiés.
7360 Mais montés tost sor cel palefro[i c]hier,
je monterai sor cel courant destrier. »
La dame monte, B[erniers] li tint l'estrier,
et il meïsmes monta sans delaier ;
et H[erchanbaus] entent a lui baingnier.
7365 Li cuens B[erniers] conmensa a huchier,
« Sire H[erchanbaus], or pencés del baingnier,
et B[erneçons] enmanra sa mollier ! »
H[erchanbaus] l'oit, n'ot que correcier.
« En moie foit, dist il, sire B[erniers],
7370 de si saige home ne se puet on gaitier.
Je me cuidai a la dame couchier,
dedens cel lit avuec li solacier ;
et li villains le dist el reprovier :
belle parole fait le fol esclecier. »
7375 Et dist la dame : « Vassal, par Dieu del ciel,
d'une autre femme vos estuet porchacier –
Diex m'a rendue a mon marit premier. »
A tant s'an tornent et la dame et B[erniers] ;
au piet d'un mont dalés un val plaignier
7380 la ancontrerent Sa[v]ari et Garnier

318.

Herchambaut s'adressa à Bernier : « Pèlerin, cher frère, vous tardez trop.

– Seigneur, répondit-il, ne vous inquiétez pas, car c'est votre intérêt que je recherche. Vous devez d'abord enlever vos vêtements – vous serez le premier à entrer dans la fontaine. »

Il se mit tout nu et entra dans l'eau, croyant ainsi se guérir.

« Seigneur, dit Bernier, il faut vous y plonger neuf fois de suite » ; ce qu'il fit de bon cœur.

La noble dame pria Bernier : « Cher seigneur, prenez cette épée d'acier et coupez-lui la tête sans perdre un instant !

– Par la prunelle de mes yeux, dame, je ne le ferai pas, car on me le reprocherait jusqu'à la fin de mes jours : jamais je ne toucherai un homme nu. Mais montez vite sur cet excellent palefroi et j'enfourcherai ce destrier rapide. »

La dame se mit en selle ; Bernier lui tint l'étrier, puis monta lui-même sans tarder. Pendant ce temps, Herchambaut était occupé à se baigner. Bernier se mit à l'interpeller :

« Seigneur Herchambaut, baignez-vous soigneusement, pendant que le jeune Bernier emmène sa femme ! »

À ces mots, Herchambaut enragea et dit : « Par ma foi, seigneur Bernier, on ne peut se garder d'un homme si rusé ! Je pensais coucher avec la dame et prendre mon plaisir avec elle dans notre lit. Comme le paysan le dit en son proverbe : "L'insensé se berce de vaines paroles." »

Et la dame de dire : « Par le Dieu du paradis, vassal, il faut vous mettre en quête d'une autre épouse – Dieu m'a rendu à mon premier mari ! »

Là-dessus Bernier et la dame s'en allèrent ; au pied d'une colline, à côté d'une vallée profonde, ils rencontrèrent Savari et

qui el païs venoient a B[ernier],
en lor conpaigne trois mille chevalliers –
B[ernier] aidassent, c'ill en eüst mestier.   [126b]
Il le coururent acoler et baisier ;
7385 dist Savaris : « Conm[e] avés esploitié ?
– Biax niers, molt bien, la mercit Dieu del ciel.
Dedens une aigue ai le gloton laissiet ;
ains ne le vaus adeser ne touchier. »
Dist Savaris : « Car le m'ensaignissiés –
7390 je l'irai ja la teste reongnier,
quant de ma dame vos osa vergoingnier. »

CCCXIX

Dist B[erneçons] : « Biax niers, nel dite mie,
c'onques a li n'ot charnel conpaignie,
la mercit Dieu qui tout a en baillie. »
7395 Dist Savaris : « Tant sui je plus liés, sire. »
A ces paroles ont lor voie aqueullie,
vers Sain Quentin chevauchent a delivre –
an une nuit et en deus jors i(l) vinrent ;
je ne cont pas la joie que lor firent
7400 cil del païs quant ensamble les virent.

CCCXX

Berniers apelle son neveut Savari :
« Fai tost mander mes chevalliers de pris,
et si me mande d'Arras le sor G[uerri]
qu'i vaingne as noces sa fille Biautris,
7405 car ramenee l'a B[erniers] de Pontif. »
Dist Savaris : « Sire, a vostre plaisir. »
G[uerri] manda a Arras sens mentir,
mais n'i vaut mie a cele fois venir ;   [127a]
et Berneçons molt belle feste fit,
7410 de la grant joie qu'ill ot ce resbaudit.
La gentil dame l'apella si li dit :
« Bernier, biau frere, por Dieu de paradis
savés novelles de Juliien mon fil ?

Garnier qui venaient à la rencontre de Bernier, en compagnie de trois mille chevaliers, afin de l'aider s'il en avait besoin. Ils se jetèrent à son cou et lui donnèrent des baisers.

« Comment les choses se sont-elles passées ? » demanda Savari.

« Fort bien, cher neveu, que Dieu soit loué ! J'ai laissé le misérable dans l'eau d'une fontaine, car je n'avais aucun désir de le toucher ou le blesser. »

« Indiquez-moi où il se trouve, dit Savari, et j'irai lui trancher la tête, puisqu'il a osé vous déshonorer avec votre femme. »

319.

Bernier dit : « Cher neveu, ne dites pas cela, car il n'a jamais pu faire l'amour avec elle, grâce à Dieu, maître de toute chose.

– Dans ce cas, seigneur, je suis au comble de la joie », dit Savari.

Là-dessus, ils se mirent en route et chevauchèrent en toute hâte vers Saint-Quentin, où ils arrivèrent en deux jours et une nuit. Je ne vous parle pas de la jubilation des gens de ce pays lorsqu'ils les virent de nouveau ensemble.

320.

Bernier appela son neveu Savari : « Vite, convoque mes valeureux chevaliers et fais venir Guerri le Roux d'Arras, afin qu'il assiste aux noces de sa fille, Béatrice, car Bernier l'a ramenée du Ponthieu.

– Seigneur, dit Savari, comme vous voudrez. »

À Arras Guerri reçut bien un message, mais cette fois il refusa de venir. Entre-temps, le jeune Bernier organisa des fêtes somptueuses et se réjouit en sa grande allégresse. Sa noble femme lui fit signe et demanda :

« Bernier, cher ami, au nom du Dieu du paradis, auriez-vous des nouvelles de mon fils Julien ?

– Nannil voir dame, B[erneçons] respondi,
7415 fors [seul] itant con vos porrois oïr –
dedens Saint Gile li miens oste me dit
que en Espaingne a Cordes la fort cit
la l'en menerent paien et Sarrasin. »
La dame l'oit ; pleure des iex del vis
7420 et le regrete con ja porrois oïr :
« Juliiens, fix, trop vos perdi petit !
Malvaisement avés esté norris !
Diex nostres sires par la soie mercit
me doint de vos encor novelle oïr.
7425 – Ensanble sonmes, bien le poés veïr ;
Diex nos donra encor novelle oïr. »
Et dist la dame : « Sire, voir avés dit. »
Icelle nuit on[t] ensanble dormit ;
li frans B[erniers] un fil engenuït.
7430 Elle le porte et ces mois et ces dis ;
quant vint au terme que li enfes nasqui,   [127b]
au baptisier l'apellerent Henri.
La gentil dame le fist molt bien norir
et quant ill ott .vii. ans et un demi
7435 de behorder et d'armes s'antremist ;
ausi biax fu de .vii. ans li meschin
con uns autre enfes est amandés en .xx.
B[erniers] le voit – molt joians en devint.
A sa mollier le monstra si li dist :
7440 « Esgardés, dame, por Dieu de paradis,
con Henriés est biax et eschevis. »
Et dist la dame : « Sire, voir avés dit. »
– Or ne lairoie por tot l'or que Diex fit
que je ne voise an icestui païs
7445 ou Juliien porterent Sarrasin,
si aprendrai se ill est mors ou vis. »
La dame l'oit, tos li sans li fremist.

CCCXXI

« En non [Dieu], dame, dist B[erniers] li vaillans,
je ne lairoie por nulle rien vivant

– Hélas, non, à vrai dire, répondit le jeune Bernier, si ce n'est ce que je vais vous confier : à Saint-Gilles mon hôte m'a dit que des païens et Sarrasins l'ont emmené en Espagne, dans la puissante citadelle de Cordoue. »

À cette nouvelle, les yeux baignés de larmes, la dame le plaignit dans les termes que voici :

« Julien, mon fils, vous étiez si petit quand je vous ai perdu ! Vous n'avez pas reçu les soins d'une mère. Que Dieu notre Seigneur dans sa grande bonté me permette d'avoir encore de vos nouvelles !

– Nous sommes réunis, comme vous pouvez le voir : Dieu nous donnera encore de ses nouvelles.

– Seigneur, dit la dame, vous avez raison. »

Cette nuit-là ils couchèrent ensemble et le noble Bernier engendra un fils. Sa femme le porta le nombre de jours et de mois requis, et quand il vint à naître, on lui donna en baptême le nom d'Henri. La noble dame le fit élever avec les soins les plus attentifs et dès qu'il atteignit l'âge de sept ans et demi, il commença à pratiquer la joute et le métier des armes. À sept ans, le jeune garçon était aussi beau et fort qu'un autre à vingt. Voyant cela, Bernier éprouva une joie immense. Il montra son fils à son épouse et lui dit :

« Regardez, ma dame, au nom du Dieu du paradis, comme Henri est beau et élancé.

– Seigneur, dit la dame, vous avez parfaitement raison.

– Je ne manquerais, pour tout l'or que Dieu créa, d'aller dans ce pays où les Sarrasins ont emmené Julien afin d'apprendre s'il est mort ou vif. »

Quand la dame l'entendit, son sang ne fit qu'un tour.

321.

« Au nom de Dieu, ma dame, dit le vaillant Bernier, je ne renoncerais pour personne au monde à partir à la recherche de

7450 ne voise querre Juliien mon enfant.
N'ira o moi chevallier ne serjant
fors Savari, mon neveut le vaillant. »
Et dist la dame : « Mercit, por Dieu le gra[n]t ;
ja li miens cors ne seroit sens torment :
7455 ce pers le pere et j'ai perdut l'enfent   [128a]
ce iert mervelle ce li cuers ne me fant. »
Dist B[erniers] : « Dame, plorer n'i vaut noiant ;
conment qu'il praingne n'i demorrai noiant. »
En celle nuit le laissierent a tant ;
7460 au matinet, a l'aube aparissant,
ont oït messe li chevallier vaillant ;
apres la messe (li chevallier vaillant)
congiet demandent a la dame vailla[n]t
et la contesse li a dit en plorant :
7465 « Biax sire chiers, a celui vos conment
qui fist le monde par son conmendement.
– Dame, dist il, Diex vos gart de torment. »
A tant departent sens plus de parleme[n]t ;
vait s'an B[erniers] et Savaris le frans.
7470 Desormais faut la chançon en avant.
Po[rcive] l'en que ci endroit vos chant.

CCCXXII

B[erniers] chevauche et Savari li bers ;
a grans jornees issirent del regné :
France trespassent et Brie par dalet,
7475 par endroit Sens sont en Borgoigne entrés –
de lors jornees ne vos sa[i] aconter –
dusqu'a Saint G[ile] ne se sont arestés.
Chiés le borjoi sont venus a l'ostel
ou ill avoient autre fois conversé
7480 et l'andemain sont li baron montés ;   [128b]
par la Prouvance sont en Gascoingne antret –
le païs truevent escilliet et gastet
car l'amassor de Corde i ot estet.
Li baron vinrent a la maistre cité,
7485 parmi la porte sont en la ville errés,

mon enfant, Julien. J'irai sans emmener de chevalier, ni
d'homme d'armes, avec pour seul compagnon Savari, mon vail-
lant neveu.

– Pitié, pour l'amour de Dieu, dit la dame. Ce serait pour moi
une angoisse sans fin : si je perds le père après avoir perdu
l'enfant, seul un miracle empêcherait mon cœur de se briser de
douleur.

– Dame, dit Bernier, vos larmes ne serviront à rien : quoi
qu'il en soit, je ne demeurerai pas ici. »

Ils n'en parlèrent plus cette nuit-là. Au matin, quand parut
l'aube, les vaillants chevaliers assistèrent à la messe puis prirent
congé de la vaillante dame, et la comtesse en pleurs dit à son
mari :

« Cher seigneur, je vous recommande à Celui qui, par son
commandement, créa le monde.

– Dame, répondit Bernier, Dieu vous garde de toute peine. »

Les époux se séparèrent sans plus rien se dire, et Bernier et
Savari s'en allèrent. La chanson s'arrête à ce point ; que celui
qui vous la chante la continue[1].

322.

Bernier chevaucha en compagnie du noble Savari. Par de
longues étapes ils quittèrent le royaume : ils traversèrent l'Ile-
de-France et la Brie avoisinante, entrant en Bourgogne du côté
de Sens. Je ne saurais vous conter le détail de leurs étapes, mais
ils gagnèrent en hâte Saint-Gilles. Ils descendirent chez le
bourgeois qui les avait hébergés par le passé. Le lendemain les
deux barons se mirent en selle de nouveau ; via la Provence ils
entrèrent en Gascogne, qu'ils trouvèrent ravagée et détruite –
l'émir de Cordoue était passé par là. Les barons parvinrent à la
ville principale, franchirent la porte et entrèrent dans la cité.

---

1. Comme le notaient déjà Meyer et Longnon, le premier mot de ce vers est
« d'une lecture douteuse ». Ma traduction se conforme aux suggestions de S. Kay.

en son palais ont Corsuble trovet.
B[erniers] descent, si l'a bien saluet :
« Cil vos saut, sire, en cui creance avés. »
Et dist Corsubles : « Cil te croisse bonté
7490 qui feit negier et plovoir et vanter –
ce fait Mahons et [Apolins] no Dex. »
Et dist B[erniers] : « Sire, or m'entendés :
de vostre guerre avons oït parler.
S'or nos voliés retenir et doner
7495 dont peüssiens barnaige demener,
aideriens [vos] vostre guerre a mener. »
Et dist Corsubles : « Or dites vos que ber.
Se preudome estes, je vos donrai assés. »
Li seneschax a B[ernier] resgardet ;
7500 bien le cognut, s'a Corsuble escrïet :
« Par Mahon, sire, molt t'est bien ancontrés –
tel saudoier t'a Mah[omet] donet,
il n'a millor en la crestiienté.
D'une autre painne vos a il delivré
7505 quant ill ocit Aucibier l'amiret. »   [129a]
Corsubles l'oit, s'a B[ernier] acolé.
« Crestiiens, frere, por quoi t'iers tu celés ?
Tous mes tresors vos iert abandonés. »
Endementiers qu'ill ont ainsis parlet
7510 es vos un Tur qui ot non Bodoés
d'un roit espiet par les costes navrés.
A sa vois clere c'est li Turs escrïés,
« Corsubles, [sire], tous iers deshiretés !
L'amassors est en ton païs entrés
7515 ou .xxx. milliers des gens de son regnet ;
un a o lui chevallier amenet –
chevalliers est de novel adobés –
vers lui ne dure ne chastel ne cité,
n'i puet durer nus hons de mere né.
7520 Pris a par force le païs et gasté. »
Et dist Corsubles : « Di me tu verité ?
– Oïl voir sire, par Mahomet mon dé ;
c'estiiés ore sor celle tor montés,

Ils trouvèrent Corsuble dans sa grande salle ; Bernier mit pied à terre et le salua courtoisement :

« Que celui en qui vous croyez vous sauve, sire.

– Que celui qui fait la neige, la pluie et le vent vous comble de biens – je veux dire, nos dieux Mahomet et Apollin.

– Écoutez-moi, sire, dit Bernier : nous avons eu vent de votre guerre. Si vous vouliez nous retenir à votre service et nous donner ce qu'il faut pour nous battre en chevaliers, nous vous aiderions à faire votre guerre. »

Et Corsuble de répondre : « Ce sont des propos de preux. Si vous vous comportez en hommes de valeur, je vous récompenserai richement. »

Le sénéchal observa Bernier ; il le reconnut parfaitement et dit à Corsuble :

« Par Mahomet, sire, c'est une chance pour toi : Mahomet t'a envoyé le meilleur soldat de toute la chrétienté ! C'est lui qui t'a tiré d'un autre péril quand il a tué l'émir Aucibier. »

À ces mots, Corsuble prit Bernier dans ses bras.

« Chrétien, cher ami, pourquoi as-tu dissimulé ton identité ? Tout mon trésor vous sera ouvert. »

Tandis qu'ils s'entretenaient de cette manière, voilà qu'arriva un Turc du nom de Bodoé, qui était blessé au côté d'un fort coup d'épieu. Ce Turc s'écria d'une voix retentissante :

« Corsuble, sire, c'est la fin de ton royaume, car l'émir est venu dans ton pays à la tête de trente mille des siens. Il a en sa compagnie un chevalier nouvellement adoubé – aucun château, aucune citadelle ne peut lui résister ; il abat tout homme qu'il rencontre. Par vive force il a conquis et mis à sac le pays.

– Est-ce vrai ? » demanda Corsuble.

« Oui, assurément, sire – je le jure par Mahomet mon dieu. Si

par devers Cordes vausissiés resgarder
7525 ja verrïés tot le païs peup[l]et. »
Corsubles l'oit s'a les degrés montés,
par la fenestre de la tor a gardet,
voit le païs des paiens anconbré –
li forier courent por les villes rober,   [129b]
7530 des maisons arces voit les grans fex lever.
Il s'an desvale s'a sa gent escrïet :
« Or tost as portes, singnor, si le[s] fermés !
Je vos conment que trestuit vos armés. »
Et il si firent quant il l'ot conmandet ;
7535 B[erniers] s'arma et Savaris li bers.
Ainsois le vespre, que solax soit consés,
ora B[erniers] de Juliien parler,
le sien chier fil por quoi c'est tant penés,
et cors a cors porra a lui joster.
7540 Li amassors fait sa gent arester,
Juliien fait devant lui apeller ;
ces nons li fu chaingiés et remués –
Corsabrés fu des Sarrasin només.
Dist l'amassor : « Biax amis Corsabrés,
7545 je vos conment m'oriflanbe a porter,
toute ma gent conduire et chaeler. »
Et cil respont : « Je ferai vostre gret.
Se je truis home qui de mere soit nés
se nel vos rens mat et enprisonés
7550 faus soiés vos se vos ne m'afolés. »
Dist l'amassor : « Biax amis, bien ferés ;
a Mah[omet] soiés vos conme[n]dés
que il vos puisse et garir et sauver. »

CCCXXIII

En Juliien ot molt bon chevallier –   [130a]
7555 en païnime n'an avoit un plus fier –
et prist .xx. mil de tos le[s] miex prisiés,
vers la cité prennent a chevauchier.
Quant B[erneçons] les an vit aprochier,
le roi Corsuble en prist a araisnier :

à présent vous montiez au sommet de cette tour et regardiez vers Cordoue, vous verriez le pays envahi de païens. »

À cette nouvelle, Corsuble gravit les marches de la tour et vint à la fenêtre ; il vit le pays fourmillant de païens – les fourriers pillaient les villes, des flammes gigantesques montaient des maisons incendiées. Il redescendit les marches et s'écria :

« Vite, seigneurs, verrouillez les portes ! Je vous ordonne à tous de vous armer. »

Tous obéirent sans tarder, et Bernier aussi s'arma, ainsi que le preux Savari. Avant les vêpres et le coucher du soleil, Bernier allait entendre parler de Julien, son cher fils pour qui il se donnait tant de peine, et allait combattre corps à corps contre lui. L'émir fit arrêter son armée et appela Julien auprès de lui – son nom avait été changé et transformé, et les Sarrasins l'appelaient Corsabré.

« Corsabré, cher ami, dit l'émir, je vous confie mon oriflamme : vous aurez le commandement et la direction de toutes mes troupes.

– J'agirai selon vos ordres, répondit Julien. Si je n'abats et ne fais prisonnier chaque homme que je rencontre, vous serez un lâche si vous ne me faites pas pendre. »

L'émir dit : « Frappez fort, cher ami ! Je vous recommande à Mahomet – qu'il vous protège et vous sauve. »

323.

Julien était un excellent chevalier – il n'y avait pas plus farouche guerrier chez les païens. Il choisit vingt mille des meilleurs guerriers et ensemble ils chevauchèrent vers la cité. Lorsque Bernier les vit s'approcher, il s'adressa au roi Corsuble :

7560 « Faites vos gens entor ses murs rai[n]gier !
　　　Avuec moi vaingnent cil bacheler ligier
　　　a cui il vuellent les terres chaslaingier –
　　　ains qu'il se puissent devant les murs logier
　　　ceste venue conparront il molt chier. »
7565 Et dist Corsubles : « Molt vos en vuel proier. »
　　　Lors fait sa gent et serrer et raingier ;
　　　fors s'en issirent dusqu'a .xxx. milliers,
　　　B[erniers] les guie et Savaris li fiers.
　　　Juliie[n]s vint poignant sor un destrier
7570 et fu armers d'auberc et d'[escu] chier,
　　　de bone espee et de hiaume d'acier,
　　　et porte droite la hanste de pomier.
　　　Sa covreture fu d'un paile molt chier,
　　　a grant mervelle porsailloit son destrier –
7575 bien resanbloit le sien pere B[ernier].
　　　B[erniers] le voit – prist soi a mervillier ;
　　　dedens son cuer le conmence a prisier.
　　　Ill an apelle Savari le guerrier :　　　　　　　[130b]
　　　« Biax niers, dist il, vees con bel chevallier.
7580 C'ill est si bon con il se monstre fier,
　　　il n'a si bon so[z] la chape del ciel.
　　　P[l]eüst a Dieu le pere droiturier
　　　conquis l'eüsse a l'espee d'acier
　　　si qu'il ne fust navrés ne enpirié,
7585 si se laissast lever et baptisier –
　　　plus l'ameroie que nulle rien del ciel.
　　　Or ne lairoie por (nulle rien del ciel)
　　　que [ne] me voise anvers lui essaier ! »
　　　Le destrier broche des esperons d'or mier
7590 et Juliiens c'est vers lui adreciés ;
　　　Grans cops se donent es escus verniciés,
　　　desos les bocles le[s] ont frais et perciés ;
　　　fors haubers orent, ne[s] porent desmaillier,
　　　mais de lors lances font les escus percier
7595 si ont les brans isnelement saichiés :
　　　li fix au pere conmence a chasploier.

« Faites ranger vos hommes autour des remparts ! Que les jeunes guerriers ardents à qui ils veulent disputer les fiefs viennent avec moi – avant qu'ils puissent établir leur camp sous nos murailles, nos ennemis vont payer cher cette invasion. »

Corsuble dit : « Je vous prie d'agir de la sorte », puis il fit mettre ses hommes en ordre de bataille. Jusqu'à trente mille chevaliers franchirent la porte, commandés par Bernier et Savari le farouche. Julien s'approcha sur son destrier, piquant des deux ; revêtu d'un haubert et d'un heaume d'acier, il portait un riche écu, une bonne épée et brandit son épieu en bois de pommier. Son destrier caracolait avec fougue, paré de sa couverture de soie précieuse. Julien avait tout de son père, Bernier. Dès que Bernier le vit, il fut saisi d'étonnement et se mit à l'admirer ; il déclara au vaillant Savari :

« Cher neveu, dit-il, regardez ce beau chevalier ! S'il est aussi vaillant qu'il a l'air farouche, il n'y a pas meilleur chevalier sous la voûte du ciel. Plût à Dieu notre Juge que je puisse le vaincre avec mon épée d'acier sans le blesser ni lui faire de mal, et qu'il accepte de recevoir le baptême – je l'aimerais alors plus que tout au monde. À présent rien au monde ne m'empêchera d'aller me mesurer à lui ! »

Il piqua son destrier de ses éperons d'or pur tandis que Julien avançait vers lui. Ils s'assenèrent des coups vigoureux sur les écus vernis, qu'ils fendirent et percèrent sous la boucle ; de leurs haubert solides nulle maille ne céda, mais les lances percèrent les écus. Aussitôt les deux héros tirèrent leurs épées, et le fils se mit à lutter contre son père.

CCCXXIV

Li baron furent coraijous et hardi,
bien ce requierent as brans d'acier forbi ;
et B[erniers] a Juliien envaï –
7600 desor son elme un grant cop le feri,
l'iaume li a enbarret et croissi.
Devers senestre l'espee descendi,
.c. maille trainche de l'auberc qu'ot tresli,   [131a]
desor la hainche a la char consivi,
7605 grans .iiii. doies li traincha et fendi.
Quant Juliiens l'espee en char senti
trait soi ariere car le cop li gainchit ;
de maltalent trestranbla et fremit,
li sens dou cors li est montés el vis.
7610 Il tint l'espee, B[erneçon] en feri –
son bon escut li traincha et fendi ;
sor le cheval li cops li descendi,
le col li trainche et Bernesons chaï.
Plus tost qu'il pot en estant resaillis,
7615 vint vers B[ernier] et B[erniers] contre li :
grans cops se donent sor les escus votis
que il les ont et fendus et croissis
et chascuns d'iax fu ens el cors blemis.
Bien se deüssent estre charnés ami :
7620 li uns est pere et li autres est fis.

CCCXXV

Bien se conbatent li dui vassal vaillans,
et les deus os s'asanble[n]t maintenant.
[Uns des siens] done B[ernier] un auferra[n]t
et Juliien remonterent sa gent.
7625 Il tint l'espee, vait ferir Boïdant ;
toute la teste an deus moitiés li fent,
mort le trebuche en la presse plus grant –
par celui cop ot puis painne plus grant   [131b]

324.

Les combattants étaient valeureux et hardis et s'attaquèrent vaillamment avec leurs épées d'acier bien polies. Bernier se rua sur Julien et lui porta un coup vigoureux sur le heaume, qu'il cabossa et fendit. L'épée glissa sur le côté gauche, arrachant cent maillons du haubert à triples mailles ; le coup pénétra dans la chair au-dessus de la hanche et fit une plaie de quatre doigts au moins. Quand Julien sentit l'épée atteindre sa chair, il recula et le coup passa à côté de lui ; il trembla et frémit de colère, et tout son sang lui monta au visage. De son épée, il frappa le jeune Bernier – le coup fendit et trancha son solide écu et trancha encore l'encolure de son cheval, et voilà le jeune Bernier à terre. Sans perdre un instant, Julien[1] bondit sur ses pieds et les deux adversaires se ruèrent l'un sur l'autre. Ils se portèrent des coups vigoureux sur les écus bombés, qu'ils fendirent et cabossèrent, et chacun fut blessé. Les liens du sang auraient plutôt dû les rapprocher, car l'un était le père et l'autre le fils.

325.

Les deux valeureux guerriers luttèrent vaillamment tandis que les deux armées engagaient le combat. Un des siens donna un coursier à Bernier et Julien fut remis en selle par ses gens. De son épée Julien frappa Boïdant et lui fendit la tête en deux, l'abattant, mort, au plus épais de la presse : ce coup lui attirerait des ennuis par la suite, car Boïdant était le frère de l'émir

---

1. Contexte portant à confusion. Le sujet du verbe *vint* est Julien, mais le sujet de *resaillis* est moins clair. S'il s'agit de Bernier, il y aurait alors une lacune entre ces deux vers ; s'il s'agit de Julien, la lacune existerait aussi, mais plus haut. De toute façon, père et fils se trouvent à pied au v. 7615.

car ill ert frere Corsuble l'anmirant,
7630 rois de Carsaude, ou molt ot hardement.

CCCXXVI

L'uns ocit l'autre a l'espee forbie.
B[erniers] i(l) fiert a l'espee forbie,
et Savaris lés lui par aatie
fiert Cadoe[c] sor l'iaume de Pavie –
7635 desci qu'es dans le porfent et esmie,
mort le trebuche, a haute vois s'escrie :
« Malvaises gens, nostre Diex vos maudie !
Iceste terre n'avrois jor de vo vie –
li rois Corsubles l'avra tote sa vie. »
7640 Juli[i]ens l'oit, vers lui point par aatie ;
grant cop li done, qu'il ne l'espargne mie –
jus del destrier le trebuche et guie,
puis le saisit par l'iaume de Pavie ;
et Savaris a haute vois s'escrie :
7645 « Oncles B[erniers], or ai mestier d'aïe –
secorés moi, por Dieu le fil Marie ! »
Celle parole n'a pas B[erniers] oïe.
Juliien prent Savari si le lie
car de sa gent ot la force et l'aïe –
7650 batant l'enmainnent, li cors Dieu les maudie.
Uns Sarrasin le prist B[ernier] a dire :
« Vostre conpains est l[iv]rés a martire –   [132a]
paien l'enmainnent, s'en feront lor justice. »
B[erniers] l'entent, tos li sens li fremie.
7655 Il tint l'espee a deus poins enpoingnie –
cui ill ataint, molt est corte sa vie –
desront la presse de la gent païnie.
Savari trueve, maintenant le deslie ;
bailliet li a un destrier d'Orquanie.

Corsuble et lui-même roi de Carsaude – un guerrier plein
d'ardeur.

326.

Les ennemis s'entre-tuèrent avec leurs épées bien polies. Ber-
nier frappa avec son épée polie, tandis qu'à côté de lui Savari
atteignait furieusement Cadoec sur son heaume de Pavie, le
fendant en deux jusqu'aux dents ; il l'étendit mort, puis s'écria :

« Que notre Dieu vous maudisse, mauvaise engeance ! Jamais
de votre vie vous ne posséderez cette terre – le roi Corsuble la
gouvernera jusqu'à sa mort. »

À ces mots, Julien se rua contre lui, piquant des deux, et sans
l'épargner lui assena un coup vigoureux – il l'abattit du destrier
et le fit rouler à terre, puis le saisit par le heaume de Pavie.

Savari s'écria d'une voix forte : « Bernier, mon oncle, à pré-
sent j'ai besoin de votre aide – secourez-moi, par Dieu le fils de
Marie ! »

Mais Bernier n'entendit pas cet appel et Julien s'empara de
Savari et l'entrava, avec l'aide de ses hommes, qui l'emmenè-
rent prisonnier aussitôt – que Dieu les maudisse ! Un Sarrasin
déclara à Bernier :

« Votre compagnon est livré à un supplice horrible – les
païens l'emmènent et le feront mourir ! »

Lorsque Bernier l'entendit, son sang ne fit qu'un tour. Il
empoigna son épée à deux mains : celui qu'il atteignait avait
une vie bien courte – il fendit les rangs des païens et trouva
Savari, qu'il détacha sans tarder, puis il lui donna un destrier
d'Orcanie.

CCCXXVII

7660 Savari a rescous li cue[n]s B[erniers] ;
il fiert et fr[o]ue de l'espee d'acier.
Juliien voit d'autre part chasploier –
droit celle part se prent a adrecier,
desor son elme li vait un cop paier
7665 si qu'il le fist enbarer et percier.
Fors fu la maille del blanc hauberc doblier ;
le branc convint contreval a glacier,
.c. mailles trainche del blanc hauberc doblier,
la char li trainche par desos le braier
7670 que le charnal en fist jus aboissier,
desci qu'an terre convint le branc glacier.
B[ernier] feri de l'espee d'acier,
de sa grant force i(l) mist au branc haucier ;
grans fu li cops quant vint au deschergier :
7675 l'iaume li fist enbarer et percier.
Par devers destre courut li brans d'acier :
a cestui cop l'eüst il damaigiet,
mien esciant d'un des bras raonniet,
mais ces bons brans brisa an deus moitié
7680 et ces chevax est o lui trebuchiés
car par le cors ert en deus lex plaiés.
Molt fierement l'a apresset B[erniers],
par droite force li a l'iaume esraigiet
et Juliiens l'a a l'auberc saichiet,
7685 ancontre terre a B[erneçon] saichiet,
par un petit ne l'a jus trebuchiet.
Mais li cuens c'est par esfort redreciés –
sor Juliien conmence a chasploier.
Il n'ot nis arme de quoi se puist aidier :
7690 tint son escut qui a or fu tailliés,
en son visaige un si grant cop l'an fier
que li escus brisa an deus moitié
mais ne li vaut la monte d'un denier
que par sa force le prist li cuens B[erniers].
7695 A sa maisnie l'a livret et chergiet,
batant l'en mainnent desos un olivier

                                              [132b]

327.

Le comte Bernier délivra Savari ; il frappa et trancha de son épée d'acier. Il vit Julien se battre d'un autre côté et se précipita vers lui ; Bernier le gratifia d'un coup sur le heaume, qu'il cabossa et perça. Les mailles du brillant haubert à double épaisseur étaient solides et la lame glissa vers le bas, mais non sans arracher cent mailles de son brillant haubert à double épaisseur. L'épée entama la chair sous la ceinture et en trancha un gros morceau avant de s'enfoncer dans la terre. Pour sa part, Julien leva son épée d'acier de toute sa force et alla frapper Bernier. En descendant, le coup terrible cabossa et perça son heaume avant de dévier sur la droite. Julien lui aurait fait du tort avec ce coup, j'en suis sûr, et lui aurait coupé le bras, mais la bonne épée se brisa en deux morceaux et son cheval tomba sous lui, car il avait reçu deux blessures au travers du corps.

Bernier le poursuivit furieusement et lui arracha le heaume de vive force ; Julien saisit le jeune Bernier par le haubert et faillit le désarçonner. Mais le comte par un effort suprême se redressa et se mit à faire pleuvoir une grêle de coups sur Julien, qui n'avait aucune arme pour se défendre. Il prit donc son écu incrusté d'or et en porta au visage de Bernier un coup si vigoureux qu'il brisa l'écu en deux, mais sa résistance était en pure perte, car Bernier le fit prisonnier de vive force. Il le livra et le confia à ses compagnons, qui le conduisirent aussitôt,

et le rendirent lor singnor droiturier.
A haute vois conmencent a huchier :				[133a]
« Par Mahon, sire, vees ci le chevallier
7700 qui a ton frere ocis et detrainchiet,
roi Boïdant, qui tant vos avoit chier. »
Corsubles l'oit, n'i ot que correcier ;
a sa vois clere conmença a huchier :
« Faites le tost en ma chartre gitier ! »
7705 Et il si firent quant enn ont le congiet ;
un grant cherchant li ont au col lanciet.
Li enfes pleure, ne se set concillier.
Or vos redois aconter de Bernier
qui se conbat el grant estor plaingnier :
7710 sor ciax de Cordes destorna li enconbriers.
Plus de .vii. mil en firent trebuchier ;
trois mil des autre malement enpirier
qui en bataille n'avront ja mais mestier ;
li autre fuient, le chanp convint laissier.

CCCXXVIII

7715 Quant paien saurent que Juliiens fu pris
en fuie tornent molt forment entrepris.
A l'amassor l'a uns Sarrasin dit :
« Par Mah[omet] vos estes mal baillis !
ors sont [li] vostre, matés et desconfis,
7720 et Corsabrés dedens la chartre mis.
Ill enn i a un grant qui est fornis				[133b]
que nulle riens ne dure contre li. »
L'amassor l'oit, sor un cheval saillit
l'escut au col, si a un espiet pris.
7725 Es vos B[ernier] et sa route qui vint –
tres devant lui vait un paien ferir ;
dusqu'es arçons le traincha et fendi
et le cheval a il trainchiet par mi.
Quant l'amassors a le conte choisit
7730 et voit le cop qu'au Sarrasin feri
de la paor fu forment esbahis –
por tot l'or Dieu B[erneçon] n'atendist :

sous un olivier pour le rendre à leur seigneur, qu'ils appelèrent à haute voix :

« Par Mahomet, seigneur, voici le chevalier qui a massacré et tué ton frère, le roi Boïdant, qui t'aimait tant. »

À ces mots, Corsuble enragea et se mit à crier de sa voix retentissante :

« Jetez-le dans mes prisons sans perdre un instant ! »

Ce qu'ils firent dès qu'ils en eurent l'autorisation, après lui avoir attaché un grand carcan au cou. Désemparé, le jeune homme se mit à pleurer. Maintenant il faut que je vous parle de Bernier qui se battait au cœur de la grande mêlée. Le malheur s'abattit sur les gens de Cordoue : plus de sept mille tombèrent morts et trois mille autres étaient à ce point malmenés qu'ils n'entreraient plus jamais en bataille ; les autres s'enfuirent, abandonnant le champ.

328.

Lorsque les païens apprirent la capture de Julien, ils furent pris de panique et s'enfuirent. Un Sarrasin dit à l'émir :

« Par Mahomet, vous êtes fort à plaindre ! Vos gens sont morts – vaincus et défaits – et Corsabré est jeté en prison, et tout cela à cause d'un grand chevalier à qui personne ne peut résister. »

À ces mots, l'émir, l'écu au cou, bondit sur un cheval et saisit un épieu. Voilà que Bernier survint, avec ses gens, et qu'il alla frapper un païen qui se trouvait devant lui ; il le coupa en deux jusqu'aux arçons de la selle, puis fit deux morceaux de son cheval. Lorsque l'émir aperçut le comte et vit le coup qu'il avait porté au Sarrasin, il fut saisi de panique – dût-on lui donner tout l'or de ce monde, il ne s'arrêterait pas pour se battre contre

plus tost qu'il pot en la fuie c'est mis
et B[erneçons] l'anchauce par aïr.

7735 Quant ne le pot consivir ne ferir
il et sa gent se sont el retor mis,
s'ont lor eschac par le chanp recoilli –
mil et .vii.c. chevalliers i(l) ont pris.
En la cité s'en entre[n]t par loisir,

7740 s'ont lor gaaing devant le roi parti
et les prisons dedens la chartre mis.
Li rois Corsubles B[ernier] a raison mist :
« Crestiiens, frere, molt iers prex et gentis –
molt par as bien acuité mon païs.

7745 Se tu ne fusses, par Mahon le postis,   [134a]
je fusse mors, honnis et mal baillis
et mi paien refussent mal baillis
et tou mes regnes escilliés et honnis :
par seul ton cors en sui je garandis.

7750 Se or voloies demorer avuec mi,
to[u] mon roiaume te partira[i] par mi,
cités avras et chastiax a tenir –
ja n'ieres povres tant con tu soies vis. »
Et dist B[erniers] : « Por autre chose vins.

7755 Quant a Saint Gile fui de vostre gent pris
et Sarrasin m'orent loiet et pris
et a vos m'orent presentet et tramis
et vos m'eüstes en vostre prison mis,
dedens la ville avoie un petit fil,

7760 n'ot que tier jor que de mere nasqui.
Ça vins a vous por novelle oïr
se me savés a dire qu'il devint :
se vos l'avés, ne le me celés mi.
– Nanni, biau frere, par mon dieu Apolin,

7765 ne sai ou est, ne certes qu'il devint. »
B[erniers] l'entent, pleure des iex del vis ;
puis en apelle son neveut Savari :
« Biax niers, dist il, or vait de mal en pis.
Se nel trovons, nos sonmes mal baillis. »   [134b]

7770 Dist Savaris : « Je ne vos quier mentir [...]

Bernier. Il se sauva au plus vite et le jeune Bernier, emporté, le poursuivit. Mais puisqu'il ne pouvait ni le rattraper ni l'atteindre, lui et ses hommes revinrent et ramassèrent le butin sur le champ de bataille – ils capturèrent mille sept cents chevaliers. Ils entrèrent tranquillement dans la cité, se partagèrent le butin devant le roi et jetèrent les captifs en prison. Le roi Corsuble s'adressa à Bernier :

« Chrétien, cher ami, tu es courageux et noble à souhait – tu as libéré complètement mon pays. Sans toi, par Mahomet le puissant, je serais mort, déshonoré et fort à plaindre, et il en irait de même pour les païens mes sujets – tout mon royaume serait détruit et en ruines : toi seul m'as sauvé de ce désastre. Si tu acceptes de rester auprès de moi, je te donnerai la moitié de mon royaume ; tu auras des châteaux et des citadelles à gouverner – de toute ta vie tu n'auras jamais à redouter la pauvreté.

– Je ne suis pas venu pour cela, dit Bernier. Quand vos gens m'ont capturé devant Saint-Gilles, que les Sarrasins m'ont chargé de liens et fait prisonnier, puis remis entre vos mains et que vous m'avez jeté dans vos geôles, j'avais laissé dans la ville mon petit enfant – il n'avait alors que trois jours. Je suis venu ici pour savoir si vous pouvez me dire ce qu'il est devenu. Si vous le détenez, ne me le cachez plus.

– Hélas, non, cher frère, je vous jure sur mon dieu Apollin que je ne sais où il est, ni ce qu'il est devenu. »

Lorsqu'il entendit ces mots, Bernier versa des larmes, puis s'adressa à son neveu, Savari :

« Cher neveu, dit-il, les choses vont de mal en pis. Si nous ne le trouvons pas, nous serons fort à plaindre.

– Je parlerai sans ambages, dit Savari[1] [...] Faites sortir les

---

1. Lacune présumée dans le texte, ou bien la formule est mal appropriée au contexte.

Les prisons faites de la chartre issir,
car je an vuel la justice veïr. »
Et dist Corsubles : « Tot a vostre plaisir.
Un ann i a – a grant mal nasquit il –
7775 qui Boïdant mon frere m'a ocis.
Foi que je doi Mahon et Apolin,
je le ferai de male mor morir –
trestout l'or Dieu ne le porroit gari[r]. »

CCCXXIX

Li rois Corsubles apella Salatré,
7780 celui qui a de la chartre les clés :
« Les prisoniers devant moi amenés. »
Et cis respont : « A vostre volenté » ;
adont les a de la chartre jetés,
devant Corsuble furent tuit amenet.
7785 Lors a Corsubles Juliien apellet :
« Vassal, dist il, trop par fustes osés. »
Dist Juliiens : « Je l'ocis tot de gret,
car c'il peüst, il m'eüst afolet
et si m'eüst ocis, c'est verité :
7790 plus chier ai je que l'aie decopé
que il m'eüst ocis ne afolet.
Se ill est mors, il n'est pas seus tués. »
Et dist li rois : « Mar l'osastes pe[n]cer.   [135a]
Jel vos ferai molt bien guerredoner ! »
7795 Lors apella son prevost Ysoret :
« Fai me une forche sor cel tertre lever,
ce pautonnier maintenant me pendés. »
Et cil respont : « Tot a vo volenté. »
Savaris a Juliien resgardet ;
7800 son pere sanble miex qu'ome qui soit nés
de cors, de vis et de bouche et de nés.
B[ernier] son oncle l'a Savaris monstré :
« Esgardés, sire, por sainte charité,
con cis paiens est grans et figurés. »
7805 Et dist B[erniers] : « Biax niers, voir dit avés.
C'il vesquit auques, il fesist mal assés.

prisonniers de leur geôle, car je voudrais assister à leur supplice.

– Ce sera comme vous voulez, dit Corsuble. Il y en a un parmi eux – maudit soit le jour de sa naissance ! – qui a tué mon frère Boïdant. Par Mahomet et Apollin, je lui ferai subir une mort horrible – tout l'or que Dieu créa ne pourra le sauver ! »

329.

Le roi Corsuble ordonna à Salatré, qui gardait les clés de la prison :

« Amenez les captifs devant moi. »

Et celui-ci répondit : « À vos ordres, sire », et il les fit sortir de la prison pour les conduire devant Corsuble.

Corsuble s'adressa alors à Julien et dit : « Vassal, comment avez-vous osé tuer mon frère ?

– Je l'ai tué sans remords, dit Julien, car s'il en avait eu l'occasion, il n'aurait pas hésité à m'assommer – il est sûr qu'il m'aurait tué. Je préfère l'avoir mis en pièces que d'avoir été assommé et tué par lui. S'il est mort, il n'est pas le seul ! »

Et le roi dit : « Vous regretterez cet acte, car je vous le ferai payer très cher ! »

Il appela Ysoret, son prévôt : « Dressez une potence sur cette colline et faites pendre ce scélérat à l'instant ! »

Le prévôt répondit : « À vos ordres, sire. »

Pendant ce temps, Savari observait Julien et remarquait combien il ressemblait à son père : le même physique, le même visage, la même bouche, le même nez. Savari le désigna à Bernier, son oncle :

« Regardez, seigneur, par la sainte charité, comme ce païen est grand et bien bâti.

– Cher neveu, dit Bernier, vous avez raison. Et s'il vivait, il ferait beaucoup de mal.

– Miex vos resanble que home qui soit nés
de cors, de vis et de bouche et de nés. »
B[erniers] l'entent, si l'an a resgardet ;
7810 dedens son cuer l'a forment enamet.
Derier lui garde, voit un viellart plorer,
ces cheviax ronpre et ces dras dessirer,
et B[erneçons] li prist a demander :
« Por quoi fais duel plus que cil autre per ? »
7815 Et il respont : « Bien le vos sai conter :
j'ai ce jone home et norrit et gardé
que ja verrai devant moi afoler. »
Et dist B[erniers] : « Or me dis verité.   [135b]
Se tu en mens, tes jors est ajornés ;
7820 se voir en dis, tu seras respassés.
Est ce tes fis ? as le tu engenret ?
– Nannil voir, sire, par sainte charité.
Quant nos corumes sor la crestiienté
dusqu'a Saint G[ile] gastames le regnet ;
7825 la le presimes trestot enmaillolet.
Tant le vis bel qu'il m'en prist grant pités –
ainc ne le vos ocirre n'afoler ;
nourir l'ai fait et tenir en chierté.
N'a que trois mois que il fut adobés,
7830 puis a un roi en bataille maté.
Onques n'an vot tenir les herités,
ains m'a donee trestote l'erité ;
por ce sui je dolens et esgarés
quant je le vois mener a tel vité. »
7835 Quant B[erniers] oit de son [f]il la verté(l)
lors a tel joie c'onques mais n'ann ot tel,
mais por paiens ne l'a pas demonstré.
Le roi Corsuble a B[erniers] apellet :
« Sire, fait il, or oiés mon pencer.
7840 Servit vos ai a mon branc aceret ;
or wel un don que vos le me donés. »
Et dist Corsubles : « De bone volenté –   [136a]
ne querois chose qui ja vos soit veé,
donjons ne marches, cités ne fermetés. »

– Il vous ressemble plus qu'aucun homme au monde : c'est le même physique, le même visage, la même bouche, le même nez. »

Lorsqu'il entendit ces propos, Bernier regarda Julien de près et conçut en son cœur une grande affection pour lui. Derrière lui Bernier observa parmi les captifs un vieillard qui pleurait en se tirant les cheveux et en déchirant ses vêtements ; il se mit à lui demander : « Pourquoi as-tu plus de chagrin que tes compagnons ?

– Je vous le dirai, répondit le vieillard : c'est moi qui l'ai élevé et qui ai pris soin de ce jeune homme que l'on va tuer maintenant devant moi.

– Dis-moi la vérité, fit Bernier : si tu mens, tes jours seront brefs ; mais si tu parles sans ambages, tu auras la vie sauve. Est-ce ton fils ? Est-ce toi qui l'as engendré ?

– Non, certes, seigneur, par la sainte charité. Quand nous avons envahi la chrétienté, nous avons ravagé le royaume jusqu'à Saint-Gilles ; c'est là que nous l'avons capturé, c'était un nourrisson emmailloté. Sa grande beauté m'a tellement apitoyé que je n'ai pu l'assommer ni le tuer : je l'ai élevé et lui ai prodigué tous mes soins. Il est adoubé depuis seulement trois mois, et déjà il a vaincu un roi en combat. Mais il n'a pas voulu garder son royaume pour lui, et m'en a pleinement investi – voilà pourquoi je suis à ce point triste et éperdu de le voir malmené de la sorte. »

Lorsque Bernier sut la vérité sur le compte de son fils, il fut au comble du bonheur – mais par crainte des païens il ne laissa rien paraître. Bernier s'adressa au roi Corsuble et dit :

« Sire, écoutez le fond de ma pensée : je vous ai servi avec mon épée d'acier, et maintenant je vous demande de m'accorder un don.

– Très volontiers, dit Corsuble. Rien ne vous sera refusé – châteaux, provinces frontière, citadelles ni forteresses.

7845 Et dist B[erniers] : « Aillor ai mon pencer.
Je vos demant cel viellart rasoté
et se jone home que vos pendre devés. »
Li rois l'entent, si a le chief crolet.
Il li respont : « Tel don m'as demandet
7850 se je seüsse ton cuer et ton pencé(l)
nel te donasse por une roiauté ;
seul por itant que le don t'ai donet
s'ill avoit mort demi mon parenté(l)
cel te donroie de bone volonté. »
7855 Et dist B[erniers] : « .V.c. mercis et grés. »
A cet mot est vers Juliien alés ;
il li demande : « Amis, dont iestes nés ? »
Et cis respont : « De Cordes la cité.
Son fil m'apelle cis viellars rasotés,
7860 mais sis con pere je ne le puis amer ;
et si m'a l'an maintes fois reprovet
que je estoie des crestiiens nés. »
B[erniers] l'entent, parfons a sospiret ;
puis dist en bas, qu'il ne fu escoutés :
7865 « Par Dieu, biau fix, on vos dit verité. »   [136b]
A icet mot li fist les fers oster,
puis l'an rapelle con ja oïr porrés :
« Sarrasin frere, ne me soit pas celet,
voroies estre baptisiés et levés ?
7870 Voroies tu renoier le tien dé,
Mahon et Apolin, Tervagant et Jupé,
croire en Jhesu qui en crois fu pennés,
qui vint en terre por le pueple sauver ?
Se tu le vuels servir et honorer
7875 je te ferai garir et respasser. »
Dist Juliiens : « Je cuit vos me gabés –
ce dites vos por moi espoenter ;
et neporquant j'en dirai verité,
si m'aïst Diex, je ne desire el. »
7880 B[erniers] respont : « Certes, fix, vos l'avés –
an sains fons fustes batisiés et levés,
au baptisier Juliiens apellés,

– C'est à autre chose que je pense, dit Bernier. Je vous demande ce vieillard gâteux et ce jeune homme que vous alliez pendre tout à l'heure. »

À ces mots, le roi hocha la tête et répondit :

« Si j'avais connu tes intentions et tes désirs, je ne t'aurais pas accordé le don que tu m'as demandé pour tout un royaume ; mais puisque j'ai engagé ma parole, même s'il avait massacré la moitié de ma famille je te le livrerais de bon cœur.

– Mille mercis ! » dit Bernier. Là-dessus, il s'approcha de Julien et lui demanda :

« Mon ami, où êtes-vous né ?

– À Cordoue, répondit celui-ci. Ce vieillard gâteux m'appelle son fils, mais je ne saurais l'aimer comme un père – et l'on m'a souvent accusé d'être né chrétien. »

Lorsqu'il entendit ces propos, Bernier soupira profondément, puis dit tout bas, afin que personne ne l'entende :

« Par Dieu, cher fils, on vous a dit la vérité ! »

Ensuite il fit ôter les fers à Julien et lui dit ce que vous allez entendre :

« Sarrasin, cher frère, dis-moi en toute sincérité : veux-tu recevoir le baptême ? Acceptes-tu de renoncer à tes dieux – à Mahomet et Apollin, à Tervagant et Jupiter – et à croire en Jésus qui a souffert sur la croix et qui est venu sur terre pour sauver son peuple ? Si tu acceptes de le servir et honorer, tu seras épargné et sauvé par mes efforts.

– Je crois que vous vous moquez de moi, dit Julien. Vous le dites pour m'effrayer. Néanmoins, je vous parlerai franchement : je prends Dieu à témoin que je ne désire rien d'autre.

– Certes, mon fils, répondit Bernier, vous possédez déjà ce que vous désirez : vous avez été baptisé sur les fonts sacrés, où

c'estes mes fix, de ma char engenrés ! »
Juliie[n]s l'oit c'est en haut escrïés :
7885 « He Diex, aïde, quant mon pere ai trovés
que mais ne vis des l'eure que fuis nés ! »
Il s'entra[n]brassent par molt grans amistés ;
anbedex pleurent de joie et de pité.   [137a]
Le roi Corsuble a B[erniers] apellé :
7890 « Sire, fait il, molt m'est bien an[con]tré :
ce [que] queroie ai ici recovret –
ce est mes fix, si voir con Diex fu nés. »
Et dist li rois : « Bien esploitiet avés.
Molt par m'a fait correciet et iré –
7895 or li soit tous li mesfais pardonés. »
Dist B[erniers] : « Sire, envers moi entendés :
en mon païs sui forment desirés –
par vos congiet m'en vorai ge raler. »
Et dist li rois : « A vostre volenté. »
7900 Li rois li fist de son avoir doner,
d'or et d'argent bien .c. sosmiers trosés ;
chevax de garde li a .xxx. donés
et convoier atot mil Turs armés,
et il meïsmes le convoia assés.
7905 Au departir le prist a apeller :
« Crestiiens, frere, molt iers jantis et ber :
tu et tes fis vos poés bien vanter
li millors estes de la crestiienté
por grant fais d'arme sosfrir et endurer.
7910 Puis qu'avue[c] moi ne volés demorer   [137b]
je vos conment a Mahon nostre dé.
– Et je vos, sire » – ce dist B[erniers] li bers.
Vers Sain G[ile] [est] B[erniers] acheminés ;
de ces jornees ne vos sai aconter.
7915 Saint Gile virent quant [vii ?] jors ot passés,
le grant mostier et les murs crestelés.
Les Sarrasin a B[erniers] apellés :
« Tornés vos ent – je sui a sav[e]té. »
Et il si firent quant il l'ot conmandet,
7920 et B[erniers] est lui quart si demorés,

vous avez reçu le nom de Julien – vous êtes mon fils, la chair de ma chair ! »

À ces mots, Julien s'écria à haute voix : « Secourez-moi, mon Dieu – voici que j'ai retrouvé le père que je n'ai pas vu depuis l'heure de ma naissance ! »

Ils s'embrassèrent tendrement, en versant des larmes de joie et d'émoi. Puis Bernier s'adressa au roi Corsuble et dit :

« J'ai eu beaucoup de chance, sire, car j'ai trouvé ce que je suis venu chercher – voici mon fils, je le crois comme je crois à la naissance de Dieu, le Fils de Marie.

– Vos efforts sont couronnés de succès, dit le roi. Bien qu'il m'ait courroucé et fait beaucoup de mal, je lui pardonne ici tous ses crimes.

– Écoutez-moi, sire, dit Bernier : on m'attend avec impatience dans mon pays. Avec votre permission, je voudrais y retourner.

– Comme vous voulez », dit le roi. Et sur ses biens, il lui fit de riches cadeaux : cent chevaux de bât chargés d'or et d'argent, trente destriers et mille Turcs pour lui servir d'escorte. Corsuble lui-même l'accompagna pendant longtemps.

Lorsqu'ils se quittèrent, le roi lui dit : « Chrétien, cher frère, tu es très noble et valeureux – vous pouvez vous vanter, toi et ton fils, d'être les meilleurs combattants de toute la chrétienté en matière de faits d'armes. Puisque tu ne veux plus rester auprès de moi, je te recommande à Mahomet, notre dieu.

– Et moi de même, sire », dit le noble Bernier.

Il s'achemina alors en direction de Saint-Gilles, mais je ne saurais vous conter le détail de ses étapes. Au bout de [sept (?)] jours ils aperçurent Saint-Gilles avec ses remparts crénelés et sa grande église. Bernier dit alors aux païens qui l'escortaient :

« Retournez-vous-en, je suis maintenant en sécurité. »

Ils obéirent à son ordre, tandis que Bernier et les trois autres

lui et son fil et Savarit li fier
et le viellart qu'ill ot desprisonnet.
Parmi la porte sont en la ville entrés ;
chiés le borjois sont venus a l'osté
7925 ou ill avoient autre fois sejornet.
Celui soir ont a grant joie passet.

CCCXXX

Celui soir sont richement herbigiés –
li jantix hostes les a molt aa[isiés] ;
et au matin alerent au mostier
7930 le viellart home lever et baptisier :
au baptisier l'apellent Aingelier.   [138a]
Uns jantix hons qu'ot Sain G[ile] a baillier,
ill an apele Juliien et B[ernier] :
« Dont estes vos, por Dieu le droiturier ? »
7935 Et il respondent : « De Sain Q[uentin] le sié. »
Et il respont : « Dont vos ai je plus chier,
tot por l'amor d'un vaillant chevallier.
Ill a .xv. ans aconplis et antiers
qu'an ces païs vint saint G[ile] prier
7940 et avuec lui sa cortoise mollier,
grosse et ensainte – fu preste d'acouchier.
Chiés un borjois se fur[ent] herbigiés,
la ot enfant – g'i fui au baptisier,
mon non li fis et mestre et ostroier ;
7945 puis vint au pere uns mortel enconbrier –
paiens me vinrent mon païs escillier,
jusqu'a mes portes paleter et lancier.
Il s'an issi armés sor son destrier
et avuec lui ne sai quans chevallier.
7950 La fors le prirent li cuvers losaingier,
qu'ainc ne li pos secore ne aidier ;
et son enfant, par Dieu le droiturier,
en anmenerent li paien losaingier,
de quoi la mere en fit un duel plaingnier.   [138b]
7955 A Sain Quentin s'en retorna arier,

– son fils, Savari le farouche et le vieillard qu'il avait libéré de prison – restaient ensemble. Ils entrèrent dans la ville par la porte principale et prirent leur logis chez le bourgeois où ils étaient descendus autrefois : ce soir-là ils menèrent grande liesse.

330.

Ce soir-là ils étaient logés somptueusement – l'hôte courtois leur prodigua tous ses soins. Le matin ils se rendirent à l'église pour faire baptiser le vieillard : au baptême on lui donna le nom d'Aingelier.

Alors, le noble baron qui gouvernait Saint-Gilles s'adressa à Julien et à Bernier, disant :

« D'où venez-vous, par Dieu notre Juge ?

– De Saint-Quentin, la ville puissante, répondirent-ils.

– Vous ne m'en êtes que plus chers, répondit-il, vu l'amitié que je porte à un chevalier valeureux. Il y a bien quinze ans de cela, il est venu en ce pays prier saint Gilles. Sa courtoise femme l'accompagnait – elle était enceinte et le jour de sa délivrance approchait. Ils avaient pris logis chez un bourgeois et c'est là qu'elle a accouché – j'ai assisté au baptême de l'enfant et lui ai donné mon propre nom. Mais par la suite un grand malheur est arrivé au père : des païens sont venus ravager mon pays, lançant des escarmouches jusque devant nos portes. Cet homme, revêtu de ses armes, a fait une sortie sur son destrier à la tête de je ne sais combien de chevaliers. Mais les infâmes traîtres se sont emparés de lui devant la ville sans que je puisse lui porter secours ni aide ; et, par Dieu notre Juge, les païens infâmes ont emmené son petit enfant, laissant la mère en proie à une profonde douleur. Elle retourna par la suite à Saint-

mais je ne sai conment ont esploitiet,
si en oïsse novelles volentiers. »

CCCXXXI

« En non Dieu, sire, dist B[erniers] li jantix,
ice sui je dont vos parlés ici ;
7960 saichiés de voir cis vallés est mes fis :
vos le tenistes en sains fons beneïs,
puis a estet en Espaingne norris,
si l'an amainne, la Damredieu mercit.
Chevalliers est, par verté lle vos dis –
7965 il n'a millor en .lx. païs. »
Li cuens l'entent, entre ces bras le prist,
puis li baisa et la bouche et le vis.
B[ernier] apelle con ja porrois oïr,
« Vos estes cuens et je cuens autresis ;
7970 je n'ai nus oirs a ma terre tenir.
Je vos requier, donés moi vostre fil –
apres ma mort sera siens cis païs. »
Et dist B[erniers] : « Tot a vostre plaisir,
par tel covant con ja porrois oïr –
7975 je le menrai ainçois a Sain Quentin
veoir sa mere que pieça ne le vit. »
Et dist li cuens : « Tot a vostre plaisir,   [139a]
mais que la foit aie au departir. »
Et B[erneçons] la fiance en fit ;
7980 a ces paroles sont d'illueques partis.
B[erniers] se painne durement del venir ;
de ses jornees ne sai conte tenir –
en .xv. jors revint en son païs.
Avant envoie un messaige qui dit
7985 qu'il revenoit sains et saus et garis.

CCCXXXII

Li messaigiers a sa voie aqueullie ;
a Sain Q[uentin] s'an est venus a prime,
trova la dame en la sale perine

Quentin, mais je ne sais ce qu'il est advenu de cette famille et j'entendrais volontiers de leurs nouvelles. »

331.

« Au nom de Dieu, seigneur, dit le noble Bernier, je suis celui dont vous venez de parler, et ce jeune homme – n'en doutez pas – est mon fils : c'est lui que vous avez tenu sur les fonts sacrés. Il a passé sa jeunesse en Espagne mais, grâce à Dieu, je le ramène de là-bas. Il est maintenant chevalier et je vous dis en toute vérité qu'on pourrait fouiller quarante pays sans en trouver de meilleur. »

À ces mots, le comte de Saint-Gilles le prit dans ses bras, puis lui baisa la bouche et le visage. Il s'adressa ensuite à Bernier dans les termes que voici :

« Vous êtes comte, et je le suis moi aussi, mais je n'ai nul héritier pour recevoir mes terres. Je vous prie de m'accorder votre fils, et ce pays lui appartiendra après ma mort.

– Qu'il en aille comme il vous plaira, dit Bernier, mais à la condition que vous entendrez : je le conduirai d'abord à Saint-Quentin voir sa mère qui ne l'a pas vu depuis longtemps.

– Qu'il en aille comme il vous plaira, dit le comte, mais donnez-moi votre parole avant de partir. »

Bernier engagea sa foi et, là-dessus, sa compagnie quitta Saint-Gilles. Je ne saurais vous conter le détail des étapes, mais Bernier employa tous ses efforts pour hâter leur retour, et en quinze jours il fut de nouveau dans son pays. Il envoya en avant un messager afin d'annoncer qu'il rentrait sain et sauf et en bonne santé.

332.

Le messager se mit en route ; il arriva à Saint-Quentin à l'heure de prime et trouva la dame dans la grande salle bâtie en pierre, où elle pleurait, la tête basse.

ou elle pleure et tient la teste encline.
7990 Li messaigiers li conmensa a dire :
« Cis Damrediex qui fu nés de la Virge,
cil vos saut, dame, et ait prise en baillie,
de par B[ernier] a la chiere hardie,
qui ci revient d'Espaingne la garnie.
7995 O lui amainne son fil de conpaingnie –
c'est Juliien que pieça ne veïstes. »
La dame l'oit, molt en fu esjoïe –
elle desfuble son mantel d'Aumarie,   [139b]
au messaigier le done en baillie.
8000 La dame ert saige et s'ert de sens garnie ;
[e]ll' an apelle son chanbrelain Elie :
« Garde tost soit ceste ville joinchie
et portendue de soie d'Aumarie. »
Et cis respont : « Dame, a vo conmendie. »
8005 La dame entra en sa chanbre votie,
molt richement c'est vestue et garnie,
et Henriés ces fis devant la guie.
La jantil dame fu molt de sens garnie –
descendue est del mulet de Surie ;
8010 et de ce fist B[erneçons] cortoisie
qu'i descendi del destrier d'Orquennie ;
sa feme acole, si l'a trois fois baissie,
et elle lui, car molt fu esjoïe.
« Sire, dist elle, Jhesus li fix Marie
8015 soit de vos garde et ait en sa baillie ! »
Il li respont : « Et Diex vos beneïe. »

CCCXXXIII

Quant la dame ot son enfant acolé –
son fil enbrace qui molt ot de bonté,
baisiet li a et la bouche et le nes –
8020 « Biax fix, dist elle, bien soiés vos trovés !
Bien soit dou pere qui vos a engenret ! »   [140a]
Henriés a B[erneçon] apellet :
« Sire, dist il, mon frere me monstr[é]s. »
Et dist B[erniers] « Vees le la, en non Dé,

Le messager lui dit :

« Que Dieu qui naquit de la Vierge vous sauve, ma dame, et vous ait en sa protection – c'est là le souhait ardent de Bernier au visage hardi, qui revient du riche royaume d'Espagne. Son fils Julien, que vous n'avez pas vu depuis si longtemps, est en sa compagnie. »

À ces mots, la dame fut comblée de joie : elle ôta son manteau d'Almérie et le donna en cadeau au messager. La dame était avisée et connaissait bien les usages : elle appela son chambellan, Élie, et lui dit :

« Faites répandre des jonchées parmi les rues et tendez les murs d'étoffes de soie d'Almérie. »

Élie répondit : « À vos ordres, ma dame. »

La dame rentra alors dans sa chambre voûtée et s'habilla somptueusement. Elle se fit précéder par son fils Henri ; la dame connaissait bien les usages : là voilà descendue de son mulet de Syrie. Le jeune Bernier, pour lui faire honneur, descendit de son destrier d'Orcanie ; il prit sa femme dans ses bras et l'embrassa par trois fois et elle lui rendit ses baisers, car elle était au comble de la joie.

« Mon mari, dit-elle, que Jésus le Fils de Marie vous garde et vous ait en sa protection !

– Que Dieu vous bénisse », lui répondit Bernier.

333.

Quand la dame eut embrassé son enfant – elle prit son brave fils dans ses bras et lui baisa la bouche et le nez – elle lui dit :

« Cher fils, béni soit le jour de nos retrouvailles ! Béni soit le père qui vous a engendré ! »

Henri s'adressa au jeune Bernier : « Mon père, dit-il, montrez-moi mon frère.

– Le voilà, au nom de Dieu, dit Bernier, il est dans les bras de votre mère. »

8025 que vostre mere a en ces bras coubré. »
      Quant il le voit, si est a lui alés ;
      il s'antracolent par molt grant amistés.
      Voit le la dame, s'a de pitié ploré.
      « Anfant, dist elle, molt vos devés amer
8030 et vostre pere servir et honorer,
      le roi de France a vo pooir garder
      – car contre cel(le) ne puet nus hons aler,
      et c'il i(l) va, a mal li doit torner –
      et la corone essaucier et lever.
8035 S'ainsis le faites con vos m'oés conter,
      sos ciel n'a home qui vos puisse grever. »
      A icel mot monta B[erniers] li ber
      et fist la dame et ces deus fis monter ;
      a Sain Quentin vinrent sens demorer.
8040 Au grant mostier s'an est B[erniers] alés :
      un paile offri desor le maistre autel,
      Juliiens a [l]'ymaige aüret,
      puis en monterent sus el palais listé.   [140b]
      Grans fu la joie, se saichiés de verté(l) ;
8045 harpent Bretons et vïellent jougler.

                           CCCXXXIV

      Grans fu la joie sus el palais amont ;
      parmi la ville baus et caroles font.
      Le sor G[uerri] a Arras le dit on
      ill a deus fix – si gentis ne fu hons.
8050 G[uerris] l'oï, si fu tex ces respons :
      qu'il ne lairoit por tot l'or de Soissons
      qu'i n'aut veoir B[ernier] et ces barons.
      Lors est montés, o lui maint conpaingnons ;
      a Saint Quentin en vait a esperons.
8055 Tant a alet que an la ville sont ;
      il descendirent el plus maistre donjon ;
      dusqu'au palais n'i font arestison ;
      B[ernier] trouva et o lui maint baron.
      Li sors G[uerris] s'escria a hau ton :
8060 « Cis Damrediex qui vint a paissïon,

Dès qu'il l'aperçut, Henri alla vers lui et les deux frères s'étreignirent tendrement. À ce spectacle, la dame pleura de compassion.

« Mes enfants, dit-elle, aimez-vous tendrement, servez et honorez votre père, défendez de toutes vos forces le roi de France – car nul ne doit s'opposer à lui, et s'il le fait, il mérite le malheur – soyez le soutien de la couronne et rehaussez sa gloire. Si vous faites ce que je viens de vous dire, vous n'aurez rien à redouter de personne. »

Là-dessus, le noble Bernier se mit en selle et fit monter sa femme et ses deux fils. Ils entrèrent dans Saint-Quentin sans plus tarder. Bernier vint à la grande église et déposa une riche étoffe de soie sur le maître-autel. Julien pria devant l'image sacrée et puis tous montèrent jusqu'à la grande salle décorée de bordures peintes. Grande fut l'allégresse, n'en doutez pas : les Bretons jouaient de la harpe et les jongleurs firent résonner la vielle.

334.

Grande fut la joie là-haut dans la grande salle, et par la ville on dansait des caroles. À Arras, on apprit à Guerri le Roux que Bernier avait deux fils, les plus nobles du monde. Guerri réagit à cette nouvelle en disant que tout l'or de Soissons ne le retiendrait pas d'aller voir Bernier et ses nobles compagnons. Il se mit aussitôt en selle et, escorté par de nombreux compagnons, chevaucha au grand galop vers Saint-Quentin.

Ils entrèrent dans la ville et mirent pied à terre devant la plus haute tour du château. Sans perdre un instant, il monta jusqu'à la grande salle, où il trouva Bernier entouré de nombreux compagnons. Guerri le Roux s'écria d'une voix retentissante :

« Que le Dieu qui souffrit la Passion sauve et ait en sa protec-

il saut et gart le marchis B[erneçon]
par tel couvant qu'i[l] me face pardon
ce que li fis vers lui – la mesprison.
C'il me pardone, j'an devanrai ces hon. »
8065 B[erniers] l'entent, si fu tes ces respons :
« Sire G[uerris], si ot grant desraison
quant Sarrasin me tinrent en prison
quant vos donastes ma fenme a un gloton.   [141a]
Par cel apostre c'on quert el pret Noiron,
8070 ja n'an querrai concel se a moi non.
Seul por itant que bien vos fas pardon,
d'or en avant loiaument le vos don.
– Grant mercis, sire, li sor G[uerris] respont ;
laissons le mal et au bien nos tenons.
8075 D'or en avant charnel amis serons. »
Et dist B[erniers] : « Vos dites que preudons. »
Par pais faisant se baisent li baron,
mais molt i ot malvaise acordison
del sor G[uerri] encontre B[erneçon]
8080 car puis l'ocit, si con dit la chançon.

CCCXXXV

Grans fu la joie sus el palais votis
quant acordés ce fu li sor G[uerris].
B[erniers] apele Juliien et Henri ;
a lui s'en vienent molt richement vestis.
8085 G[uerris] les voit grans et gros et fornis ;
dist a B[ernier] : « Sont ce vostre dui fil ? »
Il li respont : « En moie foi, oïl ;
chevalliers est cis a cel mentel gris
et li autre est bacheler et meschins. »
8090 Et dist G[uerris] : « C'il vos vient a plaisir,
je le ferai chevallier le matin   [141b]
et li donrai grans honors a tenir :
apres ma mort sera siens me[s] païs. »
Et dist B[erniers] : « Sire, a vostre plaisir. »
8095 Andementiers qu'il parole[n]t ainsis
es vos la dame qui de la chanbre issi :

tion le marquis Bernier, à condition qu'il me pardonne la faute
que j'ai commise à son égard. S'il m'accorde son pardon, je
deviendrai son vassal. »

Bernier, lorsqu'il entendit ces paroles, fit cette réponse :

« Seigneur Guerri, c'était une bien grande folie de donner ma
femme à un va-nu-pieds quand j'étais prisonnier des Sarrasins.
Par l'apôtre qu'on invoque au Jardin de Néron, je ne deman-
derai conseil à personne à ce sujet. Pour cela seul que le pardon
est un acte méritoire, je vous l'accorde en toute loyauté.

– Je vous en remercie, seigneur, répondit Guerri le Roux.
Laissons le mal et tournons-nous vers le bien. Désormais nous
serons liés comme par le sang.

– Voilà les propos d'un homme de valeur », dit Bernier.

Les deux barons échangèrent le baiser de la paix, mais
l'accord entre Guerri et le jeune Bernier était de piètre valeur,
car Guerri le tua par la suite, comme le dit la chanson.

335.

Grande fut la joie là-haut dans la grande salle voûtée quand
Guerri le Roux fit sa paix. Bernier convoqua Julien et Henri, qui
se présentèrent devant lui vêtus somptueusement. À les voir si
grands et forts et bien bâtis, Guerri demanda à Bernier :

« Est-ce que ce sont vos deux fils ?

– Oui par ma foi, dit Bernier ; celui qui porte ce manteau gris
est déjà chevalier, et l'autre est un jeune homme qui n'est pas
encore adoubé.

– Si cela vous agrée, dit Guerri, je l'armerai chevalier
demain matin et lui confierai d'importants fiefs à gouverner :
après ma mort il héritera de mon pays.

– Comme il vous plaira, seigneur », dit Bernier.

Pendant qu'ils parlaient de la sorte, voilà que la dame quitta

quant voit s[on p]ere tos li sens li fremist.
dedens son ventre li cuers li tressailli.
« Bien vaingniés, fille » – ce dist li sor G[uerris].
8100 Mal soit del mot que elle respondit –
ains anbruncha et sa chiere et son vis,
au chief de terme or oiés qu'elle dit :
« Par ma foit, pere, malvais servise a ci
quant me donastes H[erchanbaut] de Pontif ;
8105 bien saviés vos que j'avoie marit. »
Dist B[erniers] : « Dame, or le laissiés ainsi
que acordés sonmes et moi et li. »
Elle respont : « Tot a vostre plaisir ;
mais j'ai paor que ne me face pis. »
8110 A icet mot le convient a sosfrir.
Henriet firent baingnier et [revestir] ;
au matinet quant vint a l'esclarcir
vont oïr messe li chevallier jantil
et si mena B[erniers] son jone fil.
8115 G[uerris] l'arma et chevallier le fit ;   [142a]
puis retornerent el palais signori –
grans fu la joie, ce saichiés vos de fi.
.VIII. jors tous plains sejornerent ainsis,
et quant ce vint a la cort departir
8120 G[uerris] apelle(nt) B[erneçon] le hardi :
« Sire, dist il, entendés anvers mi :
je vuel aler saint Jaque requerir –
la voie i(l) dois, ce saichiés vos de fi. »
Et dist B[erniers] : « Or entendés, ami,
8125 que .v. ans a que la voie i(l) promis. »
Dist G[uerris] : « Frere, alons [i] moi et ti. »
Et dist B[erniers] : « Par ma foi, je l'ostri.
Noumés le jor que nos movrons de ci. »
.VIII. Pasque i ont le terme mis,
8130 puis s'en revait li sors en son païs ;
B[erniers] remest, et o lui si dui fil
et sa mollier qui molt par fu gentil.
Elle l'apelle con ja porrois oïr :
« B[erniers], biax frere, grant chose avés enpris.

sa chambre ; lorsqu'elle vit son père, son sang ne fit qu'un tour et son cœur bondit dans sa poitrine.

« Soyez la bienvenue, ma fille », lui dit Guerri le Roux.

Maudite soit sa réponse : elle baissa d'abord la tête et le visage, puis au bout d'un moment, voici ce qu'elle dit :

« Par ma foi, mon père, odieux est le service que vous m'avez rendu : en me livrant à Herchambaut de Ponthieu, vous saviez fort bien que j'avais déjà un époux !

– Dame, dit Bernier, n'en parlons plus, car Guerri et moi avons fait la paix.

– Comme vous voulez, dit la dame, mais j'ai bien peur qu'il me fasse encore pire. »

Cette réponse fut sa seule protestation.

On fit se baigner et se vêtir Henri ; au petit matin, quand le jour parut, les nobles chevaliers s'en allèrent écouter la messe, et Bernier y mena son jeune fils. Guerri l'adouba et l'arma chevalier, et puis tous retournèrent à la salle d'apparat – grande fut la joie, n'en doutez pas ! Ils fêtèrent cet événement ainsi une semaine entière, et lorsque la cour dut se disperser, Guerri s'adressa à Bernier le hardi en disant :

« Seigneur, écoutez-moi : je veux aller prier saint Jacques – il me faut faire ce pèlerinage, je vous le dis franchement[1].

– Écoutez, mon ami, dit Bernier, j'ai fait le même vœu il y a cinq ans.

– Cher frère, dit Guerri, si nous y allions ensemble, vous et moi ?

– Je suis parfaitement d'accord, par ma foi, dit Bernier. Nommez seulement le jour de notre départ. »

Ils prirent date pour l'octave de Pâques, puis Guerri le Roux regagna son fief. Bernier resta auprès de ses deux fils et de la plus noble des épouses. Un jour elle lui dit ce que vous allez entendre :

« Bernier, cher frère, vous avez entrepris une chose péril-

---

1. Sur l'importance de ce pèlerinage, voir la note au v. 1585.

8135 Molt est mes peres fel et maltalentis,
et s'a un poi de traïson an li ;
se riens li dites qui ne soit a plaisir
san[s] desfïer vos avra tot ocis.
– Mal dites, dame, B[erniers] li respondi,   [142b]
8140 il nel feroit por l'onor de Paris.
– Sire, dist elle, por l'amor Dieu mercit
que toute voie vos gardés bien de li. »
A icet mot le laissierent ainsis.
Tant trespassa et des jors et des dis
8145 li termes vint que ill i orent mis ;
dont s'en revint G[uerris] a Sain Q[uentin]
et avuec lui dui chevalliers de pris –
l'uns fu Antiaumes, li autre Ernaïs.
B[erniers] mena Garnier et Savari ;
8150 au mostier vont, si ont escherpe pris ;
il s'an repairent quant le servise est dis.
Au departir baissa B[erniers] ses fils
et puis baisa sa mollier signori
et elle lui, plorant des iex del vis ;
8155 et puis li dist : « Cil vos puisse garir
qui en la crois daingna por nos morir –
il vos desfende de mort et de perir ! »
Dont l'a baisie B[erneçons] li gentis
par tel couvant c'onques puis ne le vit
8160 desqu'il fu mors et en la bierre mis,
con vos porrois en la chanson oïr.

CCCXXXVI

Berniers chevauche avuec le sor G[uerri].
France trespassent et eintrent en Berri,
droit vers Poitiers aqueullent lor chemin,   [143a]
8165 dusques a Blaives sejornent molt petit,
la nuit sejornent desci dusqu'au matin,
puis si en vinrent droit a Bordiax la cit,
parmi la lande aqueullent lor chemin.
De lors jornees ne sai conte tenir ;
8170 tant chevauchierent et par nuit et par dis,

leuse. Mon père est dissimulateur et rancunier, et il est capable de trahison ; si vous tenez quelque propos qui lui déplaise, il pourra vous tuer sans même vous avoir défié.

– C'est à tort que vous le dites, ma dame, répondit Bernier, il ne le ferait pas, même si on lui offrait Paris à gouverner.

– Seigneur, dit-elle, je vous prie toutefois, pour l'amour de Dieu, de vous méfier de lui. »

Puis ils ne dirent plus rien. Les jours s'ajoutèrent aux jours et le terme qu'ils avaient fixé approcha. Guerri revint à Saint-Quentin, escorté de deux chevaliers de valeur : l'un s'appelait Anthiaume et l'autre Arneïs ; Bernier arriva en compagnie de Garnier et Savari. Ils se rendirent tous à l'église et prirent la besace du pèlerin[1]. Le service célébré, ils revinrent et Bernier embrassa ses deux fils, puis donna un baiser à sa noble épouse. Elle le lui rendit, les larmes aux yeux.

« Que Celui qui accepta de mourir pour nous sur la croix vous ait en sa sauvegarde, dit-elle. Qu'il vous protège de la mort et de tout péril ! »

Puis le noble Bernier l'embrassa – la dame ne le reverrait plus, jusqu'au moment où il reposerait, mort, dans la bière, ainsi que vous pourrez l'entendre dans la chanson.

336.

Bernier chevaucha au côté de Guerri le Roux. Ils traversèrent l'Ile-de-France et entrèrent en Berry ; ils se dirigèrent droit sur Poitiers et ne s'arrêtèrent guère avant Blaye, où ils passèrent la nuit avant d'arriver directement à Bordeaux, d'où ils prirent la route à travers les Landes. Je ne saurais vous conter le détail de

---

1. *Escherpe* : « besace du pèlerin ». Il s'agit d'une bourse, ouverte par le milieu et dont les extrémités forment deux poches ; les pèlerins d'autrefois se la suspendaient au cou ; ils étaient souvent munis aussi d'un bâton (*bourdon*) et d'une robe de bure (*esclavine*) dotée d'un capuchon.

 par le bel tant et par le lait ausis,
 que a Saint Jaque vinrent a un mardi.
 Au mostier vont quant ostel orent pris –
 le soir wellerent, chascun un sierge espris ;
8175 au ma(r)tinet vont le servise oïr.
 Del mostier issent quant li servise est dit,
 a lor ostel manjuent un petit,
 et puis monterent sor les chevax de pris
 et se pa[i]nnerent molt forment del venir.
8180 En .xxx. jors revinrent a Paris –
 n'i truevent pas le fort roi Loeys,
 a Loon est avueques ses amis.
 Icelle nuit jurent a Saint Denis,
 l'autre a Conpiengne, un chastel signori,
8185 et l'andemain a Loon, ce m'est vis.
 Le roi troverent qui grant joie lor fit ;
 d'anqui s'an tornent tot droit vers Sain Q[uentin].
 Si con il vinrent es prés sos Origni
 en celle place ou Raous fu ocis   [143b]
8190 li cuens B[erniers] fist un pesant sospir.
 Li sor G[uerris] molt bien garde s'en prist ;
 il li demande por quoi sospira il.
 « Ne vos chaut, sire, B[erniers] li respondi,
 que maintenant me tient il au cuer si.
8195 – Jel vue[l] savoir » – ce dist li sor G[uerris].
 « Jel vos dirai, B[erniers] li respondi ;
 ce poise moi quant il vos plait ainsis.
 Il me remenbre de Raooil le marchis
 qui desor lui avoit te[l] orguel pris
8200 qu'a .iiii. contes vaut lor terre tollir.
 Vees ci le leu tot droit ou je l'ocis. »
 G[uerris] l'entent, por poi n'anraige vis
 mais a sa chiere point de sanblant n'an fit
 et neporquant a B[ernier] respondi :
8205 « Par Dieu, vassal, n'estes pas bien apris
 qui me remenbres la mort de mes amis. »
 Adont ancontrent païsans del paï ;
 de la contesse lor ont novelle dit

leurs étapes, mais ils chevauchèrent tant, de nuit et de jour, par beau et mauvais temps, qu'ils parvinrent à Saint-Jacques un mardi. Après s'être logés, ils entrèrent dans l'église et y veillèrent toute la nuit, un cierge à la main. Au petit matin ils assistèrent à la messe. Après le service ils quittèrent l'église, revinrent à leur logement afin de prendre un peu de nourriture, puis remontèrent sur leurs chevaux de prix et hâtèrent le retour.

En trente jours ils regagnèrent Paris, mais n'y trouvèrent pas le puissant roi Louis, qui était à Laon avec ses féaux. Ils passèrent cette nuit-là à Saint-Denis, la seconde à Compiègne – un château magnifique – et entrèrent le lendemain dans Laon, je crois, où ils trouvèrent le roi, qui les accueillit chaleureusement. De Laon ils se dirigèrent droit sur Saint-Quentin. En traversant les prés d'Origny, à l'endroit où Raoul trouva la mort, le comte Bernier soupira profondément. Guerri le Roux en prit bonne note et lui demanda pourquoi il soupirait ainsi.

«Cela ne vous concerne pas, seigneur, lui répondit Bernier, ce qui m'afflige tant le cœur ici.

– Je veux le savoir», dit Guerri le Roux.

«Je vous le dirai alors, répondit Bernier, mais je regrette que vous cherchiez à le savoir : je me souviens du marquis Raoul qui s'était tellement enivré d'orgueil qu'il cherchait à saisir la terre de quatre comtes. Voici l'endroit précis où je l'ai tué.»

Lorsqu'il entendit cette déclaration, Guerri enragea, mais il n'en laissa rien paraître, bien qu'il dît à Bernier :

«Par Dieu, vassal, vous êtes fou de me rappeler ainsi la mort de mes proches !»

Ils rencontrèrent par la suite des paysans de cette région qui leur donnèrent des nouvelles de la comtesse, disant qu'elle

et si lor dient n'est pas a Sain Quentin,
8210 ains est a Ancre .v. jors a aconplis.

CCCXXXVII

« Singnor baron, dïent li païsant,
icelle dame qui tant a le cors gent –
fille est G[uerri], fenme B[ernier] le franc –
elle est a Ancre, o li si(l) dui anfant. »   [144a]
8215 Li baron l'oient, si s'an tornent a tant ;
a Sain Q[uentin] sont a prime sonnant.
Un poi maingierent, puis monterent a tant,
tout droit vers Ancre s'en vont il chevauchant ;
li sor G[uerris] sospire molt souvant –
8220 de la parole ot molt le cuer dolent,
a bien petit que li cuers ne li fant.

CCCXXXVIII

Guerri ot duel, ce saichiés vos de fi,
por la parole qu'ot de B[ernier] oït
qui li mentoit la mort de ces amis.
8225 Tros qu'a une iaue chevauchiere[n]t ainsis ;
lors chevax boivent qui enn ont grant desir.
Li duels ne pot fors del viellart issir,
max esperis dedens son cors se mist :
ill a sa main a son estrivier mis,
8230 tout bellement son estrier despendi,
parmi le chief B[erneçon] en feri,
le tes li brise et l[a] char li ronpi,
enmi la place la cervelle en chaï.
Li cuens Berniers dedens l'aigue cha[ï]
8235 fors l'en geterent G[arniers] et Savaris.
Li sor G[uerris] a la fuie s'es[t] mis
et avuec lui Antiaume(s) et Ernaïs   [144b]
qui molt forment l'ont blasmet et laidit.
Et Savaris et Garniers li hardis
8240 antre lors bras ont le conte saisi
qui li demande[n]t : « En porrés vos garir ? »

n'était pas à Saint-Quentin, mais séjournait à Ancre[1] depuis cinq jours.

337.

« Nobles seigneurs, dirent les paysans, cette dame au corps si agréable, la fille de Guerri et l'épouse du noble Bernier, séjourne à Ancre avec ses deux enfants. »

À ces mots, les barons reprirent leur route et gagnèrent Saint-Quentin à l'heure de prime. Ils prirent un peu de nourriture, puis remontèrent sans tarder et chevauchèrent droit sur Ancre. Guerri le Roux ne cessa de pousser de profonds soupirs – les paroles de Bernier lui avaient fait un tel chagrin qu'il s'en faillit de peu que son cœur ne se brisât.

338.

Guerri avait un chagrin profond, n'en doutez pas, en raison des paroles de Bernier qui lui rappelaient la mort de ses proches. Ils chevauchèrent de cette façon jusqu'à une rivière où ils abreuvèrent leurs chevaux, qui avaient très soif. Le vieillard ne put oublier sa douleur et l'esprit du mal pénétra dans son corps : il mit la main à son étrivière, détacha tout doucement l'étrier et s'en servit pour frapper Bernier à la tête. Le coup pénétra la chair et lui fendit le crâne – la cervelle se répandit à terre et le comte Bernier tomba dans l'eau. Garnier et Savari l'en retirèrent. Guerri le Roux s'enfuit, accompagné d'Anthiaume et d'Arneïs, qui le blâmaient et le maudissaient tout à fait.

Entre-temps Savari et le hardi Gautier prirent le comte dans leurs bras et lui demandèrent :

« Pourrez-vous guérir ?

---

1. De nos jours Albert (Somme, arr. Péronne). Appelée autrefois Ancre, du nom de la rivière qui l'arrose, cette ville tire son nom actuel de Charles d'Albert, duc de Luynes.

Et dist B[erniers] : « Si m'aïst Diex, nannil ;
vees ma cervelle sor mon giron chaïr.
G[uerris], traître, Diex te puist maleïr !
8245 Bien le me dit ta fille Biautris
qu'an traïson m'aroies tost ocis
et que de toi me gardasse tot dis –
bien ce pençoit qu'estoit a avenir.
Diex nostre pere qui par [sa grant mercit]
8250 la soie mort pardona a Longis,
par tel raison, si con moi est avis
li doi je bien pardoner autresis :
ge li pardoins, Diex ai[t] de moi mercit. »
A icet mot apella Savari ;
8255 de ces pichiés a lui confés ce fit
car d'autre prestre n'avoit il pas loisir.
Trois fuelles d'erbe maintenant li ronpi,
si le resut por corpus domini ;
ses deus mains jointe anvers le ciel tendi,   [145a]
8260 bati sa corpe et Dieu pria mercit.
Li oel li torblent, la color li noircit,
li cors s'estent et l'arme s'en issi –
Diex la resoive en son saint paradis ! –
et puis le prirent Garnier et Savaris,
8265 si le leverent sor un mul arrabi ;
droit envers Ancre ont lor voie aqueulli.
La contesse ert el palais singnori
et avuec lui estoient ci(l) dui fil.
La jantil dame a apeller les prist :
8270 « Chevalliers estes, la Damredieu mercit.
Ill a deus mois passés et aconplis
B[erniers] ala saint Jaque requerir ;
or est li termes que il doit revenir. »
Dïent il : « Dame, or avés vos bien dit. »
8275 Andemantiers qu'il parloient ainsis
la dame garde tot un ferret chemin
et voit Garnier et le preut Savari :
B[ernier] aportent qui a tort fu ocis.
La jantil dame le monstre a ces fis.

– Jamais, par Dieu ! dit Bernier. Regardez, ma cervelle se
épand sur mon giron. Guerri, traître, que Dieu te maudisse ! Ta
ille Béatrice n'a pas menti quand elle m'a dit que tu allais me
uer par trahison et que je devais toujours me méfier de toi – elle
avait bien ce qui allait se passer ! Comme Dieu notre Père en
sa grande bonté] pardonna sa propre mort à Longin, il me faut
galement pardonner à Guerri, je le sais ; je lui pardonne alors,
ue Dieu ait pitié de moi ! »

Puis il fit signe à Savari et lui confessa ses péchés, car il ne
ui restait pas le temps de trouver un prêtre. Savari rompit trois
rins d'herbe et les lui donna en mémoire du Corps du Christ.
l tendit vers le ciel ses deux mains jointes, battit sa coulpe et
emanda pardon à Dieu. Ses yeux se troublèrent, son teint
oircit, son corps se raidit et son âme s'envola – que Dieu
accueille en son saint paradis !

Puis Garnier et Savari soulevèrent sa dépouille et la placèrent
ur un mulet arabe. Ils se dirigèrent droit sur Ancre. La
omtesse était dans la grande salle somptueuse avec ses deux
ls ; la noble dame leur dit :

« Vous êtes chevaliers, grâce à Dieu. Voilà deux longs mois
ue Bernier est allé prier saint Jacques ; le moment de son retour
pproche.

– Dame, dirent-ils, vous avez parfaitement raison. »

Pendant qu'ils s'entretenaient de la sorte, la dame regarda le
ng de la grand-route et aperçut Garnier et le valeureux Savari :
s rapportaient la dépouille de Bernier qui avait été tué à tort.
a noble dame montra la scène à ses fils :

8280 « Je vois, dist elle, deus chevalliers venir –
　　　molt sanblent estre correciés et marris,
　　　lors chevax traire et lor pasmes ferir.
　　　Molt redous, lasse, le mien pere G[uerri].　　　　　[145b]
　　　Quant vint ersoir, que prime m'endormi,
8285 sonjai un songe dont forment m'esbahis,
　　　que je veoie mon singnor revenir :
　　　G[uerris] mes peres l'ot forment envaït
　　　que devant moi a terre l'abati,
　　　fors de son cors les deus [iex] li toli
8290 et moi meïsme le senestre tol[i] ;
　　　puis vis ces sales et ces palais chaïr.
　　　De la paor maintenant m'esperi.
　　　– Ce est [r]iens, dame », ses fis li respondi.
　　　Andementiers qu'il parloient ainsis
8295 a tant es vos Garnier et Savari.
　　　Lés la ville ot un prioré petit
　　　que B[ernier] Bierre apellent o[u] païs :
　　　la ont li moingne B[erneçon] recoilli,
　　　le cors li levent de froide iaue et de vin,
8300 puis l'ont cousut en grant toile de li[n],
　　　tout maintenant l'ont en la bierre mis
　　　et par desus un molt biau paile bis ;
　　　et la contesse i(l) vient tot a [...]
　　　et uns messaige droit ancontre li vint.
8305 « Dame, fait il, par Dieu qui tot bien fit,
　　　revenus est Garnier et Savaris,
　　　et si aportent un chevallier ocis. »　　　　　[146a]
　　　La dame l'oit – tos li mua li vis.
　　　« Lasse, dist elle, mes songe est averis.
8310 Bien sai de voir c'est B[erniers] mes amis. »

CCCXXXIX

　　　La jantil dame fu forment esfraee ;
　　　sa robe a escorcie et levee,
　　　a[u] prioré s'an est molt tost alee,
　　　Savari(s) voit, si li fait escrïee :
8315 « Ou est mes sires dont je sui esposee ? »

« Je vois, dit-elle, deux chevaliers qui s'approchent – ils ont l'air affligés et marris, car ils se tirent les cheveux et se tordent les mains. Malheureuse que je suis, je redoute fort ce qu'a pu faire mon père Guerri. Hier soir, dès que je me suis endormie, j'ai fait un songe qui m'a fortement épouvantée : j'ai vu mon mari revenir vers moi, mais mon père Guerri se ruait sur lui avec une telle violence qu'il l'abattit à terre devant moi, puis il lui arracha les deux [yeux] et m'enleva à moi-même [l'œil] gauche. Puis j'ai vu s'écrouler ces pièces et cette grande salle. L'épouvante m'a réveillée aussitôt.

– Ce n'est rien, ma dame », lui répondirent ses fils.

Pendant qu'ils s'entretenaient de la sorte, voilà que Garnier et Savari s'approchèrent. En dehors de la ville il y avait un petit prieuré que les gens du pays appellent la Bière de Bernier : les moines y reçurent la dépouille de Bernier, qu'ils lavèrent de vin et d'eau froide, puis cousirent dans une grande toile de lin. Ils placèrent le corps dans la bière et étendirent par-dessus une très belle étoffe de soie bise. La dame y accourut à [toute vitesse] et un messager vint à sa rencontre.

« Ma dame, fit-il, par Dieu qui créa toute chose, Garnier et Savari sont rentrés avec la dépouille d'un chevalier assassiné. »

À ces mots, la dame s'assombrit.

« Misérable que je suis, dit-elle, mon songe disait vrai : je sais bien que c'est le corps de Bernier, mon amour. »

339.

La noble dame était épouvantée ; elle retroussa sa robe et courut au plus vite au prieuré. En voyant Savari, elle lui cria :

« Où est le seigneur que j'ai épousé ?

Dist Savaris : « N'i a mestiers celee.
Vees le ci, dame, en la bierre paree :
mort l'a G[uerris] d'Arras i vostre peres. »
La dame l'oit – par poi n'est forcenee.
8320 Vint a la bierre, la cortine a levee,
ront le suaire, s'a la plaie esgardee.
« Frere, dist elle, ci a male colee.
Ha G[uerris], fel, viellars barbe meslee,
s'or ne m'eüsse[s] de ta char engenree
8325 grant maliçon t'eüsse ja donee.
De tel singnor m'as hui cel jor sevree
par quoi j'estoie servie et honoree.
Ha B[erniers], frere, frans hons, chiere menbree,
la vostre alainne ert si beneeuree
8330 con c'elle fust tote enbaucemee. »
A icet mot chiet a terre pasmee,   [146b]
et Juliien l'an a sus relevee ;
molt bellement l'en a araisonnee :
« Dame, dist il, ne soiés esfrae,
8335 car par celui qui fist ciel et rousee
ja ne verrois la quinsainne passee
la soie mors sera chier conparee. »

CCCXL

Grans fu li duels por la mor de B[ernier],
pleurent i(l) dames, serjant et chevallier.
8340 Ci(l) dui fils sont nobile et chevallier –
il n'est nus hons qui les puist esleecier.
Singnor, voirs est – mentir ne vos an quier –
n'est si grans duels ne convaingne laissier.
Icelui soir ont le conte velliet ;
8345 entor la bierre i ot maint chevallier.
Au matinet, quant vint a l'esclarier,
chantent la messe et font le Dieu mestier ;
le cors enterrent el cloistre del mostier,
puis vont a Ancre sus el palais plaingnier
8350 et au tier jor a Sain Q[uentin] le sié.
Li dui anfans ne s'i sont atargiés ;

– Inutile de vous cacher la vérité, dit Savari, le voilà, madame, dans la bière ornée. Votre père, Guerri d'Arras, l'a tué. »

À ces mots, la dame pensa devenir folle. Elle s'approcha de la bière, écarta le drap mortuaire, déchira le suaire et contempla la blessure.

« Cher frère, dit-elle, quel coup funeste ! Ah, Guerri – cruel vieillard à la barbe grisonnante – si je n'étais pas la chair de votre chair, je vous aurais déjà maudit maintes fois ! Aujourd'hui vous m'avez privé d'un mari qui m'avait servie et porté honneur. Ah, Bernier, cher frère – noble chevalier avisé – votre haleine était si bénie qu'on l'aurait crue embaumée. »

À ces mots, elle s'évanouit ; Julien la releva, puis lui parla très tendrement :

« Dame, dit-il, n'ayez pas peur, car par Celui qui créa le ciel et la rosée, avant que la quinzaine soit passée, sa mort sera payée très cher. »

340.

Grande fut la douleur causée par la mort de Bernier : dames, hommes d'armes et chevaliers – tous pleuraient. Ses deux fils étaient de nobles chevaliers – personne ne pouvait leur rendre le sourire. Seigneurs, il est vrai – je vous le dis sans ambages – que même la plus profonde douleur doit prendre fin. On veilla cette nuit-là le corps de Bernier ; autour de la bière se trouvaient maints chevaliers. Au petit matin, quand le jour se leva, on chanta la messe et célébra l'office divin ; on enterra Bernier dans le cloître du prieuré ; puis l'on revint à Ancre au palais somptueux, avant de repartir, trois jours plus tard, pour Saint-Quentin, la ville puissante.

Sans perdre un instant, les deux frères convoquèrent, de

parmi lor terres mandent maint chevallier
et d'autre part orent maint saudoier
et maint serjant et maint aubalestrier.
8355 An .vii. jors plains, ce saichiés, sans targier,
que d'uns que d'autres orent .xxx. millier ;
et la contesse s'en prist a mervillier,   [147a]
ses deus anfans en prist a araisnier :
« Singnor, dist elle, ou devés chevauchier ?
8360 – Droit vers Arras, dist Juliie[n]s li fiers,
la mort mon pere vers le vostre vaingier. »
La dame l'oit, n'i ot que correcier.
« Hé Diex ! dist elle, ne me sai concillier,
mi enfant vuellent mon pere vergoingier ;
8365 c'il les puet panre n'en son pooir baillier
il lor fera tous les menbres trainchier. »
Dist Juliiens : « Dame, or le saichiés
se il m'ocit, je l'an quit le pichié. »
Lors fit sa gent d'errer aparillier,
8370 tot le harnois mener et cherroier,
et sont montés serjans et escuier.
La gentil dame ala ses fis baisier
et ci(l) lor proie por Dieu le droiturier
que c'il prenoient en chanp le sor [guerrier]
8375 « Ne l'ociés ne faites detrainchier –
en vo prison le faites lancier,
n'an isse mais a nul jor desos ciel. »
Ill ostrierent quan qu'elle lor requiert,
lors s'en tornerent et pencent d'esploitier.
8380 De lor journees ne vos sai plus plaidier ;
dusqu'an Artois n'i vaurent atargier :
mestent le feu, les villes font brisier,   [147b]
prennent les proies et font en l'ost chacier –
en fuie tornent cis villains charruier.
8385 A[u] sor G[uerri] l'est on alés noncier
dedens Arras en son palais plaingnier.
« En non Dieu, sire, or vait a l'enpirier
car sor vos vient uns os molt grant et fier,
si les conduient dui bacheler ligiers –

toutes leurs terres, de nombreux chevaliers ; ils engagèrent éga-
lement maints soldats, hommes d'armes et arbalétriers. Au bout
d'une semaine, sachez-le, ils avaient, l'un dans l'autre, trente
mille hommes. Étonnée, la comtesse s'adressa à ses deux
enfants et dit :

« Seigneurs, où pensez-vous faire une chevauchée ?

– Droit sur Arras, dit Julien le farouche, afin de venger la
mort de notre père sur les vôtres. »

À ces mots, la dame fut bouleversée.

« Ah, Dieu ! dit-elle, je ne sais plus quoi faire : mes enfants
cherchent à déshonorer mon père, mais s'il réussit à les capturer
ou à s'emparer d'eux, il les fera mettre en pièces.

– Dame, dit Julien, sachez que s'il me tue, je le tiens quitte
de tout péché. »

Là-dessus il commanda à ses troupes de se préparer au
départ, d'apporter tout l'équipement et d'en charger les char-
rettes. Les hommes d'armes et les écuyers se mirent en selle. La
noble dame alla embrasser ses fils et les pria au nom de Dieu
notre Juge que s'ils capturaient Guerri le Roux sur le champ de
bataille[1], « ne le faites pas massacrer, mais jetez-le plutôt dans
vos geôles, d'où il ne sortira plus jamais. »

Ils promirent à leur mère tout ce qu'elle leur demanda, puis
se mirent en route, ne songeant qu'à aller de l'avant. Je ne
saurais vous conter le détail de leurs étapes, mais ils ne s'arrê-
tèrent pas avant d'atteindre Arras. Ils mirent le feu, détruisirent
les villages, s'emparèrent du bétail et le poussèrent devant eux
au milieu de l'armée – les paysans qui labouraient les champs
prirent la fuite. On vint annoncer la nouvelle de l'invasion à
Guerri le Roux dans sa magnifique grande salle à Arras.

« Au nom de Dieu, seigneur, les choses vont mal, car une
immense et cruelle armée vous attaque ; elle est conduite par

---

1. Le passage sans transition du discours indirect au discours direct est un
effet de style assez répandu dans l'ancienne langue. On le trouve notamment
dans le *Lancelot-Graal* du premier tiers du XIIIᵉ siècle.

8390 vos proies prennent, vos villes font brisier. »
G[uerris] l'entent, n'i ot que correcier.
« Bien sai qui sont, par Dieu le droiturier –
andoi sont fil au bon vassal B[ernier]
que je ocis au fer de mon estrier ;
8395 la mort lor pere vienent vers moi vaingier.
Or ne lairoie por l'or de Monpellier
que ne lor voise ma terre chaslaingier. »
Qui lor veïst le mal viellart drecier,
les dans estraindre et la teste haucier –
8400 a[n] nulle terre n'avoit home plus fier.
Parmi Arras a fait un ban huchier
que trestuit cil qu'arme puisse[nt] baillier,
que il s'adobent por lor singnor aidier ;
et il si firent, ne l'oserent laissier,
8405 font claure portes, ses wiches verrollier.
Devers Canbrai lor est venus Gautier   [148a]
cel jor meïsme, bien le vos os noncier ;
li sor G[uerris] l'avoit mandet l'autrier –
a trois mil homes li est venus aidier.
8410 Il descendi au grant palais plaingnier ;
G[uerris] le vait acoler et baisier.
« Biax niers, dist il, vos m'aviés mestier
car sor moi vient uns os mervelle fier
si les conduient li dui anfans B[ernier]
8415 que je ocis par mon grant destorbier. »
Dist Gautier : « Sire, certes ce fu pichiés ;
por vostre fille le deüssiés laissier
que li donastes a per et a mollier ;
les deus anfans deüssiés avoir chier ;
8420 n'est pas mervelle se il vos en meschiet.
– Ne puet autre estre – ce dit G[uerris] li fiers ;
contre iax vaurai mon païs chaslaingier. »
A ces paroles oient les gens noisier
car cil de l'ost orent tant espleitié
8425 que as grans portes feroient li premier.
Li dui anfans firent les gens raingier :
tost sont armés serjans et chevallier,

deux jeunes gens ardents, qui s'emparent de votre bétail et font détruire vos villages. »

À cette nouvelle, Guerri se mit en colère.

« Par Dieu notre Juge, je sais bien de qui il s'agit : ils sont tous deux fils du bon guerrier Bernier, que j'ai tué du fer de mon étrier. Ils sont venus venger sur moi la mort de leur père, mais tout l'or de Montpellier ne m'empêcherait pas d'aller défendre ma terre contre eux. »

Il aurait fallu voir le cruel vieillard se lever, grincer des dents, rejeter la tête en arrière – nulle part il n'y eut d'homme plus féroce. Il fit proclamer dans Arras que tous ceux qui savaient manier les armes s'équipassent pour venir en aide à leur seigneur ; tous obéirent, car ils n'osaient refuser. On fit fermer les portes et verrouiller les guichets. Ce jour même, j'ose vous le dire, Gautier arriva de Cambrai – il vint avec une troupe de trois mille hommes afin d'aider Guerri, car il l'avait convoqué peu de temps auparavant. Gautier mit pied à terre devant la magnifique grande salle et Guerri vint le serrer dans ses bras et l'embrassa :

« Cher neveu, dit-il, j'ai besoin de vous, car une armée terriblement forte m'attaque ; elle est conduite par les deux fils de Bernier, que j'ai tué à cause de mon grand chagrin.

– Seigneur, dit Gautier, ce fut à coup sûr un péché ; vous auriez dû vous maîtriser, puisque vous lui aviez donné pour épouse votre fille. Vous auriez dû chérir les deux enfants, mais, à présent, on ne doit pas s'étonner si vous en subissez les conséquences.

– Il n'y a rien d'autre à faire, dit Guerri le féroce, je tiens à défendre mon pays contre eux ! »

À ce moment on entendit un murmure parmi les hommes de Guerri, car l'avant-garde de l'armée ennemie essayait déjà d'enfoncer les portes de la ville. Les deux jeunes gens rangèrent leurs troupes en ordre de bataille : chevaliers et hommes

sor les chevax furent ja li archier.
A la fenestre del grant palais plaingnier
8430 s'an vait G[uerris] et avuec lui Gautier,   [148b]
et voient l'ost de la ville aprochier.
G[uerris] escrie : « Trop me sui atargiés
quant ne lor vois ma terre chaslai[n]gier.
Ains qu'il se peussent devant les murs logier
8435 ceste venue conparont il molt chier. »
G[uerris] escrie : « Armés vos, chevallier ! »
et un et autre, serjans et escuier
adont s'armerent, qu'il ne l'osent laissier.
A plain s'en issent, et furent .xx. millier –
8440 G[uerris] les guie devant el chief premier ;
n'i ot plait pris, ne parlement nonciet,
d'anbedeus pars s'an vienent eslaissiés.
A l'assanbler ot maint escut perciés
et maint haubers desrous et desmailliés ;
8445 apres les hanstes traient les brans d'acier –
estes les vos tornés au chasploier.

CCCXLI

Grans fu la noise, la bataille est fornie :
d'anbedeus pars fierent par aatie.
Li sor G[uerris] tint l'espee forbie ;
8450 maint hiaume a frais, maintes testes percie –
cui ill ataint, molt est corte sa vie ;
et Gautelés des grans cops i anplie ;
et Juliiens de l'autre part gramie ;
et Henrïés a la chiere hardie –
8455 les gens G[uerri] sont tornés a sotie.   [149a]
G[uerris] le voit, tous li sens li fremie :
contre iax fera, c'il puet, une anvaïe.

CCCXLII

Quant G[uerris] voit Juliien et Henri
desor ces hiaumes si durement ferir,
8460 tel duel enn ot le sanc cuide marrir –

d'armes s'armèrent à l'instant, et les archers étaient déjà à cheval. Guerri et Gautier vinrent à la fenêtre de la somptueuse grande salle et aperçurent l'armée qui avançait sur la ville.

« J'ai perdu mon temps, dit Guerri, si je ne vais pas défendre ma terre contre eux – avant de pouvoir établir leur camp sous nos murailles, nos ennemis vont payer cher cette invasion !

– Aux armes, mes chevaliers ! » s'écria alors Guerri, et tout le monde – hommes d'armes et écuyers compris – s'équipèrent, car ils n'osaient refuser. Ils sortirent sur la plaine au nombre de vingt mille, avec Guerri à leur tête. Sans qu'il fût question de pourparlers ou de négociations, les deux armées se précipitèrent à l'attaque. Lorsque vint le choc, maint écu fut percé et maint haubert rompu et démaillé. Après l'attaque à la lance, on tira les épées d'acier – les voilà aux prises les uns avec les autres.

341.

Grand fut le tumulte et la lutte acharnée : des deux côtés pleuvaient des coups terribles. Guerri le Roux tira son épée polie ; il fendit maint heaume et entama mainte tête – celui qu'il atteignait avait une vie bien courte. À côté de lui, le jeune Gautier assena des coups vigoureux. Dans l'autre camp, Julien grinça des dents de colère, ainsi qu'Henri au visage hardi : les gens de Guerri, en déroute, rebroussèrent chemin. À ce spectacle, le sang de Guerri ne fit qu'un tour : s'il pouvait, il se battrait contre eux.

342.

Quand Guerri vit Julien et Henri porter de si rudes coups sur les heaumes de ses gens, il en éprouva une si forte douleur qu'il

c'il voit son leu, ces vaura envaïr.
La ou il torne fait tos les rens fremir.
Gautier ses niers i(l) fiert par grant aïr ;
en la grant presse encontra Savari,
8465 fiert le sor l'iaume, le cercle a fait partir.
Fors fu la maille del blanc hauberc tresli
mais que del cop l'a il si estordit
qu'a ces deus mains le convient a tenir.
Gautier li cort, par l'iaume l'a saisit,
8470 par droite force li a ostet anqui,
hauce le branc, cel fiert par tel aïr
dusques es dans li fait l'acier sentir ;
estort son cop, si le convint morir :
l'arme s'en torne – Diex l'ait en paradis.

CCCXLIII

8475 Gautiers ot mort Savari le vaillant ;
il s'an torna, s'escrie hautement :
« Ou sont alés li dui B[ernier] anfant ?
Je lor ai mort un lor prochain parent   [149b]
et d'iax meïsme ferai je autretant. »
8480 Juliiens l'oit, celle part vint poignant,
puis li a dit : « Vassal, se Diex m'a[va]nt,
se l'avés mort, il m'en poise forment.
– Or le vaingiés, dist Gautier, erranment,
tant con je sui devant vos en presant.
8485 – Si ferai je, se Diex le me consent. »
Lors s'entrelaissent et vienent fiereme[n]t ;
grans cops se donent sor les escus devant,
desos les bocles les vont tos porfendant.
Fors haubers orent, que maille n'en desment ;
8490 lors lances brisent, li trous volent au vant.
Juliien trait le branc d'acier traincha[n]t
et fiert Gautier sor son elme luisant :
l'elme li trainche et la coiffe ancemant,
dusqu'an l'arçon li fait coler le branc,
8495 le cheval trainche san point d'arestement,
dusqu'an la terre a fait coler le branc.

pensa devenir fou – s'il en trouvait l'occasion, il se battrait contre eux. Là où il passe, vacarme dans les rangs.

Gautier, son neveu, combattit avec fureur ; au plus épais de la presse il rencontra Savari et lui porta un coup sur le heaume qui en fit éclater le cercle. Les mailles du brillant haubert à triple épaisseur tinrent bon, mais il était si étourdi par le coup qu'il dut se retenir à deux mains à sa selle. Gautier se précipita sur lui, le saisit par le heaume et de vive force le lui arracha ; il leva son épée et le frappa avec une telle violence que la lame le fendit jusqu'aux dents. Il retira son épée et Savari mourut : son âme s'envola – que Dieu l'accueille en son paradis !

343.

Gautier tua le valeureux Savari, puis se retourna et s'écria :

« Où sont donc allés les deux enfants de Bernier ? J'ai tué un de leurs proches parents et maintenant je ferai de même avec eux ! »

À ces mots, Julien galopa jusqu'à Gautier et lui dit :

« Par Dieu, vassal, si vous l'avez tué, cela me peine terriblement.

– Vengez-le donc, dit Gautier. Qu'attendez-vous ? Me voici devant vous !

– Avec l'aide de Dieu, je n'y manquerai pas ! »

Alors les deux adversaires prirent du champ et coururent furieusement à l'attaque. Ils se portèrent des coups vigoureux sur le devant des écus, les transperçant sous la boucle. De leurs hauberts solides nulle maille ne céda, mais leurs lances éclatèrent et les tronçons furent emportés par le vent. Julien leva son épée d'acier tranchante et frappa Gautier sur son heaume reluisant. Le coup trancha le heaume et la coiffe également et poursuivit son chemin jusqu'à l'arçon ; l'épée coupa en deux cavalier et cheval avant de pénétrer dans la terre. Julien s'écria alors :

« Sain Q[uentin] ! crie, Baron, ferés avant ! »
Vo[it] le G[uerris], molt ot le cuer dolent.
Il prist un cor, sel sona durement :
8500　son retrait sonne, si s'an torne fuiant ;
en la cité s'en est tornés a tant.　　　　　　　[150a

CCCXLIV

Quant voit G[uerris] Gautier est mors getés,
c'il fu dolens ne l'estuet demander.
Les portes fait et tenir et serrer,
8505　puis si s'en est droit a[s] creniax montés
et a gardet tot contreval le pret.
Voit Juliien, cel prent a apeller :
« Biax niers, dist il, mercit por l'amor Dé,
aiés mercit de ce las parjuret !
8510　J'[o]cis ton pere, (ne) se est la verité,
e[n] traïson, ne puet estre celet ;
or te requier por Dieu de majestés
qu'aiés de moi et mercit et pités. »
Juliiens l'oit, si c'est haus escrïés :
8515　« Par Dieu, viellart, por noiant en parlés –
ja mais vers moi ne serés acordés. »
Ces barons a hautement escrïés :
« Or tost, barons, por Dieu si asallés ! »
Et il si firent de bone volenté ;
8520　adont i ont mainte pierre jeté
mais ne lor vaut un denier moneet
car n'i forfirent vaillant un oef pelet.
Maint enn i ot el fosset cravanté.

CCCXLV

Grans fu l'assaut, par verté lle vos di.
8525　Bien se desfent d'Arras li sor G[uerris] :
ruent i(l) pierre[s] et maint caillox faitis,　　　　　　[150b
ens el fosset assés en abati ;
et Juliiens si c'escrie a hau cri :

« Saint-Quentin ! En avant, mes chevaliers ! »

Voyant cela, Guerri éprouva une grande douleur. Il saisit son cor et en sonna de toutes ses forces – il sonna la retraite, puis quitta le champ et s'enfuit jusqu'à la ville.

344.

Lorsque Guerri vit que Gautier était tué, inutile de demander s'il fut bouleversé. Il ordonna qu'on barricade les portes, puis monta jusqu'aux crénaux et regarda en bas vers le pré. Voyant Julien, il l'interpella :

« Cher enfant, dit-il, pour l'amour de Dieu je te demande grâce – aies pitié de ce misérable parjure ! Il est vrai que j'ai tué ton père en trahison – impossible de le nier. Mais je te prie maintenant, au nom de Dieu le Tout-Puissant, d'éprouver compassion et pitié à mon égard ! »

À ces mots, Julien s'écria à haute voix :

« Par Dieu, vieillard, vous dépensez votre salive pour rien – jamais je ne ferai la paix avec vous ! »

Puis il ordonna à ses barons : « Vite, seigneurs, à l'assaut ! » Et ils obéirent de bon cœur : ils lancèrent de nombreuses pierres, mais ce fut peine perdue, car ils ne lui firent aucun dommage – bien des assaillants étaient rejetés, morts, au fossé.

345.

L'assaut était violent, n'en doutez pas. Guerri le Roux d'Arras se défendit bien : ses hommes jetèrent des pierres de taille et des cailloux, abattant de nombreux assaillants dans les fossés. Enfin Julien s'écria d'une voix retentissante :

« Laissiés l'assaut, por le cors saint Felis ! »
8530 et li nuis vint, c'on n'i(l) pot plus veïr.
    Quant il fu nuis, par verté le vos di,
    li sor G[uerris] de la cité issi
    sor son cheval si ala en escil,
    mais on ne set, certes, que il devint ;
8535 hermites fu, ainsis con j'ai oït.
    Et Henrïés ot Arras la for cit
    et si fu sires de Artois, je vos dis,
    et Juliiens rala a Sain Quentin
    puis fu il cuens de Sain Gile autresis.
8540 D'or an avant faut la chançon ici :
    beneois soit cis qui la vos a dit
    et vos ausis qui l'avés ci oït.

                    explicit

« Abandonnez l'assaut, par les reliques de saint Félix[1] ! »

La nuit tomba et l'on ne vit plus rien. Quand la nuit fut venue – n'en doutez pas – Guerri le Roux quitta sa citadelle à cheval t partit en exil, mais personne ne sait ce qu'il devint. On m'a it qu'il se fit ermite. Henri reçut la puissante citadelle d'Arras t devint seigneur d'Artois, je vous l'assure, tandis que Julien etourna à Saint-Quentin et devint également, plus tard, comte e Saint-Gilles.

La chanson s'arrête ici : béni soit celui qui vous la chanta et ous aussi, qui l'avez écoutée.

Explicit.

---

1. Invoqué ici sans doute pour l'assonance, il y a soixante-sept saints du nom Félix dans le martyrologe romain, tous relativement obscurs.

GLOSSAIRE

almaçour : dignité sarrasine au même titre qu'« émir » ; dérive de l'arabe *Al Mançur*, « Le Victorieux », célèbre émir de Bagdad mort en 1102.

arbalète : arme de trait, arc monté sur un fût et dont la corde se bande avec un ressort.

baron : implique non seulement un homme de haute naissance, proche vassal du roi ou d'un grand seigneur, mais aussi les qualités les plus appréciées de la classe guerrière, le courage et la force (voir **vassal**).

besace : un sac long, ouvert par le milieu et dont les extrémités forment deux poches, porté sur les épaules par les pèlerins d'autrefois.

besant : monnaie byzantine d'or ou d'argent, répandue en Europe au temps des croisades.

bliaut : longue tunique ou robe d'étoffe fine, en forme de blouse à manches très larges, portée par-dessus le haubert.

boucle : renflement central de l'écu, d'où le mot « bouclier ».

braies : caleçon porté uniquement par les hommes, retenu à la taille par une ceinture d'étoffe ou de cuir.

cercle : bande en métal entourant le heaume et servant de renforcement ; le cercle était le plus souvent orné et ciselé.

chausses : partie du vêtement masculin qui moulait le corps depuis la ceinture jusqu'aux pieds.

cité : forteresse, ville forte.

coiffe : voir **haubert**.

denier : ancienne monnaie en argent de valeur très variable ; valait la douzième partie du *sol*, lequel était le vingtième de la *livre*.

destrier : cheval de bataille (par opposition au **palefroi**, cheval de parade), ainsi nommé parce qu'il était conduit de la main droite (*en destre*) par l'écuyer.

écartelé : se dit le plus souvent de l'**écu** partagé par des bandes métalliques en quatre **quartiers** égaux.

écu : bouclier allongé et bombé, composé de planches recouvertes de cuir et divisé en **quartiers** par des bandes métalliques. L'écu portait en son centre un renflement, la **boucle** (d'où le terme « bouclier »). Au repos, l'écu était suspendu au cou du chevalier par une courroie ; au combat, il passait la main et l'avant-bras au travers des poignées de cuir, les **énarmes**.

écuyer : jeune noble apprenant le service des armes. Il jouait le plus souvent le rôle d'auxiliaire militaire en aidant le chevalier à porter la lance et l'écu.

émerillon : petit faucon employé à la chasse aux oiseaux de petite taille.

énarmes : courroies fixées au revers de l'écu, dans lesquelles passait l'avant-bras.

enseigne : voir **gonfanon**.

épieu : arme de guerre formée d'un gros et long fût (la *hanste* ou hampe) en bois terminé par un fer pointu. À l'origine une arme de chasse par opposition à la lance, plus longue, qui était l'arme du premier choc à cheval. Le poète de *Raoul* emploie indifféremment les deux termes.

fief : domaine concédé à titre de tenure noble par un seigneur à son vassal, à condition d'hommage et supposant certains services et devoirs réciproques : le seigneur garantit à son vassal subsistance (par la concession d'un fief ou d'une rente) et protection militaire ; le vassal promet au seigneur soutien guerrier et participation à son conseil.

foi : serment de fidélité que le vassal prêtait en plaçant ses propres mains entre celles du seigneur ; elle implique la loyauté absolue et le respect du serment.

gonfalonier : porteur de gonfanon.

gonfanon : bannière de guerre faite d'une bandelette à plusieurs pointes, suspendue à une lance ou à un **épieu** et destinée à servir de signe de ralliement ; synonyme d'**enseigne** et de **pennon**.

haubert : armure du chevalier : cotte ou chemise de mailles entrelacées, à manches et à capuchon (*coiffe* et **ventaille**) qui couvrait la tête et le cou, par-dessus lequel on portait le **heaume**. Les mailles pouvaient être doublées («à double épaisseur») ou même triplées.

heaume : casque métallique, de forme conique ou, au XIIe siècle, renforcé de bandes (voir **cercle**) dont l'une, le *nasal*, descendait en avant pour protéger le nez. Il est attaché sur la *coiffe* par des lacets de cuir. Dans notre poème il est souvent décoré de pierres précieuses et de fleurs ornementales.

lige : «homme lige» se dit de celui qui engage sa **foi** envers un seigneur ; le «seigneur lige» est le plus important de ceux à qui un vassal se serait lié par l'hommage.

marquis : titre d'un seigneur qui possédait des terres sur les frontières d'un royaume.

nasal : voir **heaume**.

oriflamme : bannière royale appartenant dans notre texte à l'**almaçour**, mais associée généralement dans les chansons de geste avec l'étendard des rois de France.

palatin (comte) : grand seigneur revêtu d'une charge importante dans la suite d'un souverain.

palefroi : cheval de promenade ou de parade, par opposition au **destrier**.

pelisse : fourrure, généralement d'hermine dans notre poème, portée par-dessus la chemise.

pennon : petit drapeau triangulaire fixé au bout de la lance. Voir aussi **gonfanon**.

perron : bloc ou banc de pierre carré servant pour monter à cheval ou en descendre.

petit-gris : fourrure d'un écureuil du Nord, d'un gris ardoisé.

piment : boisson composée de vin aromatisé d'épices ou de miel.

prévôt : officier royal ou seigneurial d'ordre civil ou juridique.

preux : le chevalier idéal – vaillant avant tout, mais représentant aussi les valeurs morales et sociales (loyauté, sagesse, probité, honneur...) requises par l'éthique héroïque.

quartier : voir **écu**.

quintaine : mannequin servant de cible dans l'entraînement au maniement de la lance.

sénéchal : le plus grand officier royal, à la tête de tous les domestiques de la cour, mais aussi de l'armée royale. (Raoul devient sénéchal de France, laisses 23-26.) C'est au sénéchal que s'adressaient les **prévôts**. Les grands seigneurs avaient eux aussi des sénéchaux, qui se chargeaient de toutes les affaires militaires, juridiques, et fiscales, et servaient de lieutenant en l'absence du seigneur.

tertre : petite éminence isolée, terrain élevé, hauteur.

vair : fourrure d'un écureuil dont le dos est gris-bleu et le ventre blanc, très estimé au Moyen Âge.

vassal : à la fois un noble lié à un seigneur par des obligations réciproques, et celui qui possède les qualités essentielles du noble féodal. Voir aussi **baron**, **fief** et **foi**.

ventaille : bavière de mailles attachée au haubert pour protéger la bouche, le cou et le bas du visage.

vergette : en héraldique, division verticale de l'écu, plus étroite que le pal.

TABLE

Composition réalisée par COMPOFAC - PARIS

IMPRIMÉ EN FRANCE PAR BRODARD ET TAUPIN
Usine de La Flèche (Sarthe).
LIBRAIRIE GÉNÉRALE FRANÇAISE - 43, quai de Grenelle - 75015 Paris

ISBN : 2 - 253 - 06454 - 8 ✤ 30/4537/